북한의 남한연구 (하)

자료편

이 저서는 2008년 정부(교육과학기술부)의 재원으로 한국학술진흥재단의 지원을 받아 수행된 연구임(KRF-2008-322-B00003)

북한의 남한연구 (하) - 자료편

초판 1쇄 발행 2010년 12월 30일

편　자　강성윤
펴낸이　윤관백
펴낸곳　선인

제　작　김지학
편　집　이경남 · 장인자 · 김민희 · 하초롱 · 소성순 · 주명규
표　지　김현진
영　업　이주하

등록　제5-77호(1998.11.4)
주소　서울시 마포구 마포동 324-1 곳마루빌딩 1층
전화　02)718-6252 / 6257
팩스　02)718-6253
E-mail　sunin72@chol.com

정가 · 39,000원
ISBN　978-89-5933-165-9(set)
　　　978-89-5933-413-1　94900

· 잘못된 책은 바꿔 드립니다.

북한의 남한연구 (하)

자료편

강성윤 편

선인
도서출판

머리말

2008년 9월 1일 북한의 조선사회과학자협회 현대사분과가 집필 발간한 『력사과학(부록 5)』에 "남조선학자들이 ≪북한학≫을 설정하고 왜곡된 견해를 주장하고 있는데 대하여 론함"이라는 글을 통하여 우리사회에서 북한연구자들의 연구 활동에 대하여 그들의 관점에서 평가를 하였다. 이처럼 북한이 자신들에 대한 연구현황에 관심을 갖게 될 만큼 그간 북한에 대한 많은 연구가 진행되었고 괄목한 만한 성과도 도출되었으며 학문의 대상으로까지 발전하여 북한학으로 자리매김하기에 이르렀다. 그러나 이러한 연구의 대부분이 북한이 사회 각 분야의 제 현상을 분석한 학문적 또는 정책적 연구 일변도라는 특징을 지니고 있다.

예컨대, 북한의 ≪남한학≫, 북한에서 진행된 남한연구가 북한연구 대상에서 소외되어 왔다.

그러므로 북한이 남한사회에 대하여 어떻게 인식하고 평가하고 있는가라는 문제의식에서 북한에서 진행된 남한연구에 대한 기초적인 실태조차 파악하지 못하고 있는 것이 현실이다. 물론 정책적 필요에 의하여 북한의 대남정책을 분석하고 대응 정책을 개발하는 목적에서 일부 연구가 진행되었지만 그것으로 북한에서 행하여진 남한에 대한 연구가 어느 분야에서 누구에 의하여 무엇이 어떻게 연구되었는지를 총체적으로 이해하는 데는 한계가 있는 것이다.

이러한 북한에서의 남한연구에 대한 연구는 학문적 차원에서 북한연구의 이론적 체계확립을 위하여서도 필요할 뿐만 아니라 남북 간의 사회문화통합, 학술교류 및 정책적 차원에서도 요구되는 연구인 것이다. 북한에서 남한연구가 한결같이 자신들의 체제 선전을 위한 수단이란 특성을 지니고 있기 때문에 학문적 관점에서 평가하는 데는 한계성을 지니고 있다. 그러나 북한에서 진행된 우리사회연구에 대한 체계적인 실태파악과 정리분석이 1차적으로 필요하며 이를 토대로 우리 사회에 대한 인식과 평가에 대한 실증적 연구가 북한연구의 또 하나의 축이라 하겠다. 그럼에도 불구하고 그간 북한의 ≪남한학≫에 대한 연구를 진행하지 못한데 에는 무엇보다도 자료수집에서부터 작업의 방대함과 그에 수반된 많은 연구역량의 필요 때문이었다. 이러한 상황에서 한국연구재단(구 한국학술진흥재단)의 기초연구과제의 지원을 받아 "북한의 남한연구(1948~2008)DB구축과 인과메커니즘 유형화"란 주제로 연구를 진행하게 되었다.

　따라서 북한에서 정기적으로 발간된 각종자료에 수록된 남한관련 연구논문 및 평론, 해설 등의 자료를 수집하여 DB를 구축, 분석하였다. 국내 각급 기관이 소장한 자료는 물론 해외대학 및 연구기관과 각급 도서관에 대한 방문 수집과 해외 연구자들의 개인소장자료까지 협조를 받아 수집하였으나 자료의 특성상 전량 수집하는 데는 한계가 있었다. 분석대상으로 선정한 자료는 학술논문(김일성종합대학 학보, 사회과학원의 각 분야별 논문집)을 비롯하여 전문지(근로자, 남조선연구 등)를 중심으로 수집 분류하였다. 물론 북한체제의 특성상 한결같이 남한을 비판 비방하는 부정적인 내용으로 되어있으나, 연구목적에 따라 무엇이 주 연구대상이고 남한 사회에 대한 인식과 비판 논리를 분석하여 인과메커니즘을 규명하는데 중점을 두고 연구를 진행하였다. 이러한 연구는 김동한, 진유정, 전미영, 이미란(이상 전임교수)과 공동연구원으로 이주철(KBS), 이종국(동북아역사재단), 김용현(동국대), 한정미(통일부)가 참여하여 총 8명이 각기의 전공분야에 따라 분담하여 연구를 진행하였으며 전임교수들에 의하여 수집된 자료는 분류되었다. 분류된 자료는 연구보조원(안석룡, 한승대, 한승호, 권태상, 조민, 박수현, 김유리, 김성진, 김보람 등 북한학과 대학원 및 학부생)에 의하여 기초 DB 작업이 이루어졌다. 아울러 연구기간중 2회(2009.4.15/2010.4.23)에 걸쳐 공개 학술회의를 통하여 연구자들의 검증을 받아 보완하였으며 수차에 걸친 국내외 전문가들로부터 자문을 받았다.

이러한 과정을 통하여 진행된 연구결과를 『북한의 남한연구』(상, 하)권으로 나눠 출판하였다. 상권에는 북한의 남한연구에 대한 분석 결과를 수록하였으며, 하권은 향후 연구자들에게 도움을 주기 위하여 수집된 자료를 분야별로 정리하여 발간하였다. 이러한 자료는 DB화하여 CD에 수록 제작하였고, 북한학연구소 홈페이지를 통하여 연구자들에게 제공할 계획이다.

이러한 연구가 성공적으로 진행되고 결과물이 출판되기까지는 한국학술진흥재단(한국연구재단)의 재정적 지원이 있었음에 가능하였고, 이에 깊은 감사를 드린다. 아울러 자료수집에 적극적으로 협력하여준 국내외 관계기관 및 학연을 맺고 있는 해외의 동료 연구자들에게도 감사의 마음을 표한다. 특히 연구 기획에서부터 출판에 이르기까지 헌신적인 노력을 기울인 연구교

수 전미영 박사와 자료 정리작업을 총괄한 박사과정의 안석룡 군, 연구지원
을 담당한 이종민 군의 노고가 오늘의 성과를 이룰 수 있게 하였음을 밝힌다.
　끝으로 수요가 한정된 북한관련 연구서임에도 불구하고 출판을 선뜻 맡
아줌으로써 이 연구를 완성시키어준 도서출판 선인의 윤관백 사장께도 감
사를 드린다.

2010년 12월
편자 강성윤

차 례

머리말

단 행 본

주요 남한연구자 목록

학 술 지

법   *I*

1. 법 일반

1940~1949

- 미군주둔하의 남조선인민들의 생활형편 |박정호
  『근로자』 제3호(통권 25), 로동신문사, 1949, 70~87쪽
- 파멸하여가는 남조선괴뢰 [정권]이 조작한 반동법령의 반인민성 |리승엽
  『근로자』 제4호(통권 26), 로동신문사, 1949, 37~47쪽

1950~1959

- 리승만정권 법령의 반민족적 반인민적 파쑈적 본질에 관한 력사적 고찰 |한길언
  『법학연구』 제1호, 조선민주주의인민공화국 과학원경제법학연구소, 1956, 87~124쪽

1970~1979

- 박정희역도는 가장 악랄한 파쑈교형리 |최상윤
  『남조선문제』 제5호(통권 115), 통일신보사, 1974, 23~27쪽
- 군사파쑈독재체제하에서의 ≪법≫의 가일층 파쑈화 |김춘선
  『남조선문제』 제5호(통권 115), 통일신보사, 1974, 28~33쪽
- [전재물] ≪독재법정의 기록≫
  『남조선문제』 제11.12호(통권 143), 조국통일사, 1976, 43~45쪽

1990~1999 ∎∎

- 남조선 법에서 일제식 폭압성의 잔재와 그 력사적 변천과정 |김규승
  『사회과학론문집』, 재일본 조선사회과학자협회, 1990, 17~28쪽

- 현대자본주의나라들에 류포되고 있는 ≪신자연법≫사상의 반동성 |준박사
  허오범
  『김일성종합대학학보』[력사법학편] 제37권 제3호(통권 189), 김일성종합대학출판사,
  1991, 74~79쪽

- 현대제국주의자들이 부르짖는 ≪법치주의≫의 반동성 |홍시건
  『김일성종합대학학보』[철학편] 제40권 제3호(통권 231), 김일성종합대학출판사, 1994,
  37~41쪽

- ≪자유≫와≪인권≫을 근본리념으로 하는 ≪미국식민주주의≫의 기만성 |김
  용철
  『김일성종합대학학보』[력사법학편] 제41권 제3호(통권 251), 김일성종합대학출판사,
  1995, 52~56쪽

- 남조선괴뢰법체제는 남조선에 대한 미제의 군사적 강점과 예속을 합법화하
  는 수단 |천세관
  『김일성종합대학학보』[력사법학편] 제41권 제2호(통권 245), 김일성종합대학출판사,
  1995, 53~58쪽

- 남조선에 식민지적예속을 강박한 ≪군정법체제≫조작의 반동성에 대하여 |학
  사 천세관
  『김일성종합대학학보』[력사법학편] 제44권 제4호(통권 300), 김일성종합대학출판사,
  1998, 65~71쪽

- 노예사회의 ≪법신수설≫의 반동성 |리성일
  『김일성종합대학학보』[력사법학편] 제45권 제1호(통권 303), 김일성종합대학출판사,
  1999, 63~67쪽

2000~2009 ....

- [강좌] 몽떼스큐의 ≪3권분립≫설의 반동성 |학사 강남수
  『정치법률연구』 제1호(통권 1), 과학백과사전출판사, 2003, 48쪽

- 자본주의사회에 류표되고 있는 ≪실증주의법학≫의 반동성 |박사, 부교수 김봉철
  『정치법률연구』 제2호(통권 2), 과학백과사전출판사, 2003, 47~48쪽

- 부르죠아≪법사회학≫의 반동성 |박사, 부교수 김봉철
  『정치법률연구』 제4호(통권 4), 과학백과사전출판사, 2003, 44~45쪽

- 현대부르죠아국가법의 반동적특징 |학사 박희철
  『김일성종합대학학보』[력사법학편] 제50권 제1호(통권 363), 김일성종합대학출판사, 2004, 73~77쪽

- 독도는 국제법상 공인된 우리 나라의 합법적령토 |박사, 부교수 림동춘
  『김일성종합대학학보』[력사법학편] 제51권 제2호(통권 378), 김일성종합대학출판사, 2005, 57~62쪽

- 현대부르죠아법치주의의 반동성 |최일복
  『김일성종합대학학보』[력사법학편] 제51권 제3호(통권 381), 김일성종합대학출판사, 2005, 74~78쪽

- 미국은 세계최악의 녀성인권유린국가 |유명선
  『정치법률연구』 제4호(통권 20), 과학백과사전출판사, 2007, 46~48쪽

- 재일조선인의 인권을 보장하는것은 일본당국의 응당한 국제법적의무 |조일원
  『정치법률연구』 제2호(통권 22), 과학백과사전출판사, 2008, 45쪽

- 미제가 조작해낸 우리 나라에 대한 각종 제재법들의 반동성 |정 혁
  『정치법률연구』 제3호(통권 23), 과학백과사전출판사, 2008, 42~43쪽

- 부르죠아파쑈악법의 반동적본질 |리충일
  『정치법률연구』 제3호(통권 23), 과학백과사전출판사, 2008, 44~45쪽

- 파쑈법의 반동성 |리충일

『정치법률연구』 제1호(통권 25), 과학백과사전출판사, 2009, 53~54쪽

■ 자본주의국가의 배심제도와 그 반동성 ㅣ장청송

『김일성종합대학학보』[력사법학편] 제55권 제1호(통권 423), 김일성종합대학출판사, 2009, 150~155쪽

■ 부르죠아 ≪법치주의≫의 발생에 대한 고찰 ㅣ최일복

『김일성종합대학학보』[력사법학편] 제55권 제2호(통권 426), 김일성종합대학출판사, 2009, 139~145쪽

■ 국제민사소송당사자로서의 외국인의 법적지위 ㅣ김형기

『정치법률연구』 제3호(통권 27), 과학백과사전출판사, 2009, 47쪽

■ 외국투자은행법의 본질 ㅣ조정현

『정치법률연구』 제3호(통권 27), 과학백과사전출판사, 2009, 48~49쪽

■ 자본주의로동법체계에 관한 부르죠아리론의 반동성 ㅣ김명옥

『정치법률연구』 제3호(통권 27), 과학백과사전출판사, 2009, 50~51쪽

■ ≪해커≫의 개념에 대한 법률적견해 ㅣ장철준

『정치법률연구』 제3호(통권 27), 과학백과사전출판사, 2009, 56쪽

■ [용어해설] 실증주의법학 ㅣ강희준

『정치법률연구』 제3호(통권 27), 과학백과사전출판사, 2009, 57쪽

■ 미국헌법조작의 비법성 ㅣ백성일

『정치법률연구』 제4호(통권 28), 과학백과사전출판사, 2009, 46~47쪽

■ 부르죠아≪개념법학≫의 엄격해석론과 그 반동적본질 ㅣ김경남

『정치법률연구』 제4호(통권 28), 과학백과사전출판사, 2009, 49~50쪽

■ 부르죠아≪재판소독립원칙≫과 그 기만성 ㅣ강정환

『정치법률연구』 제4호(통권 28), 과학백과사전출판사, 2009, 51~52쪽

■ 배심제도의 발생에 대한 고찰 ㅣ조은향

『정치법률연구』 제4호(통권 28), 과학백과사전출판사, 2009, 43~44쪽

■ 상사법률관계의 본질적특징 ㅣ최덕성

『정치법률연구』 제4호(통권 28), 과학백과사전출판사, 2009, 48쪽

2. 언법

■ [독자들의 질문에 대한 대답] 박정희괴뢰도당은 ≪긴급조치9호≫를 왜 계
속 유지하고 있는가

『남조선문제』 제5호(통권 160), 조국통일사, 1978, 48~49쪽

■ [독자들의 질문에 대한 대답] ≪통일주체국민회의≫란 어떤 반동조직인가?

『남조선문제』 제7호(통권 162), 조국통일사, 1978, 41~42쪽

■ [용어해설] ≪기탁금제도≫

『남조선문제』 제8호(통권 163), 조국통일사, 1978, 55쪽

■ 괴뢰국회의원선거제도의 반동성 ┃박일청

『남조선문제』 제9호(통권 164), 조국통일사, 1978, 34~35쪽

1980~1989

■ 이름뿐인 ≪사법권의 독립성≫

『남조선문제』 제2호(통권 181), 조국통일사, 1980, 39쪽

■ [독자들의 질문에 대한 대답] ≪국가보위에 관한 특별조치법≫은 민족분
렬주의적인 파쑈악법

『남조선문제』 제6호(통권 185), 조국통일사, 1980, 38쪽

■ [독자들의 질문에 대한 대답] ≪국가보위비상대책위원회≫는 극악한 군사
파쑈독재기구

『남조선문제』 제9호(통권 188), 조국통일사, 1980, 30쪽

■ 개악된 괴뢰헌법의 반동적본질 ┃윤자홍

『남조선문제』 제12호(통권 191), 조국통일사, 1980, 37~39쪽

■ [독자들의 질문에 대한 대답] ≪국가보위립법회의≫는 파쑈적립법기구

『남조선문제』 제1호(통권 192), 조국통일사, 1981, 42쪽

■ 남조선괴뢰국회는 파쑈통치의 도구 ┃윤자홍

『남조선문제』 제10호(통권 199), 조국통일사, 1981, 31~33쪽

- ≪평화통일정책자문회의≫는 민족분렬기구
  『남조선문제』 제1호(통권 213), 조국통일사, 1983, 38쪽

- 역적의 장기집권을 위한 ≪개헌≫놀음 ㅣ조남훈
  『남조선문제』 제11호(통권 223), 조국통일사, 1983, 26~27쪽

- 전두환「정권」의 통치제도-「대통령」의 권한과 행정체계- ㅣ정의수
  『조선문제연구』 제23호, 조선문제연구소, 1983, 85~108쪽

- 남조선괴뢰국회는 주권기관이 아니다 ㅣ백성일
  『남조선문제』 제3호(통권 239), 조국통일사, 1985, 28~30쪽

1990~1999 ●●●

- 부르죠아지들이 표방하는 ≪언론, 출판의 자유≫의 구호의 위선적성격과
  반동성 ㅣ부교수, 준박사 엄기영
  『김일성종합대학학보』[사회과학-어문학편] 제37권 제12호(통권 198), 김일성종합대
  학출판사, 1991, 65~68쪽

- 자본주의 국가의 의회제는 부르죠아 독재를 실시하는 도구 ㅣ진문길
  『근로자』 제11호(통권 595), 근로자사, 1991, 91~96쪽

- 남조선괴뢰통치기구는 대통령의 일인독재정치를 실현하는 수단 ㅣ천세관
  『김일성종합대학학보』[력사법학편] 제40권 제2호(통권 230), 김일성종합대학출판사,
  1994, 42~46쪽

- 부르죠아국가기구의 반동적본질과 그 변화의 특징 ㅣ준박사 오인선
  『김일성종합대학학보』[력사법학편] 제40권 제2호(통권 230), 김일성종합대학출판사,
  1994, 47~52쪽

- 부르죠아의회제의 반동성 ㅣ김봉철
  『근로자』 제11호(통권 655), 근로자사, 1996, 91쪽

- 국회구조에 대한 부르죠아변호론과 그 기만성 ㅣ박사, 부교수 안효식
  『김일성종합대학학보』[력사법학편] 제45권 제2호(통권 306), 김일성종합대학출판사,
  1999, 66~70쪽

■ ≪위임립법≫과 ≪판례법≫에 대한 현대부르죠아 리론의 반동성 ㅣ학사 리경철

『김일성종합대학학보』[력사법학편] 제45권 제2호(통권 306), 김일성종합대학출판사, 1999, 71∼75쪽

2000∼2009 ••

■ 제국주의자들이 떠드는 ≪언론, 출판의 자유≫리론의 반동성 ㅣ저자 미확인

『근로자』 제1호, 근로자사, 2000, 62쪽

■ 부르죠아탄핵제도와 그 반동성 ㅣ학사 리성일

『김일성종합대학학보』[력사법학편] 제46권 제4호(통권 324), 김일성종합대학출판사, 2000, 75∼80쪽

■ 자본주의헌법에 규제된 ≪국민주권≫의 반동성 ㅣ학사 백성일

『김일성종합대학학보』[력사법학편] 제48권 제2호(통권 342), 김일성종합대학출판사, 2002, 68∼72쪽

■ 정부에 대한 부르죠아국회의 ≪감독통제≫활동과 그 기만성 ㅣ학사 박희철

『김일성종합대학학보』[력사법학편] 제49권 제3호(통권 357), 김일성종합대학출판사, 2003, 69∼73쪽

■ 언론, 출판의 자유문제에 대한 력사적고찰 ㅣ교수, 박사 리응필

『김일성종합대학학보』[어문학편] 제49권 제2호(통권 353), 김일성종합대학출판사, 2003, 38∼44쪽

■ 자본주의헌법의 반동적특징 ㅣ학사 김경현

『김일성종합대학학보』[력사법학편] 제50권 제3호(통권 369), 김일성종합대학출판사, 2004, 84∼88쪽

■ 부르죠아헌법감독제도와 그 반동성 ㅣ학사 백성일

『김일성종합대학학보』[력사법학편] 제50권 제2호(통권 366), 김일성종합대학출판사, 2004, 68∼71쪽

- 미국≪안전≫보장법체계는 모략적이고 위헌적인 법체계 |정연식
  『정치법률연구』 제4호(통권 12), 과학백과사전출판사, 2005, 41~43쪽
- 부르죠아 ≪3권분립론≫의 반동적본질과 기만성 |박사, 부교수 김봉철
  『정치법률연구』 제4호(통권 16), 과학백과사전출판사, 2006, 46~48쪽
- ≪3권분립≫에 대한 몽떼스뀨의 견해의 비과학성과 반동성 |부교수, 학사 류경만
  『김일성종합대학학보』[력사법학편] 제52권 제4호(통권 396), 김일성종합대학출판사, 2006, 85~91쪽
- 부르죠아국회량원제의 반동성 |박사, 부교수 김봉철
  『정치법률연구』 제4호(통권 24), 과학백과사전출판사, 2008, 44~45쪽
- 미국파시즘은 부르죠아≪삼권분립≫의 외피를 쓴 행정만능주의 |서경남
  『정치법률연구』 제2호(통권 26), 과학백과사전출판사, 2009, 54~55쪽

3. 민·형사법

1950~1959

- 리승만도당의 발악과 ≪신국가 보안법안≫의 파쑈적 본질 | 한락규
  『근로자』 제12호(통권 157), 근로자사, 1958, 57~60쪽

- 미제강점하 남조선형사≪재판≫의 반인민성 | 리재도
  『법학론문집』 제6호, 과학원출판사, 1958, 51~72쪽

1960~1969

- [용어해설] 지불보증
  『남조선문제』 제10호(통권 39), 조국사, 1967, 48쪽

1970~1979

- [용어해설] ≪병역법위반 등의 범죄처벌에 관한 특별조치법≫
  『남조선문제』 제10호(통권 120), 조국통일사, 1974, 48쪽

- 박정희괴뢰도당이 꾸며낸 파쑈적인 ≪형법중개정법률≫에 대하여 | 저자 미
  확인
  『남조선문제』 제6호(통권 127), 조국통일사, 1975, 39쪽

- [용어해설] ≪사회안전법시행령≫
  『남조선문제』 제9호(통권 130), 조국통일사, 1975, 48쪽

- 남조선의 치안입법 |김규승
  『조선문제연구』제21호, 조선문제연구소, 1975, 83〜202쪽
- 남조선의 재판ㆍ검찰기관과 판ㆍ검사의 실태 |김규승
  『조선문제연구』제21호, 조선문제연구소, 1976, 101〜156쪽
- 파쑈폭군의 파렴치한《지령》
  『남조선문제』제8호(통권 163), 조국통일사, 1978, 29쪽

1980~1989 ●●●

- 개악된 《국가보안법》은 전대미문의 파쑈악법 |여우정
  『남조선문제』제10호(통권 199), 조국통일사, 1981, 39〜40쪽
- 사람들을 종신《죄수》로 얽어매는 극악한 파쑈악법 |조남훈
  『남조선문제』제11호(통권 200), 조국통일사, 1981, 35쪽
- [단평] 살인악당의 사람잡이지령
  『남조선문제』제7호(통권 207), 조국통일사, 1982, 36쪽
- 남조선괴뢰도당의 《민사소송》에서 증거제도의 반동성 |준박사, 부교수
  김정숙
  『김일성종합대학학보』[사회과학편] 제1호(통권 151), 김일성종합대학출판사, 1983, 168〜
  178쪽
- [학습참고자료] 남조선괴뢰사법검찰기구
  『남조선문제』제4호(통권 258), 조국통일사, 1987, 56〜58호

1990~1999 ●●●

- 《국가보안법》은 반통일파쑈악법 |김영희
  『근로자』제11호(통권 583), 근로자사, 1990, 80〜84쪽

- 직무상 범죄의 발생근원 |김승문

  『김일성종합대학학보』[력사법학편] 제40권 제3호(통권 234), 김일성종합대학출판사, 1994, 49~53쪽

- 남조선괴뢰민사소송법에서 판결의 선고와 그 효력의 반동성 |천정수

  『김일성종합대학학보』[력사법학편] 제44권 제3호(통권 297), 김일성종합대학출판사, 1998, 67~71쪽

- 부르죠아민법에서 규제하고있는 소유권제도의 반동적본질 |학사 리현숙

  『김일성종합대학학보』[력사법학편] 제45권 제1호(통권 303), 김일성종합대학출판사, 1999, 75~80쪽

2000~2009

- 부르죠아민법에 규제된 점유권제도의 반동성 |학사 리현숙

  『김일성종합대학학보』[력사법학편] 제46권 제4호(통권 324), 김일성종합대학출판사, 2000, 59~63쪽

- 부르죠아형사소송에서 상소제도의 반동성 |박혜심

  『정치법률연구』 제3호(통권 3), 과학백과사전출판사, 2003, 45~46쪽

- 자본주의민법에서 규제하고있는 리용물권의 형태와 그 특징에 대한 법적 고찰 |학사 리현숙

  『김일성종합대학학보』[력사법학편] 제49권 제4호(통권 360), 김일성종합대학출판사, 2003, 71~75쪽

- 범죄의 발생근원을 외곡하는 부르죠아범죄리론의 반동성 |박진혁

  『정치법률연구』 제2호(통권 6), 과학백과사전출판사, 2004, 44~45쪽

- 범죄의 본질을 외곡하는 부르죠아범죄리론의 반동성 |박진혁

  『정치법률연구』 제3호(통권 7), 과학백과사전출판사, 2004, 39~40 · 42쪽

- 자본주의나라들에서 채권채무법의 존재형식과 그 변천에서의 특징 |학사 리현숙

  『김일성종합대학학보』[력사법학편] 제51권 제2호(통권 378), 김일성종합대학출판사,

2005, 80~85쪽

- 부르죠아형법에 규제된 위법성조각사유제도의 반동성 ㅣ학사 신명근

  『김일성종합대학학보』[력사법학편] 제51권 제4호(통권 384), 김일성종합대학출판사,
  2005, 83~88쪽

- 부르죠아민사소송의 강제집행제도와 그 반동성 ㅣ학사 리황

  『정치법률연구』 제3호(통권 15), 과학백과사전출판사, 2006, 40~41쪽

- 부르죠아자유형의 반동성 ㅣ남철진

  『정치법률연구』 제3호(통권 15), 과학백과사전출판사, 2006, 42~44쪽

- 외국상법에 규제된 상인, 상행위, 기업에 대한 법률적 고찰 ㅣ학사 김형기

  『김일성종합대학학보』[력사법학편] 제52권 제2호(통권 390), 김일성종합대학출판사,
  2006, 77~82쪽

- 자본주의 민사재판에서 증거평가방법의 반동성 ㅣ학사 천정수

  『김일성종합대학학보』[력사법학편] 제52권 제2호(통권 390), 김일성종합대학출판사,
  2006, 83~87쪽

- 자본주의 국가의 형벌제도를 미화분식하는 부르죠아 형벌리론의 반동성
  ㅣ남철진

  『김일성종합대학학보』[력사법학편] 제52권 제2호(통권 390), 김일성종합대학출판사,
  2006, 88~92쪽

- 부르죠아민사소송의 변론주의와 그 반동성 ㅣ학사 리황

  『정치법률연구』 제4호(통권 20), 과학백과사전출판사, 2007, 43~44쪽

- 부르죠아형법에 규제된 가석방제도와 그 반동성 ㅣ학사 신명근

  『김일성종합대학학보』[력사법학편] 제53권 제4호(통권 408), 김일성종합대학출판사,
  2007, 70~74쪽

- 범죄심리의 발생에 관한 부르죠아리론과 비판 ㅣ리 철

  『정치법률연구』 제1호(통권 25), 과학백과사전출판사, 2009, 48~49쪽

- 지적소유권에 대한 일반적리해 ㅣ박성숙

  『정치법률연구』 제4호(통권 28), 과학백과사전출판사, 2009, 56쪽

4. 기타법

1940~1949 ●●

- 勞働法令實施를當하야 ㅣ金柄惠

  『조선녀성』 제9호, 조선 녀성사, 1946, 31~32쪽

- 로동법령과여성 ㅣ北朝鮮民主女性總同盟委員長 朴正愛

  『조선녀성』 제9호, 조선 녀성사, 1946, 33~34쪽

1950~1959 ●●

- 허구와 기만으로 조작된 소위 남조선 『농지개혁법』의 정체 ㅣ리구훈

  『인민』 제5권 제6호, 민주 조선사, 1950, 74~82쪽

- 매국 ≪조약≫을 반대하여 우리는 싸우리라

  『조선녀성』 제12호, 조선 녀성사, 1956, 24쪽

- 미국과 리승만 괴뢰정권간에 체결된≪협정≫들의 예속적 및 매국적본성

  ㅣ경제법학연구소 법학연구실

  『법학론문집』 제6호, 과학원출판사, 1958, 100~129쪽

- 남조선로동≪립법≫의 반인민성 ㅣ조몽우

  『법학론문집』 제6호, 과학원출판사, 1958, 73~99쪽

- 이승만 정권의 정치적 위기와「신국가보안법」ㅣ김병원

  『조선문제연구』 제3권 제1호, 조선문제연구소, 1959, 1~12쪽

1960~1969 ....

- [매국흥정 – 한일회담] ≪한일기본관계조약≫은 ≪을사보호조약≫의 재판
  이다
  『조선녀성』 제3호, 조선 녀성사, 1965, 64~65쪽

- 범죄적 ≪한일회담≫에서 체결 된 ≪조약≫과 ≪협정≫들을 철저히 분쇄
  하자
  『남조선문제』 제7호(통권 13), 남조선문제출판사, 1965, 2~7쪽

- [한미 행정 협정]의 침략적 본질 |강수영
  『근로자』 제15호(통권 277), 근로자사, 1965, 43~48쪽

- 법적으로 본 ≪한일조약≫의 침략적 성격 |장 선
  『남조선문제』 제2호(통권 19), 남조선문제출판사, 1966, 14~17쪽

- [문답] ≪농지담보법≫이란 무엇인가?
  『남조선문제』 제3호(통권 32), 조국사, 1967, 44~45쪽

- 조선민주주의인민공화국은 재일조선공민의 지위를 법적으로 견고히 보장
  하고 있다-「한국」적 강요의 실태를 파헤치다- |하창옥
  『조선문제연구』 제7권 제1호, 조선문제연구소, 1968, 395~427쪽

1970~1979 ....

- [용어해설] ≪언론륜리위원회법≫
  『남조선문제』 제3호(통권 90), 조국통일사, 1972, 48쪽

- [용어해설] ≪로사조정업무처리요령≫
  『남조선문제』 제7호(통권 94), 조국통일사, 1972, 48쪽

- ≪한일공업소유권협정≫의 범죄적본질 |한계현
  『남조선문제』 제2호(통권 100), 조국통일사, 1973, 36~41쪽

- [용어해설] ≪방송법개정법률안≫

『남조선문제』 제7호(통권 105), 조국통일사, 1973, 48쪽

■ [용어해설] ≪방송륜리위원회≫

『남조선문제』 제11호(통권 109), 통일신보사, 1973, 48쪽

■ [용어해설] ≪군사기밀보호법≫

『남조선문제』 제8호(통권 118), 통일신보사, 1974, 48쪽

■ [용어해설] ≪민방위협의회≫

『남조선문제』 제10호(통권 142), 조국통일사, 1976, 48쪽

■ [독자들의 질문에 대한 대답] ≪민주구국선언≫관련자들에 대한 박정희살
인악당의 파쑈적만행은 무엇을 보여주었는가

『남조선문제』 제11,12호(통권 143), 조국통일사, 1976, 40~42쪽

■ 박정희괴뢰도당이 들고 나온 ≪불가침조약≫은 ≪두개조선≫조작을 위한
영구분렬론 |김정방

『남조선문제』 제5호(통권 148), 조국통일사, 1977, 22~25쪽

■ [용어해설] ≪고지제도≫

『남조선문제』 제3호(통권 158), 조국통일사, 1978, 56쪽

■ [용어해설] ≪재향군인회≫

『남조선문제』 제3호(통권 158), 조국통일사, 1978, 56쪽

■ [용어해설] ≪화해조서≫

『남조선문제』 제7호(통권 162), 조국통일사, 1978, 56쪽

■ [자료] 로동자들에게 착취와 압박만을 들씌우는 남조선의 로동관계악법들

『남조선문제』 제9호(통권 164), 조국통일사, 1978, 25~27쪽

1980~1989

■ 죄악에 찬 미일공모결탁의 력사(3) ≪단독강화조약≫의 진상 |한복희

『조선녀성』 제3호(통권 375), 근로단체출판사, 1980, 49~50쪽

- 또하나의 ≪이색적인 기업≫
  『남조선문제』제7호(통권 186), 조국통일사, 1980, 48쪽

- ≪국가보안법≫과 ≪반공법≫은 민족분렬영구화를 위한 파쑈악법 ∣남기혁
  『남조선문제』제7호(통권 186), 조국통일사, 1980, 34∼35쪽

- 미제가 남조선괴뢰정권과 체결한 ≪조약≫과 ≪협정≫은 식민지적지배의
  수단 ∣김문용
  『남조선문제』제7호(통권 186), 조국통일사, 1980, 61∼62쪽

- 치외법권을 명문화한 ≪행정협정≫ ∣리기수
  『남조선문제』제8호(통권 220), 조국통일사, 1983, 45∼47쪽

- [독자들의 질문에 대한 대답] ≪비상대비자원관리법≫에 대하여
  『남조선문제』제11호(통권 235), 조국통일사, 1984, 55∼56쪽

- [독자들의 질문에 대한 대답] 개악된 ≪징집제도≫에 대하여
  『남조선문제』제12호(통권 236), 조국통일사, 1984, 44쪽

- [독자들의 질문에 대한 대답] ≪학원안정법≫에 대하여
  『남조선문제』제11호(통권 247), 조국통일사, 1985, 64쪽

- ≪학원안정법≫의 반동적본질 ∣김선철
  『남조선문제』제12호(통권 248), 조국통일사, 1985, 41∼43쪽

- [독자들의 질문에 대한 대답] ≪지적소유권≫에 대하여
  『남조선문제』제2호(통권 250), 조국통일사, 1986, 49∼50쪽

- 현대부르죠아 ≪법사회학≫의 반동적본질 ∣준박사 김봉철
  『사회과학』제3호(통권 76), 과학백과사전출판사, 1986, 59∼64쪽

- 남조선 ≪로동법≫의 반동성 ∣김선철
  『남조선문제』제5호(통권 259), 조국통일사, 1987, 31∼34쪽

- 조선정전협정은 평화협정으로 바꾸어져야 한다 ∣강석주
  『국제생활』제7호(통권 30), 국제생활사, 1988, 14∼16쪽

- 남조선에서 반공파쑈악법인 ≪국가보안법≫은 즉시 철페되여야 한다 ∣리
  문환
  『국제생활』제7호(통권 42), 국제생활사, 1989, 28∼30쪽

■ 침략적이며 매국배족적인 남조선, 미국사이의 ≪호상방위조약≫ |차중현

　『국제생활』 제8호(통권 43), 국제생활사, 1989, 32~34쪽

1990~1999 ··

■ 남조선 ≪로동쟁의조정법≫의 반동성 |김명옥

　『김일성종합대학학보』[사회과학－력사법학편] 제37권 제7호(통권 193), 김일성종합대
　학출판사, 1991, 74~79쪽

■ 1965년 남조선일본≪조약≫은 비법무효한 협잡문서 |준박사 김길신

　『김일성종합대학학보』[사회과학－력사법학편] 제39권 제8호(통권 218), 김일성종합
　대학출판사, 1993, 24~28쪽

■ 남조선 ≪로동관계법≫의 반동성 |준박사 김명옥

　『김일성종합대학학보』[사회과학－력사법학편] 제39권 제4호(통권 214), 김일성종합대
　학출판사, 1993, 56~61쪽

■ ≪국가보안법≫, 투쟁으로 철폐시키자 |조선사회민주당 중앙위원회 선전부
　장 김재연

　『조선사회민주당』 제4호(통권 579), 조선사회민주당출판사, 1996, 44~45쪽

■ 남조선 ≪토지법률제도≫의 반동적 본질 |엄철수

　『김일성종합대학학보』[력사법학편] 제42권 제4호(통권 271), 김일성종합대학출판사,
　1996, 51~55쪽

■ 남조선「개정국적법」의 문제점에 관한 일고찰 －재일조선인의 국적에 미
　치는 영향과의 관련을 중심으로－ |임경하(경영학부)

　『조선대학교학보』 3, 백봉사, 1998, 71~79쪽

■ 미군의 남조선강점은 국제법에 위반되는 엄중한 범죄행위 |박사, 부교수
　박영수

　『김일성종합대학학보』[력사법학편] 제44권 제4호(통권 300), 김일성종합대학출판사,
　1998, 72~77쪽

■ 남조선괴뢰 ≪변호사법≫의 반동성 |학사 조병천

『김일성종합대학학보』[력사법학편] 제45권 제1호(통권 303), 김일성종합대학출판사,
1999, 68~74쪽

2000~2009 ·······································

- 무역계약의 준거법에 관한 부르죠아국제사법리론의 부당성 | 학사 김철희
  『김일성종합대학학보』[력사법학편] 제46권 제4호(통권 324), 김일성종합대학출판사,
  2000, 69~74쪽

- 국제조약을 유린말살하는 미제 | 허재덕
  『조선녀성』 제12호(통권 523), 근로단체출판사, 2001, 40쪽

- ≪을사5조약≫은 국제법상 불법무효한 강도적인 조약 | 학사 림동춘
  『김일성종합대학학보』[력사법학편] 제47권 제4호(통권 336), 김일성종합대학출판사,
  2001, 70~74쪽

- 국제통화기금협정은 제국주의자들의 침략과 략탈의 법적수단 | 학사 김성호
  『김일성종합대학학보』[력사법학편] 제49권 제1호(통권 351), 김일성종합대학출판사,
  2003, 59~64쪽

- 미국의 ≪공산주의자활동통제법≫의 반동성 | 학사 리성일
  『김일성종합대학학보』[력사법학편] 제49권 제2호(통권 354), 김일성종합대학출판사,
  2003, 74~78쪽

- 미국 ≪국내안전법≫의 조작과 그 반동적 본질 | 심 철
  『정치법률연구』 제2호(통권 6), 과학백과사전출판사, 2004, 40~41쪽

- ≪한일합병≫조약은 일제의 조선강점을 ≪합법화≫한 범죄적인 ≪조약≫
  | 로금철
  『김일성종합대학학보』[력사법학편] 제50권 제1호(통권 363), 김일성종합대학출판사,
  2004, 56~60쪽

- 자본주의나라상법의 발생과 그 변화과정에 대한 력사적고찰 | 학사 김형기
  『김일성종합대학학보』[력사법학편] 제50권 제1호(통권 363), 김일성종합대학출판사,
  2004, 68~72쪽

- 미국《국내안전법》의 반사회주의적규제의 반동성 |심 철

  『김일성종합대학학보』[력사법학편] 제50권 제4호(통권 372), 김일성종합대학출판사, 2004, 95~99쪽

- 미국 《전복활동통제법》에 규제된 《공산주의 단체》등록제도의 반동성 |심 철

  『정치법률연구』 제1호(통권 9), 과학백과사전출판사, 2005, 40~42쪽

- [강좌] 미국 《스미스법》의 반동성 |정은경

  『정치법률연구』 제4호(통권 12), 과학백과사전출판사, 2005, 46쪽

- 법적용문제에 대한 부르죠아국제사법리론과 그 부당성 |부교수, 학사 박명의

  『김일성종합대학학보』[력사법학편] 제51권 제2호(통권 378), 김일성종합대학출판사, 2005, 86~91쪽

- 《을사 5조약》은 국제법상 성립하지 않은 불법무효한 《조약》 |박사, 부교수 림동춘

  『김일성종합대학학보』[력사법학편] 제51권 제4호(통권 384), 김일성종합대학출판사, 2005, 57~64쪽

- 일제에 의한 《을사5조약》날조의 범죄성 |박사, 부교수 림동춘

  『정치법률연구』 제2호(통권 14), 과학백과사전출판사, 2006, 45~47쪽

- 자본주의 로동법의 원천에 대한 고찰 |학사 김명옥

  『정치법률연구』 제4호(통권 16), 과학백과사전출판사, 2006, 39~40쪽

- 남조선미국《동맹》은 반민족적인 《동맹》 |본사기자

  『조선녀성』 제12호(통권 583), 근로단체출판사, 2006, 56쪽

- 조선을 분렬시킨 미제의 죄행과 그에 대한 국제법적책임 |박사, 부교수 림동춘

  『김일성종합대학학보』[력사법학편] 제52권 제1호(통권 387), 김일성종합대학출판사, 2006, 60~65쪽

- 자본증권과 증권시장에 대한 법률적고찰 |김광일

  『정치법률연구』 제1호(통권 17), 과학백과사전출판사, 2007, 46~48쪽

- [상식] 《관할확대법》 |손정화

  『정치법률연구』 제4호(통권 20), 과학백과사전출판사, 2007, 표지3면

- ≪을사 5조약≫의 불법무효성 ┃부교수, 학사 리택권

  『김일성종합대학학보』[력사법학편] 제53권 제1호(통권 399), 김일성종합대학출판사, 2007, 38~43쪽

- 일본군국주의자들에 의한 ≪제물포조약≫의 조작에 대한 고찰 ┃학사 전경송

  『김일성종합대학학보』[력사법학편] 제53권 제2호(통권 402), 김일성종합대학출판사, 2007, 37~43쪽

- 자본주의로동법의 발생을 외곡하는 부르죠아법리론의 반동성 ┃학사 김명옥

  『김일성종합대학학보』[력사법학편] 제53권 제3호(통권 405), 김일성종합대학출판사, 2007, 90~94쪽

- 일본군성노예제도는 일본정부에 의하여 직접감행된 국가적범죄 ┃지서향

  『정치법률연구』 제2호(통권 22), 과학백과사전출판사, 2008, 46~47쪽

- 외국상법에 규제된 상사보조인에 대한 일반적리해 ┃최덕성

  『김일성종합대학학보』[력사 법학편] 제3호(통권 429), 김일성종합대학출판사, 2009, 139~143쪽

- 남조선강점미군의 환경파괴행위는 남조선인민들의 생존을 위협하는 범죄행위 ┃한 철

  『정치법률연구』 제1호(통권 25), 과학백과사전출판사, 2009, 46~47쪽

- ≪타프트-하틀리법≫에 규제된 로조에 대한 국가의 감독통제제도의 반동성 ┃양철민

  『정치법률연구』 제4호(통권 28), 과학백과사전출판사, 2009, 53~54쪽

정치

II

1. 정치일반

1960~1969 ●●●

■ 박정희 파쑈 도당의 ≪인간 개조≫론의 반동적 본질 ㅣ김동철
『김일성종합대학학보』[남조선연구편] 제4호(통권 21), 김일성종합대학출판사, 1964, 118~136쪽

■ 소위 ≪민정≫은 ≪군정≫의 연장이다 ㅣ심현상
『김일성종합대학학보』[남조선연구편] 제4호(통권 21), 김일성종합대학출판사, 1964, 83~103쪽

■ 남조선에서 민족적 해방과 계급적 해방의 호상 관계 ㅣ김룡호
『남조선문제』 제3호, 남조선문제출판사, 1965, 8쪽

■ [학습노트] 남조선 반동 ≪정치학≫리론 ㅣ리종문
『남조선문제』 제7호(통권 13), 남조선문제출판사, 1965, 53~61쪽

■ 부르죠아 통치 계급이 표방하고 있는 ≪자유≫의 본질 ㅣ조중학
『근로자』 제3호(통권 289), 근로자사, 1966, 44~48쪽

■ 신식민주의와 ≪민족적민주주의≫(상) ㅣ김상형
『남조선문제』 제4호(통권 33), 조국사, 1967, 2~10쪽

■ 신식민주의와 ≪민족적민주주의≫(중) ㅣ김상형
『남조선문제』 제5호(통권 34), 조국사, 1967, 10~16쪽

■ 신식민주의와 ≪민족적민주주의≫(하) ㅣ김상형
『남조선문제』 제6호(통권 35), 조국사, 1967, 11~18쪽

■ [용어해설] 계엄
『남조선문제』 제10호(통권 39), 조국사, 1967, 47쪽

1970~1979 ....

- [용어해설] ≪흑색작전≫
  『남조선문제』 제3호(통권 90), 조국통일사, 1972, 48쪽

- [용어해설] ≪공동운명체≫
  『남조선문제』 제1호(통권 99), 조국통일사, 1973, 48쪽

- 남조선반동통치배들이 떠드는 ≪자유민주주의≫의 반동적본질 | 정현석
  『남조선문제』 제1호(통권 99), 조국통일사, 1973, 22~29쪽

- 박정희괴뢰도당이 떠드는 ≪국가관확립≫의 반동적본질 | 김룡남
  『남조선문제』 제4호(통권 102), 조국통일사, 1973, 37~42쪽

- 박정희괴뢰도당이 떠벌이는 ≪민주주의토착화론≫의 반동적본질 | 한영일
  『남조선문제』 제10호(통권 108), 통일신보사, 1973, 15~19쪽

- ≪유신≫의 간판아래 박정희괴뢰도당이 더욱 요란스럽게 벌리고있는 ≪내
  핍≫책동의 반동적본질 | 리정수
  『남조선문제』 제11호(통권 109), 통일신보사, 1973, 31~35쪽

- [용어해설] ≪한국민주회복촉진국민회의≫
  『남조선문제』 제8호(통권 118), 통일신보사, 1974, 47쪽

- [독자들의 질문에 대한 대답] 박정희괴뢰도당의 이른바 ≪민족주체≫, ≪자
  주≫, ≪자립≫의 반동적본질과 그 기만성(1)
  『남조선문제』 제5호(통권 126), 조국통일사, 1975, 40~42쪽

- 부르죠아민주주의의 반동적본질 | 최철웅
  『철학론문집』 제6호, 사회과학출판사, 1975, 207~228쪽

- [독자의 질문에 대한 대답] 박정희괴뢰도당의 이른바 ≪민족주체≫, ≪자
  주≫, ≪자립≫의 반동적본질과 그 기만성(2)
  『남조선문제』 제8호(통권 129), 조국통일사, 1975, 41~44쪽

- 남조선에 류포되고 있는 ≪반공≫사상의 특징과 반동성 | 김창렬
  『사회과학』 제6호(통권 19), 사회과학출판사, 1976, 52~56쪽

- [용어해설] ≪자생적 공산주의자≫
  『남조선문제』 제6호(통권 149), 조국통일사, 1977, 48쪽

- [지상강좌] 남조선에서 사회의 민주화의 객관적필연성
  『남조선문제』 제7호(통권 150), 조국통일사, 1977, 35~38쪽

- ≪반공≫은 침략과 전쟁, 파쑈와 매국의 수단 |김철규
  『남조선문제』 제10호(통권 153), 조국통일사, 1977, 11~17쪽

- 새마을교육
  『남조선문제』 제3호(통권 158), 조국통일사, 1978, 56쪽

- 제국주의자들이 떠드는 부르죠아민주주의는 가짜민주주의이다 |백기민
  『남조선문제』 제3호(통권 158), 조국통일사, 1978, 39~41쪽

- ≪국민교육정신강화방안≫
  『남조선문제』 제4호(통권 159), 조국통일사, 1978, 57쪽

- 교활한 술책
  『남조선문제』 제6호(통권 161), 조국통일사, 1978, 55쪽

- [용어해설] ≪전시정치≫
  『남조선문제』 제8호(통권 163), 조국통일사, 1978, 55쪽

1980~1989

- ≪민족주의≫의 너울을 쓴 매국노들의 정체 |정성호
  『남조선문제』 제1호(통권 180), 조국통일사, 1980, 21~22쪽

- [전재물] 정치적각성론(1)
  『남조선문제』 제2호(통권 181), 조국통일사, 1980, 40~41쪽

- [전재물] 정치적각성론(2)
  『남조선문제』 제3호(통권 182), 조국통일사, 1980, 16~17쪽

- 파쑈화의 정체를 드러낸 ≪정치발전론≫ |한계현
  『남조선문제』 제8호(통권 187), 조국통일사, 1980, 32~33쪽

- ≪민족주의론≫은 매국배족의 사상적도구 |안은영
  『남조선문제』 제10호(통권 189), 조국통일사, 1980, 44~46쪽

- 수난의 땅 제주도 |한복희
  『조선녀성』 제8호(통권 390), 근로단체출판사, 1981, 51~52쪽

- 남조선에 류포되고 있는 파쑈독재 합리화론의 반동성 |류제근
  『사회과학론문집』 제10호, 김일성종합대학출판사, 1981, 208~271쪽

- ≪민주복지국가론≫의 정체 |최달수
  『남조선문제』 제10호(통권 210), 조국통일사, 1982, 43~45쪽

- [외세와 파쑈에 짓눌린 남조선] ―항쟁의 땅 전라도 |본사기자
  『남조선문제』 제11호(통권 211), 조국통일사, 1982, 31~33쪽

- [외세와 파쑈에 짓눌린 남조선] ―수난과 항쟁의 땅―부산 |오난식
  『남조선문제』 제12호(통권 212), 조국통일사, 1982, 14~16쪽

- 남조선괴뢰들이 내든 ≪민주정치≫론의 반동적본질 |허 준
  『남조선문제』 제9호(통권 233) 조국통일사, 1984, 36~38쪽

- [상식] 뽈럭불가담운동에 대하여
  『남조선문제』 제10호(통권 234), 조국통일사, 1984, 43쪽

- 애국충정의 결의 |계정복
  『남조선문제』 제10호(통권 234), 조국통일사, 1984, 28~29쪽

- 남조선괴뢰도당의 ≪동반자≫론의 반동적본질 |박동근
  『근로자』 제10호(통권 510), 근로자사, 1984, 59~64쪽

- 남조선에 류포되고 있는 부르죠아 정치리론의 반동적본질 |최철웅
  『철학론문집』 제12호, 과학백과사전출판사, 1984, 310~382쪽

- 남조선괴뢰들이 떠들고있는 ≪민족자결론≫의 매국배족적본질 |박근동
  『남조선문제』 제1호(통권 237), 조국통일사, 1985, 40~41쪽

- [남조선문제] 남조선괴뢰도당이 떠벌이고있는 ≪운명공동체≫론의 반동적
  본질 |전경철
  『근로자』 제2호(통권 514), 근로자사, 1985, 88~91쪽

- [남조선사회제도의 반인민적본질해부] ≪독립≫과 ≪자유≫로 분식된 식민지사회제도 ㅣ박동근

  『남조선문제』 제7호(통권 243), 조국통일사, 1985, 56~58쪽

- [상식] 식민지

  『남조선문제』 제10호(통권 246), 조국통일사, 1985, 60쪽

- [남조선사회제도의 반인민적본질해부] 남조선사회제도는 미제의 식민지예속화정책의 산물 ㅣ박동근

  『남조선문제』 제10호(통권 246), 조국통일사, 1985, 49~51쪽

- [남조선사회제도의 반인민적본질해부] ≪자주≫와 ≪민주≫로 위장된 식민지정치제도 ㅣ박동근

  『남조선문제』 제1호(통권 249), 조국통일사, 1986, 29~32쪽

- [남조선문제] 군사파쑈통치는 민주주의와 량립될수 없다 ㅣ박동근

  『근로자』 제6호(통권 542), 근로자사, 1987, 82~86쪽

- 주체사상은 남조선사회를 자주화할데 대한 혁명리론의 사상적 기초 ㅣ김명호

  『철학연구』 제4호(통권 35), 사회과학출판사, 1988, 31~35쪽

- 남조선괴뢰도당의 매국배족적인 ≪민족주의론≫ ㅣ최희열

  『국제생활』 제10호(통권 45), 국제생활사, 1989, 58~60쪽

1990~1999

- 부르죠아민주주의에 비한 사회주의적 민주주의의 본질적 우월성 ㅣ김성룡

  『철학연구』 제1호(통권 44), 사회과학출판사, 1991, 32~35쪽

- 현대제국주의의 ≪물질적번영≫과 ≪복지정책≫의 허황성과 기만성 ㅣ교수, 박사 김화천

  『김일성종합대학학보』[사회과학편-경제학] 제38권 제7호(통권 205), 김일성종합대학출판사, 1992, 68~72쪽

- ≪미국식민주주의≫는 소수 특권계급을 위한 반동적인 부르죠아민주주의

| 김용철

『김일성종합대학학보』[사회과학 – 력사법학편] 제39권 제4호(통권 214), 김일성종합대학출판사, 1993, 73~78쪽

■ 부르죠아민주주의의 반동적본질 | 김지협

『철학연구』 제1호(통권 60), 과학백과사전출판사, 1995, 46~48쪽

■ 자본주의정치생활의 반동화 | 김혜영

『철학연구』 제2호(통권 65), 과학백과사전출판사, 1996, 40~43쪽

■ 부르죠아민주주의의 반인민적성격 | 최철웅

『근로자』 제12호(통권 656), 근로자사, 1996, 85쪽

■ 자본주의통치형태의 반동적본질 | 학사 안효식

『김일성종합대학학보』[력사법학편] 제42권 제3호(통권 266), 김일성종합대학출판사, 1996, 65~69쪽

■ 현대사회민주주의와 그 반동성 | 김경룡

『김일성종합대학학보』[철학편] 제42권 제4호(통권 272), 김일성종합대학출판사, 1996, 46~50쪽

■ 부르죠아자유의 반동적본질과 그 해독성 | 저자 미확인

『근로자』 제1호, 근로자사, 1997, 86쪽

■ 당의 조직적기초를 말살한 현대사회 민주주의의 비판 | 김영철

『김일성종합대학학보』[철학편] 제43권 제2호(통권 280), 김일성종합대학출판사, 1997, 51~55쪽

2000~2009

■ 현대자본주의정치학연구의 시점 | 조민기(체육학부)

『조선대학교학보』 제4호, 조선대학교출판부, 2000, 3~10쪽

■ 부르죠아의회제의 반동성 | 학사 강남수

『철학연구』 제4호(통권 87), 과학백과사전출판사, 2001, 43~44쪽

- 부르죠아민주주의의 반인민적본질 ㅣ김영수

  『철학연구』 제2호(통권 89), 과학백과사전출판사, 2002, 43~44쪽

- [강좌] 부르죠아패덕주의의 반동적 본질 ㅣ리종칠

  『철학연구』 제2호(통권 89), 과학백과사전출판사, 2002, 47~48쪽

- 현대자본주의사회에서의 정치생활의 반동화 ㅣ홍남철

  『철학연구』 제3호(통권 90), 과학백과사전출판사, 2002, 42~43쪽

- 다원적민주주의론의 배경과 견해 ㅣ조민기(정치경제학부)

  『조선대학교학보』 제5호, 조선대학교출판부, 2002, 3~11쪽

- 착취자 국가의 반동적본질과 그 류형별 특징에 대한 고찰 ㅣ부교수, 학사 류경만

  『김일성종합대학학보』[력사법학편] 제48권 제3호(통권 345), 김일성종합대학출판사, 2002, 72~77쪽

- 「자유민주주의」의 재고 ㅣ조민기(정치경제학부)

  『조선대학교학보』 제6호, 조선대학교출판부, 2004, 58~70쪽

- 현대부르죠아 ≪폴리아키≫론의 반동성 ㅣ학사 한철주

  『정치법률연구』 제2호(통권 10), 과학백과사전출판사, 2005, 47쪽

- 미국식 ≪민주주의≫는 인민대중의 자유와 권리를 유린 말살하는 가장 반동적인 통치방식 ㅣ저자 미확인

  『근로자』 제6호, 근로자사, 2006, 60쪽

- 「작은정부」 론고 －취지와 경과－ ㅣ조민기(정치경제학부)

  『조선대학교학보』 제7호, 조선대학교출판부, 2006, 175~187쪽

- 〈자유민주주의〉는 부르죠아독재정치 ㅣ학사 진유현

  『김일성종합대학학보』[력사법학편] 제53권 제1호(통권 399), 김일성종합대학출판사, 2007, 101~105쪽

- 부르죠아 ≪정치권력실체설≫의 반동성 ㅣ김영명

  『정치법률연구』 제2호(통권 22), 과학백과사전출판사, 2008, 27~28쪽

2. 정치체제

1940~1949 ··

- 남조선단선단정을 절대로 인정하지않는다 | 북조선민주녀성총동맹위원장 박정애
  『조선녀성』 제4호, 조선녀성사, 1948, 10~13쪽
- 미군정과 매국노 리승만 | 서 승
  『조선녀성』 제4호, 조선녀성사, 1948, 17~20쪽

1950~1959 ··

- 미제의 침략 도구로서의 리승만 통치 기구의 팟쑈화 | 김진태
  『인민』 제12호, 민주조선사, 1955, 83~94쪽
- 리승만통치기구의 파쑈화적 성격 | 강석만
  『근로자』 제4호(통권 125), 근로자사, 1956, 112~124쪽
- 리 승만 도배는 남조선 인민의 의사를 대표할 수 없다 | 최준섭
  『국제생활』 제22호, 국제생활사, 1956, 22~24쪽
- 리승만 반동 통치의 정치적 위기의 심각화 | 정성언
  『인민』 제7호, 민주조선사, 1956, 100~112쪽
- ≪민의원≫은 권력 행사를 위한 정치 투기업자들의 소굴이다 | 김창주
  『직맹생활』 제9호(통권 25), 직업동맹출판사, 1958, 62~64쪽
- 리 승만 역도의 천추에 씻지 못할 또 하나의 민족 반역 행위를 규탄한다!

│편집부
『청년생활』 제2호(통권 113), 민청출판사, 1959, 16~17쪽

1960~1969 ·····························

■ 장 면 ≪내각≫은 리 승만 ≪정권≫의 연장이다 │김상원
『근로자』 제9호(통권 178), 근로자사, 1960, 63~67쪽

■ 군사 ≪정권≫이 해놓은 일이란 무엇인가 │정신용
『근로자』 제16호(통권 230), 근로자사, 1963, 39~44쪽

■ ≪제3공화국≫의 운명 │김경현
『근로자』 제1호(통권 239), 근로자사, 1964, 34~40쪽

■ 새해와 ≪제3공화국≫의 좌표 │한계홍
『남조선문제』 제1호, 남조선문제출판사, 1965, 5쪽

■ 괴뢰정권의 반동적 본질 │심호국
『남조선문제』 제9호(통권 15), 남조선문제출판사, 1965, 14~20쪽

■ 남조선괴뢰정권의 계급적본질 │리 훈
『근로자』 제11호(통권 297), 근로자사, 1966, 32~41쪽

■ [학습자료] 남조선괴뢰정권의 예속성과 반인민적성격 │한원일
『남조선문제』 제2호(통권 31), 조국사, 1967, 43~47쪽

■ 남조선에 수립된 군사파쑈독재의 본질과 특징 │김상형
『남조선문제』 제8호(통권 37), 조국사, 1967, 2~8쪽

■ [실태자료] 인민탄압의 기본수단으로서의 괴뢰경찰
『남조선문제』 제11호(통권 40), 조국사, 1967, 32~38쪽

■ 남조선에서 군사파쑈체제의 본질과 그 특징 │배병두
『조선문제연구』 제7권 제1호, 조선문제연구소, 1968, 141~160쪽

■ 남조선 괴뢰정권은 미제 식민지 통치의 위장물이며 침략도구이다 │로재선
『근로자』 제8.9호(통권 330), 근로자사, 1969, 58~64쪽

1970~1979 ·······································

- 남조선사회제도의 반동적 및 반인민적 성격 ┃저자 미확인
  『남조선문제』 제4호, 조국통일사, 1971, 30쪽

- 남조선괴뢰국회의 반동적본질 ┃저자 미확인
  『남조선문제』 제5호, 조국통일사, 1971, 24쪽

- 식민지반봉건적인 남조선사회제도의 극심한 부패성과 기생성 ┃최중철
  『남조선문제』 제8,9호(통권 84), 조국통일사, 1971, 22~28쪽

- ≪유신정치체제≫의 반동적본질 ┃김철웅
  『남조선문제』 제12호(통권 110), 통일신보사, 1973, 15~20쪽

- 남조선 ≪중앙정보부≫는 파쑈폭압과 대중적테로, 학살만행의 본거지이
  며 ≪반공≫모략책동의 총본산
  『남조선문제』 제12호(통권 110), 통일신보사, 1973, 26~33쪽

- 남조선괴뢰도당은 극악무도한 파쑈교형리이며 천추에 용서못할 매국배족
  의 무리이다 ┃김창형
  『근로자』 제9호(통권 389), 근로자사, 1974, 47~52쪽

- 가장 흉악한 파쑈교형리이며 민족의 백정인 박정희역적을 만천하에 고발
  한다(1) ┃한상우
  『교원선전수첩』 제1호(통권 69), 교원신문사, 1975, 62~64쪽

- 가장 흉악한 파쑈교형리이며 민족의 백정인 박정희역적을 만천하에 고발
  한다(2) ┃한상우
  『교원선전수첩』 제3호(통권 71), 교원신문사, 1975, 63~64쪽

- 가장 흉악한 파쑈교형리이며 민족의 백정인 박정희역적을 만천하에 고발
  한다(3) ┃한상우
  『교원선전수첩』 제6호(통권 74), 교원신문사, 1975, 62~64쪽

- 가장 흉악한 파쑈교형리이며 민족의 백정인 박정희역적을 만천하에 고발
  한다(4) ┃한상우
  『교원선전수첩』 제8호(통권 76), 교원신문사, 1975, 61~64쪽

■ 박정희괴뢰도당의 ≪유신≫파쑈독재는 오래갈 수 없다 |최명준
　　『남조선문제』 제10호(통권 131), 조국통일사, 1975, 33~37쪽

■ 미제와 그 주구 박정희괴뢰도당의 새전쟁 도발책동과 강제적군사교육 |박
　수영
　　『교원선전수첩』 제6호, 교원신문사, 1976, 58~60쪽

■ 남조선괴뢰도당은 악착스러운 부정부패의 원흉이다 |김철형
　　『근로자』 제9호(통권 413), 근로자사, 1976, 53~58쪽

■ 남조선괴뢰악당의 ≪유신체제≫는 살인폭압과 민족분렬의 체제이다 |정
　리근
　　『근로자』 제12호(통권 416), 근로자사, 1976, 49~54쪽

■ [용어해설] ≪국정감사≫
　　『남조선문제』 제3호(통권 146), 조국통일사, 1977, 48쪽

■ ≪유신≫체제의 위기와 ≪정신혁명≫ |김춘선
　　『남조선문제』 제5호(통권 148), 조국통일사, 1977, 26~29쪽

■ 남조선괴뢰도당의 ≪유신≫체제는 ≪두개조선≫조작을 위한 분렬체제 |김
　정방
　　『남조선문제』 제11호(통권 154), 조국통일사, 1977, 24~27쪽

■ ≪유신≫체제는 박정희역도의 영구집권체제 |김계순
　　『남조선문제』 제12호(통권 155), 조국통일사, 1977, 27~29쪽

■ ≪유신≫체제는 가장 포악한 인권유린체제 |정성호
　　『남조선문제』 제3호(통권 158), 조국통일사, 1978, 22~24쪽

■ 남조선 ≪국회≫는 ≪유신≫독재의 위장물 |김춘선
　　『남조선문제』 제6호(통권 161), 조국통일사, 1978, 31~32쪽

■ 남조선괴뢰도당이 꾸며낸 ≪민방위대≫에 대하여
　　『남조선문제』 제6호(통권 161), 조국통일사, 1978, 33~34쪽

■ 남조선괴뢰정권은 매판자본가들의 리익을 대변하는 반인민적인 반동 ≪정
　권≫ |한계현
　　『남조선문제』 제9호(통권 164), 조국통일사, 1978, 18~20쪽

- 박정희군사파쑈독재는 인민들의 자주성을 짓밟는 제국주의식민지통치의 전형 |원태림
  『남조선문제』 제10호(통권 165), 조국통일사, 1978, 26～28쪽

- 박정희괴뢰도당이 떠드는 ≪민족주체성≫확립의 기만성 |정성호
  『남조선문제』 제11호(통권 166), 조국통일사, 1978, 14～17쪽

- 정치거간군들의 더러운 치부행위 |김창길
  『남조선문제』 제11호(통권 166), 조국통일사, 1978, 34～35쪽

- 괴뢰도당의 ≪행정≫군사화책동
  『남조선문제』 제12호(통권 167), 조국통일사, 1978, 28쪽

- [매국역적 박정희를 고발한다] ≪3망정책≫의 돌격대장 －≪오까모도≫중위 |한복희
  『조선녀성』 제1호(통권 361), 근로단체출판사, 1979, 53～54쪽

- [매국역적 박정희를 고발한다] 상전을 바꾼 개 |한복희
  『조선녀성』 제2호(통권 362), 근로단체출판사, 1979, 50～51쪽

1980～1989 ●●●

- 파멸의 길로 줄달음쳐온 ≪유신체제≫ |정성호
  『남조선문제』 제2호(통권 181), 조국통일사, 1980, 18～21쪽

- [독자들의 질문에 대한 대답] 남조선괴뢰잠정정권에 대하여
  『남조선문제』 제4호(통권 183), 조국통일사, 1980, 42쪽

- 남조선괴뢰정권은 반인민적인 반동 ≪정권≫ |안명철
  『남조선문제』 제5호(통권 184), 조국통일사, 1980, 31～33쪽

- 불안속에 숨어다니는 파쑈악당 |남기혁
  『남조선문제』 제11호(통권 190), 조국통일사, 1980, 75쪽

- 전두환파쑈독재와 그 운명 |정성호
  『남조선문제』 제11호(통권 190), 조국통일사, 1980, 76～78쪽

- [만필] 선발된 주구 | 한복희

  『조선녀성』 제12호(통권 384), 근로단체출판사, 1980, 48~49쪽

- [전두환역적의 정체를 발가본다] 자청한 2중주구 | 길만호

  『남조선문제』 제1호(통권 192), 조국통일사, 1981, 39~41쪽

- [단평] 파쑈독재체제파멸의 징조

  『남조선문제』 제2,3호(통권 193), 조국통일사, 1981, 54쪽

- 동향과 동창, 족벌의 소굴 ≪경상도 정권≫ | 계정복

  『남조선문제』 제2,3호(통권 193), 조국통일사, 1981, 40~42쪽

- 민주세력을 말살하려는 계획적인 모략과 비렬한 보복 | 길만호

  『남조선문제』 제2,3호(통권 193), 조국통일사, 1981, 43~44쪽

- 남조선의 군사파쑈체제는 조국통일을 가로막는 분렬체제 | 남기혁

  『남조선문제』 제2,3호(통권 193), 조국통일사, 1981, 45~46쪽

- [전두환역적의 정체를 발가본다] 피를 즐기는 승냥이 | 김춘선

  『남조선문제』 제4,5호(통권 194), 조국통일사, 1981, 29~30쪽

- [전두환역적의 정체를 발가본다] 세상에 둘도없는 더러운 탐위주의자 | 한원진

  『남조선문제』 제6호(통권 195), 조국통일사, 1981, 23~25쪽

- 역적이 저질러온 용납못할 민족반역행위 | 길만호

  『남조선문제』 제6호(통근 195), 조국통일사, 1981, 28~30쪽

- 추악한 매국노 | 한복희

  『조선녀성』 제6호(통권 388), 근로단체출판사, 1981, 53~54쪽

- 전두환역도가 꾸며낸 괴뢰내각의 구성과 그 매국배족적성격 | 정성호

  『남조선문제』 제9호(통권 198), 조국통일사, 1981, 24~25쪽

- [전두환역적의 정체를 발가본다] 세상에 둘도없는 인간추물 | 남기혁

  『남조선문제』 제9호(통권 198), 조국통일사, 1981, 36~38쪽

- [전두환역적의 정체를 발가본다] 흉악무도한 ≪정권≫강도 | 한원진

  『남조선문제』 제10호(통권 199), 조국통일사, 1981, 28~30쪽

- [전두환역적의 정체를 발가본다] 매국노의 피줄을 타고 자라난 파쑈폭군 |한원진
  『남조선문제』 제11호(통권 200), 조국통일사, 1981, 30~31쪽

- 정보정치의 별동대 ≪행정상담실≫ |계정복
  『남조선문제』 제12호(통권 201), 조국통일사, 1981, 34~35쪽

- 남조선 괴뢰도당의 매국배족적 본성 |경룡일
  『근로자』 제1호(통권 477), 근로자사, 1982, 52~57쪽

- [역적놈을 발가본다] 상전을 등에 업고 |본사기자
  『조선녀성』 제2호(통권 396), 근로단체출판사, 1982, 51쪽

- 심복으로 둔갑한 ≪반란자≫ |본사기자
  『조선녀성』 제3호(통권 397), 근로단체출판사, 1982, 53쪽

- 패쪽을 바꾼 모략의 소굴 |김정렬
  『남조선문제』 제4호(통권 204), 조국통일사, 1982, 47~48쪽

- [토막글] 한수 더뜬 정치협잡
  『남조선문제』 제5호(통권 205), 조국통일사, 1982, 51쪽

- 망하고야말 파쑈독재 |안명철
  『남조선문제』 제5호(통권 205), 조국통일사, 1982, 49~51쪽

- [전두환역적의 정체를 발가본다] 매국역적이 갈 길 |윤자홍
  『남조선문제』 제5호(통권 205), 조국통일사, 1982, 52~53쪽

- [단평] 모래우의 루각
  『남조선문제』 제6호(통권 206), 조국통일사, 1982, 17쪽

- [역적놈을 발가본다] 악랄한 전쟁광신자 |한복희
  『조선녀성』 제6호(통권 400), 근로단체출판사, 1982, 52쪽

- 남조선사회를 민주화하는것은 조국통일의 중요한 담보 |본사기자
  『조선녀성』 제7호(통권 401), 근로단체출판사, 1982, 36쪽

- [괴뢰정권의 정체를 발가본다] 매국과 배족은 남조선≪정권≫의 본성 |김춘선
  『남조선문제』 제9호(통권 209), 조국통일사, 1982, 32~33쪽

- [괴뢰정권의 정체를 발가본다] 악랄하고 횡포한 수탈≪정권≫ |박남수
  『남조선문제』 제9호(통권 209), 조국통일사, 1982, 34~35쪽

- [괴뢰정권의 정체를 발가본다] 남조선괴뢰정권의 위기와 불안정성은 불치의 만성질환 |김윤환
  『남조선문제』 제9호(통권 209), 조국통일사, 1982, 36~38쪽

- 군사파쑈독재는 남조선에 대한 미제의 기본통치수단 |길만호
  『남조선문제』 제10호(통권 210), 조국통일사, 1982, 31~32쪽

- 칠성판에 오른 역적
  『남조선문제』 제10호(통권 210), 조국통일사, 1982, 35~36쪽

- [자료] ≪정권≫유지를 위한 파쑈폭압기구
  『남조선문제』 제10호(통권 210), 조국통일사, 1982, 40~42쪽

- 속심을 드러낸 교활한 독재자
  『남조선문제』 제12호(통권 212), 조국통일사, 1982, 49쪽

- 침략을 ≪친선≫으로 묘사하는 괴뢰도당의 매국배족적망동 |김문웅
  『남조선문제』 제12호(통권 212), 조국통일사, 1982, 20~22쪽

- 전두환 체제의 정치구조 |정의수
  『조선문제연구』 제22호, 조선문제연구소, 1982, 191~222쪽

- 남조선의 ≪류비통신≫ -역적의 추행, 인민의 분노
  『남조선문제』 제2호(통권 214), 조국통일사, 1983, 35~36쪽

- 역적놈의 발길질 |본사기자
  『조선녀성』 제4호(통권 407), 근로단체출판사, 1983, 39~40쪽

- ≪문명국≫의 참모습 |본사기자
  『조선녀성』 제5호(통권 408), 근로단체출판사, 1983, 37쪽

- 인간백정전두환괴뢰악당의 천인공노할 동족살륙만행 |본사기자 남상팔
  『교원선전수첩』 제5호, 교원신문사, 1983, 122~126쪽

- [단평] 어처구니 없는 수작
  『남조선문제』 제6호(통권 218), 조국통일사, 1983, 33쪽

- 흉악한 ≪정권≫강도 ㅣ본사기자
  『조선녀성』 제1호(통권 416), 근로단체출판사, 1985, 37∼38쪽

- 남조선은 미국의 예속국 ㅣ본사기자
  『조선녀성』 제1호(통권 416), 근로단체출판사, 1985, 38∼39쪽

- ≪해방자≫의 탈을 쓴 교활한 지배자 ㅣ본사기자
  『조선녀성』 제1호(통권 416), 근로단체출판사, 1985, 39∼40쪽

- 독거마리
  『남조선문제』 제3호(통권 239), 조국통일사, 1985, 18쪽

- 특등악마≪인간의 오작품, 민족의 오물≫ ㅣ본사기자
  『조선녀성』 제3호(통권 418), 근로단체출판사, 1985, 37∼38쪽

- [만고역도 전두환놈의 죄상을 단죄한다] 민족을 등진 추악한 매국노 ㅣ최홍기
  『남조선문제』 제5호(통권 241), 조국통일사, 1985, 37∼40쪽

- [만고역도 전두환놈의 죄상을 단죄한다] ≪대화≫를 내들고 분렬을 추구
  하는 극악한 범죄자 ㅣ리종두
  『남조선문제』 제5호(통권 241), 조국통일사, 1985, 41∼42쪽

- [만고역도 전두환놈의 죄상을 단죄한다] 동족참살을 일삼은 폭압의 년륜 ㅣ김
  계익
  『남조선문제』 제5호(통권 241), 조국통일사, 1985, 45∼46쪽

- [남조선 및 국제문제] 남조선괴뢰정권은 신식민주의예속정권의 전형 ㅣ박동근
  『근로자』 제6호(통권 518), 근로자사, 1985, 82∼87쪽

- [독자들의 질문에 대한 대답] ≪민정당≫은 왜 ≪개헌≫을 반대하는가
  『남조선문제』 제9호(통권 245), 조국통일사, 1985, 29쪽

- 파쑈폭압은 괴뢰정권의 필수적인 통치수법 ㅣ김선철
  『남조선문제』 제11호(통권 247), 조국통일사, 1985, 33∼35쪽

- [괴뢰도당의 사대매국행위를 단죄한다] ≪청와대≫에서 꾸려진 뢰물보따
  리 ㅣ류 은
  『남조선문제』 제12호(통권 248), 조국통일사, 1985, 31∼32쪽

- [괴뢰도당의 사대매국행위를 단죄한다] 남조선인민들을 겨냥한 쥐약 ≪아르 에취 787≫ |본사기자
  『남조선문제』 제12호(통권 248), 조국통일사, 1985, 33~35쪽

- [괴뢰도당의 사대매국행위를 단죄한다] 버림받는 원자탄피해자들 |본사기자
  『남조선문제』 제12호(통권 248), 조국통일사, 1985, 36~37쪽

- [괴뢰도당의 사대매국행위를 단죄한다] 덮어버릴수 없는 사건 |안명철
  『남조선문제』 제12호(통권 248), 조국통일사, 1985, 38~40쪽

- 남조선괴뢰들이 떠벌이는 ≪평화적정권교체설≫의 반동적본질 |김선철
  『남조선문제』 제4호(통권 252), 조국통일사, 1986, 46~48쪽

- [체험기] 남조선 ≪정권≫은 미제의 괴뢰정권 |배중혁
  『남조선문제』 제5호(통권 253), 조국통일사, 1986, 32~34쪽

- [체험기] 전두환 ≪정권≫은 친미예속 ≪정권≫ |문영빈
  『남조선문제』 제5호(통권 253), 조국통일사, 1986, 35~39쪽

- 남조선에서의 ≪정권≫교체의 일반적특성 |김선철
  『남조선문제』 제5호(통권 253), 조국통일사, 1986, 40~42쪽

- [남조선문제] 남조선괴뢰도당은 천추에 용납 못할 매국배족의 무리 |강성룡
  『근로자』 제5호(통권 529), 근로자사, 1986, 79~84쪽

- [상식] ≪대통령공화제≫와 ≪의원내각제≫
  『남조선문제』 제6호(통권 254), 조국통일사, 1986, 51쪽

- ≪민정당≫이 내든 ≪의원내각제≫의 반동성 |강성룡
  『남조선문제』 제1호(통권 255), 조국통일사, 1987, 55~56쪽

- 장기집권을 위한 교활한 책동 |한복희
  『조선녀성』 제4호(통권 431), 근로단체출판사, 1987, 37쪽

- [상식] 파쑈독재에 대하여(1)
  『남조선문제』 제5호(통권 259), 조국통일사, 1987, 57쪽

- 한판에 찍어낸 군사파쑈분자 |한수길
  『남조선문제』 제6호(통권 260), 통일사, 1987, 36~39쪽

- [상식] 파쑈독재(2)

  『남조선문제』 제6호(통권 260), 조국통일사, 1987, 43~44쪽

- [정세자료] 남조선의 정치적위기를 수습해보려는 교활한 책동 |로정태

  『국제생활』 제8호(통권 19), 국제생활사, 1987, 12~14쪽

- 군부독재를 연장하려는 남조선괴뢰도당의 책동 |박동근

  『국제생활』 제11호(통권 22), 국제생활사, 1987, 15~17쪽

- 민주의 가면을 쓴 파쑈광 |조동춘

  『남조선문제』 제1호(통권 261), 조국통일사, 1988, 40~42쪽

- [남조선문제] 남조선괴뢰정권은 미제의 식민지정책을 집행하는 매국정권 |박
  동근

  『근로자』 제1호(통권 549), 근로자사, 1988, 81~84쪽

- 군사파쑈독재의 통일문제해결의 기본장애물 |김 진

  『남조선문제』 제3호(통권 263), 조국통일사, 1988, 31~35쪽

- 남조선에서 벌어진 ≪평화적 정권교체≫극의 진상 |김춘선

  『남조선문제』 제3호(통권 263), 조국통일사, 1988, 36~39쪽

- [학습참고자료] 파쑈독재와 남조선(1)

  『남조선문제』 제3호(통권 263), 조국통일사, 1988, 54~59쪽

- ≪민정≫의 간판을 내건 로태우 군부독재≪정권≫ |박현규

  『국제생활』 제4호(통권 27), 국제생활사, 1988, 25~28쪽

- [학습참고자료] 파쑈독재와 남조선(2)

  『남조선문제』 제4호(통권 264), 조국통일사, 1988, 48~52쪽

- 인두겁을 쓴 야수

  『남조선문제』 제4호(통권 264), 조국통일사, 1988, 58~61쪽

- 폭압에 미쳐날뛰는 로태우괴뢰도당 |김재현

  『국제생활』 제5호(통권 28), 국제생활사, 1988, 20~23쪽

- 남조선의 현 ≪정권≫은 철두철미 예속적이며 반인민적인 군사파쑈독재
  ≪정권≫ |서치렬

  『근로자』 제7호(통권 567), 근로자사, 1989, 85~90쪽

1990~1999 ....

- 항거에 부딪친 반민족, 반통일 세력의 정치쿠테타 | 방철수
  『국제생활』 제3호(통권 50), 국제생활사, 1990, 13~16쪽

- 로태우괴뢰정권은 매국배족의 군사깡패들로 무어진 파쑈정권 | 평양기계대
  학강좌장 정승렬
  『교원선전수첩』 제4호, 교원신문사, 1990, 120~123쪽

- 정치적간상배 김영삼 | 김영히
  『국제생활』 제6호(통권 53), 국제생활사, 1990, 40~44쪽

- 로태우역도의 사대매국행각 | 정영희
  『국제생활』 제8호(통권 55), 국제생활사, 1990, 21~23쪽

- [남조선문제] 남조선 괴뢰정권은 친미 사대정권 | 김형룡
  『근로자』 제12호(통권 596), 근로자사, 1991, 86~90쪽

- [남조선문제] 김영삼괴뢰정권은 사대매국적인 파쑈독재 ≪정권≫ | 한웅식
  『근로자』 제3호(통권 623), 근로자사, 1994, 80~85쪽

- 파산의 위기에 처한 ≪문민≫과 파쑈정권 | 저자 미확인
  『근로자』 제8호, 근로자사, 1997, 87쪽

- 남조선의 력대 괴뢰통치배들의 민족반역죄행(2) | 류춘일
  『교원선전수첩』 제5호, 교원신문사, 1999, 109~120쪽

2000~2009 ....

- 자본주의국가형태에 대한 고찰 | 부교수, 학사 류경만
  『김일성종합대학학보』[력사법학편] 제50권 제3호(통권 369), 김일성종합대학출판사,
  2004, 78~83쪽

- 의회제와 다당제는 부르죠아독재의 도구 | 저자 미확인
  『근로자』 제6호, 근로자사, 2006, 60쪽

- ≪리명박정권하에서 산다는것은 곧 슬픔이고 괴로움이다≫ |본사기자
  『조선녀성』 제9호(통권604), 근로단체출판사, 2008, 56쪽

- 거짓말 ≪대통령≫ |본사기자
  『조선녀성』 제11호(통권 606), 근로단체출판사, 2008, 55쪽

- 민심의 규탄을 받는 반역 ≪정권≫ |본사기자
  『조선녀성』 제4호(통권 611), 근로단체출판사, 2009, 56쪽

- 남조선파쑈통치체제와 그 파산의 불가피성 |심명진
  『김일성종합대학학보』[력사법학편] 제55권 제2호(통권 426), 김일성종합대학출판사,
  2009, 120~124쪽

3. 정당, 선거

1940~1949 ···

- 남조선 과도입법의원의 반동성 ㅣ한병옥

  『인민』 제2권 제1호, 인민편집위원회, 1947, 74~88쪽

- 5.10망국단선의 파탄과 남반부 인민항쟁 ㅣ현유석

  『인민』 제4권 제5호, 민주조선사, 1949, 53~62쪽

1950~1959 ···

- 리승만도당의 망국선거극은 또다시 파탄될것이다 ㅣ리규희

  『조선녀성』 제5호, 조선녀성사, 1950, 32~35쪽

- 남조선에서의 소위≪대통령≫ 및 ≪부통령≫ 선거결과에 대하여 ㅣ오홍택

  『국제생활』 제10호, 국제생활사, 1956, 3~5쪽

- ≪선거≫ 후의 남조선 ㅣ최명소

  『국제생활』 제12호, 국제생활사, 1956, 27~29쪽

- 남조선 ≪지방 선거≫의 기만극 ㅣ오홍택

  『국제생활』 제16호, 국제생활사, 1956, 19~20쪽

- ≪대통령≫ 선거를 앞둔 남조선 지배층의 내부 알력 격화 ㅣ최명소

  『국제생활』 제4호, 조선중앙통신사, 1956, 23~25쪽

- 리승만 괴뢰정권의 심각한 정치적위기와 ≪민의원≫선거 ㅣ림경근

  『근로자』 제4호(통권 149), 근로자사, 1958, 66~72쪽

■ 이승만 정권의 정치적 위기와 「제4대 민의원선거」 | 김병원

『조선문제연구』 제2권 제2호, 조선문제연구소, 1958, 25~33쪽

1960~1969 ....

■ 리승만 도당의 파멸적 위기와 ≪선거≫도박 | 최 윤

『근로자』 제2호(통권 171), 근로자사, 1960, 37~40쪽

■ 장기 집권을 위한 군사 파쑈 도당의 책동 | 홍형서

『근로자』 제1호(통권 215), 근로자사, 1963, 39~42쪽

■ 미제에 의하여 조작된 ≪대통령 선거≫ 협잡 | 리태환

『상업』 제11호, 경제출판사, 1963, 34~36쪽

■ 남조선에는 어떤 반동 보수 정당들이 있는가 | 저자 미확인

『남조선문제』 제1호, 남조선문제출판사, 1965, 63쪽

■ ≪정당 정치≫로써는 신식민주의의 정체를 가릴 수 없다 | 성대일

『근로자』 제22호(통권 284), 근로자사, 1965, 24~29쪽

■ [강사들에게 주는 자료] 박정희도당의 재집권책동 | 최용수

『남조선문제』 제2호(통권 31), 조국사, 1967, 38~42쪽

■ [용어해설] 여당

『남조선문제』 제4호(통권 33), 조국사, 1967, 47쪽

■ [용어해설] 야당

『남조선문제』 제4호(통권 33), 조국사, 1967, 47쪽

■ [정세의 움직임] 폭압과 협잡으로 일관된 ≪대통령선거≫

『남조선문제』 제7호(통권 36), 조국사, 1967, 33~36쪽

■ [자료] 오늘의 남조선정당들

『남조선문제』 제7호(통권 36), 조국사, 1967, 43~45쪽

■ [강사들을 위한 자료] 남조선에서의 ≪선거≫는 무엇을 보여주었는가? | 리영묵

『남조선문제』 제8호(통권 37), 조국사, 1967, 23~30쪽

- [용어해설] ≪부재자투표≫
  『남조선문제』 제8호(통권 37), 조국사, 1967, 47쪽

- [용어해설] ≪다수대표제≫와 ≪비례대표제≫
  『남조선문제』 제8호(통권 37), 조국사, 1967, 47~48쪽

1970~1979 ••

- 허위와 기만으로 일관된 박정희괴뢰도당의 ≪선거공약≫ | 저자 미확인
  『남조선문제』 제5호, 조국통일사, 1971, 30쪽

- 테로폭압과 사기협잡의 광란속에서 조작된 괴뢰대통령 ≪선거≫ | 저자 미확인
  『남조선문제』 제5호, 조국통일사, 1971, 36쪽

- ≪유정회≫ (≪유신정우회≫)
  『남조선문제』 제7호(통권 105), 조국통일사, 1973, 48쪽

- 매국배족의 집단－민주공화당
  『남조선문제』 제9호(통권 119), 통일신보사, 1974, 40~42쪽

- ≪유신정우회≫를 왜 조작하였는가 | 김윤석
  『남조선문제』 제2호(통권 157), 조국통일사, 1978, 26~27쪽

- 남조선에서의 ≪대통령선거≫는 박정희역도의 집권연장을 위한 정치적모략 | 김윤환
  『남조선문제』 제6호(통권 161), 조국통일사, 1978, 19~21쪽

- ≪8당5락, 5당3락≫과 정치자금
  『남조선문제』 제7호(통권 162), 조국통일사, 1978, 24쪽

- 폭압으로 막을 열고 협잡으로 막을 내린 ≪선거≫놀음 | 김주호
  『남조선문제』 제8호(통권 163), 조국통일사, 1978, 25~26쪽

- ≪공명선거≫는 협잡선거의 대명사 | 박태수
  『남조선문제』 제12호(통권 167), 조국통일사, 1978, 34~35쪽

1980~1989 ....

- 파쟁의 소용돌이속에서 허우적거리는 공화당 │한계현

  『남조선문제』 제7호(통권 186), 조국통일사, 1980, 41~42쪽

- 통일혁명당은 남조선에서 주체사상을 구현하는 혁명적당 │남성철

  『남조선문제』 제8호(통권 187), 조국통일사, 1980, 7~8쪽

- 주체의 기치밑에 전진하는 통일혁명당조직들 │명정철

  『남조선문제』 제8호(통권 187), 조국통일사, 1980, 13~14쪽

- ≪정권≫탈취를 위한 정치적모략과 ≪사건≫날조 │김정렬

  『남조선문제』 제11호(통권 190), 조국통일사, 1980, 73~74쪽

- 정당란립소동에서 추구하는 파쑈도당의 정치적야심 │안명훈

  『남조선문제』 제2.3호(통권 193), 조국통일사, 1981, 49~50쪽

- 사기와 협잡, 파쑈의 도가니속에서 감행된 괴뢰대통령 ≪선거≫놀음 │방
  룡길

  『남조선문제』 제4.5호(통권 194), 조국통일사, 1981, 33~34쪽

- 파쑈독재의 정치적시녀-≪민정당≫ │방룡길

  『남조선문제』 제6호(통권 195), 조국통일사, 1981, 31~32쪽

- ≪다당정치제≫는 일당독재를 강화하기 위한 정치적수단 │남기혁

  『남조선문제』 제10호(통권 199), 조국통일사, 1981, 25~27쪽

- [1981년도 남조선 정세] 파쑈, 분렬 책동의 더욱 로골화, 심화된 통치위기
  │정성호

  『남조선문제』 제2.3호(통권 203), 조국통일사, 1982, 42~44쪽

- 권력다툼으로 곪아터진 ≪민정당≫ │원태림

  『남조선문제』 제10호(통권 210), 조국통일사, 1982, 23~24쪽

- 남조선의 ≪정당정치≫는 식민지파쑈통치의 위장물 │신상춘

  『남조선문제』 제11호(통권 223), 조국통일사, 1983, 23~25쪽

- 통일혁명당의 정의의 위업은 필승불패이다

  『남조선문제』 제8호(통권 232), 조국통일사, 1984, 5~6쪽

1990~1999 ....

- ≪지방자치제선거≫는 무엇을 보여주는가 ㅣ조병설

  『조선사회민주당』 제3호(통권 574), 조선사회민주당출판사, 1995, 50~51쪽

- [남조선문제] 괴뢰국회의원선거결과에 대하여 ㅣ변창순

  『근로자』 제7호(통권 651), 근로자사, 1996, 86~90쪽

2000~2009 ∙∙

- ≪한나라당≫과 민심

  『조선사회민주당』 제2호(통권 597), 조선사회민주당출판사, 2001, 37~39쪽

- 민주로동당 ㅣ엄영선

  『조선사회민주당』 제1호(통권 597), 조선사회민주당출판사, 2003, 43~44쪽

- ≪한나라당≫은 나라와 민족의 근본리익을 해치는 사대매국의 무리 ㅣ저자
  미확인

  『근로자』 제11호, 근로자사, 2003, 56쪽

- 남조선에서 진행된 ≪지방자치제선거≫에 대하여 ㅣ저자 미확인

  『근로자』 제9호, 근로자사, 2006, 62쪽

- 4월남북련석회의 결정관철을 위한 북남청년학생들의 투쟁 ㅣ리금철

  『력사과학』 제3호(통권 211), 과학백과사전출판사, 2009, 11~12쪽

4. 정치변동

1) 정치정세

1940~1949

- 최근의 남조선 │○○○
  『조선녀성』 제1호, 조선녀성사, 1948, 25~27쪽

- 미군정의 기만적 토지개혁 │박혜련
  『조선녀성』 제4호, 조선녀성사, 1948, 34~36쪽

- 전조선제정당사회단체대표자련석회의에서 진술한 보고-남조선 정치정세
  │박헌영
  『근로자』 제5호(통권 15), 로동신문사, 1948, 25~42쪽

- 전조선동포에게격함-남북조선제정당사회단체련석회의에서-
  『근로자』 제5호(통권 15), 로동신문사, 1948, 65~70쪽

- 남조선의 일반정세(상) │김형준
  『인민』 제3권 제7호, 민주조선사, 1948, 67~88쪽

- 남조선 일반정세(하) │김형준
  『인민』 제3권 제8호, 민주조선사, 1948, 42~67쪽

- 최근의 남북조선 정치정세 │박창옥
  『근로자』 제1호(통권 23), 로동신문사, 1949, 23~43쪽

- 조선민주주의인민공화국 기치를 높이들고 구국투쟁에 총궐기한 남조선인
  민들의 영웅적투쟁 │김광일

『근로자』 제2호(통권 24), 로동신문사, 1949, 28~45쪽

- 미제국주의에 복무하는 남조선 반동파의 최후발악 ㅣ승 민

  『근로자』 제11호(통권 33), 로동신문사, 1949, 31~45쪽

- 남조선 인민들의 구국투쟁과 파멸하여가는 리승만 매국〈정권〉 ㅣ권오직

  『근로자』 제1호(통권 36), 로동신문사, 1949, 26~37쪽

- 허위와 기만에 가득찬 '유.엔 조선위원단'의 보고와 그들의 새로운흉책 ㅣ고
  영빈

  『인민』 제4권 제11호, 민주조선사, 1949, 41~50쪽

- 남반부 토지개혁실시를 위하여 ㅣ최용달

  『인민』 제4권 제7호, 민주조선사, 1949, 32~55쪽

- 남조선 정치경제정세와 인민들의 구국투쟁 ㅣ리승엽

  『인민』 제4권 제9호, 민주조선사, 1949, 31~73쪽

1950~1959 ....

- 남조선 괴뢰 정부의 인민 재산 략탈 ㅣ윤형식

  『근로자』 제3호(통권 49), 로동신문사, 1950, 47~57쪽

- 남반부의 현정세와 남반부 제정당 사회단체들의 과업 ㅣ김삼룡

  『근로자』 제4호(통권 50), 로동신문사, 1950, 19~33쪽

- 해방된 남조선 ㅣ신영순

  『조선녀성』 제8호, 조선녀성사, 1950, 32~35쪽

- 남반부의 로동당 전체 당원들과 전체 인민들에게 호소한 박헌영 동지의
  방송 연설

  『근로자』 제13호(통권 59), 로동신문사, 1950, 3~9쪽

- 남반부에서 인민위원회들은 복구 강화되고 있다 ㅣ리 규

  『근로자』 제15호(통권 61), 로동신문사, 1950, 51~58쪽

- 남조선 현정세와 애국적 정당, 사회단체들의 임무 |박헌영
  『인민』 제5권 제2호, 민주조선사, 1950, 14~33쪽

- 남반부 빨찌산들의 영용한 투쟁에 대한 거족적 원호사업을 강화하자 |리
  승엽
  『인민』 제5권 제2호, 민주조선사, 1950, 63~72쪽

- 영용한 남녀 빨찌산들은 적들의 발 밑에 복수의 불길을 더욱 높이고 있다
  |리기석
  『근로자』 제2호(통권 63), 로동신문사, 1951, 58~72쪽

- 최근 남조선 정치경제 정세 |박일령
  『근로자』 제2호(통권 99), 로동신문사, 1954, 75~86쪽

- 최근의 남조선정세에 대하여 |전동혁
  『근로자』 제9호(통권 106), 로동신문사, 1954, 91~106쪽

- 1954년의 남조선 |최명소
  『국제생활』 제24호 조선중앙통신사, 1954, 8~12쪽

- 최근의 남조선 정세 |강길모
  『근로자』 제5호(통권 114), 로동신문사, 1955, 123~134쪽

- 전쟁 준비에 광분하는 미제와 리승만 도당들 |최명소
  『국제생활』 제10호, 조선중앙통신사, 1955, 3~5쪽

- 리 승만의 황당한 소동 |최명소
  『국제생활』 제17호, 조선중앙통신사, 1955, 3~5쪽

- 리승만 정부의 재정적 파탄과 지배층 내부 알력의 심화 |명 줍
  『국제생활』 제19호, 조선중앙통신사, 1955, 5~7쪽

- 미제 강점하의 남조선의 1년 |최동명
  『국제생활』 제24호, 조선중앙통신사, 1955, 5~10쪽

- 남조선 인민의 소원 |최명소
  『국제생활』 제15호, 국제생활사, 1956, 16~19쪽

- 남조선의 암담한 새해 |최동명
  『국제생활』 제1호, 조선중앙통신사, 1956, 6~8쪽

- 최근 남조선의 정치정세 | 김병식
  『조선문제연구』 제2호, 조선문제연구소, 1957, 45~60쪽

- 남조선 형제들에게 동포애의 뜨거운 손길을 보낸다
  『조선녀성』 제5호, 조선녀성사, 1957, 14~15쪽

- 미제의 리승만도당의 파쑈통치의 강화와 남조선인민들의 무권리 | 강기식
  『근로자』 제5호(통권 150), 근로자사, 1958, 70~75쪽

- ≪민의원선거≫후 남조선정치정세 | 최준섭
  『근로자』 제8호(통권 153), 근로자사, 1958, 59~65쪽

- 리승만 도당의 범죄적 ≪이민≫책동의 배족적 본질 | 최철수
  『근로자』 제2호(통권 159), 근로자사, 1959, 113~117쪽

1960~1969 ....

- [남조선] 파쑈악당들의 광란 우심
  『국제생활』 제12호, 국제생활사, 1961, 3쪽

- 군사 불한당들의 매국배족 행위 | 김주학
  『근로자』 제1호(통권 194), 근로자사, 1962, 41~46쪽

- 군사 ≪정권≫의 1962년도 ≪예산≫의 반동성 | 안 룡
  『근로자』 제2호(통권 195), 근로자사, 1962, 60~64쪽

- 군사 불한당들의 ≪인간 개조≫ 책동은 무엇을 노리는가? | 김민호
  『근로자』 제7호(통권 200), 근로자사, 1962, 39~42쪽

- 구악을 무색케 하는 신악 | 신 복
  『근로자』 제22호(통권 260), 근로자사, 1964, 28~33쪽

- [지상강좌] 남조선혁명문제 제4강 혁명의 동력-농민 | 리 송
  『남조선문제』 제4호(통권 10), 남조선문제출판사, 1965, 49~53쪽

- [강사들에게 주는 자료] 최근 남조선 정치 정세 | 서동필
  『남조선문제』 제8호(통권 14), 남조선문제출판사, 1965, 54~61쪽

- [강사들에게 주는 자료] 1965년도 남조선 정세의 특징 |서동필
  『남조선문제』 제1호(통권 18), 남조선문제출판사, 1966, 38~45쪽

- 남조선 정세 발전의 특징 |김송림
  『근로자』 제1호(통권 287), 근로자사, 1966, 41~48쪽

- 심각화되고있는 박정희 집권 세력 내부의 모순 대립 |김룡길
  『남조선문제』 제2호(통권 19), 남조선문제출판사, 1966, 45~48쪽

- 1966년도 박정희 도당의 ≪시정 방침≫과 그 본질 |서동필
  『남조선문제』 제3호(통권 20), 남조선문제출판사, 1966, 27~31쪽

- 미제와 괴뢰도당의 로동관리 정책 |손위성
  『남조선문제』 제4호(통권 21), 남조선문제출판사, 1966, 31~36쪽

- 남조선 농촌의 사회 경제적 관계와 농민들에 대한 정치선전 사업 |김진철
  『남조선문제』 제5호(통권 22), 남조선문제출판사, 1966, 25~28쪽

- [자료] 박정희 도당의 남부 웰남 파병 문제
  『남조선문제』 제6호(통권 23), 조국사, 1966, 43~47쪽

- 남조선 ≪정계≫의 최근동향 |박동호
  『남조선문제』 제9호(통권 26), 조국사, 1966, 28~31쪽

- 미제와 박정희도당의 ≪반공≫선전과 그 영향 |현철오
  『남조선문제』 제12호(통권 29), 조국사, 1966, 17~23쪽

- 남조선의 현정세와 남조선혁명에 대한 당의 기본방침 |김정숙
  『근로자』 제12호(통권 298), 근로자사, 1966, 18~27쪽

- 미제와 그 주구들은 ≪반공≫으로 저들의 범죄행위를 가릴수 없다 |방학세
  『근로자』 제1호(통권 299), 근로자사, 1967, 16~23쪽

- 남조선에서 맑스-레닌주의당을 꾸리는것은 혁명승리를 위한 결정적담보
  |권 혁
  『근로자』 제1호(통권 299), 근로자사, 1967, 8~15쪽

- 남조선군사파쑈도당의 장기집권책동 |김경현
  『근로자』 제3호(통권 301), 근로자사, 1967, 46~50쪽

- 남조선인민들을 정치적으로 각성시키는것은 혁명발전의 절실한 요구 ㅣ조명일

  『근로자』 제4호(통권 302), 근로자사, 1967, 29~34쪽

- 남부웰남파병책동의 반동적 본질 ㅣ윤철수

  『남조선문제』 제5호(통권 34), 조국사, 1967, 2~9쪽

- [정세의 움직임] 최근 남조선의 정치정세

  『남조선문제』 제5호(통권 34), 조국사, 1967, 35~38쪽

- [자료] 박정희도당의 부정부패 ㅣ전명걸

  『남조선문제』 제6호(통권 35), 조국사, 1967, 37~42쪽

- 최근의 남조선 정세 ㅣ김병식

  『조선문제연구』 제6권 제2호, 조선문제연구소, 1967, 1~32쪽

- 미제와 그 주구들의 장기 ≪집권≫ 책동은 파탄을 면치 못할 것이다 ㅣ최필원

  『근로자』 제12호(통권 333), 근로자사, 1969, 50~55쪽

1970~1979 ●●●

- 1970년 남조선정세 ㅣ저자 미확인

  『남조선문제』 제1호, 조국통일사, 1971, 37쪽

- 남조선괴뢰악당의 매국배족적 정체 ㅣ로금천

  『근로자』 제2호(통권 347), 근로자사, 1971, 50~57쪽

- 날로 심화되고있는 박정희괴뢰도당의 부정부패 ㅣ저자 미확인

  『남조선문제』 제3호, 조국통일사, 1971, 32쪽

- 괴뢰대통령 및 괴뢰국회의원 ≪선거≫를 앞둔 남조선괴뢰지배층내부모순의 심화 ㅣ저자 미확인

  『남조선문제』 제4호, 조국통일사, 1971, 37쪽

- 최근 남조선괴뢰하층공무원들속에서의 동요와 혼란의 급격한 증대 ㅣ저자

미확인

『남조선문제』 제6호, 조국통일사, 1971, 31쪽

■ 인민들에 대한 강도적수탈로 일관된 박정희괴뢰도당의 10년간의 죄악상 |저
자 미확인

『남조선문제』 제7호, 조국통일사, 1971, 32쪽

■ 1971년 상반년도 남조선정치정세 |김상선

『남조선문제』 제8.9호(통권 84), 조국통일사, 1971, 35~41쪽

■ 1971년도 남조선정세개관 |김일남

『남조선문제』 제2호(통권 89), 조국통일사, 1972, 35~41쪽

■ 최근 박정희괴뢰도당의 ≪반공≫책동 |문하연

『남조선문제』 제6호(통권 93), 조국통일사, 1972, 27~32쪽

■ ≪비상사태≫선포이후 남조선의 정치정세 |김문철

『남조선문제』 제7호(통권 94), 조국통일사, 1972, 35~41쪽

■ [용어해설] ≪원내발언보도제한≫책동

『남조선문제』 제10호(통권 97), 조국통일사, 1972, 48쪽

■ 남조선위정자들이 벌리고있는 ≪새마을운동≫ |김룡남

『남조선문제』 제10호(통권 97), 조국통일사, 1972, 35~41쪽

■ 1972년도 남조선정세개관 |김철남

『남조선문제』 제2호(통권 100), 조국통일사, 1973, 23~29쪽

■ 민족애선전을 강화하는것은 남조선인민들속에서의 정치선전의 중요과업 |한
길원

『남조선문제』 제3호(통권 101), 조국통일사, 1973, 2~8쪽

■ [프랑스월간지 ≪몽드 디쁠로마티크≫ 1973년 3월호에 실린 필리쁘 뽕쓰
의 남조선방문기] 힘을 사용하는≪민주주의≫-남조선

『남조선문제』 제7호(통권 105), 조국통일사, 1973, 41~47쪽

■ 최근 남조선정치정세 |김용수

『남조선문제』 제10호(통권 108), 통일신보사, 1973, 32~37쪽

- [정치정세] 최근 악랄화되고있는 박정희괴뢰도당의 언론탄압책동 |김경영
  『남조선문제』 제11호(통권 109), 통일신보사, 1973, 26~30쪽

- 박정희괴뢰정권의 심각한 전면적위기 |권용복
  『남조선문제』 제1호(통권 111), 통일신보사, 1974, 37~43쪽

- 박정희괴뢰도당의 ≪유흥관광≫책동과 그를 항의규탄하는 내외여론 |강천문
  『남조선문제』 제5호(통권 115), 통일신보사, 1974, 39~43쪽

- ≪공포분위기로 다스리는 박정희의 통치술은 한계점에 이르렀다≫(일본 정치리론잡지 ≪세까이≫1974년 3호에 실린 글)
  『남조선문제』 제5호(통권 115), 통일신보사, 1974, 46~47쪽

- 해외에 팔려간 남조선인민들의 비참한 생활처지 |리근평
  『남조선문제』 제6호(통권 116), 통일신보사, 1974, 30~34쪽

- 상반년도 남조선정치정세 |김춘선
  『남조선문제』 제7호(통권 117), 통일신보사, 1974, 24~29쪽

- 최근 남조선종교인들의 정치적동향 |전주경
  『남조선문제』 제8호(통권 118), 통일신보사, 1974, 34~38쪽

- 파산되여가는 박정희괴뢰도당의 광란적인 ≪반공≫책동 |차응팔
  『남조선문제』 제9호(통권 119), 통일신보사, 1974, 31~35쪽

- [용어해설] ≪추자도 무장게릴라습격사건≫
  『남조선문제』 제10호(통권 120), 조국통일사, 1974, 48쪽

- 1974년도 남조선정세 |김기삼
  『남조선문제』 제1호(통권 122), 조국통일사, 1975, 18~23쪽

- ≪새마을운동≫은 위기에 빠진 박정희역적의 어리석은 망동이다 |김응걸
  『남조선문제』 제1호(통권 122), 조국통일사, 1975, 24~30쪽

- 부정부패의 우두머리는 박정희괴뢰도당이다 |강천문
  『남조선문제』 제1호(통권 122), 조국통일사, 1975, 43~48쪽

- 남조선반동관료배는 미일제국주의자들의 식민지예속화정책과 전쟁정책의

충실한 집행자 |김선철
『남조선문제』 제3호(통권 124), 조국통일사, 1975, 7~11쪽

■ 매국노 박정희역도의 진면모가 밝혀졌다
『남조선문제』 제3호(통권 124), 조국통일사, 1975, 43~47쪽

■ 최근 남조선정세 |저자 미확인
『남조선문제』 제7호(통권 128), 조국통일사, 1975, 36쪽

■ ≪반공≫은 멸망의 길이다 |김은철
『근로자』 제7호(통권 399), 근로자사, 1975, 52~58쪽

■ 불안과 공포, 절망과 우울감에 휩싸인 박정희괴뢰도당 |김은철
『남조선문제』 제8호(통권 129), 조국통일사, 1975, 22~27쪽

■ 박정희괴뢰도당의 ≪반공≫소동은 겁에 질린자들의 마지막발악 |최응해
『남조선문제』 제9호(통권 130), 조국통일사, 1975, 19~25쪽

■ 박정희괴뢰도당의 이른바 ≪방위세≫수탈소동은 죽어가는 놈들의 최후발
악적인 강도적략탈만행이다
『남조선문제』 제9호(통권 130), 조국통일사, 1975, 40~41쪽

■ ≪나는 남조선이 완전히 경찰〈국가〉로 됐다는 사실을 더 이상 의심할 여
지가 없었다≫ (전 주미 남조선 괴뢰공보관장 리재현의 증언)
『남조선문제』 제9호(통권 130), 조국통일사, 1975, 45~47쪽

■ ≪소리없는 〈국민〉≫ (일본잡지 ≪세까이≫ 1975년 9호에 실린 ≪〈한국〉
으로부터의 통신≫)
『남조선문제』 제11호(통권 132), 조국통일사, 1975, 42~48쪽

■ ≪남조선에서 보내온 비밀편지≫
『남조선문제』 제12호(통권133), 조국통일사, 1975, 40~45쪽

■ 십월유신체제와 정보 고문정치-KCIA의 역사적 계보를 중심으로- |이교순
『조선문제연구』 제21호, 조선문제연구소, 1975, 203~278쪽

■ 1975년도 남조선정세개관 |김춘선
『남조선문제』 제2호(통권 135), 조국통일사, 1976, 25~31쪽

- [용어해설] ≪민방위대≫

  『남조선문제』 제3호(통권 136), 조국통일사, 1976, 48쪽

- [시평] 박정희괴뢰도당의 피비린내나는 ≪경찰관서증설5개년계획≫ |김인철

  『남조선문제』 제3호(통권 136), 조국통일사, 1976, 36~38쪽

- [독자의 질문에 대한 대답] 박정희괴뢰도당의 해외도망계획-≪엑소더스 작전≫

  『남조선문제』 제3호(통권 136), 조국통일사, 1976, 43~44쪽

- 날로 우심해지는 박정희괴뢰도당의 부정부패 |강일해

  『남조선문제』 제5.6호(통권 138), 조국통일사, 1976, 31~34쪽

- ≪유신≫이후 더욱 강화되고있는 박정희괴뢰도당의 ≪공무원기강확립≫ 책동의 반동적본질 |리성순

  『남조선문제』 제7호(통권 139), 조국통일사, 1976, 15~19쪽

- ≪남침위협≫의 기만적구호밑에 강화하고있는 박정희괴뢰도당의 전시체 제확립책동 |김정수

  『남조선문제』 제7호(통권 139), 조국통일사, 1976, 20~23쪽

- 상반년도 남조선정치정세 |김현철

  『남조선문제』 제8호(통권 140), 조국통일사, 1976, 30~34쪽

- ≪유신≫파쑈독재를 유지하기 위한 박정희괴뢰도당의 범죄적인 정보모략 책동(1) |김성길

  『남조선문제』 제9호(통권 141), 조국통일사, 1976, 17~21쪽

- [시평] 박정희괴뢰도당의 범죄적인 ≪반공≫소동은 죽음을 앞둔자의 최후 발악 |리정부

  『남조선문제』 제9호(통권 141), 조국통일사, 1976, 28~30쪽

- ≪10월유신≫후 더욱 로골화되고있는 박정희괴뢰도당의 민족분렬영구화 책동 |김춘일

  『남조선문제』 제10호(통권 142), 조국통일사, 1976, 14~17쪽

- ≪유신≫파쑈독재를 유지하기 위한 박정희괴뢰도당의 범죄적인 정보모략 책동(2) |김성길

『남조선문제』 제10호(통권 142), 조국통일사, 1976, 26~30쪽

■ 박군사「정권」의 실체-권력구조에 예비역군인의 동향을 중심으로- |심명훈

『조선문제연구』 제21호, 조선문제연구소, 1976, 57~100쪽

■ 남조선에 대한 미제의 식민지예속화정책과 그 파국적후과 |김범룡

『력사과학』 제1호(통권 81), 사회과학원출판사, 1977, 9~18쪽

■ 1976년도 남조선정세개관 |장남수

『남조선문제』 제1호(통권 144), 조국통일사, 1977, 24~31쪽

■ [전재물] 뢰물왕초 박정희역적의 부정부패 백서

『남조선문제』 제2호(통권 145), 조국통일사, 1977, 39~48쪽

■ 박정희괴뢰도당이 떠벌이는 ≪승공통일≫은 나라의 영구분렬을 위한 매국배족적 구호 |김윤환

『남조선문제』 제3호(통권 146), 조국통일사, 1977, 19~22쪽

■ 박정희괴뢰도당의 남조선학원에 대한 최후발악적인 군사화책동 |송재구

『인민교육』 제3호, 교원신문사, 1977, 61~63쪽

■ 남조선 제 정당, 사회단체들과 각계각층 인민들과 해외동포들에게 보내는 편지

『남조선문제』 제4호(통권 147), 조국통일사, 1977, 2~6쪽

■ 박정희역도는 인민의 준엄한 심판을 받고 처단되여야 한다

『남조선문제』 제5호(통권 148), 조국통일사, 1977, 10~17쪽

■ [전재물] ≪매수≫공작으로 궁지에 빠진 박≪정권≫

『남조선문제』 제5호(통권 148), 조국통일사, 1977, 46~48쪽

■ 남조선로동자들의 생존과 민주주의를 짓밟는 박정희괴뢰도당의 범죄적책동 |한계현

『남조선문제』 제6호(통권 149), 조국통일사, 1977, 27~31쪽

■ 상반년도 남조선정치정세 |전영일

『남조선문제』 제7호(통권 150), 조국통일사, 1977, 30~34쪽

- [전재물] ≪미친개에 대한 이야기≫
  『남조선문제』 제7호(통권 150), 조국통일사, 1977, 46~48쪽

- 박정희괴뢰도당의 ≪반공≫파쑈폭압은 나라의 자주적평화통일을 가로막는 매국배족행위 |오난식
  『남조선문제』 제8호(통권 151), 조국통일사, 1977, 12~15쪽

- 위대한 주체의 기치따라 힘차게 전진하는 통일혁명당 |백기민
  『남조선문제』 제10호(통권 153), 조국통일사, 1977, 6~10쪽

- [전재물] ≪가난한 사람들≫
  『남조선문제』 제10호(통권 153), 조국통일사, 1977, 46~48쪽

- 남조선괴뢰집권층안에서는 개싸움이 그칠새없다 |김영해
  『남조선문제』 제11호(통권 154), 조국통일사, 1977, 28~30쪽

- [자료] ≪원자로뢰물사건≫
  『남조선문제』 제12호(통권 155), 조국통일사, 1977, 40쪽

- 여당의 ≪둘러리≫ -리철승은 신민당을 어디로 끌고가는가- |박일훈
  『남조선문제』 제12호(통권 155), 조국통일사, 1977, 35~36쪽

- [1977년도 남조선정세개관] 민주주의와 조국통일을 위한 투쟁으로 또 한해를 수놓은 남조선인민들 |김춘선
  『남조선문제』 제1호(통권 156), 조국통일사, 1978, 29~31쪽

- [1977년도 남조선정세개관] ≪유신≫체제의 위기가 더욱 심화된 1977년 |정성호
  『남조선문제』 제1호(통권 156), 조국통일사, 1978, 32~34쪽

- 괴뢰중앙정보부의 인간살륙만행 |강춘익
  『남조선문제』 제1호(통권 156), 조국통일사, 1978, 43~46쪽

- 제발이 저려 일으키는 망동
  『남조선문제』 제2호(통권 157), 조국통일사, 1978, 38쪽

- 남조선괴뢰들은 ≪남침위협≫소동을 통하여 무엇을 얻자는가 |성정호
  『남조선문제』 제2호(통권 157), 조국통일사, 1978, 24~25쪽

- 미군 ≪철수≫를 구실로 전쟁준비를 더욱 다그치고 있는 박정희괴뢰도당
  |원태림
  『남조선문제』 제2호(통권 157), 조국통일사, 1978, 35~37쪽

- [전재물] ≪리론도 사상도 없는 박정권을 지지할수 없다≫
  『남조선문제』 제3호(통권 158), 조국통일사, 1978, 46쪽

- 결백각서
  『남조선문제』 제3호(통권 158), 조국통일사, 1978, 56쪽

- [자료] 남조선괴뢰상층안에서 잇달아 일어나는 망명사건
  『남조선문제』 제3호(통권 158), 조국통일사, 1978, 25~26쪽

- 모략으로 명줄을 이어가는 남조선괴뢰도당 |김춘선
  『남조선문제』 제3호(통권 158), 조국통일사, 1978, 30~32쪽

- 역적놈의 ≪민방위훈련시찰≫
  『남조선문제』 제4호(통권 159), 조국통일사, 1978, 33쪽

- 반공미치광이의 새로운 ≪창안품≫
  『남조선문제』 제4호(통권 159), 조국통일사, 1978, 57쪽

- ≪성실, 보상 반비례의 법칙≫
  『남조선문제』 제4호(통권 159), 조국통일사, 1978, 57쪽

- 남조선괴뢰들의 고립은 매국배족행위의 응당한 귀결 |정성호
  『남조선문제』 제4호(통권 159), 조국통일사, 1978, 34~36쪽

- ≪안보제1주의≫는 분렬, 전쟁, 파쑈를 위한 범죄적구호 |원태림
  『남조선문제』 제5호(통권 160), 조국통일사, 1978, 19~21쪽

- ≪민족을 배반하고 나라를 팔아먹은자들에게는 안식처가 없다≫
  『남조선문제』 제5호(통권 160), 조국통일사, 1978, 43~45쪽

- 머슴군의 자기합리화 |박일훈
  『남조선문제』 제6호(통권 161), 조국통일사, 1978, 22~23쪽

- 민족분렬을 영구화하는 길에서 명줄을 이어가는 박정희괴뢰도당 |한진택
  『남조선문제』 제6호(통권161), 조국통일사, 1978, 35~37쪽

■ ≪권력에 대한 저주는 멈춰서지 않는다≫

『남조선문제』 제6호(통권 161), 조국통일사, 1978, 38~39쪽

■ 겁에 질린자들의 발악

『남조선문제』 제7호(통권 162), 조국통일사, 1978, 24쪽

■ 또다시 드러난 국제깡패의 본성

『남조선문제』 제7호(통권 162), 조국통일사, 1978, 45쪽

■ 애국에 대한 매국노의 파렴치한 모독행위

『남조선문제』 제7호(통권 162), 조국통일사, 1978, 53쪽

■ ≪박정희유신독재로 인하여 남조선은 중세암흑시대로 되돌아갔다≫

『남조선문제』 제7호(통권 162), 조국통일사, 1978, 35~37쪽

■ 혹을 떼려다가 덧붙이게 된 박정희역적

『남조선문제』 제8호(통권 163), 조국통일사, 1978, 21쪽

■ 또하나의 기만술책

『남조선문제』 제8호(통권 163), 조국통일사, 1978, 48쪽

■ ≪외교관≫들의 뒤를 이은 예술인들의 망명

『남조선문제』 제9호(통권 164), 조국통일사, 1978, 20쪽

■ [용어해설] ≪무오작전≫

『남조선문제』 제9호(통권 164), 조국통일사, 1978, 54쪽

■ ≪10월유신≫과 매국역적의 영구집권야망 |김윤환

『남조선문제』 제10호(통권 165), 조국통일사, 1978, 24~25쪽

■ 박정희괴뢰도당의 극악 무도한 동족매매행위 |리찬업

『남조선문제』 제10호(통권 165), 조국통일사, 1978, 45~47쪽

■ [독자들의 질문에 대한 대답] 날로 심해가는 ≪행정의 5대부조리≫에 대하여

『남조선문제』 제12호(통권 167), 조국통일사, 1978, 50쪽

■ ≪에이비씨정치≫

『남조선문제』 제12호(통권 167), 조국통일사, 1978, 54쪽

■ ≪두개조선≫조작으로 장기집권을 노리는 괴뢰도당 |박일중

『남조선문제』 제12호(통권 167), 조국통일사, 1978, 26~28쪽

- ≪오적촌≫의 썩은 풍조 ┃본사기자

  『조선녀성』 제8호(통권 368), 근로단체출판사, 1979, 54~55쪽

- 폭압만능의 무법천지－남조선 ┃한복희

  『조선녀성』 제11호(통권 371), 근로단체출판사, 1979, 48~49쪽

1980~1989

- 야당의 반독재기운을 말살하기 위한 괴뢰도당의 탄압만행 ┃한계현

  『남조선문제』 제1호(통권 180), 조국통일사, 1980, 28~29쪽

- 멸망하는 파쑈분자들의 폭압소동 ┃김주호

  『남조선문제』 제1호(통권 180), 조국통일사, 1980, 30~31쪽

- 파쑈무리들의 사람잡이계획

  『남조선문제』 제2호(통권 181), 조국통일사, 1980, 35쪽

- 역적의 죽음에 대한 해외동포들의 반향

  『남조선문제』 제2호(통권 181), 조국통일사, 1980, 34~35쪽

- ≪유신독재체제를 유지해보려는 술책≫

  『남조선문제』 제2호(통권 181), 조국통일사, 1980, 38~39쪽

- 파쑈폭압의 구실로 되고있는 반공 ┃안명철

  『남조선문제』 제3호(통권 182), 조국통일사, 1980, 30~31쪽

- 광범한 계층속에서 더욱 배격받는 남조선괴뢰들의 반공정책 ┃조남훈

  『남조선문제』 제3호(통권 182), 조국통일사, 1980, 32~33쪽

- 파쑈와 매국으로 이어지는 ≪통행금지시간≫ ┃안명철

  『남조선문제』 제4호(통권 183), 조국통일사, 1980, 43~44쪽

- 변함없는 침략야망 ┃본사기자

  『조선녀성』 제4호(통권 376), 근로단체출판사, 1980, 53~54쪽

■ 멸망을 재촉하는 불장난소동 ｜본사기자

『조선녀성』 제5호(통권 377), 근로단체출판사, 1980, 55쪽

■ 파쑈폭군은 오래갈 수 없다 ｜김윤환

『남조선문제』 제6호(통권 185), 조국통일사, 1980, 35～37쪽

■ 도발자들의 음모 ｜한복희

『조선녀성』 제6호(통권 378), 근로단체출판사, 1980, 55～56쪽

■ 력사에 살아야한다(≪청맥≫ 1964년 9월호) ｜통일혁명당서울시위원회위원장
김종태

『남조선문제』 제8호(통권 187), 조국통일사, 1980, 15쪽

■ ≪비상계엄령≫은 최악의 파쑈적폭압조치 ｜원태림

『남조선문제』 제8호(통권 187), 조국통일사, 1980, 24～25쪽

■ 각국 출판보도물을 통해 본 남조선군사파쑈분자들의 운명 ｜조남훈

『남조선문제』 제8호(통권 187), 조국통일사, 1980, 38～39쪽

■ 광주인민봉기이후 남조선 정치정세 ｜정성호

『남조선문제』 제9호(통권 188), 조국통일사, 1980, 24～26쪽

■ 민족의 백정으로 길들여진 전두환역도의 정체 ｜황경철

『남조선문제』 제9호(통권 188), 조국통일사, 1980, 27～29쪽

■ 반공모략소동은 파쑈독재자들이 쓰고있는 상투적수법 ｜하진혁

『남조선문제』 제9호(통권 188), 조국통일사, 1980, 31～33쪽

■ 정치적무권리속에서 신음하는 언론인들 ｜리근평

『남조선문제』 제10호(통권 189), 조국통일사, 1980, 33～34쪽

■ ≪안보≫는 파쑈독재를 유지하기위한 범죄적구호 ｜윤달식

『남조선문제』 제10호(통권 189), 조국통일사, 1980, 35～36쪽

■ 동족살륙에 미쳐날뛰는 파쑈광신자들 ｜안명철

『남조선문제』 제10호(통권 189), 조국통일사, 1980, 40～41쪽

■ [론평] 군정통치체제의 지반을 꾸리기 위한 음흉한 숙청소동 ｜김춘선

『남조선문제』 제12호(통권 191), 조국통일사, 1980, 42～43쪽

- 폭군의 흉상 ≪개선≫을 위한 비렬한 놀음 │조남훈

  『남조선문제』 제12호(통권 191), 조국통일사, 1980, 44~45쪽

- 전두환역도의 정치세력개편책동과 그 범죄적목적 │정성호

  『남조선문제』 제1호(통권 192), 조국통일사, 1981, 34~35쪽

- [단평] 탐관오리들

  『남조선문제』 제2.3호(통권 193), 조국통일사, 1981, 42쪽

- 동요와 혼란, 모순과 대립이 격화된 지난해의 남조선정치정세 │정성호

  『남조선문제』 제2.3호(통권 193), 조국통일사, 1981, 31~33쪽

- 파벌과 대립은 괴뢰통치집단이 안고있는 불치의 병 │정성호

  『남조선문제』 제7호(통권 196), 조국통일사, 1981, 25~27쪽

- 남조선괴뢰들이 벌리고있는 ≪사회정화≫놀음과 그 본질 │원태림

  『남조선문제』 제7호(통권 196), 조국통일사, 1981, 31~32쪽

- 남조선에서 부정부패는 미제식민지통치의 필연적산물 │전주경

  『남조선문제』 제7호(통권 196), 조국통일사, 1981, 36~38쪽

- [단평] 또 하나의 파쑈적조치

  『남조선문제』 제8호(통권 197), 조국통일사, 1981, 51쪽

- [전두환역적의 정체를 발가본다] 파렴치하고 악랄한 모략과 협잡의 왕초 │계
  정복

  『남조선문제』 제8호(통권 197), 조국통일사, 1981, 23~25쪽

- 수자와 사실 │본사기자

  『조선녀성』 제8호(통권 390), 근로단체출판사, 1981, 52쪽

- 전두환역도의 최근 정책동향과 그 몇가지 주목되는 추세 │원태림

  『남조선문제』 제9호(통권 198), 조국통일사, 1981, 26~28쪽

- 최근 남조선괴뢰들이 벌리고있는 악랄한 반공소동과 그 특징 │구익환

  『남조선문제』 제9호(통권 198), 조국통일사, 1981, 34~35쪽

- 20세기말기의 인간생지옥 │한복희

  『조선녀성』 제9호(통권 391), 근로단체출판사, 1981, 51~52쪽

■ [전재물] ≪승리로 향한 끝없는 전장에 나아가자≫
  『남조선문제』 제10호(통권 199), 조국통일사, 1981, 51쪽

■ 전두환역도와 ≪청탁배격운동≫의 내막 |최철수
  『남조선문제』 제10호(통권 199), 조국통일사, 1981, 41~42쪽

■ 수자와 사실
  『조선녀성』 제10호(통권 392), 근로단체출판사, 1981, 55쪽

■ [만필] 청와대곡성 |한복희
  『조선녀성』 제10호(통권 392), 근로단체출판사, 1981, 56쪽

■ 장기집권을 노리는 파쑈적 ≪세대교체≫놀음 |한원진
  『남조선문제』 제12호(통권 201), 조국통일사, 1981, 23~25쪽

■ [전두환역적의 정체를 발가본다] 몸값을 올리기에 미친 매국노 |윤자홍
  『남조선문제』 제12호(통권 201), 조국통일사, 1981, 26~28쪽

■ 망명자들을 막기 위한 역적의 발광 |김춘선
  『남조선문제』 제12호(통권 201), 조국통일사, 1981, 31~33쪽

■ 매국과 배족의 한해 |본사기자
  『조선녀성』 제12호(통권 394), 근로단체출판사, 1981, 52~53쪽

■ 최근 남조선인민들속에서 높아가는 반미, 반전두환 감정 |안명철
  『남조선문제』 제1호(통권 202), 조국통일사, 1982, 28~29쪽

■ 경쟁대상자들을 제거하기 위한 역적놈의 교활한 ≪봉쇄작전≫ |남기혁
  『남조선문제』 제1호(통권 202), 조국통일사, 1982, 37~39쪽

■ 남조선의 ≪류비통신≫ 심판대에 오른 매국노
  『남조선문제』 제1호(통권 202), 조국통일사, 1982, 40~41쪽

■ [수자와 사실] 경사가 불행으로 되는 세상
  『조선녀성』 제2호(통권 396), 근로단체출판사, 1982, 52쪽

■ [1981년도 남조선 정세] 민주화의 열전 드높았던 투쟁의 해 |오난식
  『남조선문제』 제2.3호(통권 203), 조국통일사, 1982, 39~41쪽

■ [론평] ≪정치근대화≫의 추악한 내막을 해부한다 |김춘선

『남조선문제』 제2.3호(통권203), 조국통일사, 1982, 51~52쪽

■ [단평] 본성은 변할수 없다
　　『남조선문제』 제5호(통권205), 조국통일사, 1982, 39쪽

■ [단평] 망하는 집안의 개싸움
　　『남조선문제』 제5호(통권 205), 조국통일사, 1982, 48쪽

■ 동족살륙에 미친 인간백정 |계정복
　　『남조선문제』 제5호(통권 205), 조국통일사, 1982, 42~43쪽

■ 남조선에서의 민주화운동과 청년학생들의 투쟁 |김춘선
　　『남조선문제』 제6호(통권 206), 조국통일사, 1982, 15~17쪽

■ [남조선의 ≪류비통신≫] 염통이 곪는 군사파쑈도당 |윤자홍
　　『남조선문제』 제6호(통권 206), 조국통일사, 1982, 32~33쪽

■ [단평] 파쑈독재자의 폭언
　　『남조선문제』 제7호(통권 207), 조국통일사, 1982, 20쪽

■ 괴뢰군권의 안정을 노린 세력교체놀음 |길만호
　　『남조선문제』 제7호(통권 207), 조국통일사, 1982, 40~42쪽

■ 남조선파쑈도당의 김대중살해음모와 정치적야심 |김윤환
　　『남조선문제』 제7호(통권 207), 조국통일사, 1982, 46~48쪽

■ 괴뢰들의 파멸을 예고하는 금융부정사건 |최수련
　　『남조선문제』 제8호(통권 208), 조국통일사, 1982, 47~50쪽

■ [만필] 청와대 소화불량증 |본사기자
　　『조선녀성』 제8호(통권 402), 근로단체출판사, 1982, 38쪽

■ [단평] 또하나의 폭압조치
　　『남조선문제』 제9호(통권 209), 조국통일사, 1982, 38쪽

■ 망신당한 괴뢰들
　　『남조선문제』 제10호(통권 210), 조국통일사, 1982, 34쪽

■ [단평] 황당하기 짝이 없는 수작
　　『남조선문제』 제10호(통권 210), 조국통일사, 1982, 36쪽

■ ≪인도주의≫의 간판뒤에 숨은 속심 |계정복
『남조선문제』 제10호(통권 222), 조국통일사, 1983, 40~41쪽

■ 모략선전의 별동대-≪통일일보≫ |김춘선
『남조선문제』 제10호(통권 222), 조국통일사, 1983, 42~44쪽

■ 미중앙정보국에 종사하는 괴뢰항공회사
『남조선문제』 제12호(통권 224), 조국통일사, 1983, 46쪽

■ 추악한 ≪고향방문≫놀음의 진상 |김춘선
『남조선문제』 제12호(통권 224), 조국통일사, 1983, 44~46쪽

■ 「노사협조노선」의 허구성-정치적 측면을 중심으로- |김일만
『조선문제연구』 제23호, 조선문제연구소 1983, 109~136쪽

■ 매국노의 ≪선진국창조≫놀음
『남조선문제』 제1호(통권 225), 조국통일사, 1984, 38쪽

■ ≪삼보증권≫을 둘러싼 괴뢰들의 개싸움 |김춘선
『남조선문제』 제1호(통권 225), 조국통일사, 1984, 47~49쪽

■ ≪명성그룹사건≫의 실태는 이렇다 |안명철
『남조선문제』 제1호(통권 225), 조국통일사, 1984, 50~53쪽

■ 역적놈이 꾸며낸 미제의 대포밥 ≪방탄대통령≫ |본사기자
『조선녀성』 제1호(통권 410), 근로단체출판사, 1984, 37쪽

■ 청와대역적놈의 발작증〈만필〉 |한복희
『조선녀성』 제1호(통권 410), 근로단체출판사, 1984, 36~37쪽

■ 반공은 연명책으로 될수 없다 |한성률
『근로자』 제1호(통권 501), 근로자사, 1984, 56~59쪽

■ 남조선의 정치정세에 대하여 |신상진
『남조선문제』 제2호(통권 226), 조국통일사, 1984, 30~33쪽

■ [분렬주의자들의 ≪두개조선≫조작책동을 짓부시자] ≪서울올림픽≫은 정
치올림픽 |김춘선
『남조선문제』 제2호(통권 226), 조국통일사, 1984, 37~39쪽

- 음모와 모략은 괴뢰도당의 상투적인 수법 |윤윤홍

  『근로자』 제2호(통권 502), 근로자사, 1984, 58~60쪽

- ≪박사가 높으냐 륙사가 높지≫ |김춘선

  『남조선문제』 제3호(통권 227), 조국통일사, 1984, 40~42쪽

- 반공, 반공화국 소동은 극악한 민족배신행위 |조남훈

  『남조선문제』 제3호(통권 227), 조국통일사, 1984, 43~44쪽

- 위험한 핵전초기지 −남조선 |김재명

  『조선사회민주당』 제3호, 조선사회민주당출판사, 1984, 57~62쪽

- 신판매국노의 망상

  『남조선문제』 제5호(통권 229), 조국통일사, 1984, 51쪽

- [전두환역적을 단죄한다] 세상에 둘도없는 흉악한 ≪정권≫강도 |김춘선

  『남조선문제』 제5호(통권 229), 조국통일사, 1984, 23~25쪽

- ≪검은연기≫는 ≪청와대≫에서 오른다 |길만호

  『남조선문제』 제5호(통권 229), 조국통일사, 1984, 39~41쪽

- ≪권력1번지≫에서 벌어지는 개싸움 |계정복

  『남조선문제』 제6호(통권 230), 조국통일사, 1984, 24~26쪽

- ≪회색안개≫속에서 꾸며지는 음모 |길만호

  『남조선문제』 제6호(통권 230), 조국통일사, 1984, 30~31쪽

- [전두환역적을 단죄한다] 세상에 둘도없는 추악하고 비렬한 2중주구 |김춘선

  『남조선문제』 제7호(통권 231), 조국통일사, 1984, 31~34쪽

- 남녘천지를 진감한 환호성 |본사기자

  『남조선문제』 제8호(통권 232), 조국통일사, 1984, 7~8쪽

- 관권의 장단에 춤추는 언론 |김선철

  『남조선문제』 제8호(통권 232), 조국통일사, 1984, 26~28쪽

- 인간추물의 추태 |본사기자

  『남조선문제』 제11호(통권 235), 조국통일사, 1984, 25쪽

- 전쟁광신자의 망동 |계정복

『남조선문제』 제11호(통권 235), 조국통일사, 1984, 18～19쪽

- ≪투서사건≫의 뒤에 숨은 모략 |조남훈

  『남조선문제』 제11호(통권 235), 조국통일사, 1984, 41～43쪽

- 최근 남조선괴뢰들의 정책동향에서 주목되는 문제 |정은규

  『남조선문제』 제12호(통권 236), 조국통일사, 1984, 36～38쪽

- 호전광들에게 차례지는 운명

  『남조선문제』 제1호(통권 237), 조국통일사, 1985 55쪽

- [권력과 음모] 빠리에서 실종된 김형욱의 종말 |안명철

  『남조선문제』 제1호(통권 237), 조국통일사, 1985 36～39쪽

- 보이지 않는 족쇄

  『남조선문제』 제2호(통권 238), 조국통일사, 1985, 57쪽

- [의거자의 수기] 나는 왜 북으로 되돌아왔는가 |로용섭

  『남조선문제』 제2호(통권 238), 조국통일사, 1985, 34～36쪽

- [전재물] 길고 엄혹한 로정

  『남조선문제』 제2호(통권 238), 조국통일사, 1985, 38～39쪽

- ≪학장≫의 옷을 입은 독재의 하수인 |안명철

  『남조선문제』 제3호(통권 239), 조국통일사, 1985, 21～22쪽

- 더욱 소란해지는 ≪남침≫소동과 그 목적 |원태림

  『남조선문제』 제3호(통권 239), 조국통일사, 1985, 23～25쪽

- ≪벗≫으로 자처하는 식민지괴뢰의 더러운 몰골 |허학필

  『남조선문제』 제3호(통권 239), 조국통일사, 1985, 26～27쪽

- 협잡이 협잡을 낳고있다

  『남조선문제』 제4호(통권 240), 조국통일사, 1985 45쪽

- [단평] ≪2중국적 소유쯤은 례상사≫

  『남조선문제』 제4호(통권 240), 조국통일사, 1985, 58쪽

- [단평] 서푼짜리 인기극

  『남조선문제』 제5호(통권 241), 조국통일사, 1985, 57쪽

- 주구의 구걸행각진상을 헤쳐본다 |안명철
  『남조선문제』 제7호(통권 243), 조국통일사, 1985, 31~33쪽

- ≪칼≫기에 실어온 보석들의 행처 |본사기자
  『남조선문제』 제8호(통권 244), 조국통일사, 1985, 60~61쪽

- [전재물] 전두환 ≪명예학위≫취득의 내막
  『남조선문제』 제9호(통권 245), 조국통일사, 1985, 32쪽

- [비화] 침략자의 ≪포고≫령 |방룡길
  『남조선문제』 제9호(통권 245) 조국통일사, 1985, 48~50쪽

- 분렬을 지속시키려는 악랄한 책동 |김선철
  『남조선문제』 제10호(통권 246), 조국통일사, 1985, 44~46쪽

- 학원을 휩쓴 살기띤 폭압선풍 |김원택
  『남조선문제』 제11호(통권 247), 조국통일사, 1985, 39~41쪽

- 해외에 뻗친 독사의 마수 |본사기자
  『남조선문제』 제11호(통권 247), 조국통일사, 1985, 47~49쪽

- 료정에서 벌어지는 ≪국사 상담≫
  『남조선문제』 제12호(통권 248), 조국통일사, 1985, 37쪽

- [남조선 및 국제문제] 남조선괴뢰도당이 처한 심각한 정치적위기와 거기
  에서 벗어나려는 괴뢰들의 책동 |방철수
  『근로자』 제12호(통권 524), 근로자사, 1985, 73~77쪽

- [단신자료] ≪방어성금≫
  『남조선문제』 제2호(통권 250), 조국통일사, 1986, 53쪽

- 집권유지를 위한 비렬한 음모 |안명철
  『남조선문제』 제5호(통권 253), 조국통일사, 1986, 43~45쪽

- 서울올림픽과 그 속심 |본사기자
  『조선녀성』 제5호(통권 426), 근로단체출판사, 1986, 37쪽

- 반공은 극악한 매국배족의 수단 |김 원
  『남조선문제』 제1호(통권 255), 조국통일사, 1987, 52~54쪽

- 남조선인민들을 속이는 허상 ㅣ최성일

  『조선사회민주당』 제1호, 조선사회민주당출판사, 1987, 76~81쪽

- ≪자유민주주의수호≫를 떠드는 검은 속심 ㅣ김춘선

  『남조선문제』 제3호(통권 257), 조국통일사, 1987, 29~31쪽

- 모략과 ≪사건≫날조는 파쑈폭압과 매국배족행위를 합리화하기 위한 수
  법 ㅣ안명철

  『남조선문제』 제3호(통권 257), 조국통일사, 1987, 32~34쪽

- 부정부패의 원흉 ㅣ배명선

  『남조선문제』 제5호(통권 259), 조국통일사, 1987, 45~50쪽

- 반역자의 운명 ㅣ김원택

  『남조선문제』 제6호(통권 260), 조국통일사, 1987, 40~42쪽

- 전두환괴뢰도당의 언론탄압책동 ㅣ조동춘

  『남조선문제』 제6호(통권 260), 조국통일사, 1987, 45~47쪽

- 남조선정계에 뻗친 검은 마수 ㅣ김선철

  『남조선문제』 제6호(통권 260), 조국통일사, 1987 57~60쪽

- 생존의 권리와 민주주의적 자유를 위한 남조선로동자들의 투쟁 ㅣ한영읍

  『국제생활』 제10호(통권 21), 국제생활사, 1987, 13~15쪽

- 남조선괴뢰들의 ≪용공≫조작책동 ㅣ방룡길

  『남조선문제』 제1호(통권 261), 조국통일사, 1988, 36~39쪽

- [학습참고자료] ≪로사협의회≫설치의 강요는 무엇을 노린것인가

  『남조선문제』 제1호(통권 261), 조국통일사, 1988, 62~64쪽

- 정치적 모략극－남조선려객기실종사건 ㅣ리문환

  『국제생활』 제2호(통권 25), 국제생활사, 1988, 21~23쪽

- 민족을 분렬시킨 흉악한 원쑤(1) ㅣ김학철

  『남조선문제』 제3호(통권 263), 조국통일사, 1988, 40~42쪽

- 추악한 부정부패광 로태우역적 ㅣ조동춘

  『남조선문제』 제3호(통권 263), 조국통일사, 1988, 43~46쪽

- ≪새마을운동중앙본부≫ 부정협잡사건의 흑막 ┃김 원
  『남조선문제』 제4호(통권 264), 조국통일사, 1988, 43~47쪽
- 민족을 분렬시킨 흉악한 원쑤(2) ┃김학철
  『남조선문제』 제4호(통권 264), 조국통일사, 1988, 53~57쪽
- 드러나고 있는 남조선정상배들의 우심한 부정축재행위 ┃전동수
  『국제생활』 제8권(통권 31), 국제생활사, 1988, 12~15쪽
- [남조선문제] 반공은 대결과 분렬, 전쟁의 리념 ┃류호준
  『근로자』 제8호(통권 556), 근로자사, 1988, 79~84쪽

1990~1999 ●●

- ≪정계개편≫과 남조선정국 ┃강명수
  『조선사회민주당』 제3호, 조선사회민주당출판사, 1990, 52~54쪽
- 악명높은 남조선괴뢰≪전투경찰대≫ ┃본사기자
  『교원선전수첩』 제5호, 교원신문사, 1990, 120~121쪽
- [남조선문제] 3당통합은 새로운 정치쿠테타이며 가장 위험한 반민주, 반통
  일 책동 ┃정리근
  『근로자』 제6호(통권 578), 근로자사, 1990, 85~90쪽
- ≪민자당≫의 일당독재를 반대하는 ≪국민련합≫의 활동 ┃박재선
  『국제생활』 제11호(통권 58), 국제생활사, 1990, 22~24쪽
- 민간인에 대한 ≪보안사≫의 불법사찰행위 ┃김재현
  『국제생활』 제12호(통권 59), 국제생활사, 1990, 15~19쪽
- 대미추종과 반통일책동의 로골화 ┃김경호
  『조선사회민주당』 제2호, 조선사회민주당출판사, 1991, 55~56쪽
- 드러난 남조선의 핵탄개발진상 ┃리수영
  『조선사회민주당』 제4호, 조선사회민주당출판사, 1993, 48~51쪽

- 남조선괴뢰도당의 범죄적인 핵무기개발의 위험한 단계 |류병훈
  『교원선전수첩』 제10호, 교원신문사, 1993, 122~124쪽

- ≪인기영합적인 개혁≫은 필요없어 |류익수
  『조선사회민주당』 제1호(통권 568), 조선사회민주당출판사, 1994, 37~38쪽

- ≪문민정권≫의 민족주의위장극 |김인식
  『조선사회민주당』 제1호(통권 568), 조선사회민주당출판사, 1994, 39~40쪽

- [좌담회] 매국과 분렬, 폭압으로 얼룩진 한해
  『조선사회민주당』 제1호(통권 568), 조선사회민주당출판사, 1994, 40~43쪽

- 위대한 수령 김일성동지의 현명한 령도밑에 조직전개된 조국해방전쟁시기 해방된 남반부에서 인민정권기관을 복구강화하기 위한 투쟁 |준박사 정치건
  『김일성종합대학학보』[력사법학편] 제40권 제3호(통권 234), 김일성종합대학출판사, 1994, 2~7쪽

- [좌담회] ≪문민정권≫이 저지른 죄행
  『조선사회민주당』 제1호(통권 572), 조선사회민주당출판사, 1995, 56~60쪽

- [남조선문제] 날로 심각화되고있는 김영삼괴뢰정권의 통치위기 |한웅식
  『근로자』 제1호(통권 633), 근로자사, 1995, 86~90쪽

- [남조선 및 국제문제] 남조선괴뢰도당은 세계최대의 부정부패의 왕초 |김영히
  『근로자』 제3호(통권 647), 근로자사, 1996, 86~90쪽

- 자본주의하에서 여론에 의한 정치와 그 기만성 |부교수, 준박사 안효식
  『김일성종합대학학보』[력사법학편] 제42권 제2호(통권 262), 김일성종합대학출판사, 1996, 69~73쪽

- 천추에 용납 못할 김영삼괴뢰도당의 반통일적죄행 |저자 미확인
  『근로자』 제1호, 근로자사, 1997, 81쪽

- 현 남조선의 파국적 위기 |저자 미확인
  『근로자』 제5호, 근로자사, 1998, 62쪽

- 남조선정치는 권력싸움으로 일관된 썩은 정치 |저자 미확인

『근로자』 제12호, 근로자사, 1998, 50쪽

- 남조선 소식

  『조선어문』 제3호(통권 115), 과학백과사전출판사, 1999, 46쪽

- 치욕과 죄악으로 일관된 현 남조선괴뢰정권의 1년간 행적 |저자 미확인

  『근로자』 제5호, 근로자사, 1999, 55쪽

- 남조선통치배들의 정치는 부정부패로 얼룩진 금권정치 |저자 미확인

  『근로자』 제12호, 근로자사, 1999, 55쪽

2000~2009 ....

- 미제는 광주대참극을 배후조종한 장본인 |저자 미확인

  『근로자』 제5호, 근로자사, 2000, 62쪽

- 비전향장기수들은 애국에 불 타는 신념의 강자들이다 |저자 미확인

  『근로자』 제9호, 근로자사, 2000, 56쪽

- 경애하는 김정일동지의 위대성을 칭송한 1990년대 남조선 주요출판보도
  물들의 보도정형에 대한 고찰 |김정수

  『김일성종합대학학보』[어문학편] 제47권 제1호(통권 326), 김일성종합대학출판사, 2001,
  23~28쪽

- ≪을사오적≫도 무색할 행위 |전춘길

  『조선사회민주당』 제1호(통권 597), 조선사회민주당출판사, 2003, 46~51쪽

- 〈안기부불법도청사건〉에 대하여 |저자 미확인

  『근로자』 제8호, 근로자사, 2006, 53쪽

- 천추에 용납 못할 극악무도한 행위 |본사기자

  『조선녀성』 제3호(통권 610), 근로단체출판사, 2009, 55쪽

- 대결광신자들의 어리석은 망동 |본사기자

  『조선녀성』 제3호(통권 610), 근로단체출판사, 2009, 56쪽

2) 민주화운동

1940~1949

■ 남조선의 구국항쟁 | 김춘국
  『조선녀성』 제1호, 조선녀성사, 1949, 36~41쪽

■ 남반부인민들의 인민위원회 복구를위한 투쟁 | 김동천
  『조선녀성』 제4호, 조선녀성사, 1949, 20~23쪽

■ 10월 인민항쟁 3주년을 기념하면서 | 현유석
  『인민』 제4권 제10호, 민주조선사, 1949, 28~41쪽

1950~1959

■ 전후 조국의 평화적 통일과 민주기지 강화를 위한 조선 인민의 투쟁
  『인민』 제12호, 민주조선사, 1954, 34~44쪽

■ 전쟁 도발 책동을 반대하는 남조선 청년들 | 김영기
  『국제생활』 제12호, 조선중앙통신사, 1955, 3~5쪽

■ 민주주의적 권리를 위한 남반부 인민들의 투쟁 − 선전원 및 선동원들에
  게 주는 자료
  『근로자』 제9호(통권 130), 근로자사, 1956, 145~155쪽

■ 남조선에서의 반미 반리승만 기세의 앙양 | 최철수
  『근로자』 제6호(통권 151), 근로자사, 1958, 97~103쪽

■ 허공에 뜬 리승만 | 최준섭
  『근로자』 제8호(통권 165), 근로자사, 1959, 53~58쪽

1960~1969

- 남조선에서 력사적 변혁은 불가피하다

  『근로자』 제4호(통권 173), 근로자사, 1960, 37~42쪽

- 남녘 형제들의 항쟁을 성원하여

  『조선녀성』 제5호, 조선녀성사, 1960, 9쪽

- 남조선에서 미제의 식민지 통치의 심각한 위기 – 남조선 인민들의 4월 봉기 1주년에 제하여 –

  『근로자』 제4호(통권 185), 근로자사, 1961, 50~56쪽

- 남조선 청년 학생 지식인들이 나갈 길 | 하앙천

  『근로자』 제11호(통권 192), 근로자사, 1961, 21~28쪽

- 반미 구국 투쟁에서의 남조선 로동 계급 | 홍창룡

  『근로자』 제11호(통권 204), 근로자사, 1962, 31~36쪽

- [암흑의 땅 남조선에서] 투쟁만이 살'길이다! | 박 임

  『조선녀성』 제11호, 조선녀성사, 1963, 50~52쪽

- ≪3.24 데모≫에 대하여 | 전응현

  『근로자』 제8호(통권 246), 근로자사, 1964, 35~42쪽

- [특집] 4월 인민 봉기의 력사적 의의와 경험 교훈 | 전금철

  『남조선문제』 제4호(통권 10), 남조선문제출판사, 1965, 14~19쪽

- [특집] 남조선 혁명에서 학생 청년들의 선구적 및 교량적 역할 | 오민성

  『남조선문제』 제4호(통권 10), 남조선문제출판사, 1965, 20~27쪽

- [특집] 4월 인민 봉기의 주요 투쟁 일지 | 리 송

  『남조선문제』 제4호(통권 10), 남조선문제출판사, 1965, 35~42쪽

- 제주도 4.3 봉기 | 김덕호

  『남조선문제』 제4호(통권 10), 남조선문제출판사, 1965, 43~48쪽

- 제주도 인민들의 4.3봉기 | 김덕호

  『력사과학』 제4호(통권 60), 사회과학원출판사, 1965, 23~31쪽

- ≪5.10≫단선을 반대한 남조선 인민들의 영웅적 투쟁 |한수빈
  『남조선문제』 제5호(통권 11), 남조선문제출판사, 1965, 43~49쪽

- 6.3 봉기 1주년 |김 욱
  『남조선문제』 제6호(통권 12), 남조선문제출판사, 1965, 18~23쪽

- 10월 인민 항쟁과 그 경험 교훈 |리 순
  『남조선문제』 제10호(통권 16), 남조선문제출판사, 1965, 58~64쪽

- 경제 투쟁과 정치 투쟁 |리 송
  『남조선문제』 제11.12호(통권 17), 남조선문제출판사, 1965, 8~15쪽

- 려수 군인 폭동과 그 경험 교훈 |리영근
  『남조선문제』 제11.12호(통권 17), 남조선문제출판사, 1965, 29~35쪽

- [강사들에게 주는 자료] 4월 인민 봉기후 남조선 인민 운동의 심화 발전과 그의 최근 특징
  『남조선문제』 제11.12호(통권 17), 남조선문제출판사, 1965, 52~61쪽

- 5.10 단선 반대 투쟁의 의의와 경험 교훈 |한수빈
  『남조선문제』 제5호(통권 22), 남조선문제출판사, 1966, 8~12쪽

- 반파쑈민주화투쟁은 현시기 남조선인민들의 절박한 당면과업 |김상형
  『남조선문제』 제11호(통권 28), 조국사, 1966, 43~49쪽

- 남조선혁명과 학생운동 |김하경
  『근로자』 제4호(통권 302), 근로자사, 1967, 35~40쪽

- 최근 남조선인민들의 반파쑈민주화투쟁 |김남현
  『근로자』 제8호(통권 306), 근로자사, 1967, 42~48쪽

- [강사자료] 6.8 부정선거를 계기로 일어난 남조선 청년학생들과 인민들의 투쟁 |서동필
  『남조선문제』 제10호(통권 39), 조국사, 1967, 30~35쪽

- 날로 확대되고 적극화되는 남조선인민들의 반미구국투쟁 |조명일
  『근로자』 제2호(통권 324), 근로자사, 1969, 50~56쪽

- 미제와 그 주구들의 어떠한 파쑈폭압도 남조선 인민들의 혁명적 진출을

막을 수 없다 |정만철

『근로자』 제7호(통권 329), 근로자사, 1969, 52~57쪽

1970~1979 ....

- 남조선인민들은 자신의 결정적투쟁에 의해서만 자유와 해방을 쟁취할 수 있다 |조명일

  『근로자』 제1호(통권 334), 근로자사, 1970, 51~56쪽

- 남조선인민들은 4월봉기의 력사적교훈을 잊지말아야 한다

  『근로자』 제4호(통권 337), 근로자사, 1970, 58~64쪽

- 남조선혁명에서 로동계급의 령도적역할 |정응록

  『근로자』 제7호(통권 340), 근로자사, 1970, 53~58쪽

- 매국역적 박정희괴뢰도당의 새로운 파쑈폭압소동과 전쟁도발책동을 짓부시자

  『남조선문제』 제3호(통권 90), 조국통일사, 1972, 2~7쪽

- ≪박정희놈의 광증을 방지할 때는 바로 지금이다≫

  『남조선문제』 제11호(통권 109), 통일신보사, 1973, 43~47쪽

- 최근 남조선인민들의 반파쑈민주화투쟁 |리정근

  『남조선문제』 제12호(통권 110), 통일신보사, 1973, 34~40쪽

- 최근 확대발전하고있는 남조선청년학생들의 반파쑈민주화투쟁 |전주경

  『남조선문제』 제2호(통권 112), 통일신보사, 1974, 30~35쪽

- 최근 남조선기자, 언론인들의 반파쑈민주화투쟁 |안영복

  『남조선문제』 제2호(통권 112), 통일신보사, 1974, 36~39쪽

- 최근 남조선종교인들의 반파쑈민주화투쟁 |한영일

  『남조선문제』 제2호(통권 112), 통일신보사, 1974, 40~42쪽

- 남조선사회의 민주화를 위한 남조선각계층 인민들의 투쟁선언문

  『남조선문제』 제2호(통권 112), 통일신보사, 1974, 43~48쪽

- 위대한수령 김일성동지께서 밝히신 반파쑈민주화투쟁방침을 실현하기 위한 남조선인민들의 투쟁 ┃김윤철
  『남조선문제』 제4호(통권 114), 통일신보사, 1974, 40~44쪽

- 영웅적 4월인민봉기의 력사적 경험과 교훈 ┃리일혁
  『남조선문제』 제4호(통권 114), 통일신보사, 1974, 45~48쪽

- 민족분렬의 위기를 타개하며 조국의 통일독립을 이룩하기위한 남조선인민들의 5.10단선반대투쟁 ┃리정철
  『남조선문제』 제5호(통권 115), 통일신보사, 1974, 18~22쪽

- 반제반파쑈, 조국통일을 위한 남조선 청년학생들과 인민들의 6.3투쟁 ┃최창섭
  『남조선문제』 제6호(통권 116), 통일신보사, 1974, 35~40쪽

- 남조선 청년학생들과 종교인들의 반파쑈민주화투쟁 선언문, 호소문, 결의문
  『남조선문제』 제6호(통권 116), 통일신보사, 1974, 47~48쪽

- 박정희파쑈독재를 반대하는 해외교포들의 목소리
  『남조선문제』 제7호(통권 117), 통일신보사, 1974, 46~48쪽

- 박정희일당은 극악한 독재자이며 파쑈악당이며 인민의 원쑤(박정희괴뢰도당의 군사파쑈독재에 대한 자본주의나라 각계의 신랄한 규탄의 목소리)
  『남조선문제』 제10호(통권 120), 조국통일사, 1974, 32~37쪽

- 통일혁명당 중앙위원회가 발표한 시국선언, 당면투쟁강령, 당면투쟁구호
  『남조선문제』 제10호(통권 120), 조국통일사, 1974, 38~47쪽

- 최근 반파쑈민주화를 위한 남조선청년학생들의 투쟁 ┃리룡의
  『남조선문제』 제11.12호(통권 121), 조국통일사, 1974, 42~45쪽

- 남조선 혁명가들과 청년학생들은 박정희≪유신≫독재를 타도하고 사회의 민주화와 나라의 통일을 위하여 끝까지 싸울것이다 ┃리동춘
  『인민교육』 제11.12호, 교원신문사, 1974, 48~50쪽

- 압박이 있는곳에서는 혁명투쟁이 일어나는 법이다 ┃신응복
  『근로자』 제5~6호(통권 386), 근로자사, 1974, 59~64쪽

- 박정희괴뢰도당의 ≪유신체제≫를 밑뿌리채 뒤흔들어놓은 남조선인민들

의 반파쑈민주화투쟁 |저자 미확인

　『남조선문제』 제2호(통권 123), 조국통일사, 1975, 21쪽

■ 매국역적 박정희괴뢰도당을 단죄하는 분노의 웨침 |전주걸

　『남조선문제』 제3호(통권 124), 조국통일사, 1975, 28~32쪽

■ 남조선인민들의 반파쑈민주화투쟁은 조국통일을 앞당기는 애국적투쟁이
　다 |김윤혁

　『남조선문제』 제5호(통권 126), 조국통일사, 1975, 8~12쪽

■ ≪10월유신≫이후 더욱 강화되는 박정희괴뢰도당의 언론탄압과 그를 반
　대하는 남조선 기자언론인들의 투쟁 |김준철

　『남조선문제』 제5호(통권 126), 조국통일사, 1975, 13~18쪽

■ 박정희괴뢰도당의 파쑈독재와 민족분렬책동을 반대하는 해외동포들의 최
　근투쟁 |안희재

　『남조선문제』 제5호(통권 126), 조국통일사, 1975, 19~23쪽

■ 최근 남조선로동자들의 투쟁을 탄압말살하기 위한 박정희괴뢰도당의 책
　동 |저자 미확인

　『남조선문제』 제7호(통권 128), 조국통일사, 1975, 20쪽

■ [용어해설] ≪민주구국선언≫

　『남조선문제』 제5.6호(통권 138), 조국통일사, 1976, 48쪽

■ 남조선사회를 피로 물들인 인간백정 박정희괴뢰도당의 파쑈적죄행 |안재범

　『남조선문제』 제5.6호(통권 138), 조국통일사, 1976, 26~30쪽

■ 날로 심화되고있는 ≪유신≫독재의 위기 |김영춘

　『남조선문제』 제5.6호(통권 138), 조국통일사, 1976, 35~39쪽

■ 남조선사회의 민주화를 실현하는것은 조국의 자주적평화통일을 위한 필
　수적요구 |김윤환

　『남조선문제』 제11.12호(통권 143), 조국통일사, 1976, 2~6쪽

■ 파쑈적 ≪유신체제≫하에서의 남조선인민들의 반파쑈민주화투쟁의 특징
　|정치경제학부 현원석

　『조선대학학보』 제6호, 조선대학교, 1976, 14~26쪽

■ [전재물] 남조선인민들에 대한 박정희 ≪정권≫의 탄압에 대하여
  『남조선문제』 제1호(통권 144), 조국통일사, 1977, 35~48쪽

■ 남조선인민들의 반파쑈민주화투쟁은 자주성을 위한 투쟁 |정윤교
  『남조선문제』 제3호(통권 146), 조국통일사, 1977, 6~9쪽

■ 모략과 ≪사건≫날조는 파쑈적폭압과 매국배족을 위한 박정희괴뢰도당의
  상투적수법 |정성호
  『남조선문제』 제3호(통권 146), 조국통일사, 1977, 14~18쪽

■ 남조선 인민들과 청년학생들의 6.8 부정≪선거≫ 반대투쟁의 경험과 교훈
  |천이강
  『남조선문제』 제6호(통권 149), 조국통일사, 1977, 18~21쪽

■ 남조선인민들의 반파쑈민주화투쟁은 식민지군사파쑈독재의 필연적산물 |서
  정복
  『남조선문제』 제7호(통권 150), 조국통일사, 1977, 20~24쪽

■ 박정희괴뢰도당의 ≪유신≫파쑈독재를 반대하는 남조선종교인들의 투쟁
  |리정근
  『남조선문제』 제7호(통권 150), 조국통일사, 1977, 25~29쪽

■ 남조선사회의 민주화를 위한 민주인사들의 투쟁과 그 몇가지 특징 |주영걸
  『남조선문제』 제8호(통권 151), 조국통일사, 1977, 26~29쪽

■ [지상강좌] 민주주의적 자유와 권리의 전취는 남조선 인민들의 자주성을
  위한 절박한 요구
  『남조선문제』 제1호(통권 156), 조국통일사, 1978, 55~56쪽

■ [전재물] 언제까지 이 고통을
  『남조선문제』 제2호(통권 157), 조국통일사, 1978, 53~55쪽

■ 반≪유신≫조국통일의 기치밑에 일떠서는 재미교포들 |림희순
  『남조선문제』 제4호(통권 159), 조국통일사, 1978, 31~33쪽

■ 응당한 징벌
  『남조선문제』 제7호(통권 162), 조국통일사, 1978, 37쪽

■ ≪유신≫파쑈폭압을 짓부시고 남조선혁명을 승리에로 이끄는 통일혁명당

|정현석
  『남조선문제』 제8호(통권 163), 조국통일사, 1978 3∼5쪽

- ≪통일주체국민회의 대의원선거≫를 반대한 남조선인민들의 투쟁 |안 철
  『남조선문제』 제8호(통권 163), 조국통일사, 1978, 34∼35쪽

- ≪자유, 민주, 정의, 진리에 관한 78옥중선언≫
  『남조선문제』 제10호(통권 165), 조국통일사, 1978, 31쪽

- ≪유신≫독재에 대한 남조선인민들의 불평불만 |계정복
  『남조선문제』 제11호(통권 166), 조국통일사, 1978, 27∼28쪽

1980~1989

- 남조선에서 로동운동과 결합되고있는 반파쑈민주화운동 |계정복
  『남조선문제』 제3호(통권 182), 조국통일사, 1980, 19∼20쪽

- 남조선의 반파쑈련합전선조직들과 그의 투쟁 |김춘선
  『남조선문제』 제3호(통권 182), 조국통일사, 1980, 21∼22쪽

- 더욱 높아가는 남조선인민들의 반파쑈민주화기운 |김광호
  『남조선문제』 제3호(통권 182), 조국통일사, 1980, 23∼24쪽

- 남조선혁명운동발전에서 새로운 전환점을 이루어 놓은 영웅적투쟁
  『남조선문제』 제4호(통권 183), 조국통일사, 1980, 21∼23쪽

- 4월인민봉기이후 조선청년학생들의 반파쑈민주화운동과 주목되는 추세 |정
  성호
  『남조선문제』 제4호(통권 183), 조국통일사, 1980, 24∼26쪽

- 투쟁대오를 조직화 해나가는 남조선청년학생들 |김선철
  『남조선문제』 제4호(통권 183), 조국통일사, 1980, 27∼28쪽

- [자료] 남조선사회의 민주화를 위한 해외동포들의 주장과 투쟁결의
  『남조선문제』 제4호(통권 183), 조국통일사, 1980, 36∼37쪽

- 남조선에서 반파쑈민주련합정부의 수립은 민주화의 근본문제 |리정근
  『남조선문제』 제5호(통권 184), 조국통일사, 1980, 6∼7쪽

- 정당, 단체들의 정치활동의 자유는 민주화투쟁의 중요한 요구 |조승권
  『남조선문제』 제5호(통권 184), 조국통일사, 1980, 8∼9쪽

- ≪비상계엄령≫의 해제를 요구하는 남조선 및 해외동포들의 목소리 |김정렬
  『남조선문제』 제7호(통권 186), 조국통일사, 1980, 29쪽

- 일본 ≪도꾜신붕≫ 5월 12일부에 실린 최근 남조선 정세와 관련한 사설요
  지─≪불온한 한국정세의 배경≫
  『남조선문제』 제7호(통권 186), 조국통일사, 1980, 40쪽

- [자료] 남조선언론인들의 민주화투쟁단체들과 그 활동
  『남조선문제』 제7호(통권 186), 조국통일사, 1980, 27∼28쪽

- [자료] ≪유신≫잔당반대투쟁에서 남조선인민들이 달성한 전과
  『남조선문제』 제8호(통권 187), 조국통일사, 1980, 37쪽

- 민주화투쟁의 력사를 빛나게 장식한 영웅적 광주인민봉기 |계정복
  『남조선문제』 제8호(통권 187), 조국통일사, 1980, 21∼23쪽

- 만천하에 고발함─통일혁명당 중앙위원회가 발표한 광주살륙만행백서─
  『남조선문제』 제8호(통권 187), 조국통일사, 1980, 26∼31쪽

- ≪한일협정≫을 반대한 남조선인민들의 8월애국투쟁 |김주호
  『남조선문제』 제8호(통권 187), 조국통일사, 1980, 40∼41쪽

- 사회의 민주화는 남조선인민들의 한결같은 요구 |윤문주
  『남조선문제』 제9호(통권 188), 조국통일사, 1980, 7∼8쪽

- 민주화투쟁의 새 국면을 열어놓은 남조선인민들의 10월 민주항쟁 |김문웅
  『남조선문제』 제10호(통권 189), 조국통일사, 1980, 25∼26쪽

- 반파쑈민주화투쟁의 거세찬 폭풍 |본사기자
  『조선녀성』 제10호(통권 382), 근로단체출판사, 1980, 54∼55쪽

- 해외동포들속에서 높아가는 반파쑈애국운동 |김주호
  『남조선문제』 제11호(통권 190), 조국통일사, 1980, 63∼64쪽

■ 사회의 민주화와 남조선인민들의 자주성 ㅣ남성철

　　『남조선문제』 제12호(통권 191), 조국통일사, 1980, 9~10쪽

■ 흉악한 살인수단으로 광주를 유린한 폭군의 죄행

　　『남조선문제』 제12호(통권 191), 조국통일사, 1980, 40~41쪽

■ 남조선사회를 민주화하는것은 조국통일의 중요한 담보 ㅣ리종표

　　『근로자』 제2호(통권 466), 근로자사, 1981, 58~64쪽

■ 역적이 받은 ≪칭호≫

　　『남조선문제』 제2,3호(통권 193), 조국통일사, 1981, 64쪽

■ 남조선인민들의 민주화투쟁력사를 영웅적위훈으로 빛내인 광주인민봉기
　ㅣ김윤봉

　　『남조선문제』 제4,5호(통권 194), 조국통일사, 1981, 17~18쪽

■ [자료] 4월인민봉기때에 남조선 청년학생들과 인민들이 내들었던 투쟁구호

　　『남조선문제』 제4,5호(통권 194), 조국통일사, 1981, 63~64쪽

■ 온 남녘땅에 넘쳐나는 파쑈도당에 대한 불타는 복수심 ㅣ계정복

　　『남조선문제』 제7호(통권 196), 조국통일사, 1981, 19~20쪽

■ [상식] 계속 드러나는 광주참살의 수자

　　『남조선문제』 제8호(통권 197), 조국통일사, 1981, 28쪽

■ 파쑈폭압밑에서도 끊임없이 벌어지는 로동자들의 투쟁 ㅣ남기혁

　　『남조선문제』 제11호(통권 200), 조국통일사, 1981, 24~25쪽

■ 남조선민주화운동발전에서 광주인민봉기가 차지하는 력사적지위 ㅣ정성호

　　『남조선문제』 제5호(통권 205), 조국통일사, 1982, 30~32쪽

■ 온 남녘땅에 차넘치는 반전두환감정 ㅣ김정렬

　　『남조선문제』 제5호(통권 205), 조국통일사, 1982, 33~34쪽

■ 항쟁의 불길 타오른 그날의 광주 ㅣ한복희

　　『조선녀성』 제5호(통권 399), 근로단체출판사, 1982, 54~55쪽

■ 폭압에 미친 역적

　　『남조선문제』 제10호(통권 210), 조국통일사, 1982, 42쪽

- [연단] 반미자주화투쟁을 앞세우자 │신석빈
  『남조선문제』 제9호(통권 221), 조국통일사, 1983, 24~25쪽
- 남조선청년학생들의 반전두환투쟁 │리기수
  『남조선문제』 제10호(통권 222), 조국통일사, 1983, 29~30쪽
- [자료] 새로운 추세를 보이는 반전반핵기운
  『남조선문제』 제10호(통권 222), 조국통일사, 1983, 31~32쪽
- 미일반동들을 규탄하는 김대중
  『남조선문제』 제11호(통권 223), 조국통일사, 1983, 38쪽
- [자료] 높아가는 남조선 청년학생들과 지식인들의 반미자주의식
  『남조선문제』 제12호(통권 224), 조국통일사, 1983, 35~36쪽
- 남조선청년학생들의 1973년 10월투쟁과 그 의의 │리준항
  『력사과학』 제2호(통권 110), 과학백과사전출판사, 1984, 11~15쪽
- 자주화, 민주화 투쟁의 거센 흐름 - 지난해 남조선청년학생들의 투쟁에 대
  하여 │리인삼
  『남조선문제』 제3호(통권 227), 조국통일사, 1984, 19~21쪽
- 불안에 떠는 살인마의 더러운 몰골
  『남조선문제』 제4호(통권 228), 조국통일사, 1984, 43쪽
- [남조선의 지하투쟁조직] ≪량서조합≫
  『남조선문제』 제4호(통권 228), 조국통일사, 1984, 29쪽
- 자유, 민주의 함성높던 4월의 그날에 │본사기자
  『남조선문제』 제4호(통권 228), 조국통일사, 1984, 33~34쪽
- 4.19의 념원과 오늘의 과제 │김선철
  『남조선문제』 제4호(통권 228), 조국통일사, 1984, 41~43쪽
- 괴뢰의 뒤통수를 갈긴 또하나의 사건
  『남조선문제』 제5호(통권 229), 조국통일사, 1984, 41쪽
- 전두환괴뢰정권을 위협하는 두개의 ≪시한탄≫ │류경만
  『남조선문제』 제5호(통권 229), 조국통일사, 1984, 36~38쪽

- 남조선재야정계인사들의 최근 민주화투쟁 |리기수

  『남조선문제』 제7호(통권 231), 조국통일사, 1984, 24~25쪽

- 분렬주의자들의 악랄한 책동-남조선≪기독교교회협의회≫에 대한 탄압
  에 대하여- |허학필

  『남조선문제』 제7호(통권 231), 조국통일사, 1984, 29~30쪽

- 남조선사회의 민주화는 민족적 화해와 단결의 실제적조건 |남성철

  『남조선문제』 제8호(통권 232), 조국통일사, 1984, 9~10쪽

- [전재물] ≪광주민중은 승리할 때까지 수박을 먹지 않을것이다≫

  『남조선문제』 제10호(통권 234), 조국통일사, 1984, 27쪽

- 남조선에서 세차게 타오르는 반미, 반괴뢰 투쟁과 그 추세 |원태림

  『남조선문제』 제12호(통권 236), 조국통일사, 1984, 28~31쪽

- 폭군의 생억지

  『남조선문제』 제3호(통권 239), 조국통일사, 1985, 30쪽

- 새로운 추세를 보이는 민주인사들의 움직임 |방룡길

  『남조선문제』 제3호(통권 239), 조국통일사, 1985, 19~20쪽

- 폭압비천문학적수자

  『남조선문제』 제4호(통권 240), 조국통일사, 1985, 42쪽

- [불멸의 이야기] 항쟁의 교훈 |본사기자

  『남조선문제』 제4호(통권 240), 조국통일사, 1985, 25~26쪽

- 4.19의 념원은 반드시 실현되여야 한다 |박정섭

  『남조선문제』 제4호(통권 240), 조국통일사, 1985, 27~29쪽

- 광주인민봉기의 교훈과 반미자주화투쟁 |안기선

  『남조선문제』 제5호(통권 241), 조국통일사, 1985, 11~13쪽

- 영웅적인 봉기의 나날에 (2) |김선철

  『남조선문제』 제5호(통권 241), 조국통일사, 1985, 14~16쪽

- [전재물] 전해진것은 모두 진실이다

  『남조선문제』 제5호(통권 241), 조국통일사, 1985, 25~27쪽

『남조선문제』 제3호(통권 251), 조국통일사, 1986, 34~35쪽

■ 최근 전두환일당의 광란적인 파쑈폭압책동 │안명철
『남조선문제』 제3호(통권 251), 조국통일사, 1986, 47~50쪽

■ [단신자료] ≪철조망시대≫
『남조선문제』 제4호(통권 252), 조국통일사, 1986, 43쪽

■ [지상강좌] 남조선인민운동과 ≪삼민주의≫ │손정우
『남조선문제』 제4호(통권 252), 조국통일사, 1986, 22~24쪽

■ 남조선에서 세차게 벌어지고있는 의로운 반미자주화투쟁
『남조선문제』 제5호(통권 253), 조국통일사, 1986, 23~25쪽

■ [자료] ≪민주통일민중운동련합≫의 조직과 그 활동
『남조선문제』 제6호(통권 254), 조국통일사, 1986, 21~22쪽

■ 전면적인 탄압공세의 전주곡 │김선철
『남조선문제』 제6호(통권 254), 조국통일사, 1986, 29~32쪽

■ ≪최루탄시대≫ │김선철
『남조선문제』 제1호(통권 255), 조국통일사, 1987, 57~59쪽

■ 남조선인민들의 반미감정 │김춘선
『남조선문제』 제2호(통권 256), 조국통일사, 1987, 33~35쪽

■ 위기모면을 위한 파쑈적폭압책동 │안명철
『남조선문제』 제2호(통권 256), 조국통일사, 1987, 36~38쪽

■ 인권말살의 잔인한 수단 ≪블랙리스트제도≫ │김선철
『남조선문제』 제2호(통권 256), 조국통일사, 1987, 39~41쪽

■ [자료] 괴뢰경찰을 강화하기 위한 전두환일당의 책동
『남조선문제』 제2호(통권 256), 조국통일사, 1987, 42~43쪽

■ 남조선에서 민주화와 반미 │리형국
『조선사회민주당』 제2호, 조선사회민주당출판사, 1987, 53~57쪽

■ 로태우는 ≪고문전문가≫
『남조선문제』 제5호(통권 259), 조국통일사, 1987, 58쪽

- 남조선인민들의 6월항쟁에 대하여 | 방룡길
  『남조선문제』 제6호(통권 260), 조국통일사, 1987, 30~33쪽
- [전재물] ≪진정한 민주주의실현을 위한 로동자의 립장≫
  『남조선문제』 제6호(통권 260), 조국통일사, 1987, 63~64쪽
- 남조선사회의 참다운 민주화 | 림기우
  『조선사회민주당』 제1호, 조선사회민주당출판사, 1988, 58~62쪽
- 배격당하고 있는 미제의 괴뢰 로태우일당 | 한영읍
  『국제생활』 제2호(통권 25), 국제생활사, 1988, 18~20쪽
- [전재물] ≪구로구청학살사건≫ 고려대학교 윤용교수≪조사보고서≫발표
  『남조선문제』 제3호(통권 263), 조국통일사, 1988, 62~64쪽
- 광주교형리들과≪5공비리≫범죄자들은 인민들의 심판을 받아야 한다 | 리문환
  『국제생활』 제1호(통권 36), 국제생활사, 1989, 26~28쪽
- 광주인민봉기에 대하여 | 평양의학대학준박사 정동성
  『교원선전수첩』 제5호, 교원신문사, 1989, 121~126쪽
- 남조선전역을 휩쓸고 있는 파쑈 폭압선풍 | 리문환
  『국제생활』 제10호(통권 45), 국제생활사, 1989, 20~22쪽

1990~1999 •••••••••••••••••••••••••••••••••••

- 광주는 잊지 않는다 | 본사기자
  『조선녀성』 제3호(통권 448), 근로단체출판사, 1990, 39~40쪽
- 남조선인민들의 반미반파쑈투쟁사에서 전환점으로 된 4.19 봉기 | 고철재
  『국제생활』 제4호(통권 51), 국제생활사, 1990, 27~29쪽
- 남조선의 식민지 군사파쑈통치지반을 뒤흔들어 놓은 광주 인민봉기 | 전군섭
  『국제생활』 제5호(통권 52), 국제생활사, 1990, 13~15쪽

- 남조선전역에서 세차게 벌어지고 있는 반미, 반≪민자당≫투쟁 ㅣ김재현
  『국제생활』 제7호(통권 54), 국제생활사, 1990, 13~16쪽

- 반미자주화는 식민지남조선사회의 필수적요구 ㅣ홍수만
  『조선사회민주당』 제2호, 조선사회민주당출판사, 1991, 53~54쪽

- 5.10단선을 반대한 제주도인민들의 4.3봉기 ㅣ박설영
  『력사과학』 제4호(통권 140), 사회과학출판사, 1991, 20~24쪽

- 인권사태가 보여주는 ≪6공≫의 말기증상 ㅣ최성일
  『조선사회민주당』 제4호, 조선사회민주당출판사, 1991, 56~57쪽

- 자주, 민주, 조국통일을 위한 남조선 청년학생들과 애국적인민들의 투쟁 ㅣ리행현
  『력사과학』 제2호(통권 142), 사회과학출판사, 1992, 22~25쪽

- 1980년대 후반기 반미자주화를 위한 남조선인민들의 투쟁의 새로운 단계에로의 발전 ㅣ박 렬
  『김일성종합대학학보』[력사법학편] 제38권 제12호(통권 210), 김일성종합대학출판사, 1992, 28~32쪽

- 6월인민항쟁과 그 중요특징 ㅣ준박사 박 렬
  『김일성종합대학학보』[력사법학편] 제39권 제12호(통권 222), 김일성종합대학출판사, 1993, 12~16쪽

- ≪국가보안법≫을 철폐하라 ㅣ김인식
  『조선사회민주당』 제2호(통권 569), 조선사회민주당출판사, 1994, 49쪽

- [남조선문제] 남조선에서 날로 강화되고있는 김영삼괴뢰정권을 반대하는 투쟁과 그 중요특징 ㅣ전군섭
  『근로자』 제11호(통권 631), 근로자사, 1994, 80~85쪽

- ≪국가보안법≫ 철폐는 미룰수 없는 요구 ㅣ김광일
  『조선사회민주당』 제3호(통권 574), 조선사회민주당출판사, 1995, 48~49쪽

- ≪한총련≫은 결코 말살할수 없다 ㅣ류익수
  『조선사회민주당』 제4호(통권 579), 조선사회민주당출판사, 1996, 42~44쪽

2000~2009

■ 위대한 수령 김일성동지의 현명한 령도에 의한 광복직후 단합된 력량으로 미군정을 반대하기 위한 남조선인민들의 투쟁 ㅣ부교수, 학사 리정룡
『김일성종합대학학보』[력사법학편] 제50권 제4호(통권 372), 김일성종합대학출판사, 2004, 16~22쪽

■ 남조선인민들속에서 날로 높아지고 있는 반미자주의식 ㅣ저자 미확인
『근로자』 제1호, 근로자사, 2006, 58쪽

■ ≪유신≫파쑈독재를 짓부시기 위한 남조선 인민들의 ≪10월민주항쟁≫ ㅣ리계순사리원제1사범대학 한재현
『교원선전수첩』 제3호(통권 386), 교육신문사, 2009, 177~178쪽

5. 대외관계

1) 한미관계

- 반동과 삼상결정 | 석 국
  『근로자』 년말(통권 10), 로동신문사, 1947, 36~44쪽
- 「미군남한주둔안」을 분쇄하자
  『조선녀성』 제1호, 조선녀성사, 1949, 60쪽
- 미제국주의자들은 해방후四년간우리조국의 남반부에서 무엇을하였는가 | 김영주
  『조선녀성』 제8호, 조선녀성사, 1949, 15~18쪽
- 남조선에 있어서의 미제국주의자의 식민지화정책 | 신성호
  『근로자』 제15호(통권 37), 로동신문사, 1949, 34~42쪽
- 「유엔조선위원단」의 보고서에는 무엇이 은폐되어 있는가? | 홍남표
  『근로자』 제19호(통권 41), 로동신문사, 1949, 38~46쪽
- 조국의 남반부에서의 미제국주의의 군사식민지화 정책 | 고경흠
  『인민』 제4권 제1호, 민주조선사, 1949, 33~45쪽

1950~1959

- 미제국주의는 조선 인민의 불공대천지 원쑤이다 | 박시형
  『근로자』 제5호(통권 66), 로동신문사, 1951, 25~40쪽
- 조선에서의 미 제국주의자들의 식인종적 죄행 | 정동필
  『인민』 제7호, 민주조선사, 1952, 47~53쪽

다 |최준섭

『국제생활』 제11호, 국제생활사, 1958, 8~11쪽

- 미제는 남조선에 불행과 고통만 가져다 주었다 |김종근

  『직맹생활』 제8호(통권 24), 직업동맹출판사, 1958, 55~57쪽

1960~1969 ....

- 미제국주의는 조선 인민의 철천지 원쑤이다 |김희일

  『력사과학』 제4호, 조선민주주의인민공화국과학원출판사, 1960, 31~39쪽

- 미제는 남조선에서 피묻은 손을 떼야 한다

  『조선녀성』 제5호, 조선녀성사, 1960, 8쪽

- 미제는 남조선에서 당장 물러가라

  『조선녀성』 제6호, 조선녀성사, 1960, 30~31쪽

- [담화 자료] 미제는 조선 인민의 극악한 원쑤이다 |박승원

  『상업』 제6호, 상업신문사, 1960, 31~32쪽

- 남조선의 현사태와 아메리카 제국주의자 |김병원

  『조선문제연구』 제4권 제2호, 조선문제연구소, 1960, 21~31쪽

- 남조선에 대한 아메리카의 위체정책의 약탈성 |오재양

  『조선문제연구』 제4권 제2호, 조선문제연구소, 1960, 32~48쪽

- 미제와 결탁한 일제는 조선의 력사적 침범자 |최윤규

  『근로자』 제2호(통권 183), 근로자사, 1961, 53~57쪽

- 미제 침략자들은 남조선에서 당장 나가라!

  『조선녀성』 제7호, 조선녀성사, 1961, 38~39쪽

- 미제와 군사 깡패들의 범죄적≪이민≫책동을 분쇄하라 |김유문

  『조선녀성』 제4호, 조선녀성사, 1962, 38~40쪽

- [정론] 남녘땅에서 미제 승냥이를 몰아내자 |김명욱

  『상업』 제8호, 경제출판사, 1962, 34~35쪽

- 미군을 몰아 내고 남조선 인민들을 구원하기 위한 획기적 조치
  『근로자』 제10호(통권 203), 근로자사, 1962, 18~22쪽
- 케네디의 ≪신 전략≫과 남조선 |강효진
  『근로자』 제20호(통권 213), 근로자사, 1962, 39~44쪽
- 미제의 세계 제패 계획과 아세아 |허 남
  『근로자』 제7호(통권 221), 근로자사, 1963, 31~39쪽
- [암흑의 땅 남조선에서] 미제를 몰아 내야 한다 |박 임
  『조선녀성』 제8호, 조선녀성사, 1963, 15~16쪽
- 각본은 워싱톤에서, 무대는 서울 |김경현
  『근로자』 제10호(통권 224), 근로자사, 1963, 34~38쪽
- 남조선에 대한 미제의 식민지 통치 수법 |김찬호
  『근로자』 제23호(통권 261), 근로자사, 1964, 37~40쪽
- 미제의 극동 정책과 ≪한 일 회담≫ |윤 수
  『근로자』 제1호(통권 263), 근로자사, 1965, 36~42쪽
- 미국 신 식민주의 도구의 전형 |백남운
  『남조선문제』 제1호, 남조선문제출판사, 1965, 22쪽
- ≪주한 미 공보원≫에 대하여 |강 준
  『근로자』 제7호(통권 269), 근로자사, 1965, 45~48쪽
- 남조선에 대한 미제의 식민지 예속화 정책의 기본 특징과 최근 추세 |리
  소일
  『남조선문제』 제8호(통권 14), 남조선문제출판사, 1965, 22~30쪽
- ≪지정학≫은 미제의 남조선 침략을 정당화할 수 없다 |강필순
  『근로자』 제23호(통권 285), 근로자사, 1965, 43~48쪽
- 남조선에대한 미제의 식민지예속화정책의 특징 |리 탁
  『남조선문제론문집』 남조선문제출판사, 1965, 1~25쪽
- 미제의 남조선에 대한 식민지 예속화 정책의 군사적 성격 |강동칠
  『남조선문제』 제1호(통권 18), 남조선문제출판사, 1966, 1~8쪽

- 남조선에서의 미제의 식민지통치 체계

  『남조선문제』 제4호(통권 21), 남조선문제출판사, 1966, 37~42쪽

- 미제와 박정희 도당의 ≪한미 행정 협정≫체결 책동과 그 내용의 침략적 본질

  『남조선문제』 제6호(통권 23), 조국사, 1966, 33~37쪽

- 남조선에 대한 미제의 예속화 정책과 통치의 특성 |김광진

  『근로자』 제6호(통권 292), 근로자사, 1966, 51~56쪽

- [학습자료] 남조선에 대한 미제의 식민지 통치 기구 |최용수

  『남조선문제』 제7호(통권 24), 조국사, 1966, 36~45쪽

- [학습자료] 남조선에 대한 미제의 식민지예속화정책의 특징

  『남조선문제』 제12호(통권 29), 조국사, 1966, 39~45쪽

- 미제의 아세아전략과 그 위기 |허석태

  『근로자』 제12호(통권 298), 근로자사, 1966, 55~61쪽

- [학습자료] 현시기 남조선에 대한 미제의 식민지예속화정책의 기본내용 |리영묵

  『남조선문제』 제1호(통권 30), 조국사, 1967, 42~48쪽

- [학습자료] 남조선에 대한 미제의 군사기지화정책 |장영봉

  『남조선문제』 제5호(통권 34), 조국사, 1967, 29~34쪽

- 미제와 박정희도당의 전쟁정책을 파탄시키자 |리영묵

  『남조선문제』 제6호(통권 35), 조국사, 1967, 2~10쪽

- 남조선에 대한 침략을 은페하는 미제의 신식민주의 정책 |김광진

  『근로자』 제6호(통권 304), 근로자사, 1967, 45~51쪽

- [용어해설] ≪평화군≫

  『남조선문제』 제7호(통권 36), 조국사, 1967, 46~47쪽

- 남조선에 기여들고있는 ≪평화군≫의 침략적본성 |전주걸

  『남조선문제』 제9호(통권 38), 조국사, 1967, 25~30쪽

- 아세아침략을 위한 미제와 일본 군국주의자들의 결탁 |현명준

  『근로자』 제4호(통권 302), 근로자사, 1967, 57~64쪽

- 위기에 처한 미제의 ≪반공≫군사동맹체계 |박순재
  『근로자』 제7호(통권 305), 근로자사, 1967, 50~57쪽

- 미제는 현대식민주의의 아성 |류시호
  『근로자』 제9호(통권 307), 근로자사, 1967, 51~57쪽

- 날강도 미제는 조선인민의 철천지 원쑤 |전기홍
  『근로자』 제6호(통권 316), 근로자사, 1968, 59~64쪽

1970~1979 ∙∙

- 미제침략자들이 조선에서 또다시 침략전쟁의 불길을 일으킨다면 더욱 큰
  참패를 당하고야말것이다
  『근로자』 제6호(통권 339), 근로자사, 1970, 2~9쪽

- ≪닉슨주의≫와 남조선에서의 미제의 새 전쟁 도발책동 |저자 미확인
  『남조선문제』 제2호, 조국통일사, 1971, 30쪽

- 남조선에 대한 미제국주의침략자들의 사상문화적침투 |김봉남
  『인민교육』 제7호, 교원선전수첩출판사, 1971, 60~63쪽

- 남조선에 대한 미제의 신식민주의정책의 반동적본질 |최필원
  『근로자』 제11호(통권 356), 근로자사, 1971, 52~57쪽

- 미제침략군의 야수적만행과 그를 반대하는 남조선인민들의 투쟁 |고진국
  『남조선문제』 제2호(통권 89), 조국통일사, 1972, 30~34쪽

- 남조선에서 파산되고 있는 미제의 ≪새아세아정책≫ |송 헌
  『남조선문제』 제7호(통권 94), 조국통일사, 1972, 27~34쪽

- 남조선에 대한 미제국주의자들의 신식민주의정책(1) |김범룡
  『남조선문제』 제10호(통권 97), 조국통일사, 1972, 42~47쪽

- 남조선에 대한 미제의 신식민주의정책(2) |김범룡
  『남조선문제』 제11호(통권 97), 조국통일사, 1972, 43~48쪽

- 남조선에 대한 미제국주의자들의 신식민주의정책(4) | 김범룡
  『남조선문제』 제1호(통권 99), 조국통일사, 1973, 42~47쪽
- 아세아에 대한 미제의 침략과 간섭을 철저히 짓부시자(캄보쟈국가원수이
  며 캄보쟈민족통일전선위원장인 노로돔시하누크친왕을 환영하는 평양시
  군중대회에서 한 연설 1973년 4월16일) | 김일성
  『남조선문제』 제5호(통권 103), 조국통일사, 1973, 2~10쪽
- 미제의 남조선강점과 내정간섭을 종식시키고 조국의 자주적평화통일을 앞
  당기자
  『남조선문제』 제6호(통권 104), 조국통일사, 1973, 2~8쪽
- 미제와 그 앞잡이들은 우리 나라에서의 침략과 전쟁의 원흉 | 최기성
  『남조선문제』 제6호(통권 104), 조국통일사, 1973, 16~21쪽
- 미제는 조선인민의 철천지원쑤 | 허종호
  『근로자』 제6호(통권 374), 근로자사, 1973, 58~64쪽
- 미제와 박정희괴뢰도당은 자주적조국통일을 가로막고 영구분렬을 책동하
  여 온 흉악한 원쑤 | 김재욱
  『남조선문제』 제9호(통권 107), 조국통일사, 1973, 44~48쪽
- 미일제국주의의 2중주구 - 박정희괴뢰도당의 씻을수 없는 죄행의 진면모
  『교원선전수첩』 제11호(통권 56), 교원선전수첩출판사, 1973, 77~79쪽
- 미제는 남조선괴뢰군의 통수권을 틀어쥐고있는 실권자 | 김춘선
  『남조선문제』 제6호(통권 116), 통일신보사, 1974, 14~18쪽
- 남조선에서 만성화되고있는 미제침략군의 만행과 그의 사회력사적배경 | 강
  룡문
  『남조선문제』 제7호(통권 117), 통일신보사, 1974, 35~39쪽
- 미제침략자들은 남조선에서 지체없이 물러가야 한다
  『근로자』 제5,6호(통권 386), 근로자사, 1974, 34~38쪽
- ≪한미호상방위조약≫은 남조선을 영원히 미제의 식민지군사기지로 만들
  기 위한 침략문건 | 저자 미확인
  『남조선문제』 제2호(통권 123), 조국통일사, 1975, 27쪽

- 미제는 조선전쟁을 어떻게 준비하여왔는가 │리동춘
  『인민교육』 제6호, 교원신문사, 1975, 58~60쪽

- 남조선에 대한 미제의 교활한 영구강점책동을 단호히 짓부시자 │김필헌
  『근로자』 제9호(통권 401), 근로자사, 1975, 53~58쪽

- 미제와 그 앞잡이들의 ≪두개조선≫조작책동은 파탄을 면치 못할것이다
  │최상윤
  『남조선문제』 제11호(통권 132), 조국통일사, 1975, 37~41쪽

- 남조선에서 숭미사대주의를 배격하는것은 남조선혁명과 조국통일을 촉진
  시키기 위한 중요과업 │전주경
  『남조선문제』 제12호(통권 133), 조국통일사, 1975, 15~20쪽

- 최근 더욱 악랄하여지고있는 미제의 남조선영구강점책동 │김진국
  『남조선문제』 제12호(통권 133), 조국통일사, 1975, 21~24쪽

- 최근 더욱 로골화되고있는 미제의 새 전쟁 도발책동 │리정근
  『남조선문제』 제2호(통권 135), 조국통일사, 1976, 17~20쪽

- 남조선에서 미제침략군을 몰아내는것은 조국통일을 위한 선차적요구 │박
  명우
  『남조선문제』 제3호(통권 136), 조국통일사, 1976, 7~11쪽

- 남조선인민들을 대상으로 감행되고있는 천인공노할 미제의 세균무기실험
  만행－남조선에서 류행성출혈열이 발생하게 된 진상 │김수진
  『남조선문제』 제3호(통권 136), 조국통일사, 1976, 27~35쪽

- ≪새 태평양주의≫는 조선의 분렬을 영구화하며 새 전쟁 도발을 위한 미
  제의 흉악한 침략정책 │강석희
  『사회과학』 제5호(통권 18), 사회과학출판사, 1976, 59~64쪽

- 미제는 식민지통치비용을 남조선인민들에게 들씌우고있는 가장 흉악하고
  파렴치한 침략자이며 략탈자이다 │천주일
  『남조선문제』 제7호(통권 139), 조국통일사, 1976, 24~29쪽

- [자료] 날로 우심해지고있는 미제침략군의 만행
  『남조선문제』 제7호(통권 139), 조국통일사, 1976, 38~39쪽

- 일본군국주의자들은 미제의 ≪두개 조선≫조작책동의 가장 적극적인 공모자 |권기복
  『남조선문제』 제8호(통권 140), 조국통일사, 1976, 24~29쪽

- [독자들의 질문에 대한 대답] ≪록키드사건≫은 어떤 사건이며 박정희괴뢰도당은 이 사건에 어떻게 끼여들게 되였는가
  『남조선문제』 제8호(통권 140), 조국통일사, 1976, 46~48쪽

- 미제의 세계제패야망과 남조선에서의 새 전쟁 도발책동 |신응복
  『근로자』 제8호(통권 412), 근로자사, 1976, 59~64쪽

- [독자들의 질문에 대한 대답] 미제와 박정희괴뢰도당이 들고나온 ≪교차승인론≫에 대하여
  『남조선문제』 제9호(통권 141), 조국통일사, 1976, 45쪽

- 남조선을 ≪전선방위지역≫으로 삼는 미제의 침략책동과 남조선경제의 군사화 |박진수
  『남조선문제』 제9호(통권 141), 조국통일사, 1976, 22~27쪽

- 미제는 침략과 전쟁의 가장 흉악한 범죄자 |손진혁
  『근로자』 제10호(통권 414), 근로자사, 1976, 59~64쪽

- 미제는 민족적 독립과 자주권의 횡포한 교살자 |박인근
  『근로자』 제12호(통권 416), 근로자사, 1976, 55~60쪽

- 미제의 남조선강점과 일본에 대한 통제 |정성호
  『남조선문제』 제4호(통권 147), 조국통일사, 1977, 26~30쪽

- 미중앙정보국의 지시에 따라 움직이는 박정희 괴뢰도당 |김춘선
  『남조선문제』 제4호(통권 147), 조국통일사, 1977, 31~35쪽

- 남조선강점 미제침략군의 철거를 반대하는 일본반동들의 흉악한 목적 |정성호
  『남조선문제』 제5호(통권 148), 조국통일사, 1977, 30~33쪽

- [전재물] ≪미국의 대한정책의 새로운 방향을 요구하는 국제회의≫에 대하여
  『남조선문제』 제6호(통권 149), 조국통일사, 1977, 34~47쪽

■ 신식민주의 실현수단으로서 미제의 ≪원조≫ 정책의 반동적본질과 그 전
면적파탄 Ⅰ김찬호
『경제론문집』 제6호(통권 427), 과학백과사전출판사, 1977, 171~189쪽

■ ≪남조선을 강점하고 있는 미국군대가 무조건 물러가야 한다고 강력히
주장한다≫ - 남조선강점 미제침략군의 철거를 요구하는 세계 혁명적인
민들의 목소리 - Ⅰ본사기자
『인민교육』 제6호, 교원신문사, 1977, 54~55쪽

■ 아메리카제국주의의 침략체질을 론함
『남조선문제』 제9호(통권 152), 조국통일사, 1977, 14~21쪽

■ [자료] 매국노 박정희는 김대중랍치≪작전≫의 두목이며 대미 ≪뢰물작전≫
의 원흉이다
『남조선문제』 제10호(통권 153), 조국통일사, 1977, 37~41쪽

■ 조선에 대한 미제의 침략과 전쟁 정책에는 변함이 없다 - 남조선으로부터
의 미지상군철수의 목적과 배경을 해부한다 - Ⅰ박일청
『남조선문제』 제11호(통권 154), 조국통일사, 1977, 31~34쪽

■ 미제의 ≪인권외교≫와 그 량면성 Ⅰ김계순
『남조선문제』 제11호(통권 154), 조국통일사, 1977, 35~37쪽

■ 남조선에 숭미사대주의를 부식시키기 위한 미제와 그 앞잡이들의 책동과
해독성 Ⅰ백기민
『남조선문제』 제11호(통권 154), 조국통일사, 1977, 38~41쪽

■ ≪철군≫뒤에 숨은 미제의 음흉한 침략적목적 Ⅰ원태림
『남조선문제』 제12호(통권 155), 조국통일사, 1977, 19~22쪽

■ 남조선괴뢰정권은 미제식민지통치의 도구 Ⅰ김길순
『남조선문제』 제12호(통권 155), 조국통일사, 1977, 23~25쪽

■ ≪교차승인론≫은 조선의 영구분렬을 위한 궤변이다 Ⅰ곽호일
『남조선문제』 제12호(통권 155), 조국통일사, 1977, 30~32쪽

■ 미제의 남조선강점은 전국적범위에서 조선인민의 민족적자주권의 확립을
가로막는 침략적이며 비법적인 행위 Ⅰ김영철

『사회과학』 제5호(통권 30), 사회과학출판사, 1978, 53~59쪽

- ≪1976년도 대미공작방안≫
  『남조선문제』 제5호(통권 160), 조국통일사, 1978, 34쪽

- 미제는 새 전쟁 도발책동을 그만두고 남조선에서 지체없이 물러가야한다
  『남조선문제』 제6호(통권 161), 조국통일사, 1978, 15~16쪽

- 미제의 아세아전략과 ≪두개조선≫ 정책 |정성호
  『남조선문제』 제7호(통권 162), 조국통일사, 1978, 20~23쪽

- 미제는 왜 평화협정체결을 회피하는가 |원태림
  『남조선문제』 제7호(통권 162), 조국통일사, 1978, 27~28쪽

- 미국≪다국적기업≫과 카터정권의 남조선 영구강점정책 |한진원
  『남조선문제』 제7호(통권 162), 조국통일사, 1978, 38~40쪽

- ≪미국의 조선정책; 달라질수록 더 같아진다≫
  『남조선문제』 제8호(통권 163), 조국통일사, 1978, 36쪽

- 남조선인민들속에서 미제에 대한 불신과 반감이 더욱 높아지고있다 |한계현
  『남조선문제』 제8호(통권 163), 조국통일사, 1978, 19~21쪽

- 미제의 ≪철군공약≫은 위장된 영구강점론 |김윤환
  『남조선문제』 제8호(통권 163), 조국통일사, 1978, 22~24쪽

- 대미뢰물행위의 죄상을 덮어 버리려는 박정희괴뢰도당의 교활한 책동 |계정복
  『남조선문제』 제8호(통권 163), 조국통일사, 1978, 27~29쪽

- 미제의 ≪태평양국가론≫과 ≪두개조선≫정책 |박일청
  『남조선문제』 제8호(통권 163), 조국통일사, 1978, 30~33쪽

- ≪두개조선≫의 레루를 타고 계속 내닫는 미제 |정성호
  『남조선문제』 제9호(통권 164), 조국통일사, 1978, 23~24쪽

- 남조선에서 민주화투쟁을 저지파탄시키기 위한 미제의 음흉한 간섭책동 |길만호
  『남조선문제』 제9호(통권 164), 조국통일사, 1978, 32~33쪽

1980~1989

- 쓸모없게 된 괴뢰를 제거하는 것은 미제의 상투적수법 |남기혁
  『남조선문제』 제6호(통권 185), 조국통일사, 1980, 53~54쪽

- 천추에 용서못할 범죄행위 |현무영
  『남조선문제』 제6호(통권 185), 조국통일사, 1980, 61~62쪽

- 미제는 남조선파쑈독재의 조종자이며 인민탄압의 원흉 |황동섭
  『근로자』 제8호(통권 460), 근로자사, 1980, 55~59쪽

- 미제는 광주학살만행의 배후조종자 |김춘선
  『남조선문제』 제9호(통권 188), 조국통일사, 1980, 54~55쪽

- 미제의 《인권외교》와 그 허위기만성 |허학필
  『남조선문제』 제9호(통권 188), 조국통일사, 1980, 56~57쪽

- 1980년대 미제의 대외정책동향과 《두개 조선》정책 |윤자홍
  『남조선문제』 제9호(통권 188), 조국통일사, 1980, 58~60쪽

- 미제는 전두환파쑈독재의 조작자 |정성호
  『남조선문제』 제10호(통권 189), 조국통일사, 1980, 55~56쪽

- 정체가 드러난 《잠복주구》 |한 철
  『남조선문제』 제11호(통권 190), 조국통일사, 1980, 67~72쪽

- 병주고 약주는것은 미제의 식민지통치의 교활한 수법 |원태림
  『남조선문제』 제11호(통권 190), 조국통일사, 1980, 90~92쪽

- 반미감정의 새로운 분출 |계정복
  『남조선문제』 제12호(통권 191), 조국통일사, 1980, 30~31쪽

- 미제침략군의 남조선강점은 민주화의 기본장애 |김정방
  『남조선문제』 제1호(통권 192), 조국통일사, 1981, 60~62쪽

- 미제의 대조선정책의 기본전략과 그 침략성 |윤자홍
  『남조선문제』 제2.3호(통권 193), 조국통일사, 1981, 60~61쪽

- 남조선괴뢰들의 《우방》론은 지배와 예속을 가리우기 위한 반동적궤변
  |주영걸
  『남조선문제』 제4.5호(통권 194), 조국통일사, 1981, 35~36쪽

- 레간의 미국대통령당선과 대조선정책 ㅣ정성호
  『남조선문제』 제4.5호(통권 194), 조국통일사, 1981, 50∼53쪽

- ≪조약≫과 ≪협정≫을 통한 미제의 남조선에 대한 정치적 지배 ㅣ김문웅
  『남조선문제』 제4.5호(통권 194), 조국통일사, 1981, 54∼55쪽

- 남조선에서 더욱 로골화되고있는 미제의 식민지군사파쑈정책 ㅣ석연택
  『근로자』 제5호(통권 469), 근로자사, 1981, 54∼58쪽

- 매국노의 가증스러운 배족적망동 ㅣ김춘선
  『남조선문제』 제7호(통권 196), 조국통일사, 1981, 35쪽

- 미제의 남조선괴뢰들이 내든 ≪안보≫의 반동적본질 ㅣ길만호
  『남조선문제』 제8호(통권 197), 조국통일사, 1981, 26∼28쪽

- 미제는 남조선에서 민주, 인권 교살의 장본인이며 인민학살의 조종자 ㅣ한원진
  『남조선문제』 제8호(통권 197), 조국통일사, 1981, 52∼54쪽

- 상전을 향해 꼬리치는 주구 ㅣ한계현
  『남조선문제』 제10호(통권 199), 조국통일사, 1981, 36∼38쪽

- 신흥세력나라 인민들을 반대하는 미제의 주구 전두환역도 ㅣ김주호
  『남조선문제』 제12호(통권 201), 조국통일사, 1981, 29∼30쪽

- [미제의 ≪두개 조선≫조작책동의 흑막] (1) 바뀌여진 대조선정책의 기본전략 ㅣ본사기자
  『조선녀성』 제2,3호(통권 386), 근로단체출판사, 1981, 53∼55쪽

- [미제의 ≪두개 조선≫조작책동의 흑막(2)] 분렬주의로선의 돌격대 ㅣ본사기자 한복희
  『조선녀성』 제4, 5호(통권 387), 근로단체출판사, 1981, 50∼51쪽

- [미제승냥이 본성을 변치 않는다] 변장한 침략수법 신식민주의 ㅣ본사기자
  『조선녀성』 제4,5호(통권 387), 근로단체출판사, 1981, 52∼53쪽

- 미제는 민족적 독립과 자주적 발전을 가로막는 주되는 장본인 ㅣ김응렬
  『근로자』 제1호(통권 477), 근로자사, 1982, 58∼64쪽

■ [외세와 파쑈에 짓눌린 남조선] 애국과 매국, 민주와 파쑈의 대결장－서울 ㅣ남
　기혁
　『남조선문제』 제2,3호(통권 203), 조국통일사, 1982, 53~56쪽

■ [남조선땅에서 저지른 미제의 흉악한 범죄록] 괴뢰정권의 조작자 ㅣ본사기자
　『조선녀성』 제3호(통권 397), 근로단체출판사, 1982, 50쪽

■ 력사를 위조하는 매국노의 범죄적책동 ㅣ한원진
　『남조선문제』 제5호(통권 205), 조국통일사, 1982, 44~45쪽

■ 드러난 ≪위선자≫의 정체 ㅣ김경호
　『남조선문제』 제5호(통권 205), 조국통일사, 1982, 54~55쪽

■ 최근미제의 대남조선정책에서 나타나고있는 주목되는 추세 ㅣ허학필
　『남조선문제』 제6호(통권 206), 조국통일사, 1982, 21~23쪽

■ [남조선에서 저지른 미제의 흉악한 범죄록] 남조선을 전쟁발원지로 ㅣ본사
　기자
　『조선녀성』 제6호(통권 400), 근로단체출판사, 1982, 53쪽

■ 미제의 ≪두개 조선≫정책은 파탄되고야 말 것이다 ㅣ한원진
　『남조선문제』 제7호(통권 207), 조국통일사, 1982, 28~30쪽

■ 미제의 조선전쟁정책은 승산없는 모험 ㅣ계정복
　『남조선문제』 제7호(통권 207), 조국통일사, 1982, 34~36쪽

■ 미제는 살인귀 ㅣ본사기자 한복희
　『조선녀성』 제7호(통권 401), 근로단체출판사, 1982, 37쪽

■ 남조선에서의 파쑈통치와 일본반동들의 책임 ㅣ길만호
　『남조선문제』 제8호(통권 208), 조국통일사, 1982, 35~36쪽

■ 남조선에 대한 미제의 식민지예속화정책의 특징 ㅣ최태진
　『근로자』 제8호(통권 484), 근로자사, 1982, 53~58쪽

■ [괴뢰정권의 정체를 발가본다] 남조선에 조작된 군사파쑈독재는 미제의
　식민지예속화정책의 산물 ㅣ허학필
　『남조선문제』 제9호(통권 209), 조국통일사, 1982, 30~31쪽

- ≪미국놈들을 내나라에서 내쫓아야 한다≫ - 해외교포들속에서 높아가는 반미기운 -

  『남조선문제』 제10호(통권 210), 조국통일사, 1982, 18~19쪽

- 미제의 완전한 식민지로 굴러떨어진 남조선 |김춘선

  『남조선문제』 제10호(통권 210), 조국통일사, 1982, 28~30쪽

- 미제는 체계적으로 남조선을 완전식민지로 만든 장본인 |한웅식

  『근로자』 제10호(통권 486), 근로자사, 1982, 49~58쪽

- [단평] 확고한 결의

  『남조선문제』 제11호(통권 211), 조국통일사, 1982, 36쪽

- [단평] 인민탄압에로 부추기는 범죄행위

  『남조선문제』 제11호(통권 211), 조국통일사, 1982, 42쪽

- 남조선주재 미국 ≪대사관≫은 신식민주의총독부 |본사기자

  『남조선문제』 제11호(통권 211), 조국통일사, 1982, 40~42쪽

- 미제는 괴뢰정권을 조작하고 그 우두머리들을 길러낸 장본인 |로성국

  『남조선문제』 제11호(통권 211), 조국통일사, 1982, 43~44쪽

- 미국은 ≪우방≫인가(1)(≪민단≫계 교포신문 ≪민족시보≫에서)

  『남조선문제』 제11호(통권 211), 조국통일사, 1982, 52~55쪽

- ≪우리모두 반미구국성전에 나서자≫

  『남조선문제』 제12호(통권 212), 조국통일사, 1982, 13쪽

- 주구를 저울질하는 상전

  『남조선문제』 제12호(통권 212), 조국통일사, 1982, 29쪽

- 매국노가 받은 징벌

  『남조선문제』 제12호(통권 212), 조국통일사, 1982, 39쪽

- 미제의 식민지 남조선은 세계최악의 인권유린지대 |정성호

  『남조선문제』 제12호(통권 212), 조국통일사, 1982, 17~19쪽

- 미제는 ≪해방자≫의 탈을 쓴 침략자 |허학필

  『남조선문제』 제12호(통권 212), 조국통일사, 1982, 25~26쪽

■ 미제와의 ≪조약≫과 ≪협정≫에 의한 남조선의 정치군사적예속 Ⅰ최성철

『남조선문제』 제12호(통권 212), 조국통일사, 1982, 27~29쪽

■ 식민지통치의 검은마수 Ⅰ계정복

『남조선문제』 제12호(통권 212), 조국통일사, 1982, 30~32쪽

■ [자료] 미제의 완전한 식민지군사기지로 전변된 남조선

『남조선문제』 제12호(통권 212), 조국통일사, 1982, 33~34쪽

■ 미국은 ≪우방≫인가(2)(≪민단≫계 교포신문 ≪민족시보≫에서)

『남조선문제』 제12호(통권 212), 조국통일사, 1982, 45~49쪽

■ 레이건 전략과 조선반도의 긴장 Ⅰ김 순

『조선문제연구』 제22호, 조선문제연구소, 1982, 291~318쪽

■ 괴뢰군안에 잠입시킨 미제의 ≪특별밀사≫

『남조선문제』 제1호(통권 213), 조국통일사, 1983, 32쪽

■ 반미자주화를 실현하는것은 남녘동포들의 절박한 요구 Ⅰ현성남

『남조선문제』 제1호(통권 213), 조국통일사, 1983, 7~11쪽

■ 반미자주화투쟁은 민족해방을 위한 애국투쟁 Ⅰ오난식

『남조선문제』 제1호(통권 213), 조국통일사, 1983, 12~13쪽

■ 미제의 극동전략과 ≪두개조선≫음모 Ⅰ김춘선

『남조선문제』 제1호(통권 213), 조국통일사, 1983, 25~26쪽

■ 주구를 다스리는 상전의 교활한 수법 Ⅰ계정복

『남조선문제』 제1호(통권 213), 조국통일사, 1983, 33~35쪽

■ 미국대통령의 개와 사진찍은 력대괴뢰들 Ⅰ엄 철

『남조선문제』 제1호(통권 213), 조국통일사, 1983, 36~37쪽

■ 미제침략군은 20세기의 야수 Ⅰ허학필

『남조선문제』 제1호(통권 213), 조국통일사, 1983, 49~50쪽

■ 조선침략의 첫걸음

『조선녀성』 제1호(통권 404), 근로단체출판사, 1983, 39~40쪽

■ 남조선괴뢰도당은 미제의 식민지통치의 현지대리인 Ⅰ고병한

『근로자』 제1호(통권 489), 근로자사, 1983, 54~58쪽

■ 미국양키는 물러가라

『남조선문제』 제2호(통권 214), 조국통일사, 1983, 9쪽

■ 카터의 회고록

『남조선문제』 제2호(통권 214), 조국통일사, 1983, 48쪽

■ 도도히 흐르고있는 반미자주화의 기운 |류 은

『남조선문제』 제2호(통권 214), 조국통일사, 1983, 16~19쪽

■ 강화도에서 만신창이 된 침략자들

『조선녀성』 제2호(통권 405), 근로단체출판사, 1983, 37~38쪽

■ 남조선의 실제적인 지배자는 미제 |김재명

『조선사회민주당』 제2호, 조선사회민주당출판사, 1983, 63~67쪽

■ [상식] 침략의 아성 – 백악관

『남조선문제』 제3호(통권 215), 조국통일사, 1983, 26쪽

■ 날로 높아가는 해외교포들의 반미자주화투쟁 |류성진

『남조선문제』 제3호(통권 215), 조국통일사, 1983, 5~8쪽

■ 남조선의 자주화, 민주화는 중요한 문제 |남성철

『남조선문제』 제3호(통권 215), 조국통일사, 1983, 3~4쪽

■ [상식] 남조선주재≪미상공회의소≫에 대하여

『남조선문제』 제4호(통권 216), 조국통일사, 1983, 48쪽

■ 남조선인민들의 자주화투쟁에 대한 미국지배층의 동향 |류성진

『남조선문제』 제4호(통권 216), 조국통일사, 1983, 26~28쪽

■ 반미자주화의 길은 민족문제해결의 진로 |남성철

『남조선문제』 제5호(통권 217), 조국통일사, 1983, 3~5쪽

■ 미제는 조국통일을 가로막는 극악한 원쑤 |본사기자

『조선녀성』 제6호(통권 409), 근로단체출판사, 1983, 37~39쪽

■ 패전한 살인장군들의 말로 |본사기자

『남조선문제』 제7호(통권 219), 조국통일사, 1983, 28~31쪽

- 조선의 분단은 미제의 침략야망의 산물 |최 덕
  『남조선문제』 제7호(통권 219), 조국통일사, 1983, 32~39쪽

- 미제에 대한 태도는 통일에 대한 립장을 가르는 시금석 |리기수
  『남조선문제』 제7호(통권 219), 조국통일사, 1983, 40~41쪽

- [전재물] ≪반미경향이 강화되는 한국의 현상≫(하)
  『남조선문제』 제8호(통권 220), 조국통일사, 1983, 27~28쪽

- 미제침략군을 몰아내고 조국의 자주적통일을 앞당기자
  『남조선문제』 제9호(통권 221), 조국통일사, 1983, 3~5쪽

- [비화] 꼭두각시와 그의 조종사 |김춘선
  『남조선문제』 제9호(통권 221), 조국통일사, 1983, 41~44쪽

- 남조선 괴뢰 ≪정권≫은 미제의 식민지 통치의 위장물 |서치렬
  『근로자』 제9호(통권 497), 근로자사, 1983, 58~64쪽

- [독자들의 질문에 대한 대답] 남조선에 대한 미제의 식민지예속화정책의 기본은 무엇인가
  『남조선문제』 제10호(통권 222), 조국통일사, 1983, 53쪽

- 반미자주화는 남조선인민들의 자주성을 실현하기 위한 선차적과제 |최홍기
  『남조선문제』 제11호(통권 223), 조국통일사, 1983, 3~7쪽

- ≪태평양정상회담≫을 조작하기 위한 괴뢰들의 책동에 대하여 |박웅걸
  『남조선문제』 제11호(통권 223), 조국통일사, 1983, 31~32쪽

- 미제의 남조선강점과 내정간섭은 조국통일의 기본장애 |정성진
  『남조선문제』 제12호(통권 224), 조국통일사, 1983, 26~28쪽

- 미제의 남조선강점과 식민지 예속화정책의 실시 |본사기자 남상팔
  『교원선전수첩』 제12호, 교원신문사, 1983, 109~113쪽

- 남조선역대「정권」의 대미종속성-「정권」의 교체과정을 중심으로- |강희봉
  『조선문제연구』 제23호, 조선문제연구소, 1983, 55~84쪽

- [남조선은 미제의 완전한 식민지] 현대제국주의와 식민지 |박영호
  『남조선문제』 제1호(통권 225), 조국통일사, 1984, 31~34쪽

- 핵전쟁의 불구름을 몰아오는 미제 │본사기자

  『조선녀성』 제1호(통권 410), 근로단체출판사, 1984, 38~39쪽

- 레간정권의 아세아전략과 남조선 │김형남

  『조선사회민주당』 제1호, 조선사회민주당출판사, 1984, 77~82쪽

- 민족분단의 고정화를 노린 ≪의원외교≫놀음 │허학필

  『남조선문제』 제2호(통권 226), 조국통일사, 1984, 40~42쪽

- 남조선에 대한 미제의 식민지예속화 정책의 침략적본질과 특징 │박영호

  『남조선문제』 제2호(통권 226), 조국통일사, 1984, 43~46쪽

- 핵참화를 들씌우려는 극악한 원쑤 │본사기자

  『조선녀성』 제2호(통권 411), 근로단체출판사, 1984, 39~40쪽

- 미제에 의한 미일남조선사이의 3각군사동맹조작책동 │변창업

  『사회과학』 제3호(통권 64), 과학백과사전출판사, 1984, 54~59쪽

- 긴장완화는 조선문제의 평화적 해결을 위한 선결조건 │정성진

  『남조선문제』 제3호(통권 227), 조국통일사, 1984, 5~6쪽

- 남조선사회의 자주화는 조국통일의 전략적과업 │송상준

  『남조선문제』 제3호(통권 227), 조국통일사, 1984, 7~8쪽

- 숭미공미사상을 뿌리뽑는것은 반미자주화의 중요한요구 │리돈구

  『남조선문제』 제3호(통권 227), 조국통일사, 1984, 12~14쪽

- 미제에의한 남조선의 체계적인 식민지화 │박영호

  『남조선문제』 제3호(통권 227), 조국통일사, 1984, 25~28쪽

- 극악한 호전광들의 전쟁광증 │리기수

  『남조선문제』 제3호(통권 227), 조국통일사, 1984, 37~39쪽

- 미제는 왜 아세아, 태평양 지역을 거머쥐려 하는가(정세문답) │본사기자

  『조선녀성』 제3호(통권 412), 근로단체출판사, 1984, 37~38쪽

- 조미평화협정의 체결과 미군철수는 조선문제의 평화적해결에서 나서는
  기본문제 │정성남

  『남조선문제』 제4호(통권 228), 조국통일사, 1984, 35~36쪽

- 미제가 길들인 사냥개 |계정복

  『남조선문제』 제4호(통권 228), 조국통일사, 1984, 47~48쪽

- 불을 즐기는자의 말로 |본사기자

  『조선녀성』 제4호(통권 413), 근로단체출판사, 1984, 40쪽

- 미제침략군에 의한 민족자주권의 유린 |박영호

  『남조선문제』 제5호(통권 229), 조국통일사, 1984, 45~48쪽

- 미제침략군의 철거는 국토완정의 선결조건 |정은규

  『남조선문제』 제6호(통권 230), 조국통일사, 1984, 32~34쪽

- 아세아판 ≪나토≫ - 미일남조선 3각군사동맹 |원태림

  『남조선문제』 제6호(통권 230), 조국통일사, 1984, 35~38쪽

- 미제의 ≪엔,비,씨≫작전을 고발한다 |안광림

  『남조선문제』 제6호(통권 230), 조국통일사, 1984, 39~43쪽

- 미제의 침략적인 아세아, 태평양 중시정책과 남조선 |정성호

  『남조선문제』 제7호(통권 231), 조국통일사, 1984, 43~46쪽

- 미제의 ≪엔,비,씨≫작전을 고발한다 |안광림

  『남조선문제』 제7호(통권 231), 조국통일사, 1984, 47~49쪽

- 백악관의 지휘봉에 따라 움직이는 괴뢰정권 |박영호

  『남조선문제』 제7호(통권 231), 조국통일사, 1984, 50~53쪽

- 최근 남조선에 대한 미제의 식민지 통치수법에서 주목되는 몇가지 문제 |본
  사기자

  『교원선전수첩』 제7호, 교원신문사, 1984, 117~125쪽

- 미제의 ≪엔,비,씨≫작전을 고발한다 |안광림

  『남조선문제』 제8호(통권 232), 조국통일사, 1984, 51~53쪽

- 미제침략군의 남조선강점은 비법적이다

  『남조선문제』 제9호(통권 233), 조국통일사, 1984, 53~54쪽

- ≪쌍자회담≫제안의 음흉한 속심 |본사기자

  『남조선문제』 제10호(통권 234), 조국통일사, 1984, 37쪽

- 미제는 우리 나라의 통일을 가로막고있는 기본장애 ㅣ정성호
  『남조선문제』 제10호(통권 234), 조국통일사, 1984, 34~36쪽

- 레간놈의 살인 ≪특허조치≫ ㅣ본사기자
  『남조선문제』 제11호(통권 235), 조국통일사, 1984, 35쪽

- 숭미공미사상의 류포책동과 그 흉악한 목적 ㅣ리돈구
  『남조선문제』 제12호(통권 236), 조국통일사, 1984, 45~46쪽

- 남조선인민들은 투쟁을 통해서만 미제의 식민지예속에서 벗어날수 있다
  ㅣ박영호
  『남조선문제』 제12호(통권 236), 조국통일사, 1984, 52~54쪽

- 한입으로 두말하는 미제 ㅣ안동렵
  『남조선문제』 제1호(통권 237), 조국통일사, 1985, 48~50쪽

- [독자들의 질문에 대한 대답] 미국, 남조선 ≪안보협의회≫에 대하여
  『남조선문제』 제2호(통권 238), 조국통일사, 1985, 58쪽

- 3자회담과 조국통일 ㅣ본사기자
  『조선녀성』 제2호(통권 417), 근로단체출판사, 1985, 36~37쪽

- 극악한 분렬주의자 ㅣ본사기자
  『조선녀성』 제2호(통권 417), 근로단체출판사, 1985, 37~38쪽

- 남조선을 핵기지화하기 위한 미제의 범죄적책동 ㅣ김홍석
  『남조선문제』 제3호(통권 239), 조국통일사, 1985, 45~46쪽

- 3자회담에 응하지 않는 미제의 속심 ㅣ리두전
  『남조선문제』 제5호(통권 241), 조국통일사, 1985, 35~36쪽

- 조선에서의 긴장상태의 격화와 미제의 속심 ㅣ리석봉
  『남조선문제』 제6호(통권 242), 조국통일사, 1985, 41~42쪽

- 남조선은 미제의 핵전쟁기지 ㅣ허학필
  『남조선문제』 제6호(통권 242), 조국통일사, 1985, 43~44쪽

- [자료] 조선전쟁에서 미제가 당한 인적 및 물적 손실
  『남조선문제』 제7호(통권 243), 조국통일사, 1985, 51쪽

■ 남조선은 미제의 핵무기고 │본사기자

『조선녀성』 제3호(통권 424), 근로단체출판사, 1986, 39~40쪽

■ [남조선 및 국제문제] 더욱 강화되고있는 미제의 남조선 시장 략탈책동 │박동근

『근로자』 제3호(통권 527), 근로자사, 1986, 82~86쪽

■ 미제의 핵전쟁책동과 비핵지대, 평화지대 창설운동 │황 헌

『국제생활』 제4호(통권 4), 국제생활사, 1986, 34~37쪽

■ 미제우두머리들이 왜 남조선에 밀려들고 있는가 │홍현종

『국제생활』 제4호(통권 4), 국제생활사, 1986, 28~30쪽

■ 날로 강화되는 남조선인민들의 반미자주화, 반파쑈민주화투쟁 │서치렬

『국제생활』 제5호(통권 5), 국제생활사, 1986, 6~9쪽

■ 남조선에서 심화되는 미제식민지통치의 위기 │장영봉

『남조선문제』 제6호(통권 254), 조국통일사, 1986, 25~28쪽

■ [독자들의 질문에 대한 대답] 미일반동들은 왜 ≪환태평양공동체≫를 조작하려고 하는가

『남조선문제』 제6호(통권 254), 조국통일사, 1986, 42~43쪽

■ 미국산군복합체에 의한 남조선경제의 군사화 │리정헌

『남조선문제』 제6호(통권 254), 조국통일사, 1986, 44~47쪽

■ [자료] 남조선에 대한 미제의 군사적 지배와 예속을 명문화한 ≪조약≫과 ≪협정≫

『남조선문제』 제6호(통권 254), 조국통일사, 1986, 58~60쪽

■ 미제의 새 아세아군사전략과 남조선 │신상흡

『근로자』 제6호(통권 530), 근로자사, 1986, 84~89쪽

■ 조선반도에서 미제의 새 전쟁 도발책동을 저지파탄시키자

『근로자』 제7호(통권 531), 근로자사, 1986, 10~14쪽

■ 미일군사기술적결탁은 무엇을 노리고 있는가 │윤명도

『국제생활』 제10호(통권 10), 국제생활사, 1986, 27~29쪽

■ 미제는 남조선사회의 자주적발전과 민주주의를 말살하는 장본인 │한웅식

『근로자』 제8호(통권 532), 근로자사, 1986, 74~78쪽

■ 날로 고조되는 반미투쟁의 경제적배경 |장 호
  『남조선문제』 제1호(통권 255), 조국통일사, 1987, 48~51쪽

■ 호전광의 넉두리 ≪신레간주의≫ |방철수
  『남조선문제』 제1호(통권 255), 조국통일사, 1987, 60~63쪽

■ 미제의 아세아전략과 조선반도 |정동욱
  『국제생활』 제2호(통권 13), 국제생활사, 1987, 34~37쪽

■ 궁지에 빠진 주구, 바빠맞은 상전 |박동근
  『국제생활』 제2호(통권 13), 국제생활사, 1987, 38~40쪽

■ ≪제헌의회그룹≫의 조직과 투쟁
  『남조선문제』 제3호(통권 257), 조국통일사, 1987, 64쪽

■ 남조선에 대한 미제의 정치군사적지배의 새로운 수법 |리종학
  『남조선문제』 제3호(통권 257), 조국통일사, 1987, 35~38쪽

■ 파쑈독재 ≪정권≫의 연장을 위한 미제의 책동 |윤기욱
  『남조선문제』 제3호(통권 257), 조국통일사, 1987, 43~46쪽

■ 미국 ≪아세아재단 서울사무소≫의 정체
  『남조선문제』 제3호(통권 257), 조국통일사, 1987, 62~63쪽

■ 서울 ≪미국문화공보원≫
  『남조선문제』 제4호(통권 258), 조국통일사, 1987, 61쪽

■ 미제의 ≪두개 조선≫정책은 침략적인 전쟁로선의 산물 |김선철
  『남조선문제』 제4호(통권 258), 조국통일사, 1987, 33~36쪽

■ 남조선정국과 미국의 개입 |리광진
  『조선사회민주당』 제4호, 조선사회민주당출판사, 1987, 57~61쪽

■ 해방직후 남조선에서 감행한 미제의 침략책동 |석재정
  『교원선전수첩』 제5호, 교원신문사, 1987, 121~126쪽

■ ≪민정당≫의 장기집권을 꾀하는 미제의 책동 |강수린
  『국제생활』 제6호(통권 17), 국제생활사, 1987, 43~46쪽

- 조선문제의 평화적해결과 3자회담 │정리근

  『국제생활』 제7호(통권 18), 국제생활사, 1987, 12~14쪽

- 미제는 조선을 분렬시킨 범죄자 (1) │려승철

  『국제생활』 제7호(통권 18), 국제생활사, 1987, 35~38쪽

- 미제는 조선을 분렬시킨 범죄자 (2) │려승철

  『국제생활』 제8호(통권 19), 국제생활사, 1987, 32~35쪽

- 미제는 조선을 분렬시킨 범죄자 (3) │려승철

  『국제생활』 제10호(통권 21), 국제생활사, 1987, 36~39쪽

- 미제는 조선정전협정의 란폭한 유린자 │최우진

  『국제생활』 제11호(통권 22), 국제생활사, 1987, 10~12쪽

- 날로강화되는 미일군사적 결탁 │김창훈

  『국제생활』 제11호(통권 22), 국제생활사, 1987, 21~24쪽

- 남조선에서 군사파쑈독재를 비호, 연장하려는 미제의 모략책동 │국제관계
  대학부교수 김경현

  『교원선전수첩』 제11호, 교원신문사, 1987, 117~121쪽

- 상전의 압력, 주구의 굴종 │정광훈

  『국제생활』 제12호(통권 23), 국제생활사, 1987, 53~56쪽

- 미제는 남조선에서 핵무기를 지체없이 철거해야 한다 │강석주

  『국제생활』 제3호(통권 26), 국제생활사, 1988, 7~9쪽

- 남조선 강점 직후 미제가 38도선 일대에서 감행한 범죄적인 무장도발책동
  │석재정

  『력사과학』 제4호(통권 128), 사회과학출판사, 1988, 7~11쪽

- 미제는 조선전쟁의 참패에서 응당한 교훈을 찾아야 한다 │김봉률

  『국제생활』 제6호(통권 29), 국제생활사, 1988, 10~12쪽

- 조선침략전쟁에 유엔의 이름을 도용한 미제 │김상만

  『국제생활』 제6호(통권 29), 국제생활사, 1988, 45~49쪽

- 미제는 조선정전협정을 체계적으로 유린한 우리 인민의 철천지원쑤(1) │사회

과학원력사연구소소장 박사 전영률

『교원선전수첩』 제6호, 교원신문사, 1988, 117~123쪽

- ≪서울올림픽≫을 구실로 전쟁책동을 강화하려는 미제 |김중영

  『국제생활』 제7호(통권 30), 국제생활사, 1988, 26~28쪽

- 조미국회회담과 조선반도의 평화문제 |리진훈

  『국제생활』 제10호(통권 33), 국제생활사, 1988, 45~47쪽

- 남조선 ≪정권≫은 미제에 의하여 조작지탱되고 있는 식민지 괴뢰정권 |손

  종철

  『국제생활』 제11호(통권 34), 국제생활사, 1988, 15~18쪽

- 해외 미군과 미군사기지 철수는 자주, 독립, 평화를 수호하는 데서 나서는

  절박한 요구 |리승혁

  『국제생활』 제12호(통권 35), 국제생활사, 1988, 28~31쪽

- ≪두개 조선≫조작책동은 미제의 침략적인 아세아, 태평양전략의 중요고

  리 |손진팔

  『국제생활』 제1호(통권 36), 국제생활사, 1989, 22~25쪽

- 미국은 국제적인 긴장완화의 추세에 맞게 남조선에서 자기무력을 철수시

  켜야 한다 |최우진

  『국제생활』 제2호(통권 37), 국제생활사, 1989, 12~14쪽

- 남조선은 극동최대의 화약고 |동활모

  『조선사회민주당』 제3호, 조선사회민주당출판사, 1989, 50~51쪽

- 미제는 국토량단과 민족분렬의 장본인 |고정웅

  『근로자』 제5호(통권 565), 근로자사, 1989, 72~78쪽

- 미제의 대조선정책은 아세아, 태평양전략의 중요고리 |방철수

  『근로자』 제5호(통권 565), 근로자사, 1989, 91~96쪽

- 미제는 남조선에서 침략무력을 철수하여야 한다 |최 광

  『국제생활』 제6호(통권 41), 국제생활사, 1989, 12~15쪽

- 미제는 조선정전협정을 체계적으로 유린한 우리 인민의 철천지원쑤(2) |사회

  과학원력사연구소소장, 교수, 박사 전영률

『교원선전수첩』 제7호, 교원신문사, 1989, 117~119 · 125쪽

■ 미제는 조선정전협정을 체계적으로 유린한 우리 인민의 철천지원쑤(3) | 사회
과학원력사연구소소장, 교수, 박사 전영률
『교원선전수첩』 제8호, 교원신문사, 1989, 112~118쪽

■ 미제의 남조선영구강점을 노린 상전과 주구의 ≪년레안보협의회≫ | 문룡빈
『국제생활』 제9호(통권 44), 국제생활사, 1989, 37~39쪽

■ 철면피한 남조선영구강점흉계 | 김진화
『국제생활』 제11호(통권 46), 국제생활사, 1989, 30~32쪽

■ 정전후 미제우두머리들의 우리 나라에 대한 침략과 전쟁 책동 | 려학송
『교원선전수첩』 제11호, 교원신문사, 1989, 118~125쪽

1990~1999

■ 미제의 세계제패전략과 극동정세 | 김봉세
『국제생활』 제1호(통권 48), 국제생활사, 1990, 35~38쪽

■ 정전직후 공화국북반부를 반대하는 미제의 새 전쟁 준비와 무장도발책동
의 개시 | 엄용섭
『력사과학』 제2호(통권 134), 사회과학출판사, 1990, 18~21쪽

■ 제국주의자들이 떠벌이고있는 ≪인권옹호≫와 그 반동적 본질 | 김창렬
『근로자』 제2호(통권 574), 근로자사, 1990, 92~96쪽

■ 미제는 무모한 새 전쟁 도발책동을 당장 그만두어야 한다 | 최 광
『국제생활』 제6호(통권 53), 국제생활사, 1990, 19~22쪽

■ 남조선을 핵기지로 전변시킨 미제의 범죄적책동 | 김일성정치대학 류성호
『교원선전수첩』 제6호, 교원신문사, 1990, 124~126쪽

■ 미국의 극동전략과 조선반도 정세 | 리명준
『국제생활』 제1호(통권 60), 국제생활사, 1991, 35~38쪽

동 |박기철

『력사과학』 제2호(통권 146), 과학백과사전출판사, 1993, 62~64쪽

■ [강좌] 미제의 ≪지역안보전략≫에 따르는 미, 일, 남조선 3각군사동맹 조
작책동 |최복실

『력사과학』 제2호(통권 166), 과학백과사전출판사, 1998, 63~65쪽

■ 미제는 일제의 조선강점책동을 적극 지원해준 흉악한 범죄자 |박사, 부교
수 김길신

『김일성종합대학학보』[력사법학편] 제45권 제3호(통권 309), 김일성종합대학출판사,
1999, 23~27쪽

■ 미제의 대내반공정책의 악랄성(1945~1953) |김호영

『김일성종합대학학보』[력사법학편] 제45권 제3호(통권 309), 김일성종합대학출판사,
1999, 28~34쪽

2000~2009 ·····································

■ 남조선인민들에 대한 미제의 야수적학살만행은 식민지예속화정책의 필연
적산물 |리 철

『사회과학원학보』 제2호, 사회과학출판사, 2000, 미확인

■ 미제는 조선분렬의 기본장본인 |학사 박제영

『사회과학원학보』 제3호(통권 31), 사회과학출판사, 2001, 46~49쪽

■ 조선전쟁시기 감행된 남조선인민들에 대한 미제의 야수적학살만행 |리 철

『사회과학원학보』 제3호(통권 31), 사회과학출판사, 2001, 50~52쪽

■ 미제는 조선전쟁의 도발자 |최호익

『조선녀성』 제6호(통권 517), 근로단체출판사, 2001, 26~28쪽

■ 미제와는 한하늘을 이고 살수 없다 |본사기자

『조선녀성』 제7호(통권 518), 근로단체출판사, 2001, 28쪽

■ 잊지 말자, 미제야수들의 만행을 |리 철

『조선녀성』 제8호(통권 519), 근로단체출판사, 2001, 40쪽

■ 미제침략선 ≪셔먼≫호의 비참한 운명 |본사기자
『조선녀성』 제9호(통권 520), 근로단체출판사, 2001, 40쪽

■ 미제는 악의 원흉 |본사기자
『조선녀성』 제5호(통권 528), 근로단체출판사, 2002, 40쪽

■ 1990년대 전반기 미제의 새 조선전쟁도발책동과 그 파산 |학사 한정흡
『김일성종합대학학보』[력사법학편] 제48권 제4호(통권 348), 김일성종합대학출판사, 2002, 21~25쪽

■ 고립배격 당하는 미제 |본사기자
『조선녀성』 제1호(통권 536), 근로단체출판사, 2003, 55쪽

■ 미제는 제 소굴로 돌아 가라 |본사기자
『조선녀성』 제2호(통권 537), 근로단체출판사, 2003, 51쪽

■ 미제의 악랄한 세계제패전략 |본사기자
『조선녀성』 제2호(통권 537), 근로단체출판사, 2003, 49쪽

■ 미제는 침략과 전쟁의 원흉 |본사기자
『조선녀성』 제8호(통권 543), 근로단체출판사, 2003, 56쪽

■ 미제는 국제법도 안중에 없이 오만무례하게 날뛰는 포악무도한 침략자 |저자 미확인
『근로자』 제8호, 근로자사, 2003, 61쪽

■ 미제의 ≪세계화≫책동의 반동적 본질 |저자 미확인
『근로자』 제9호, 근로자사, 2003, 58쪽

■ 미국이 추구하는 〈신제국론〉의 반동성 |저자 미확인
『근로자』 제11호, 근로자사, 2003, 60쪽

■ 미제침략군의 남조선강점은 하루빨리 끝장나야 한다 |본사기자 백영미
『조선녀성』 제12호(통권 547), 근로단체출판사, 2003, 54쪽

■ 남조선인민들에 대한 미제의 야만적학살만행은 력사적으로 체질화된 양키식인종들의 살인마적본성의 발현 |학사 리 철
『사회과학원학보』 제3호(통권 43), 사회과학출판사, 2004, 50~52쪽

- [미제는 피에 주린 살인마, 극악한 인간백정] 피맺힌 력사의 교훈을 잊지 말자 |본사기자 김성남

  『조선녀성』 제6호(통권 553), 근로단체출판사, 2004, 38～39쪽

- 미국은 남조선인민들의 불행의 화근 |본사기자

  『조선녀성』 제8호(통권 555), 근로단체출판사, 2004, 56쪽

- 미제에 대한 환상은 예속과 파멸 |본사기자 김광정

  『조선녀성』 제9호(통권 556), 근로단체출판사, 2004, 56쪽

- [미제는 추악한 인간백정] 사진

  『조선녀성』 제11호(통권 558), 근로단체출판사, 2004, 20～21쪽

- 미국은 조선반도에 ≪핵위기≫를 몰아온 장본인 |박사, 부교수 림동춘

  『김일성종합대학학보』[력사법학편] 제50권 제4호(통권 372), 김일성종합대학출판사, 2004, 61～66쪽

- 로일전쟁시기 일제의 조선침략을 적극 비호조장한 미제의 책동 |리룡일

  『력사과학』 제2호(통권 194), 과학백과사전출판사, 2005, 25～27쪽

- 미제는 두발가진 승냥이 |본사기자

  『조선녀성』 제2호(통권 561), 근로단체출판사, 2005, 39～40쪽

- 미제의 ≪세계화≫책동의 반동적본질 |박사, 부교수 최철웅

  『정치법률연구』 제3호(통권 11), 과학백과사전출판사, 2005, 46～48쪽

- 미제는 살인마 야수 |본사기자

  『조선녀성』 제6호(통권 565), 근로단체출판사, 2005, 41～42쪽

- 21세기 미제의 세계제패전략 |본사기자

  『조선녀성』 제7호(통권 566), 근로단체출판사, 2005, 56쪽

- 보라, 미제의 만행을 |본사기자

  『조선녀성』 제7호(통권 566), 근로단체출판사, 2005, 40～41쪽

- 미제의 현대판 파시즘 ≪신보수주의≫와 그 반동성 |학사 김재석

  『김일성종합대학학보』[력사법학편] 제51권 제2호(통권 378), 김일성종합대학출판사, 2005, 32～37쪽

- 제2차 세계대전후 미제의 대아시아전략에서 주목되는 대일정책 |최광국

『김일성종합대학학보』[력사법학편] 제51권 제2호(통권 378), 김일성종합대학출판사, 2005, 42~46쪽

- 미제의 1극세계화책동에 리론적으로 복무하는 ≪세계국가≫론의 반동성 |리영옥

  『정치법률연구』 제1호(통권 13), 과학백과사전출판사, 2006, 44쪽

- 미국식 ≪민주주의≫전파책동의 반동적본질 |양철남

  『철학연구』 제3호(통권 106), 과학백과사전출판사, 2006, 41~43쪽

- 미국은 다른 나라 인민들의 생존권을 말살하는 인권범죄국가 |엄성남

  『정치법률연구』 제4호(통권 16), 과학백과사전출판사, 2006, 41~43쪽

- 미제는 조선침략 전쟁의 도발자이다 |본사기자

  『조선녀성』 제6호(통권 577), 근로단체출판사, 2006, 22~23쪽

- 미제는 조선전쟁의 도발자 |본사기자 김성남

  『조선녀성』 제6호(통권 577), 근로단체출판사, 2006, 37~38쪽

- 미제의 ≪민주주의≫확대전략을 단호히 배격하자 |저자 미확인

  『근로자』 제6호, 근로자사, 2006, 56쪽

- 반미자주화의 기치를 높이 든 남조선녀성들 |본사기자

  『조선녀성』 제9호(통권 580), 근로단체출판사, 2006, 56쪽

- 미국식≪민주주의확산≫책동의 반동적본질 |학사 신분진

  『김일성종합대학학보』[력사법학편] 제52권 제3호(통권 393), 김일성종합대학출판사, 2006, 58~62쪽

- 미국은 세계최악의 인권불모지 |박사, 부교수 림동춘

  『김일성종합대학학보』[력사법학편] 제52권 제4호(통권 396), 김일성종합대학출판사, 2006, 67~73쪽

- 미국대통령선거는 독점재벌들의 금권선거 |학사 박희철

  『김일성종합대학학보』[력사법학편] 제52권 제4호(통권 396), 김일성종합대학출판사, 2006, 74~78쪽

- 미국식 ≪민주주의≫는 반인민적 ≪민주주의≫ |학사 로승일

  『김일성종합대학학보』[철학경제학편] 제52권 제2호(통권 388), 김일성종합대학출판사, 2006, 22~26쪽

- 미제는 조선분렬의 원흉 |최광철
  『정치법률연구』 제2호(통권 18), 과학백과사전출판사, 2007, 24~26쪽

- 경제 ≪원조≫를 통한 미국식≪민주주의≫전파책동의 반동성 |박사, 부교수 신분진
  『정치법률연구』 제3호(통권 19), 과학백과사전출판사, 2007, 46~47쪽

- 미국식 ≪민주주의≫전파책동의 반동적본질 |양철민
  『정치법률연구』 제4호(통권 20), 과학백과사전출판사, 2007, 45 · 48쪽

- 미제의 ≪안보정책≫의 침략적본질 |교수, 박사 리영환
  『력사과학』 제4호(통권 204), 과학백과사전출판사, 2007, 39~42쪽

- 미국남조선 ≪행정협정≫은 미제침략군의 온갖 범죄를 ≪합법화≫하는 도구 |학사 김철희
  『김일성종합대학학보』[력사법학편] 제53권 제2호(통권 402), 김일성종합대학출판사, 2007, 87~92쪽

- 반미만이 살길이다 |본사기자
  『조선녀성』 제2호(통권 597), 근로단체출판사, 2008, 56쪽

- ≪미일안보체제≫는 침략적인 군사동맹체제 |김창혁
  『김일성종합대학학보』[력사법학편] 제54권 제4호(통권 420), 김일성종합대학출판사, 2008, 89~93쪽

- 남조선에 대한 미제의 식민지예속화정책에서 기본은 군사적지배 |한 철
  『김일성종합대학학보』[력사법학편] 제55권 제1호(통권 423), 김일성종합대학출판사, 2009, 109~114쪽

- 해방직후 남조선에서 미≪군정≫의 실시과정에 대한 고찰 |김만혁
  『사회과학원학보』 제4호(통권 65), 사회과학원출판사, 2009, 49~50쪽

- 침략과 략탈은 남조선에 대한 미제의 군사적지배의 기본특징 |한 철
  『정치법률연구』 제3호(통권 27), 과학백과사전출판사, 2009, 53~54쪽

2) 한일관계

1940~1949 ·······················

- 리승만도당은 요시다반동정부와 결탁하고 있다 |리기석
  『근로자』 제21호(통권 43), 로동신문사, 1949, 30~37쪽

1950~1959 ·······················

- 미제의 사수 하에 리승만 매국 도당과 일본 군국주의자는 결탁하고 있다
  |송성철
  『근로자』 제8호(통권 54), 로동신문사, 1950, 42~52쪽
- 한일 관계 |최우경
  『국제생활』 제7호, 조선중앙통신사, 1955, 3~5쪽
- 한·일회담을 둘러싼 제문제 |김종명
  『조선문제연구』 제2호, 조선문제연구소, 1957, 61~74쪽

1960~1969 ·······················

- 미제 비호 하 일본 군국주의의 재생과 그 남조선 침투 기도 |전석담
  『력사과학』 제2호, 조선민주주의인민공화국과학원출판사, 1961, 1~8쪽
- [만필] 군국주의 척후병들의 남조선 ≪려행≫ |홍 남
  『국제생활』 제10호, 국제생활사, 1961, 8~11쪽
- 로골화되는 일본 독점 자본의 남조선 재침 책동
  『국제생활』 제23호, 국제생활사, 1961, 8~10쪽

- ≪한일 회담≫의 침략적 본질 |한철욱
  『근로자』 제2호(통권 195), 근로자사, 1962, 50~55쪽

- 일본 군국주의의 남조선 재침 기도는 분쇄되여야 한다 |한웅건
  『근로자』 제6호(통권 199), 근로자사, 1962, 40~45쪽

- ≪한일회담≫의 조속한 결속을 왜 서두르는가 |정신영
  『근로자』 제21호(통권 214), 근로자사, 1962, 26~33쪽

- ≪한일 회담≫을 분쇄하기 위한 일본 인민의 투쟁 |한철욱
  『근로자』 제5호(통권 219), 근로자사, 1963, 39~44쪽

- ≪한일 회담≫은 철저히 분쇄되여야 한다 |김중환
  『조선녀성』 제5호, 조선녀성사, 1964, 21~24쪽

- ≪한일회담≫의 범죄적 본질 |김성제
  『김일성종합대학학보』[남조선연구편] 제4호(통권 21), 김일성종합대학출판사, 1964, 38~54쪽

- [매국흥정－한일회담] 송병준과 박정희 |안혜선
  『조선녀성』 제3호, 조선녀성사, 1965, 69쪽

- [매국흥정－한일회담] ≪회담≫의 ≪현안 문제≫들 |박효률
  『조선녀성』 제3호, 조선녀성사, 1965, 66~68쪽

- [매국흥정－한일회담] 흥정판의 내막은?
  『조선녀성』 제3호, 조선녀성사, 1965, 70~71쪽

- [매국흥정－한일회담] ≪한일 회담≫은 어떻게 진행되여 왔는가 |주관부
  『조선녀성』 제3호, 조선녀성사, 1965, 72~73쪽

- ≪한일회담≫의 본질을 정확히 리해하기 위한 몇가지 문제 |김룡호
  『남조선문제』 제5호(통권 11), 남조선문제출판사, 1965, 50~55쪽

- 거족적 투쟁으로 ≪한일 회담≫을 분쇄하자
  『근로자』 제6호(통권 268), 근로자사, 1965, 2~11쪽

- 일본 군국주의의 남조선 재침과 그것이 미칠 후과 |리춘진
  『남조선문제』 제2호(통권 19), 남조선문제출판사, 1966, 8~13쪽

1970~1979

- 철천지 원쑤 일본 군국주의의 교활한 남조선 재침책동 |김석형

  『근로자』 제7호(통권 364), 근로자사, 1972, 58~64쪽

- 일본군국주의사상문화의 군국화와 남조선침투

  『조선예술』 제7호, 문예출판사, 1972, 112~113쪽

- 우리당의 주체사상과 공화국정부의 대내외 정책의 몇가지 문제에 대하여
  (일본≪마이니찌신붕≫기자들이 제기한 질문에 대한 대답) |김일성

  『남조선문제』 제10호(통권 97), 조국통일사, 1972, 2~18쪽

- ≪한일협정≫은 침략과 매국의 문건 |최윤기

  『남조선문제』 제2호(통권 100), 조국통일사, 1973, 42~48쪽

- ≪대륙붕개발권≫을 일본군국주의자들에게 넘겨준 박정희괴뢰도당의 매
  국배족행위 |장호연

  『남조선문제』 제7호(통권 105), 조국통일사, 1973, 32~35쪽

- 일본주식회사와 박≪정권≫(일본경제평론가 나까가와노부오가 일본정치
  리론잡지 ≪세까이≫1973년 4호에 쓴 글)

  『남조선문제』 제8호(통권 106), 조국통일사, 1973, 41~48쪽

- 남조선에 재침의 마수를 뻗치고있는 일본독점재벌 |장태식

  『남조선문제』 제11호(통권 109), 통일신보사, 1973, 21~25쪽

- ≪한일각료회의≫는 일본군국주의의 남조선침략도구 |저자 미확인

  『남조선문제』 제3호(통권 113), 통일신보사, 1974, 29쪽

- 민족의 극악한 원쑤 김종필역도의 매국배족행위 |저자 미확인

  『남조선문제』 제3호(통권 113), 통일신보사, 1974, 33쪽

- 일본군국주의자들의 재침책동을 반대하여 남조선의 사회단체들이 발표한
  대일구국선언서

  『남조선문제』 제8호(통권 118), 통일신보사, 1974, 39~40쪽

- [용어해설] ≪한일의원간친회≫

  『남조선문제』 제8호(통권 118), 통일신보사, 1974, 47~48쪽

- 남조선에 대한 일본군국주의자들의 재침책동은 철저히 저지되여야 한다 |정
  신영

『근로자』 제2호(통권 394), 근로자사, 1975, 59~64쪽

- ≪일한관계연구-금맥과 인맥≫
  『남조선문제』 제8호(통권 129), 조국통일사, 1975, 45~48쪽
- 남조선에 대한 미제국주의자들의 영구강점책동의 침략적본질 ㅣ리정근
  『남조선문제』 제10호(통권 142), 조국통일사, 1976, 18~21쪽
- [독자들의 질문에 대한 대답] ≪한일의원련맹≫이란 어떤 침략기구인가
  『남조선문제』 제10호(통권 142), 조국통일사, 1976, 42~43쪽
- 미제와 박정희 괴뢰도당의 새 전쟁 도발책동을 짓부시고 조국통일위업을 더욱 앞당기자
  『남조선문제』 제1호(통권 144), 조국통일사, 1977, 12~14쪽
- 최근 더욱 로골화되고 있는 남조선에 대한 일본군국주의자들의 군사적침략책동 ㅣ리명일
  『남조선문제』 제2호(통권 145), 조국통일사, 1977, 23~25쪽
- 남조선인민들속에서 높아가고 있는 반일투쟁기운은 민족적자주권을 위한 념원의 발현 ㅣ리정근
  『남조선문제』 제3호(통권 146), 조국통일사, 1977, 10~13쪽
- [자료] 일본군국주의의 남조선재침 주요일지
  『남조선문제』 제4호(통권 147), 조국통일사, 1977, 40~44쪽
- [자료] 일본 반동들과 사회계에 대한 박정희괴뢰도당의 추악한 뢰물행위
  『남조선문제』 제5호(통권 148), 조국통일사, 1977, 42~45쪽
- 일본군국주의의 재무장과 조선에 대한 침략전쟁준비 ㅣ김선철
  『남조선문제』 제7호(통권 150), 조국통일사, 1977, 15~19쪽
- 일본군국주의자들의 미제에 대한 추종정책과 ≪두개 조선≫조작음모 ㅣ문무경
  『남조선문제』 제8호(통권 151), 조국통일사, 1977, 16~21쪽
- ≪한일대륙붕협정≫과 박정희괴뢰도당의 매국배족적범죄행위 ㅣ원태림
  『남조선문제』 제10호(통권 153), 조국통일사, 1977, 18~22쪽

- 일본에 있는 괴뢰도당의 모략적인 언론조작기구 ≪한국연구원≫
  『남조선문제』 제5호(통권 160), 조국통일사, 1978, 55쪽

- 일본언론계를 대상으로 박정희괴뢰도당이 벌리고 있는 비렬한 책동 │한진택
  『남조선문제』 제5호(통권 160), 조국통일사, 1978, 53~55쪽

- 남조선인민들속에서 높아가는 반일기운 │계정복
  『남조선문제』 제6호(통권 161), 조국통일사, 1978, 17~18쪽

- ≪지일파≫
  『남조선문제』 제7호(통권 162), 조국통일사, 1978, 56쪽

- ≪기능분담≫의 구실밑에 미제의 조선침략정책수행에 공모하는 일본군국
  주의 │김춘선
  『남조선문제』 제7호(통권 162), 조국통일사, 1978, 32~34쪽

- 범죄적인 결탁
  『남조선문제』 제9호(통권 164), 조국통일사, 1978, 38쪽

- 남녘땅에 기여드는 조선인민의 피맺힌 원쑤 │계정복
  『남조선문제』 제10호(통권 165), 조국통일사, 1978, 34~35쪽

- 일본군국주의자들은 미제의 조선침략전쟁에 적극가담한 공범자 │성정호
  『남조선문제』 제10호(통권 165), 조국통일사, 1978, 40~41쪽

- 주구를 전쟁에로 부추기는 ≪방위성금≫
  『남조선문제』 제12호(통권 167), 조국통일사, 1978, 54쪽

- 미제의≪두개조선≫정책에 추종하는 일본군국주의 │남기혁
  『남조선문제』 제12호(통권 167), 조국통일사, 1978, 23~25쪽

- ≪새 세계화살작전계획≫
  『남조선문제』 제12호(통권 167), 조국통일사, 1978, 54쪽

1980~1989

- 드러난 또하나의 사대매국행위

『남조선문제』 제1호(통권 180), 조국통일사, 1980, 17쪽

■ ≪한일협정≫은 ≪을사보호조약≫의 현대판 |김윤환
『남조선문제』 제8호(통권 187), 조국통일사, 1980, 56~58쪽

■ 남조선파쑈악당과의 결탁에로 나아가는 일본반동들 |한원진
『남조선문제』 제12호(통권 191), 조국통일사, 1980, 61~62쪽

■ 일본의 우익폭력단체들과 일≪한≫간의 새로운 결탁 |윤자홍
『남조선문제』 제6호(통권 195), 조국통일사, 1981, 56~57쪽

■ ≪두개 조선≫조작에서 한몫보려는 일본군국주의 |한계현
『남조선문제』 제7호(통권 196), 조국통일사, 1981, 61~62쪽

■ 새로운 주구와의 결탁을 통한 일본군국주의의 남조선침투 |윤자홍
『남조선문제』 제9호(통권 198), 조국통일사, 1981, 51~53쪽

■ [단평] 남조선을 배회하는 일제의 망령
『남조선문제』 제4호(통권 204), 조국통일사, 1982, 39쪽

■ [단평] 친일매국에 미친 역적의 망동
『남조선문제』 제7호(통권 207), 조국통일사, 1982, 30쪽

■ 「한일수복」의 배경과 문제점 |박향구
『조선문제연구』 제22호, 조선문제연구소, 1982, 319~339쪽

■ 괴뢰도당에 대한 일본반동들의 ≪안보경제협력≫문제와 그 범죄적내막 |최
증철
『남조선문제』 제1호(통권 213), 조국통일사, 1983, 27~32쪽

■ 열기오른 군국주의자들
『남조선문제』 제2호(통권 214), 조국통일사, 1983, 39쪽

■ 일본에서의 새 내각의 출현과 남조선에 미칠 영향 |림병국
『남조선문제』 제2호(통권 214), 조국통일사, 1983, 24~26쪽

■ 감격의 눈물을 흘린 ≪친한파≫
『남조선문제』 제3호(통권 215), 조국통일사, 1983, 29쪽

■ 일본반동들의 ≪개헌≫책동과 그 위험성 |계정복
『남조선문제』 제5호(통권 217), 조국통일사, 1983, 44~46쪽

- 독도는 우리나라 령토 |본사기자
  『조선녀성』 제5호(통권 408), 근로단체출판사, 1983, 38~39쪽

- 미제는 남조선을 어떻게 식민지로 만들었는가
  『남조선문제』 제6호(통권 218), 조국통일사, 1983, 22쪽

- [상식] ≪동해의 진주≫ - 독도
  『남조선문제』 제6호(통권 218), 조국통일사, 1983, 42쪽

- 독도는 신성불가침의 우리 나라 령토 |전영률
  『남조선문제』 제6호(통권 218), 조국통일사, 1983, 23~26쪽

- 유엔을 무대로 감행되는 일본반동들의 조선통일방해책동 |원태림
  『남조선문제』 제7호(통권 219), 조국통일사, 1983, 42~44쪽

- 불만터진 ≪대사≫
  『남조선문제』 제8호(통권 220), 조국통일사, 1983, 28쪽

- 일본의 ≪정치대국화추진≫과 조선반도 |계정복
  『남조선문제』 제2호(통권 226), 조국통일사, 1984, 50~52쪽

- ≪극동유사시연구≫와 ≪자위대≫의 남조선파병 |오난식
  『남조선문제』 제8호(통권 232), 조국통일사, 1984, 42~44쪽

- 일본 ≪천황≫은 사과하지 않았다 |오난식
  『남조선문제』 제12호(통권 236), 조국통일사, 1984, 39~40쪽

- 남조선, 일본간의 ≪새시대개막≫과 그 본질 |윤성진
  『남조선문제』 제12호(통권 236), 조국통일사, 1984, 41~43쪽

- ≪패리≫호에서의 추태 |안명철
  『남조선문제』 제2호(통권 238), 조국통일사, 1985, 37쪽

- 일본군국주의의 재생과 그 위험성 |김우중
  『남조선문제』 제2호(통권 238), 조국통일사, 1985, 45~47쪽

- 남조선괴뢰도당이 떠벌이고있는 ≪운명공동체≫론의 반동적본질 |전경철
  『근로자』 제2호(통권 514), 근로자사, 1985, 88~91쪽

- 남조선재침에 열을 올리는 일본 ≪자위대≫ |김춘선
  『남조선문제』 제6호(통권 242), 조국통일사, 1985, 50~51쪽

- 남조선에 대한 일본군국주의의 예속화책동을 폭로한다 │김선철
  『남조선문제』 제8호(통권 244), 조국통일사, 1985, 42~47쪽

- 살아숨쉬는 《총독부》 │안명철
  『남조선문제』 제8호(통권 244), 조국통일사, 1985, 48~50쪽

- 식민지통치를 분칠하는 《대동아공영권》론자들 │림창식
  『남조선문제』 제8호(통권 244), 조국통일사, 1985, 51~52쪽

- 일본반동들의 분단고정화책동 │원동연
  『남조선문제』 제8호(통권 244), 조국통일사, 1985, 53~55쪽

- 일본군국주의는 미제의 《두개 조선》정책수행의 별동대 │원동연
  『남조선문제』 제6호(통권 254), 조국통일사, 1986, 48~50쪽

- 나까소네의 《신국가주의》와 남조선 │진용부
  『남조선문제』 제2호(통권 256), 조국통일사, 1987, 54~57쪽

- 해외팽창을 위한 나까소네정권의 《군사대국화》책동 │차영일
  『남조선문제』 제3호(통권 257), 조국통일사, 1987, 47~50쪽

- 일본반동들은 미제의 《두개조선》조작책동의 별동대 │원동연
  『국제생활』 제5호(통권 28), 국제생활사, 1988, 24~27쪽

- 날로강화되는 남조선괴뢰도당과 일본반동들간의 군사적 결탁 │고철재
  『국제생활』 제9호(통권 44), 국제생활사, 1989, 40~42쪽

- 남조선괴뢰들과 일본반동들이 조작한 새 《어업협정》은 침략적이며 매
  국적인 범죄문건 │박사, 부교수 박영수
  『김일성종합대학학보』[력사법학편] 제45권 제3호(통권 309), 김일성종합대학출판사,
  1999, 66~70쪽

2000~2009 ●●

- 높아 가는 남조선인민들의 반일기세 │본사기자
  『조선녀성』 제2호(통권 513), 근로단체출판사, 2001, 39쪽

- 재침의 칼을 빼 든 일본

  『조선사회민주당』 제2호(통권 597), 조선사회민주당출판사, 2001, 40쪽

- 일본당국의 력사외곡행위는 재침의지의 발현 – 일본당국의 력사교과서개
  악책동의 진상 |조선민주주의인민공화국력사학학회

  『력사과학』 제1호(통권 181), 과학백과사전출판사, 2002, 54~60쪽

- 독도는 그 누구도 침범할수 없는 조선의 신성한령토이다(1) |조선민주주의
  인민공화국력사학학회

  『력사과학』 제2호(통권 182), 과학백과사전출판사, 2002, 53~57쪽

- 독도는 그 누구도 침범할수 없는 조선의 신성한령토이다(2) |조선민주주의
  인민공화국력사학학회

  『력사과학』 제3호(통권 183), 과학백과사전출판사, 2002, 50~55쪽

- [특집] 조선대학교연구원설립30주년기념대담 한일국교정상화와 재일조선
  인의 제권리 |김명수(조선총련중앙본부참사), 임경하(조선대학교경영학부강사),
  송혜숙(재일본조선인인권협회사무국부부장), [사회] 이병휘(조선대학교과학연구
  부조수)

  『조선대학교학보』 제6호, 조선대학교출판부, 2004, 4~35쪽

- 일본반동들의 독도 ≪령유권≫주장의 비법성 |학사 김만혁

  『정치법률연구』 제3호(통권 15), 과학백과사전출판사, 2006, 38~39 · 44쪽

- 일본침략자들의 조선에 대한 식민지 ≪보호국≫책동 |박성근

  『김일성종합대학학보』[력사법학편] 제52권 제3호(통권 393), 김일성종합대학출판사,
  2006, 38~41쪽

- 일본군성노예범죄는 일본의 반인륜적인 국가적범죄 |박사, 부교수 림동춘

  『김일성종합대학학보』[력사법학편] 제52권 제3호(통권 393), 김일성종합대학출판사,
  2006, 52~57쪽

- 일본의 국가통치제도는 군국주의의 재생부활을 추구하는 반동적인 제도
  |학사 박희철

  『김일성종합대학학보』[력사법학편] 제52권 제3호(통권 393), 김일성종합대학출판사,
  2006, 78~82쪽

- 일본군국주의의 군사대국화와 우경화책동을 반대배격하는 것은 민족공동의 과업 |문경훈
  『김일성종합대학학보』[력사법학편] 제52권 제4호(통권 396), 김일성종합대학출판사, 2006, 37~40쪽

- 19세기 중엽 미국의 강도적인 일본≪개방≫과 예속화책동 |김형철
  『김일성종합대학학보』[력사법학편] 제52권 제4호(통권 396), 김일성종합대학출판사, 2006, 41~46쪽

- 왜나라의 과거청산은 법적, 도덕적의무 |학사 리수영
  『정치법률연구』제3호(통권 19), 과학백과사전출판사, 2007, 29~31쪽

- 독도에 대한 몇가지 고찰 |박사, 부교수 김은택
  『력사과학』제3호(통권 203), 과학백과사전출판사, 2007, 28~31쪽

3) 기타

1940~1949 ··

- 외군 퇴문제와 리승만의 [억지] |한철호
  『조선녀성』제11호, 조선녀성사, 1948, 페이지 미확인

1950~1959 ··

- 정전 협정 체결에 제하여 전체 조선 인민에게 보내는 김일성 원수의 방송연설
  『인민』제8호, 민주조선사, 1953, 39~51쪽

- 자본주의 멸망의 불가피성 |박성욱

  『근로자』 제6호(통권 115), 로동신문사, 1955, 146~159쪽

- 국제 회의와 조선 문제

  『국제생활』 제15호, 국제생활사, 1956, 20~23쪽

1960~1969 ●●

- 제국주의와 신식민주의 |최상순

  『근로자』 제11호(통권 225), 근로자사, 1963, 13~20쪽

- ≪평화군≫은 침략군이다 |윤상준

  『근로자』 제15호(통권 229), 근로자사, 1963, 45~48쪽

- 제국주의 대내외 정책에서의 ≪반공산주의≫ |현 준

  『근로자』 제12호(통권 250), 근로자사, 1964, 33~39쪽

- 민주 월남에 대한 미제의 전쟁 도발 책동은 실패를 면할 수 없다

  『근로자』 제4호(통권 266), 근로자사, 1965, 37~40쪽

- 남부웰남에로의 ≪국군≫파병을 반대하여 강력히 투쟁하자 |김기현

  『근로자』 제7호(통권 293), 근로자사, 1966, 40~45쪽

- 제국주의는 사상루각이다 |고훈일

  『근로자』 제6호(통권 316), 근로자사, 1968, 52~58쪽

1970~1979 ●●

- 박정희괴뢰도당의 매국배족적인 사대외세의존정책 |김룡운

  『남조선문제』 제5호(통권 103), 조국통일사, 1973, 23~30쪽

- [용어해설] ≪지역별해외공관장회의≫

  『남조선문제』 제8호(통권 118), 통일신보사, 1974, 47~48쪽

- 박정희괴뢰도당의 ≪안보외교≫는 전쟁준비를 다그치기 위한 매국노의 책동 | 저자 미확인

  『남조선문제』 제2호(통권 123), 조국통일사, 1975, 31쪽

- 국제적고아의 신세에 떨어진 박정희괴뢰도당 | 김춘선

  『남조선문제』 제3호(통권 124), 조국통일사, 1975, 12~16쪽

- ≪인도지나사태≫후 남조선을 아세아침략의 마지막지탱점으로 계속 틀어 쥐기 위한 미제의 책동 | 김철희

  『남조선문제』 제9호(통권 130), 조국통일사, 1975, 14~18쪽

- 세계도처에서 날로 높아가고 있는 박정희 괴뢰도당에 대한 규탄과 배격 | 김 명진

  『남조선문제』 제1호(통권 144), 조국통일사, 1977, 15~18쪽

- [용어해설] ≪미일방위협력소위원회≫

  『남조선문제』 제3호(통권 146), 조국통일사, 1977, 48쪽

- 남조선인민들의 반파쑈민주화투쟁에 대한 날로 커가는 국제적지지성원 | 장 수길

  『남조선문제』 제4호(통권 147), 조국통일사, 1977, 22~25쪽

- 남조선사회의 민주화와 조국의 자주적평화통일을 위한 해외동포들의 줄 기찬 투쟁 | 장광철

  『남조선문제』 제5호(통권 148), 조국통일사, 1977, 18~21쪽

- 해외동포들속에서 날로 강화되는 반≪유신≫투쟁 | 문정심

  『남조선문제』 제11호(통권 154), 조국통일사, 1977, 18~20쪽

- ≪대공산외교≫를 표방하는 박정희괴뢰도당의 검은속심 | 성정호

  『남조선문제』 제12호(통권 155), 조국통일사, 1977, 33~34쪽

- 해외동포들에 대한 괴뢰중앙정보부의 파쑈적 폭압만행 | 김선영

  『남조선문제』 제2호(통권 157), 조국통일사, 1978, 39~41쪽

- 외국첩보기관과의 결탁밑에 감행하고있는 남조선괴뢰들의 모략책동 | 계 정복

  『남조선문제』 제3호(통권 158), 조국통일사, 1978, 54~55쪽

- 또하나의 범죄적책동
  『남조선문제』 제5호(통권 160), 조국통일사, 1978, 56쪽

- ≪순회령사제도≫
  『남조선문제』 제6호(통권 161), 조국통일사, 1978, 56쪽

- ≪두개조선≫조작의 궤도우에서 꾸며지고있는 남조선괴뢰들의 ≪대외정
  책≫ |정성호
  『남조선문제』 제6호(통권 161), 조국통일사, 1978, 24~27쪽

1980~1989 ●●●

- 안팎으로 규탄받고 파산되는 ≪두개조선≫조작음모 |김윤환
  『남조선문제』 제1호(통권 180), 조국통일사, 1980, 23~25쪽

- 박정희피살사건에 대한 세계 각계의 반향
  『남조선문제』 제2호(통권 181), 조국통일사, 1980, 36~37쪽

- 남조선인민들의 5.10망국단선반대투쟁과 오늘의 과업 |정성남
  『남조선문제』 제5호(통권 184), 조국통일사, 1980, 28~30쪽

- 남조선인민들의 의로운 민주화투쟁에 대한 국제적지지 |남기혁
  『남조선문제』 제9호(통권 188), 조국통일사, 1980, 20~21쪽

- 더욱 강화되는 남조선괴뢰들에 대한 국제적규탄배격 |조남훈
  『남조선문제』 제9호(통권 188), 조국통일사, 1980, 36~37쪽

- 매국배족의 한길로 줄달음치는 괴뢰도당의 ≪외교≫ |윤자홍
  『남조선문제』 제7호(통권 196), 조국통일사, 1981, 28~30쪽

- 깨여진 신화
  『남조선문제』 제7호(통권 196), 조국통일사, 1981, 54~55쪽

- 국제적으로 더욱 고립되는 남조선괴뢰도당 |김정렬
  『남조선문제』 제11호(통권 200), 조국통일사, 1981, 32~33쪽

- [전두환역적의 정체를 발가본다] ≪을사5적≫도 낯을 붉힐 사대매국노 |남기혁
  『남조선문제』 제4호(통권 204), 조국통일사, 1982, 43~45쪽

- 폭군을 뒤받침하는 추물들 |안명철
  『남조선문제』 제7호(통권 207), 조국통일사, 1982, 43~45쪽

- 남조선괴뢰들의 외세의존정책을 저지시키는것은 조국통일을 위한 중요한 과업 |원태림
  『남조선문제』 제9호(통권 209), 조국통일사, 1982, 5~6쪽

- 남조선괴뢰도당의 외세의존정책은 매국배족행위 |김정수
  『근로자』 제11호(통권 487), 근로자사, 1982, 83~88쪽

- [상식] 진보적인 해외교포단체들
  『남조선문제』 제1호(통권 213), 조국통일사, 1983, 22~24쪽

- 해외교포들을 끌어당기려는 괴뢰도당의 책동 |류성진
  『남조선문제』 제1호(통권 213), 조국통일사, 1983, 39~42쪽

- [국제정세자료] 남북문제에 대하여
  『교원선전수첩』 제1호, 교원신문사, 1983, 78~79쪽

- [위험한 공모] 미일남조선간의 3각군사동맹조작책동 |리석재
  『조선사회민주당』 제2호, 조선사회민주당출판사, 1983, 58~62쪽

- [단평] ≪공세외교≫의 진의도
  『남조선문제』 제3호(통권 215), 조국통일사, 1983, 26쪽

- 대외적고립에서 벗어나기 위한 남조선괴뢰들의 책동 |현성남
  『남조선문제』 제3호(통권 215), 조국통일사, 1983, 23~25쪽

- [상식] ≪대동아공영권≫
  『남조선문제』 제5호(통권 217), 조국통일사, 1983, 47쪽

- [상식] 조선의 자주적평화통일을 위한 국제련략위원회 |본사기자
  『남조선문제』 제6호(통권 218), 조국통일사, 1983, 20~21쪽

- 전국적범위에서 민족의 자주권을 확립하는것은 중대한 과업 |구석진
  『남조선문제』 제8호(통권 220), 조국통일사, 1983, 16~17쪽

- [독자들의 질문에 대한 대답] 국제의회동맹에 대하여
  『남조선문제』 제1호(통권 225), 조국통일사, 1984, 46쪽

- 남조선괴뢰는 3세계나라 인민들의 원쑤 ㅣ강인수
  『조선사회민주당』 제4호, 조선사회민주당출판사, 1984, 63~66쪽

- 3자회담소집은 겨레의 한결같은 지향-3자회담제안에 대한 남조선과 해
  외 각계의 반향 ㅣ본사기자
  『남조선문제』 제5호(통권 229), 조국통일사, 1984, 17쪽

- 칼기사건의 진상을 공개하다
  『남조선문제』 제11호(통권 235), 조국통일사, 1984, 36~40쪽

- [상식] 적십자사련맹
  『남조선문제』 제2호(통권 238), 조국통일사, 1985, 36쪽

- 조선문제의 평화적해결을 위한 새로운 리정표
  『남조선문제』 제2호(통권 238), 조국통일사, 1985, 11~12쪽

- 대양과 대륙 넘어서 울려오는 환호성 -3자회담제안에 대한 해외교포
  들의 반향- ㅣ본사기자
  『남조선문제』 제2호(통권 238), 조국통일사, 1985, 27~28쪽

- [상식] 공해자유의 원칙
  『남조선문제』 제4호(통권 240), 조국통일사, 1985, 59쪽

- ≪환태평양공동체≫론의 반동적본질 ㅣ안기봉
  『근로자』 제5호(통권 517), 근로자사, 1985, 92~96쪽

- 조선반도에서 긴장을 완화하기 위한 새로운 평화제안 ㅣ정현석
  『남조선문제』 제6호(통권 242), 조국통일사, 1985, 3~5쪽

- ≪흑색선전≫의 추악상 ㅣ계정복
  『남조선문제』 제6호(통권 242), 조국통일사, 1985, 19~21쪽

- 조선반도에서의 비핵, 평화를 위한 평양 국제회의선언
  『국제생활』 제9호(통권 9), 국제생활사, 1986, 25~27쪽

- 조선반도에서의 비핵, 평화의 실현은 세계평화애호인민들의 일치한 념원
  ㅣ페터오브렌

『국제생활』 제9호(통권 9), 국제생활사, 1986, 28~29쪽

- 북남고위급정치군사회담제안과 조선반도정세 ㅣ전금진
  『국제생활』 제3호(통권 14), 국제생활사, 1987, 3~5쪽

- 올해를 조선의 평화와 통일을 위한 국제적인 해로 ㅣ방대욱
  『국제생활』 제3호(통권 14), 국제생활사, 1987, 6~8쪽

- 북남고위급정치군사회담제안에 대한 국제적반향 ㅣ최우진
  『국제생활』 제6호(통권 17), 국제생활사, 1987, 47~49쪽

- 상전과 주구간의 무모한 전쟁모의 ㅣ김봉식
  『국제생활』 제7호(통권 18), 국제생활사, 1987, 15~16 · 29쪽

- 조선의 영구분렬을 추구하는 범죄적인 ≪유엔동시가입≫책동 ㅣ최우진
  『국제생활』 제9호(통권 20), 국제생활사, 1987, 6~8쪽

- 조선반도를 비핵, 평화지대로 만드는 것은 핵전쟁을 방지하기 위한 절실한 문제 ㅣ정리근
  『국제생활』 제10호(통권 21), 국제생활사, 1987, 3~5쪽

- 공동주최를 파탄시키려는자들의 부당한 태도 ㅣ리혜경
  『국제생활』 제11호(통권 22), 국제생활사, 1987, 13~14쪽

- 세계적 판도에서 힘있게 벌어진 조선의 평화와 통일을 위한 련대성운동 ㅣ리몽호
  『국제생활』 제12호(통권 23), 국제생활사, 1987, 8~11쪽

- 비핵세계의 건설은 시대의 절박한 요구 ㅣ손진팔
  『국제생활』 제8호(통권 31), 국제생활사, 1988, 16~18쪽

- 조선반도에서의 비핵, 평화의 실현은 아세아와 세계 평화를 수호하기 위한 절박한 요구 ㅣ려연구
  『국제생활』 제9호(통권 32), 국제생활사, 1988, 40~43쪽

- ≪두개 조선≫ 조작책동을 저지파탄시키는 것은 세계정치에서 나서는 초미의 문제 ㅣ방철수
  『국제생활』 제10호(통권 33), 국제생활사, 1988, 42~44쪽

- 력사에 오점을 남긴 분단올림픽, 독재올림픽, 전쟁올림픽 |김일무

  『국제생활』 제11호(통권 34), 국제생활사, 1988, 28~30쪽

- ≪두개 조선≫ 조작책동과 일본반동들 |리학봉

  『국제생활』 제2호(통권 37), 국제생활사, 1989, 15~18쪽

- ≪두개 조선≫조작책동은 국제반동들의 공모결탁의 산물 |김영히

  『국제생활』 제3호(통권 38), 국제생활사, 1989, 22~24쪽

- ≪교차접촉≫, ≪교차승인≫책동은 조선을 영구분렬시키기 위한 범죄적
  음모 |정리근

  『국제생활』 제5호(통권 40), 국제생활사, 1989, 19~21쪽

- 조선반도를 비핵, 평화지대로 만드는 것은 세계의 평화와 안전을 위한 절
  박한 요구 |김용순

  『국제생활』 제9호(통권 44), 국제생활사, 1989, 15~18쪽

- 남조선의 ≪유엔가입≫은 절대로 허용될 수 없다 |최우진

  『국제생활』 제9호(통권 44), 국제생활사, 1989, 28~30쪽

- 남조선이 유엔과 뿔럭불가담운동에 ≪가입≫해야 한다는 주장은 결코 정
  당화될 수 없다 |김병홍

  『국제생활』 제11호(통권 46), 국제생활사, 1989, 13~16쪽

1990~1999

- 남조선의 ≪유엔가입≫책동은 저지되여야 한다 |허 섭

  『국제생활』 제1호(통권 48), 국제생활사, 1990, 29~31쪽

- 조선반도에서 핵전쟁의 위험을 제거하는 것은 국제정치무대에서 해결을
  기다리는 초미의 문제 |최우진

  『국제생활』 제3호(통권 50), 국제생활사, 1990, 10~12쪽

- 남조선괴뢰의 배족적인 청탁외교 |송호경

  『국제생활』 제2호(통권 61), 국제생활사, 1991, 24~26쪽

- 아세아에 대한 제국주의자들의 교활한 식민지통치수법과 그 형태 ㅣ전미영
  『김일성종합대학학보』[력사법학편] 제37권 제11호(통권 197), 김일성종합대학출판사,
  1991, 42~46쪽

- 외세의존은 대결과 분렬의 자세 ㅣ리영일
  『조선사회민주당』 제4호, 조선사회민주당출판사, 1992, 23~24쪽

- 조선의 분렬문제와 국제관계 ㅣ준박사 림동춘
  『김일성종합대학학보』[력사법학편] 제38권 제3호(통권 201), 김일성종합대학출판사,
  1992, 72~75쪽

- 랭전종식후 다극화되고있는 세계정세의 중요특징 ㅣ김형우
  『근로자』 제5호(통권 637), 근로자사, 1995, 91쪽

- 외세의존은 망국의 길 ㅣ저자 미확인
  『근로자』 제6호, 근로자사, 1998, 62쪽

2000~2009 ···

- 자본주의련방의 특징과 반동적본질 ㅣ박사, 부교수 안효식
  『김일성종합대학학보』[력사법학편] 제46권 제4호(통권 324), 김일성종합대학출판사,
  2000, 64~68쪽

- [강좌] ≪국제관계비사상화≫론의 반동성 ㅣ차선일
  『철학연구』 제4호(통권 87), 과학백과사전출판사, 2001, 47~48쪽

- 현대제국주의자들의 ≪세계화≫책동과 그 파산의 불가피성 ㅣ학사 량봉선
  『김일성종합대학학보』[력사법학편] 제48권 제3호(통권 345), 김일성종합대학출판사,
  2002, 34~40쪽

- 세계주의의 반동성 ㅣ김소영
  『정치법률연구』 제2호(통권 2), 과학백과사전출판사, 2003, 30~33쪽

- 조선반도평화보장문제해결의 근본방도 ㅣ학사 김정국
  『정치법률연구』 제2호(통권 14), 과학백과사전출판사, 2006, 23~24쪽

- ≪유엔군사령부≫는 국제법에 어긋나는 강도적인 침략≪기구≫ ㅣ박사, 부교수 림동춘

  『김일성종합대학학보』[력사법학편] 제52권 제2호(통권 390), 김일성종합대학출판사, 2006, 55~59쪽

- 미제의 ≪이슬람교위협론≫과 그 반동적본질 ㅣ학사 정윤일

  『김일성종합대학학보』[력사법학편] 제52권 제4호(통권 396), 김일성종합대학출판사, 2006, 47~51쪽

- 제국주의자들의 사상문화적침투책동의 반동성 ㅣ박사, 부교수 박정실

  『김일성종합대학학보』[철학경제학편] 제53권 제3호(통권 403), 김일성종합대학출판사, 2007, 22~25쪽

- 콤퓨터조작체계분야에서 제국주의자들의 ≪일체화≫책동의 파국적후과 ㅣ강춘식

  『김일성종합대학학보』[철학경제학편] 제53권 제3호(통권 403), 김일성종합대학출판사, 2007, 80~83쪽

- 국제테로의 발생근원 ㅣ길명학

  『정치법률연구』 제4호(통권 28), 과학백과사전출판사, 2009, 45쪽

6. 군사

1) 군사일반

1950~1959 ●

- 원쑤들의 '동기토벌'을 완전 실패시킨 영용한 남반부 인민 유격대와 그들
  의 당면 임무 | 리승엽
  『근로자』 제6호(통권 52), 로동신문사, 1950, 9~22쪽

- 인민 군대의 승리적 진격에 호응한 남반부 인민 유격대의 투쟁 | 리기석
  『근로자』 제14호(통권 60), 로동신문사, 1950, 43~50쪽

- 남반부 인민유격대의 영용한 구국투쟁 | 리기석
  『인민』 제5권 제7호, 민주조선사, 1950, 45~61쪽

- 조선 인민들이 진행하는 전쟁은 통일과 독립과 민주와 자유를 위한 전인
  민적 정의의 전쟁이다 | 장순명
  『인민』 제5권 제7호, 민주조선사, 1950, 21~33쪽

- 조국 전선의 강화는 조국의 통일 독립을 위한 튼튼한 담보 | 김민산
  『인민』 제9호, 민주조선사, 1953, 49~57쪽

- 남조선으로부터의 미군 부대 철수 연극의 정체 | 최명소
  『국제생활』 제19호, 조선중앙통신사, 1954, 7~9쪽

- 조국의 평화적 통일을 위한 투쟁에 있어서 조국 전선의 역할 | 김천해
  『인민』 제9호, 민주조선사, 1955, 5~16쪽

- 조선정전협정의 파기와 아메리카의 「세계원자전략」 ─아메리카와 이승만
  군에 의한 정전협정침범일지─ | 한계옥
  『조선문제연구』 제3호, 조선문제연구소, 1957, 16~28쪽

1970~1979

- [용어해설] ≪교련강화책≫
  『남조선문제』 제10호(통권 85), 조국통일사, 1971, 48쪽

- 남조선괴뢰군내에서 ≪정훈교육≫을 더욱 강화하기 위한 미제와 박정희 괴뢰도당의 책동 | 최진호
  『남조선문제』 제11호(통권 86), 조국통일사, 1971, 30~36쪽

- 남조선괴뢰군 병사, 중하층장교들의 최근 사상동향 | 리창갑
  『남조선문제』 제3호(통권 90), 조국통일사, 1972, 36~40쪽

- [용어해설] ≪전군신자화운동≫
  『남조선문제』 제7호(통권 94), 조국통일사, 1972, 48쪽

- 위대한수령 김일성동지께서 밝혀주신 남조선괴뢰군을 혁명의 편에 돌려 세우기위한 정치사상사업에 관한 사상 | 김동환
  『남조선문제』 제8호(통권 106), 조국통일사, 1973, 17~24쪽

- 군사적대치상태를 해소하는것은 나라의 통일문제해결의 선결조건 | 신응복
  『근로자』 제8호(통권 376), 근로자사, 1973, 50~55쪽

- 위대한수령 김일성동지께서 제시하신 북과 남사이의 군사적대치상태를 해소하고 긴장상태를 가실데 대한 방침은 조국의 자주적평화통일을 촉진하기 위한 관건적고리를 밝힌 탁월한 방침 | 박시형
  『남조선문제』 제9호(통권 107), 조국통일사, 1973, 16~21쪽

- 미일제국주의의 비호밑에 더욱 강화되고있는 박정희괴뢰도당의 전쟁준비 책동 | 김춘선
  『남조선문제』 제2호(통권 112), 통일신보사, 1974, 25~29쪽

- 미제침략군은 남조선에서 무조건 물러가야 한다 | 김일성
  『근로자』 제11호(통권 391), 근로자사, 1974, 2~7쪽

- 박정희괴뢰도당의 반인민적병역제에 대하여 | 저자 미확인
  『남조선문제』 제6호(통권 127), 조국통일사, 1975, 41쪽

- 남조선괴뢰군안에서 박정희역도를 반대하는 기운이 높아가고 있다 | 저자 미확인
  『남조선문제』 제6호(통권 127), 조국통일사, 1975, 27쪽

- ≪군은 박〈정권〉을 지지하는가≫ |저자 미확인
  『남조선문제』 제7호(통권 128), 조국통일사, 1975, 43쪽

- 미제는 조선에서 새로운 침략전쟁을 일으킨다면 자기가 지른 불에 타죽
  고말것이다 |손진팔
  『근로자』 제7호(통권 399), 근로자사, 1975, 59~64쪽

- [용어해설] ≪학도호국단≫
  『남조선문제』 제9호(통권 130), 조국통일사, 1975, 48쪽

- 미제는 남조선에 자기의 침략군대를 남겨둘 어떠한 구실도 더는 찾을 수
  없다 |정기구
  『근로자』 제1호(통권 405), 근로자사, 1976, 52~57쪽

- [시평] 괴뢰군≪전력증강5개년계획≫은 새 전쟁 준비를 다그치기 위한 범
  죄적계획 |최명갑
  『남조선문제』 제10호(통권 142), 조국통일사, 1976, 36~37쪽

- 남조선괴뢰군 병사들과 중하층장교들을 혁명의 편으로 돌려세우는것은
  남조선혁명가들앞에 나선 중요한 과업 |리정근
  『남조선문제』 제11.12호(통권 143), 조국통일사, 1976, 7~11쪽

- 70년대 미극동전략과「주한미군」의 역할 |김중건
  『조선문제연구』 제21호, 조선문제연구소, 1976, 307~342쪽

- 「전력증강 5개년계획」과 군수산업육성책 |강순익
  『조선문제연구』 제21호, 조선문제연구소, 1976, 343~371쪽

- 괴뢰군≪현대화 5개년계획≫은 전쟁과 분렬을 위한 범죄적 계획 |성정호
  『남조선문제』 제6호(통권 149), 조국통일사, 1977, 22~26쪽

- [자료] 박정희괴뢰도당을 반대하는 남조선괴뢰군안의 최근동향
  『남조선문제』 제8호(통권 151), 조국통일사, 1977, 30~33쪽

- 남조선청장년들이 강제징집과 군사훈련을 반대하여 투쟁 |최성남
  『남조선문제』 제12호(통권 155), 조국통일사, 1977, 18쪽

- [자료] 시한탄우에 앉아있는 역적
  『남조선문제』 제2호(통권 157), 조국통일사, 1978, 19~21쪽

- 남조선괴뢰군안에 퍼지고있는 염전염군사상과 무질서 |한진원
  『남조선문제』 제2호(통권 157), 조국통일사, 1978, 22~23쪽

- [전재물] ≪국민의 편 또는 정의감을 지닌 국군장교라면 박독재에 공격을 가하라≫
  『남조선문제』 제4호(통권 159), 조국통일사, 1978, 49~51쪽

- ≪철군≫의 간판밑에 강화되는 미제의 남조선에 대한 무력증강책동 |류재수
  『남조선문제』 제5호(통권 160), 조국통일사, 1978, 25~26쪽

- 일본을 기지로 하는 미제의 조선침략전쟁준비의 로골화 |곽호일
  『남조선문제』 제5호(통권 160), 조국통일사, 1978, 27~29쪽

- 광란적인 ≪병력기피자색출≫놀음
  『남조선문제』 제5호(통권 160), 조국통일사, 1978, 26쪽

- [자료] ≪향토예비군≫속에서 더욱 늘어나는 괴뢰군 징집과 군사훈련 기피현상
  『남조선문제』 제5호(통권 160), 조국통일사, 1978, 22~24쪽

- 미제침략군의 완전철거는 조선문제 해결의 선결조건 |김관섭
  『근로자』 제7호(통권 435), 근로자사, 1978, 59~64쪽

- 조선을 주되는 공격대상으로 삼고 분별없이 날뛰는 미제 7함대
  『남조선문제』 제9호(통권 164), 조국통일사, 1978, 46쪽

- 새로드러난 일본군국주의자들의 죄행
  『남조선문제』 제9호(통권 164), 조국통일사, 1978, 27쪽

- ≪자주국방≫은 군사적예속과 영구분렬의 구호 |남기혁
  『남조선문제』 제9호(통권 164), 조국통일사, 1978, 30~31쪽

- 조선침략을 위한 필리핀의 미군기지
  『남조선문제』 제12호(통권 167), 조국통일사, 1978, 31쪽

- 남조선괴뢰군안에서 더욱 높아가는 반박정희기운 |한원진
  『남조선문제』 제12호(통권 167), 조국통일사, 1978, 32~33쪽

- 전쟁도발자들의 음모 |한복희
  『조선녀성』 제6호(통권 366), 근로단체출판사, 1979, 43~44쪽

1980~1989 ....

- 그 무엇으로도 가리울수 없는 전쟁준비책동 │길만호
  『남조선문제』 제1호(통권 180), 조국통일사, 1980, 43~44쪽

- [단평] 변할 수 없는 전쟁살인귀적 본성
  『남조선문제』 제2호(통권 181), 조국통일사, 1980, 50쪽

- ≪남침위협≫소동은 조선의 통일을 가로막기위한 구실 │민혁천
  『남조선문제』 제3호(통권 182), 조국통일사, 1980, 54~55쪽

- 남조선괴뢰군에 대한 미제의 새로운 지배체제(2) │려영식
  『남조선문제』 제3호(통권 182), 조국통일사, 1980, 56~57쪽

- 분렬주의자들의 최후발악적인 죄행의 산물－콩크리트장벽
  『남조선문제』 제3호(통권 182), 조국통일사, 1980, 34쪽

- 미제의 조선침략을 위한 대일군사정책 │곽호민
  『남조선문제』 제4호(통권 183), 조국통일사, 1980, 57~59쪽

- 더욱 강화되는 미제의 군사적소동은 무엇을 노리는것인가 │남기혁
  『남조선문제』 제4호(통권 183), 조국통일사, 1980, 60~61쪽

- 미제의 병력위기와 그것이 남조선에 미치는 영향 │허학필
  『남조선문제』 제5호(통권 184), 조국통일사, 1980, 56~58쪽

- 남조선에 대한 일본반동들의 군사적침투의 강화 │원태림
  『남조선문제』 제5호(통권 184), 조국통일사, 1980, 59~60쪽

- [자료] 조선침략을 위한 미제의 군사기지들(1)
  『남조선문제』 제6호(통권 185), 조국통일사, 1980, 55~57쪽

- [자료] 조선침략을 위한 미제의 군사기지들(2)
  『남조선문제』 제7호(통권 186), 조국통일사, 1980, 63~64쪽

- 죽은 독재자의 전쟁정책을 이어가는 남조선괴뢰도당 │윤자홍
  『남조선문제』 제7호(통권 186), 조국통일사, 1980, 36~37쪽

- 괴뢰군부안에서 격화되고있는 모순과 갈등 │남기혁
  『남조선문제』 제10호(통권 189), 조국통일사, 1980, 37~39쪽

- [자료] 파쑈적인 인간도살단 - 괴뢰륙군 특수전부대
  『남조선문제』 제10호(통권 189), 조국통일사, 1980, 42~43쪽

- 미제의 전쟁정책에 추종하는 일본군국주의 ㅣ윤자홍
  『남조선문제』 제10호(통권 189), 조국통일사, 1980, 57~58쪽

- ≪조약≫을 통한 미제의 남조선에 대한 군사적지배 ㅣ김선철
  『남조선문제』 제12호(통권 191), 조국통일사, 1980, 54~55쪽

- 남조선에 대한 미제의 군사기지화정책 ㅣ정성호
  『남조선문제』 제12호(통권 191), 조국통일사, 1980, 56~58쪽

- ≪민족백정의 명령에 복종할 우리가 아니다≫
  『남조선문제』 제2,3호(통권193), 조국통일사, 1981, 39쪽

- 파쑈독재의 위기와 더불어 더욱 강화된 전쟁도발책동 ㅣ남기혁
  『남조선문제』 제2,3호(통권 193), 조국통일사, 1981, 34~35쪽

- 남조선에서 감행되고 있는 경제의 군사화의 반동적 본질과 특징 ㅣ간덕일
  『사회과학』 제4호(통권 47), 과학백과사전출판사, 1981, 53~57쪽

- 미제는 조선침략전쟁의 도발자 ㅣ김선규
  『남조선문제』 제6호(통권 195), 조국통일사, 1981, 49~51쪽

- 전쟁도발자들의 폭언과 망발
  『남조선문제』 제6호(통권 195), 조국통일사, 1981, 52~53쪽

- 무모한 단계에 이른 미제의 새로운 조선침략전쟁도발책동 ㅣ최달석
  『남조선문제』 제6호(통권 195), 조국통일사, 1981, 54~55쪽

- 남조선괴뢰정권은 미제의 전쟁정책 수행의 도구 ㅣ한원진
  『남조선문제』 제9호(통권 198), 조국통일사, 1981, 29~30쪽

- ≪향토예비군≫을 더욱 파쑈화하기 위한 괴뢰들의 책동 ㅣ박일청
  『남조선문제』 제10호(통권 199), 조국통일사, 1981, 34~35쪽

- 미제의 새 ≪보복전략≫과 조선침략전쟁준비의 강화 ㅣ정성호
  『남조선문제』 제11호(통권 200), 조국통일사, 1981, 43~45쪽

- 조선침략을 위한 미제공중비적들의 소굴 - 가데나기지
  『남조선문제』 제11호(통권 200), 조국통일사, 1981, 54~55쪽

- 일본에서의 군국화의 촉진과 조선침략전쟁위험의 증대 ㅣ윤자홍
  『남조선문제』 제11호(통권 200), 조국통일사, 1981, 49~51쪽

- 더욱 로골화되는 미제의 새 조선전쟁 도발책동 ㅣ엄충일
  『남조선문제』 제12호(통권 201), 조국통일사, 1981, 49~50쪽

- 지배권확립을 위한 미제의 악랄한 책동 ㅣ리창국
  『근로자』 제8호(통권 472), 근로자사, 1981, 61~64쪽

- 미제의 《힘의 정책》과 조선반도 ㅣ정성호
  『남조선문제』 제1호(통권 202), 조국통일사, 1982, 25~27쪽

- [단평] 전쟁광신자들의 비명
  『조선문제』 제1호(통권 202), 조국통일사, 1982, 39쪽

- [1981년도 남조선 정세] 《남침위협》을 구실로 전쟁준비를 미친듯이 다그쳐온 괴뢰도당 ㅣ한원진
  『남조선문제』 제2.3호, 조국통일사(통권 203) 1982, 45~47쪽

- 미제의 《힘의균형》론은 남조선영구강점과 북침을 위한 침략교리 ㅣ정성호
  『남조선문제』 제4호(통권 204), 조국통일사, 1982, 40~42쪽

- [단평] 또다시 드러내놓은 살인마의 본성
  『남조선문제』 제6호(통권 206), 조국통일사, 1982, 20쪽

- 조선침략을 위한 《시험전쟁》 ㅣ김정렬
  『남조선문제』 제6호(통권 206), 조국통일사, 1982, 26쪽

- [단평] 전쟁미치광이들의 새로운 잡도리
  『남조선문제』 제6호(통권 206), 조국통일사, 1982, 38쪽

- 미제의 조선전쟁도발책동을 규탄하는 세계의 목소리
  『남조선문제』 제6호(통권 206), 조국통일사, 1982, 27~28쪽

- 미제침략군은 남조선에 남아있을 그 어떤 구실도 있을 수 없다 ㅣ원태림
  『남조선문제』 제6호(통권 206), 조국통일사, 1982, 29~31쪽

- [단평] 방탄유리집에 명줄을 걸고있는 역적
  『남조선문제』 제8호(통권 208), 조국통일사, 1982, 55쪽

■ 외세와 파쑈에 짓눌린 남조선-군화에 짓밟히고 ≪호색동물≫들에게 더
렵혀지는 제주도 ㅣ남기혁
『남조선문제』 제10호(통권 210), 조국통일사, 1982, 37~39쪽

■ 조선에 드리운 ≪한정핵전쟁≫의 검은구름 ㅣ안명철
『남조선문제』 제12호(통권 212), 조국통일사, 1982, 35~37쪽

■ [자료] 늘어나는 군사비와 ≪방위세≫
『남조선문제』 제12호(통권 212), 조국통일사, 1982, 38~39쪽

■ 화약내 짙어가는 ≪군사기지경제≫ ㅣ리민철
『남조선문제』 제12호(통권 212), 조국통일사, 1982, 40~41쪽

■ 상전과 괴뢰의 진면모 ㅣ오문석
『남조선문제』 제12호(통권 212), 조국통일사, 1982, 42~44쪽

■ 남조선〈국군〉의 통수자는 남조선주둔 미군사령관 ㅣ리명곤
『조선사회민주당』 제2호, 조선사회민주당출판사, 1983, 73~77쪽

■ 모리를 위한 ≪미군사우편제도≫
『남조선문제』 제3호(통권 215), 조국통일사, 1983, 8쪽

■ [전재물] 미국의 대≪한≫군사지배-군사통수권을 둘러싸고-
『남조선문제』 제3호(통권 215), 조국통일사, 1983, 48~53쪽

■ 괴뢰군병사들의 동향 ㅣ계정복
『남조선문제』 제3호(통권 215), 조국통일사, 1983, 14~16쪽

■ ≪청색베레모≫의 이름을 띤 ≪특공대≫에 대하여 ㅣ김 훈
『남조선문제』 제3호(통권 215), 조국통일사, 1983, 37~39쪽

■ 조선전쟁에서 녹아난 미제(1) ㅣ본사기자
『조선녀성』 제3호(통권 406), 근로단체출판사, 1983, 39~40쪽

■ 조선전쟁에서 녹아난 미제(2) ㅣ본사기자
『조선녀성』 제4호(통권 407), 근로단체출판사, 1983, 35~36쪽

■ 중성자폭탄
『남조선문제』 제5호(통권 217), 조국통일사, 1983, 30쪽

『김일성종합대학학보』[사회과학편(통권 152), 김일성종합대학출판사, 1983, 191~226쪽

■ 미제의 ≪대한방위론≫과 그 침략성 |원태림
　『남조선문제』 제2호(통권 226), 조국통일사, 1984, 47~49쪽

■ [자료] 급격히 팽창되는 군사비
　『남조선문제』 제5호(통권 229), 조국통일사, 1984, 31쪽

■ 전쟁정책에 복무하는 남조선경제 |장영호
　『남조선문제』 제6호(통권 230), 조국통일사, 1984, 47~48쪽

■ 남조선강점 미제침략군사령관은 현대판 식민지 ≪총독≫ |계정복
　『남조선문제』 제9호(통권 233), 조국통일사, 1984, 45~47쪽

■ 핵전쟁도발을 부추기는 군사≪원조≫ |조 민
　『남조선문제』 제9호(통권 233), 조국통일사, 1984, 48~49쪽

■ 남조선괴뢰군은 식민지고용군대 |박영호
　『남조선문제』 제10호(통권 234), 조국통일사, 1984, 47~50쪽

■ [독자들의 질문에 대한 대답] ≪1,000마일방위≫론에 대하여
　『남조선문제』 제1호(통권 237), 조국통일사, 1985, 56쪽

■ [독자들의 질문에 대한 대답] ≪무기수출 3원칙≫에 대하여
　『남조선문제』 제3호(통권 239), 조국통일사, 1985, 57쪽

■ 미국군사산업복합체의 반동적정체 |리근환
　『근로자』 제3호(통권 515), 근로자사, 1985, 92~96쪽

■ 팽창되는 군사비
　『남조선문제』 제4호(통권 240), 조국통일사, 1985, 50쪽

■ 무기≪국산화≫책동과 그 후과 |리록원
　『남조선문제』 제4호(통권 240), 조국통일사, 1985, 53~56쪽

■ 패전고백기 |본사기자
　『남조선문제』 제7호(통권 243), 조국통일사, 1985, 39~40쪽

■ 북침전쟁을 노리는 위험한 책동 |허명호
　『남조선문제』 제7호(통권 243), 조국통일사, 1985, 52~53쪽

- ≪방위세≫수탈기간을 또 연장

  『남조선문제』 제10호(통권 246), 조국통일사, 1985, 56쪽

- 괴뢰군의 통수권은 미제에게 쥐여져있다 ㅣ조남훈

  『남조선문제』 제10호(통권 246), 조국통일사, 1985, 47~48쪽

- [상식] ≪별세계전쟁≫계획

  『남조선문제』 제12호(통권 248), 조국통일사, 1985, 45쪽

- 핵전쟁위험의 증대와 조선반도 ㅣ진용부

  『남조선문제』 제2호(통권250), 조국통일사, 1986, 34~38쪽

- 조선반도를 핵전쟁마당으로 전변시키려는 미제의 책동 ㅣ진용부

  『남조선문제』 제3호(통권 251), 조국통일사, 1986, 36~38쪽

- 조선반도를 비핵지대로 만드는것은 세계열핵전쟁을 방지하기 위한 중요 고리 ㅣ송택호

  『남조선문제』 제3호(통권 251), 조국통일사, 1986, 31~33쪽

- [독자들의 질문에 대한 대답] 불가침에 관한 공동선언

  『남조선문제』 제3호(통권 251), 조국통일사, 1986, 30쪽

- 광통신망의 설치와 핵전쟁준비의 강화 ㅣ안명철

  『남조선문제』 제4호(통권 252), 조국통일사, 1986, 49~50쪽

- [단신자료] 늘어나는 ≪징병도주자≫

  『남조선문제』 제4호(통권 252), 조국통일사, 1986, 33쪽

- 북침을 노린 ≪올림픽남침설≫ ㅣ진용부

  『남조선문제』 제4호(통권 252), 조국통일사, 1986, 31~33쪽

- 미제의 아세아태평양중시정책과 전쟁위험의 증대

  『교원선전수첩』 제4호, 교원신문사, 1986, 117~120쪽

- 조선반도에서 새 전쟁을 도발하려는 미제 ㅣ송봉순

  『국제생활』 제5호(통권 5), 국제생활사, 1986, 3~5쪽

- [단신자료] 괴뢰특전대의 횡포

  『남조선문제』 제5호(통권 253), 조국통일사, 1986, 48쪽

- [상식] 핵무기
  『남조선문제』 제5호(통권 253), 조국통일사, 1986, 56쪽
- ≪핵우산보호설≫은 무엇을 노리는것인가 |최 철
  『남조선문제』 제6호(통권 254), 조국통일사, 1986, 39~41쪽
- [전재물] ≪국방위원회 연회사건≫
  『남조선문제』 제6호(통권 254), 조국통일사, 1986, 63~64쪽
- 조선반도는 비핵, 평화지대로 되여야 한다 |서동범
  『국제생활』 제8호(통권 8), 국제생활사, 1986, 3~5쪽
- 남조선으로부터 핵무기를 철수시키며 조선반도를 비핵, 평화지대로 만들
  데 대하여 |루치오루자또
  『국제생활』 제9호(통권 9), 국제생활사, 1986, 8~24쪽
- 조선반도를 비핵지대, 평화지대로 전환시키는것은 조선과 세계의 평화를
  위한 절박한 과업 |김수천
  『근로자』 제9호(통권 533), 근로자사, 1986, 72~76쪽
- 전쟁의 검은 구름 몰아오는 미제의 군사연습책동 |백호석
  『국제생활』 제11호(통권 11), 국제생활사, 1986, 22~25쪽
- ≪남침위협≫설은 전쟁과 파쑈정책의 산물 |박제해
  『근로자』 제11호(통권 535), 근로자사, 1986, 81~85쪽
- 범죄적인 미제의 세균 및 화학 전쟁책동 |정남용
  『근로자』 제11호(통권 535), 근로자사, 1986, 86~97쪽
- 남조선은 극동최대의 핵전초기지 |방철수
  『근로자』 제3호(통권 539), 근로자사, 1987, 93~96쪽
- 미제의 흉계, 극동전쟁전략 |김맹진
  『국제생활』 제4호(통권 15), 국제생활사, 1987, 25~28쪽
- 미제는 조선전쟁을 도발한 침략자 |김영세
  『국제생활』 제6호(통권 17), 국제생활사, 1987, 36~38쪽
- 대규모적인 단계적 무력축감은 온 겨레의 념원을 실현하기 위한 절박한
  요구

『남조선문제』 제6호(통권 260), 조국통일사, 1987, 6~8쪽

■ 미제의 악랄한 ≪저열도전쟁≫ 전략책동에 대하여 |부교수 김경현
『교원선전수첩』 제8호, 교원신문사, 1987, 121~125쪽

■ 전쟁의 위협을 제거하기 위한 획기적인 군축제안 |강석주
『국제생활』 제9호(통권 20), 국제생활사, 1987, 3~5쪽

■ 조선반도에서 전쟁을 방지하고 평화를 수호하는것은 우리 당의 일관한
립장 |리창선
『근로자』 제11호(통권 547), 근로자사, 1987, 81~86쪽

■ 온 민족이 굳게 단결하여 조국통일을 위한 투쟁을 힘차게 벌리자 |전금진
『근로자』 제2호(통권 550), 근로자사, 1988, 85~90쪽

■ 북과 남사이의 군사적 대결상태를 해소하고 긴장상태를 완화하자 |박제해
『근로자』 제6호(통권 554), 근로자사, 1988, 81~85쪽

■ 남조선에서 미군을 철거시키고 북과 남사이에 불가침선언을 채택하는것
은 조국통일의 선결조건 |전금철
『근로자』 제12호(통권 560), 근로자사, 1988, 71~76쪽

■ 조선반도에서 전쟁의 위험을 제거하고 평화를 실현하기 위한 획기적 방
안 |정두환
『국제생활』 제1호(통권 36), 국제생활사, 1989, 16~18쪽

■ 위험한 핵화약고 – 남조선 |본사기자
『조선녀성』 제3호(통권 442), 근로단체출판사, 1989, 36쪽

■ 남조선에서 미제의 범죄적인 핵전쟁책동 |엄용섭
『교원선전수첩』 제9호, 교원신문사, 1989, 114~124쪽

1990~1999

■ 콩크리트 장벽을 당장 허물어버려야 한다 |본사기자
『조선녀성』 제2호(통권 447), 근로단체출판사, 1990, 39~40쪽

2000~2009

『조선녀성』 제11호(통권 558), 근로단체출판사, 2004, 55쪽

■ 전쟁에로 치닫는 미제침략군 |본사기자

『조선녀성』 제12호(통권 559), 근로단체출판사, 2004, 55쪽

■ 전쟁으로 들뜬 미제 |본사기자

『조선녀성』 제3호(통권 562), 근로단체출판사, 2005, 56쪽

■ 우리 공화국을 반대하는 미국의 책동에 추종한 국제원자력기구의 비법성
|최현철

『정치법률연구』 제1호(통권 17), 과학백과사전출판사, 2007, 31~32 · 35쪽

■ 조선반도핵문제의 평화적 해결과 관련한 미국의 국제법적의무 |최현철

『정치법률연구』 제2호(통권 18), 과학백과사전출판사, 2007, 39~40쪽

2) 군사동맹

1960~1969

■ 미국 극동 군사 전략의 일환으로서의 ≪한일회담≫과 남부 웰남 ≪파병≫
책동 |저자 미확인

『남조선문제』 제3호, 남조선문제출판사, 1965, 2쪽

■ 아세아 침략을 위한 미일 반동들의 ≪공동 작전≫계획 |현명준

『근로자』 제23호(통권 285), 근로자사, 1965, 35~42쪽

■ 최근 남조선에서의 미제와 박정희 도당의 전쟁준비 책동 |정만기

『남조선문제』 제7호(통권 24), 조국사, 1966, 18~20쪽

■ 미제의 침략전쟁과 일본군국주의 |현명준

『근로자』 제7호(통권 293), 근로자사, 1966, 52~58쪽

1970~1979 ●●●

■ 미제와 일본군국주의의 침략적결탁과 남조선에 대한 일본군국주의의 재
  침책동의 로골화 |김 경
  『근로자』 제10호(통권 343), 근로자사, 1970, 58~64쪽

■ 새 전쟁 도발책동에 매달리는 미제와 남조선괴뢰도당은 파멸을 면치 못
  한다 |리두찬
  『근로자』 제6호(통권 398), 근로자사, 1975, 58~64쪽

■ 일본≪방위≫론의 호전적추세와 미일결탁에 의한 조선침략전쟁준비의 강
  화 |박일진
  『남조선문제』 제11호(통권 166), 조국통일사, 1978, 22~24쪽

■ 미제의 ≪철군공약≫에 빙자하여 더욱 강화되는 ≪한≫일 군사결탁 |남기혁
  『남조선문제』 제11호(통권 166), 조국통일사, 1978, 31~33쪽

■ 미국.일본.남조선 3각군사동맹 조작책동의 침략적 본질 |허 헌
  『근로자』 제11호(통권 451), 근로자사, 1979, 59~64쪽

■ 전쟁미치광이들의 책동 |본사기자
  『조선녀성』 제12호(통권 372), 근로단체출판사, 1979, 50쪽

1980~1989 ●●●

■ 위험한 단계에 들어선 일≪한≫군사결탁 |엄유철
  『남조선문제』 제11호(통권 200), 조국통일사, 1981, 52~53쪽

■ 조선침략전쟁을 위한 미일군사결탁의 강화 |남기혁
  『남조선문제』 제12호(통권 201), 조국통일사, 1981, 53~54쪽

■ 미일반동들의 ≪극동유사시연구≫와 조선침략전쟁준비의 로골화 |계정복
  『남조선문제』 제6호(통권 206), 조국통일사, 1982, 24~25쪽

■ ≪일미안보조약≫개정론의와 증대되는 조선전쟁의 위험 |김춘선

『남조선문제』 제8호(통권 208), 조국통일사, 1982, 37~38쪽

■ 괴뢰군과 미제의 군사비≪절약≫
『남조선문제』 제2호(통권 214), 조국통일사, 1983, 55쪽

■ 3각군사동맹조직과 그 속심 ≪정세문답≫ |본사기자
『조선녀성』 제3호(통권 406), 근로단체출판사, 1983, 38~39쪽

■ ≪팀 스피리트 83≫ 전쟁연습은 새전쟁도발을 위한 범죄적책동 |본사기자
남상팔
『교원선전수첩』 제3호, 교원신문사, 1983, 121~123쪽

■ 미일남조선 3각군사동맹의 범죄적성격과 그 위험성 |리석재
『조선사회민주당』 제3호, 조선사회민주당출판사, 1983, 50~58쪽

■ 미제의 3각군사동맹조작책동과 조선반도의 정세 |계정복
『남조선문제』 제4호(통권 216), 조국통일사, 1983, 29~31쪽

■ 미제의 조선침략정책과 3각군사동맹조작책동 |김정호
『근로자』 제5호(통권 493), 근로자사, 1983, 53~58쪽

■ 미제의 ≪팀스피리트≫군사연습과 전쟁 위험의 증대 |조남훈
『남조선문제』 제6호(통권 218), 조국통일사, 1983, 28~29쪽

■ 정보정치의 사생아-나까소네와 3각군사동맹- |김춘선
『남조선문제』 제6호(통권 218), 조국통일사, 1983, 34~37쪽

■ [자료] 계단식으로 확대된 침략적인 ≪팀스피리트≫합동군사연습
『남조선문제』 제4호(통권 228), 조국통일사, 1984, 52~53쪽

■ 위험성을 띤 ≪팀 스피리트 84≫ 전쟁연습 |본사기자
『교원선전수첩』 제4호, 교원신문사, 1984, 126~127쪽

■ [정세자료] 최근 남조선과 그 주변지역에 대한 미제의 무력증강책동 |본사
기자 남상팔
『교원선전수첩』 제4호, 교원신문사, 1984, 122~125쪽

■ 미제의 극동침략전략과 일본의 군국화 |정동욱
『근로자』 제5호(통권 505), 근로자사, 1984, 59~64쪽

- ≪팀 스피리트 84≫ 군사연습과 미제의 북침흉계 |안동렵
  『남조선문제』 제6호(통권 230), 조국통일사, 1984, 44~46쪽

- 북침을 노리는 위험한 ≪팀스피리트≫ 합동군사 연습 |본사기자
  『조선녀성』 제2호(통권 417), 근로단체출판사, 1985, 39~40쪽

- ≪팀 스피리트 85≫ 합동군사연습과 핵전쟁의 위험성 |리종학
  『남조선문제』 제4호(통권 240), 조국통일사, 1985, 43~45쪽

- 핵구름을 몰아오는 ≪푸른베레모≫ |안명철
  『남조선문제』 제5호(통권 241), 조국통일사, 1985, 30~32쪽

- [자료] ≪팀 스피리트≫ 합동군사연습과 발전기지 일본
  『남조선문제』 제5호(통권 241), 조국통일사, 1985, 33~34쪽

- 미제의 ≪별세계전쟁≫계획과 남조선괴뢰들을 끌어들이기 위한 책동 |김봉식
  『남조선문제』 제1호(통권 249), 조국통일사, 1986, 49~53쪽

- 3각군사동맹체계의 완성과 ≪팀 스피리트≫ |김진명
  『남조선문제』 제2호(통권 250), 조국통일사, 1986, 44~45쪽

- ≪공세전략≫과 ≪팀 스피리트 86≫ |김진명
  『남조선문제』 제3호(통권 251), 조국통일사, 1986, 39~41쪽

- 호전광들의 열기띤 화학전쟁준비 |진용부
  『남조선문제』 제5호(통권 253), 조국통일사, 1986, 53~55쪽

- ≪대북조선전 씨나리오-2≫에 대하여 |전용부
  『남조선문제』 제6호(통권 254), 조국통일사, 1986, 36~38쪽

- 호전광들이 조작완성을 다그치는 3각군사동맹 |안명철
  『남조선문제』 제6호(통권 254), 조국통일사, 1986, 33~35쪽

- 핵시험전쟁, ≪팀 스피리트≫ 합동군사연습 |량호신
  『국제생활』 제3호(통권 14), 국제생활사, 1987, 11~13쪽

- 북침을 노린 ≪팀 스피리트≫ |진용부
  『남조선문제』 제3호(통권 257), 조국통일사, 1987, 39~42쪽

- 북침을 노리는 《팀 스피리트 87》 합동군사연습 |렴철성
  『국제생활』 제4호(통권 15), 국제생활사, 1987, 21~24쪽

- 《팀 스피리트 87》 합동군사연습은 무엇을 보여주었는가 |정원태
  『국제생활』 제6호(통권 17), 국제생활사, 1987, 39~42쪽

- 미제의 아세아, 태평양 전략과 3각군사동맹조작책동 |황 헌
  『근로자』 제1호(통권 549), 근로자사, 1988, 85~88쪽

- 실동하고 있는 미일남조선 3각 군사동맹 |문룡빈
  『국제생활』 제2호(통권 25), 국제생활사, 1988, 24~26쪽

- 조선반도의 평화를 위협하는 《팀 스피리트 88》 합동군사연습 |리덕환
  『국제생활』 제3호(통권 26), 국제생활사, 1988, 13~15쪽

- 조선반도에 밀려오는 핵전쟁의 검은 구름 |본사기자
  『조선녀성』 제3호(통권 36), 근로단체출판사, 1988, 37~38쪽

- 《팀 스피리트88》합동군사연습은 무엇을 보여주었는가 |최흥권
  『국제생활』 제5호(통권 28), 국제생활사, 1988, 17~19쪽

- 미일군사적 결탁을 강화하기 위한 《림팩 88》 합동군사연습 |문룡빈
  『국제생활』 제8호(통권 31), 국제생활사, 1988, 19~21쪽

- 침략적인 전쟁연습 《팀 스피리트》 |본사기자
  『조선녀성』 제2호(통권 441), 근로단체출판사, 1989, 39~40쪽

- 조선의 평화와 평화통일에 역행하는 《팀 스피리트 89》 합동군사연습 |정
  덕기
  『국제생활』 제4호(통권 39), 국제생활사, 1989, 23~25쪽

1990~1999

- 북남사이의 대화, 협상과 량립될 수 없는 《팀 스피리트 90》 합동군사연
  습 |최흥권
  『국제생활』 제3호(통권 50), 국제생활사, 1990, 17~19쪽

2000~2009 ·····························

- 북침의 길로 내달리는 ≪정권≫ | 본사기자
  『조선녀성』 제10호(통권 605), 근로단체출판사, 2008, 56쪽

- 북침궤도로 질주하는 전쟁≪동맹≫ | 본사기자
  『조선녀성』 제6호(통권 613), 근로단체출판사, 2009, 56쪽

- 일본반동들의 조선전쟁가담책동 | 현은옥
  『사회과학원학보』 4(통권 65), 사회과학원출판사, 2009, 60쪽

Ⅲ

통 일

1. 통일방안

1) 남한통일방안

1970~1979 ··

- 미제와 박정희괴뢰도당이 부르짖는 ≪승공통일≫론의 반동적본질 |저자 미확인
  『남조선문제』 제1호, 조국통일사, 1971, 31쪽

- 박정희괴뢰도당이 부르짖고있는 ≪자유민주주의체제하의 통일≫론의 반동적본질 |라창걸
  『남조선문제』 제7호(통권 105), 조국통일사, 1973, 19~24쪽

- 남조선괴뢰도당의 ≪민족이질화론≫은 가장 악랄한 영구분렬론 |한계현
  『남조선문제』 제6호(통권 161), 조국통일사, 1978, 28~30쪽

1980~1989 ··

- ≪승공통일≫은 영구분렬의 구호 |남기혁
  『남조선문제』 제3호(통권 182), 조국통일사, 1980, 28~29쪽

- 민족의 영구분렬을 노리는 ≪선평화,후통일≫론 |남기혁
  『남조선문제』 제5호(통권 184), 조국통일사, 1980, 38~39쪽

- ≪신라식통일≫론은 외세의존과 분렬주의의 궤변 |한계현
  『남조선문제』 제6호(통권 185), 조국통일사, 1980, 33~34쪽

- ≪단계적통일≫론의 분렬주의적본성 |한원진
  『남조선문제』 제9호(통권 188), 조국통일사, 1980, 34~35쪽

- 새로운 괴뢰들이 부르짖는 ≪평화통일≫은 분렬영구화의 구호 |길만호
  『남조선문제』 제4.5호(통권 194), 조국통일사, 1981, 31~32쪽

- 전두환도당이 내든 ≪통일방안≫은 ≪통일≫을 가장한 분렬론 |남기혁
  『남조선문제』 제5호(통권 205), 조국통일사, 1982, 37~39쪽

- 규탄배격받는 역적놈의 ≪통일방안≫
  『남조선문제』 제5호(통권 205), 조국통일사, 1982, 40~41쪽

- 전두환「정권」의「통일방안」의 허구성 |심명훈
  『조선문제연구』 제22호, 조선문제연구소, 1982, 167~190쪽

- ≪우방≫에서조차 배격받는 괴뢰들의 ≪통일방안≫ |본사기자
  『남조선문제』 제2호(통권 214), 조국통일사, 1983, 37~38쪽

- 조선에 독일방식을 적용할수 없다 |로광섭
  『남조선문제』 제6호(통권 230), 조국통일사, 1984, 13~14쪽

- ≪민족화합민주통일≫론의 반동적본질 |신상흡
  『남조선문제』 제10호(통권 234), 조국통일사, 1984, 38~40쪽

- ≪자유민주주의체제하의 통일≫론의 반동성 |백락환
  『남조선문제』 제5호(통권 259), 조국통일사, 1987, 28~30쪽

- 민족의 영구분렬을 꾀하는 로태우역도의 ≪민족공동체통일론≫ |정덕기
  『국제생활』 제12호(통권 47), 국제생활사, 1989, 24~27쪽

1990~1999 ....

- ≪통일≫의 너울을 씌운 영구분렬방안 |박함집
  『조선사회민주당』 제1호, 조선사회민주당출판사, 1990, 55~56쪽

- ≪제도통일론≫은 영구분렬론 |강문수
  『조선사회민주당』 제3호, 조선사회민주당출판사, 1991, 46~47쪽

- [조국통일문제] ≪제도통일론≫의 분렬주의적 본질 | 리문환

  『근로자』 제5호(통권 589), 근로자사, 1991, 86~90쪽

- [조국통일문제] 김영삼괴뢰도당의 ≪3단계통일방안≫의 반동성 | 김영히

  『근로자』 제1호(통권 621), 근로자사, 1994, 82~86쪽

- ≪제도통일론≫, 무엇이 문제인가 | 김광수

  『조선사회민주당』 제4호, 조선사회민주당출판사, 1995, 52~53쪽

- [조국통일문제] 남조선괴뢰들의 ≪남북련합≫의 분렬주의적본질 | 원동연

  『근로자』 제1호(통권 645), 근로자사, 1996, 87~91쪽

- ≪3단계통일반안≫의 반동성 | 량창일

  『김일성종합대학학보』[력사법학편] 제42권 제4호(통권 271), 김일성종합대학출판사,
  1996, 42~45쪽

- 남조선통치배들의 ≪제도통일론≫의 반동성 | 학사 신분진

  『김일성종합대학학보』[력사법학편] 제45권 제1호(통권 303), 김일성종합대학출판사,
  1999, 46~51쪽

2) 북한통일방안

1950~1959

- 우리 당의 평화적 조국 통일 로선과 그의 실현을 위한 방안의 정당성에
  관하여 | 신진균

  『근로자』 제10호(통권 143), 근로자사, 1957, 63~67쪽

1960~1969 ··

- 조국통일의 가장 정당하고 합리적인 방침 |강영탁
  『근로자』 제19호(통권 212), 근로자사, 1962, 19~29쪽

1970~1979 ··

- 경애하는 수령 김일성동지께서 미국 ≪뉴욕타임스≫지 기자들과 하신 담화
  『남조선문제』 제6호(통권 93), 조국통일사, 1972, 2~12쪽

- 과거를 묻지 않는 것은 민족적단합을 이룩하는데서 우리 당이 견지하고
  있는 확고한 원칙 |홍준식
  『남조선문제』 제11호(통권 97), 조국통일사, 1972, 24~29쪽

- 위대한수령 김일성동지께서 제시하신 고려련방공화국의 단일국호에 의한
  남북련방제를 실시할데 대한 방침은 나라의 통일을 앞당기는 길에서 결
  정적국면을 열어놓는 가장 합리적이며 공명정대한 방침 |김석형
  『남조선문제』 제9호(통권 107), 조국통일사, 1973, 33~37쪽

- 단일국호에 의한 남북련방제의 실시는 나라의 통일을 앞당기는 가장 합
  리적인 방도 |위용철
  『근로자』 제9호(통권 377), 근로자사, 1973, 54~58쪽

- 남북련방제를 실시하는것은 조국의 자주적평화통일을 앞당기기 위한 가
  장 합리적인 방도 |김윤백
  『남조선문제』 제8호(통권 140), 조국통일사, 1976, 14~17쪽

- [지상강좌] 남북련방제는 민족통일의 가장 합리적인 방도 |리정관
  『남조선문제』 제11호(통권 154), 조국통일사, 1977, 46~48쪽

- 민족의 통일을 실현하는것은 나라의 완전통일을 위한 선차적문제 |조명일
  『근로자』 제11호(통권 427), 근로자사, 1977, 60~64쪽

- 민족통일은 조국통일을 이룩하는데서 나서는 선차적과업 |정현석

『남조선문제』 제12호(통권 155), 조국통일사, 1977, 3~5쪽

- 우리 민족은 반드시 통일되여야 하며 하나의 국가로 발전하여야 한다 | 최창덕

  『근로자』 제3호(통권 431), 근로자사, 1978, 60~64쪽

- 온 민족의 대단결로 통일위업을 앞당겨나가자 | 김중린

  『근로자』 제4호(통권 432), 근로자사, 1978, 50~57쪽

- 민족의 대단결은 조국의 자주적평화통일을 위한 기본담보 | 리정관

  『남조선문제』 제12호(통권 167), 조국통일사, 1978, 8~10쪽

1980~1989

- 광범한 국제적지지를 받고있는 우리의 새로운 통일방안 | 계정복

  『남조선문제』 제5호(통권 184), 조국통일사, 1980, 20~21쪽

- 남북련방제는 통일문제해결의 정확한 방도를 밝힌 독창적인 방안 | 남철수

  『남조선문제』 제6호(통권 185), 조국통일사, 1980, 5~6쪽

- 고려민주련방공화국을 창립하는것은 조국통일의 가장 합리적인 방도 | 한웅식

  『근로자』 제11호(통권 463), 근로자사, 1980, 52~57쪽

- 고려민주련방공화국이 실행해야 할 시정방침은 민족의 지향을 반영한 정치강령 | 김영대

  『근로자』 제1호(통권 465), 근로자사, 1981, 59~64쪽

- 위대한 수령님께서 제시하신 고려민주련방공화국 창립방안은 온 민족의 지향을 반영한 통일강령 | 김건환

  『근로자』 제4호(통권 468), 근로자사, 1981, 52~57쪽

- 고려민주련방공화국에서의 지역자치제에 대하여

  『남조선문제』 제4.5호(통권 194), 조국통일사, 1981, 13쪽

- 고려민주련방공화국의 창립은 조국의 자주적평화통일을 이룩하기 위한

가장 현실적이며 합리적인 방도 |전금진

『사회과학』 제5호(통권 48), 과학백과사전출판사, 1981, 47~50쪽

- 고려민주련방공화국은 왜 중립국가로 되여야 하는가

  『남조선문제』 제7호(통권 196), 조국통일사, 1981, 18쪽

- 통일조선에서의 민족련합군

  『남조선문제』 제8호(통권 197), 조국통일사, 1981, 10쪽

- 위대한 수령 김일성동지께서 밝히신 련방국가의 통일정부와 지역정부들의 기능과 임무

  『남조선문제』 제8호(통권 197), 조국통일사, 1981, 18~20쪽

- 련방국가의 국호

  『남조선문제』 제9호(통권 198), 조국통일사, 1981, 17쪽

- 중립, 자주, 평화애호는 고려민주련방공화국의 대외정책의 기본원칙 |안성덕

  『남조선문제』 제9호(통권 198), 조국통일사, 1981, 14~15쪽

- 민주주의실시, 민족의 대단결 도모

  『남조선문제』 제12호(통권 201), 조국통일사, 1981, 16~17쪽

- 련방국가창립방안은 가장 현실적이고 합리적인 조국통일방안

  『남조선문제』 제12호(통권 201), 조국통일사, 1981, 18~19쪽

- 민족적 리념은 조국통일을 위한 대단결의 기초 |정기구

  『근로자』 제11호(통권 475), 근로자사, 1981, 54~58쪽

- 련방국가의 시정방침해설 - 북과 남사이의 경제적 합작과 교류의 실시, 민족경제의 자립적발전보장

  『남조선문제』 제1호(통권 202), 조국통일사, 1982, 23~24쪽

- 사상과 제도.당파와 정견의 차이를 초월하여 민족대단결 을 이룩해야 한다 |전금진

  『근로자』 제3호(통권 479), 근로자사, 1982, 59~64쪽

- 위대한수령 김일성동지께서 유고슬라비아 따뉴그통신사대표단이 제기한 질문에 주신 대답

  『남조선문제』 제4호(통권 204), 조국통일사, 1982, 9~15쪽

- 과학, 문화, 교육 분야에서의 교류와 협조의 실현, 과학기술과 민족문화예술, 민족교육의 통일적발전보장
  『남조선문제』 제4호(통권 204), 조국통일사, 1982, 31~32쪽

- [련방국가의 시정방침해설] 교통, 체신의 련결과 그 수단의 자유로운 리용보장
  『남조선문제』 제5호(통권 205), 조국통일사, 1982, 23~24쪽

- [련방국가의 시정방침해설] 인민들의 생활안정과 복리증진 보장
  『남조선문제』 제5호(통권 205), 조국통일사, 1982, 25~26쪽

- 고려민주련방공화국창립방안은 조국통일3대원칙을 구현한 정당한 통일방안 |리완석
  『근로자』 제5호(통권 481), 근로자사, 1982, 59~64쪽

- 북과 남사이의 군사적대치상태 해소, 민족련합군에 의한 민족보위
  『남조선문제』 제7호(통권 207), 조국통일사, 1982, 14~15쪽

- 해외조선동포들의 민족적 권리와 리익의 옹호보호
  『남조선문제』 제7호(통권 207), 조국통일사, 1982, 16~17쪽

- [련방국가의 시정방침해설] 북과 남이 통일이전 다른 나라들과 맺은 대외관계의 옳바른 처리, 두 지역정부의 대외활동의 통일적조절
  『남조선문제』 제8호(통권 208), 조국통일사, 1982, 29~30쪽

- [련방국가의 시정방침해설] 세계 모든 나라들과 우호관계의 발전, 평화애호적인 대외정책의 실시
  『남조선문제』 제8호(통권 208), 조국통일사, 1982, 31~32쪽

- 조선의 통일문제와 고려민주연방공화국 창립방안 |김규승
  『조선문제연구』 제22호, 조선문제연구소, 1982, 9~44쪽

- 북과 남의 애국력량의 단합은 조국통일위업을 이룩하기 위한 중요한 담보 |전금진
  『근로자』 제6호(통권 494), 근로자사, 1983, 53~58쪽

- 고려민주련방공화국창립방안은 우리 식의 독창적인 련방창설안 |황공률
  『남조선문제』 제10호(통권 222), 조국통일사, 1983, 17~21쪽

- 고려민주련방공화국 창립방안을 실현하는 것은 조국통일을 위한 가장 절박한 과업 |리도준
  『근로자』 제11호(통권 499), 근로자사, 1983, 62~66쪽

- 련방국가창립방안은 가장 공명정대한 통일방안 |정성남
  『남조선문제』 제1호(통권 225), 조국통일사, 1984, 13~15쪽

- 조선문제의 평화적해결을 위한 합리적방도 |전금진
  『근로자』 제3호(통권 503), 근로자사, 1984, 55~60쪽

- [조국통일 및 국제문제] 민족적통일을 위한 우리 당 련방제방침의 정당성 |림동옥
  『근로자』 제8호(통권 520), 근로자사, 1985, 85~90쪽

- 날로 커다란 공감을 불러일으키는 통일방안 |김교식
  『남조선문제』 제10호(통권 246), 조국통일사, 1985, 31~32쪽

- 조국통일 3대원칙은 통일문제해결의 기초 |심원복
  『남조선문제』 제2호(통권 250), 조국통일사, 1986, 27~28쪽

- 련방국가창립은 영구분렬과 전쟁의 참화를 막기 위한 합리적 방도 |김봉회
  『남조선문제』 제5호(통권 259), 조국통일사, 1987, 6~9쪽

- [조국통일문제] 련방국가를 창설하는것은 나라의 통일문제를 해결하는 가장 합리적인 방도 |렴태준
  『근로자』 제5호(통권 553), 근로자사, 1988, 85~90쪽

- 고려민주련방공화국은 사상과 제도를 초월하여 민족적 단합을 이룩하는 통일국가의 가장 합리적인 형태 |류호준
  『국제생활』 제11호(통권 34), 국제생활사, 1988, 3~5쪽

- 민족의 통일념원을 반영한 합리적인 협상방안
  『조선녀성』 제2호(통권 441), 근로단체출판사, 1989, 35~36쪽

- 고려민주련방공화국 창립방안은 조선의 통일문제를 가장 빨리 해결할 수 있는 최선의 방도 |류호준
  『국제생활』 제4호(통권 39), 국제생활사, 1989, 17~19쪽

- [조국통일 및 남조선문제] 조국통일은 련방제방식에 의하여 실현되여야

한다 |정두환

『근로자』 제7호(통권 567), 근로자사, 1989, 78~84쪽

1990~1999 ....

- [조국통일문제] 조국통일문제해결에서 근본적인 전환을 가져오기 위한 새로운 평화통일방안 |림동옥

  『근로자』 제3호(통권 575), 근로자사, 1990, 86~91쪽

- 90년대 통일의 진로를 명시한 획기적인 통일강령 |윤기복

  『국제생활』 제7호(통권 54), 국제생활사, 1990, 3~6쪽

- [조국통일문제] 조국통일 5개방침은 가장 합리적이고 현실적인 통일방침 |전금철

  『근로자』 제9호(통권 581), 근로자사, 1990, 84~89쪽

- [조국통일문제] 하나의 국가, 두개 정부에 기초한 련방국가창설방안은 가장 정당한 우리 식의 통일방안 |림동옥

  『근로자』 제1호(통권 585), 근로자사, 1991, 86~91쪽

- [조국통일문제] 온 민족의 대단결은 조국통일 위업을 성취하기 위한 확고한 담보 |류호준

  『근로자』 제4호(통권 588), 근로자사, 1991, 87~91쪽

- 우리 민족의 대단결을 이룩하자 - 조국평화통일위원회 임일군들, 조국통일범민족련합 북측본부 성원들과 한 담화 1991년 8월 1일 |김일성

  『근로자』 제9호(통권 593), 근로자사, 1991, 3~13쪽

- [조국통일문제] 련방제방안은 민족자주의 원칙에서 통일문제를 해결하기 위한 가장 합리적인 방도 |강승춘

  『근로자』 제10호(통권 618), 근로자사, 1993, 74~79쪽

- 련방제통일국가의 중립성 |김일성종합대학강좌장 량창일

  『조선사회민주당』 제4호(통권 579), 조선사회민주당출판사, 1996, 37~38쪽

- 련방제통일방식은 조국통일 문제를 순조롭게 해결하기 위한 가장 합리적인 방도 |학사 신분진
  『김일성종합대학학보』[력사법학편] 제44권 제3호(통권 297), 김일성종합대학출판사, 1998, 56~60쪽

- 련방제방식의 민족통일국가창립은 조국통일의 최선의 방도 |부교수, 학사 리룡덕
  『김일성종합대학학보』[력사법학편] 제48권 제4호(통권 348), 김일성종합대학출판사, 2002, 11~15쪽

- 민족대단결은 조국통일의 결정적담보 |학사 리성혁
  『김일성종합대학학보』[력사법학편] 제48권 제1호(통권 339), 김일성종합대학출판사, 2002, 46~51쪽

- 반통일세력들의 반북대결책동을 저지파탄시키는것은 조국통일의 중요한 방도 |심명진
  『정치법률연구』 제3호(통권 27), 과학백과사전출판사, 2009, 52쪽

2. 통일정책

1) 남한통일정책

1940~1949

- 남조선 반동적 단독정부선거를 반대하며 조선의 통일과 자주독립을 위하여 |김일성
  『근로자』 제3호(통권 13), 로동신문사, 1948, 2~15쪽
- 남북련석회의의 경과 |김민도
  『조선녀성』 제4호, 조선녀성사, 1948, 14~16 · 39쪽
- 조국통일을 방해하는 리승만도당의 흉계는 반드시 파탄된다 |김영주
  『조선녀성』 제11호, 조선녀성사, 1949, 16~19쪽

1960~1969

- 남조선에서 미국 군대를 철거시키기 위한 전 민족적 투쟁을 전개할 데 대하여 |최용건
  『근로자』 제10호(통권 203), 근로자사, 1962, 2~17쪽

1970~1979

- 남북공동성명의 합의사항을 유린하는 남조선반동들의 배신행위 |홍철규

- 《괴뢰들의 〈두개조선〉조작책동을 절대로 용납할 수 없다》 −남조선인민들의 목소리− |김인현

  『남조선문제』 제12호(통권 155), 조국통일사, 1977, 16∼17쪽

- 조선문제해결의 《독일방식》을 떠드는자들의 검은속심 |한계현

  『남조선문제』 제3호(통권 158), 조국통일사, 1978, 27∼28쪽

- 《두개조선》조작책동은 민족의 영구분렬을 추구하는 범죄행위 |손진팔

  『근로자』 제5호(통권 433), 근로자사, 1978, 58∼64쪽

- 남조선으로부터 미제침략군의 완전철거는 조국의 평화적통일을 위한 절박한 요구 |남성철

  『남조선문제』 제9호(통권 164), 조국통일사, 1978, 15∼16쪽

- 남조선에서 애국적민주인사가 《정권》에 올라앉아야 남북대화를 할 수 있다 |정현석

  『남조선문제』 제10호(통권 165), 조국통일사, 1978, 17∼18쪽

- 남조선괴뢰도당의 《평화정착론》은 《두개조선》조작을 위한 영구분렬론 |한계현

  『남조선문제』 제11호(통권 166), 조국통일사, 1978, 29∼30쪽

- 남조선사회의 민주화는 온 민족의 대단결과 조국의 평화적통일을 위한 절박한 요구 |정현석

  『남조선문제』 제12호(통권 167), 조국통일사, 1978, 11∼13쪽

- 남조선사회의 민주화는 조국의 평화적 통일을 위한 절박한 요구 |독고원식

  『근로자』 제12호(통권 440), 근로자사, 1978, 51∼55쪽

1980~1989

- 통일대화에 역행하는 분렬주의행위 |한계현

  『남조선문제』 제4호(통권 183), 조국통일사, 1980, 40∼41쪽

- 민족분렬의 한길로 줄달음쳐온 괴뢰정권 |한계현

『남조선문제』 제5호(통권 184), 조국통일사, 1980, 34~35쪽

- 남조선괴뢰들의 반공은 매국배족이다 |김윤환
  『남조선문제』 제5호(통권 184), 조국통일사, 1980, 40~41쪽

- 북과 남의 실무대표들의 접촉에서 드러난 괴뢰도당의 분렬주의적립장 |명정철
  『남조선문제』 제7호(통권 186), 조국통일사, 1980, 32~33쪽

- 남조선괴뢰들은 미제의 분렬주의로선의 돌격대 |남기혁
  『남조선문제』 제6호(통권 195), 조국통일사, 1981, 21~22쪽

- 전두환괴뢰도당의 범죄적인 민족분렬영구화정책 |남기혁
  『남조선문제』 제8호(통권 197), 조국통일사, 1981, 29~30쪽

- 영구분렬과 대결을 위한 남조선괴뢰들의 ≪평화통일≫ 구호 |계정복
  『남조선문제』 제11호(통권 200), 조국통일사, 1981, 28~29쪽

- 전두환역적의 정체를 발가본다 – 조국통일의 극악한 원쑤 |한원진
  『남조선문제』 제1호(통권 202), 조국통일사, 1982, 32~34쪽

- 세계적 규탄과 조소의 대상으로 된 역적의 ≪상호방문≫ 타령 |김주호
  『남조선문제』 제1호(통권 202), 조국통일사, 1982, 35~36쪽

- 괴뢰도당의 반공정책은 조국통일을 가로막는 커다란 장애 |한원진
  『남조선문제』 제6호(통권 206), 조국통일사, 1982, 34~35쪽

- ≪통일≫의 구호를 내들고 분렬을 추구하는 괴뢰도당 |남기혁
  『남조선문제』 제7호(통권 207), 조국통일사, 1982, 31~33쪽

- [괴뢰정권의 정체를 발가본다] 미제의 ≪두개 조선≫정책과 남조선괴뢰 |계정복
  『남조선문제』 제9호(통권 209), 조국통일사, 1982, 28~29쪽

- 남조선의 민중적 역사의식과 통일관 |이남주
  『조선문제연구』 제22호, 조선문제연구소, 1982, 79~102쪽

- 북과 남의 통일대화와 전두환역도 |최철명
  『남조선문제』 제5호(통권 217), 조국통일사, 1983, 31~34쪽

■ 응당한 규탄
  『남조선문제』 제7호(통권 219), 조국통일사, 1983, 41쪽

■ 다시 대두된≪교차승인론≫ ㅣ박여운
  『남조선문제』 제7호(통권 219), 조국통일사, 1983, 45~46쪽

■ 괴뢰들이 부르짖는 배족적인 ≪통일대화≫ ㅣ계정복
  『남조선문제』 제7호(통권 219), 조국통일사, 1983, 47~49쪽

■ 민족분렬영구화와 ≪두개조선≫조작책동(1) ㅣ최 덕
  『남조선문제』 제8호(통권 220), 조국통일사, 1983, 38~41쪽

■ 미제는 조선분렬의 장본인 민족분렬영구화와 ≪두개조선≫조작책동(2) ㅣ최 덕
  『남조선문제』 제9호(통권 221), 조국통일사, 1983, 37~40쪽

■ 민족분렬영구화와 ≪두개조선≫조작책동(3) ㅣ최 덕
  『남조선문제』 제10호(통권 222), 조국통일사, 1983, 45~49쪽

■ 상전의 랭대를 받은 ≪남침긴박설≫
  『남조선문제』 제11호(통권 223), 조국통일사, 1983, 47쪽

■ 최근시기 남조선괴뢰들의 민족분렬 책동에서 주목되는 동향 ㅣ정성호
  『남조선문제』 제2호(통권 226), 조국통일사, 1984, 34~36쪽

■ 위선적인 ≪통일≫타령의 막뒤에서 감행되는 분렬주의책동 ㅣ안동렵
  『남조선문제』 제5호(통권 229), 조국통일사, 1984, 26~28쪽

■ ≪북방정책≫과 그 파탄 ㅣ김춘선
  『남조선문제』 제6호(통권 230), 조국통일사, 1984, 21~23쪽

■ 통일문제자체를 없애버리려는 범죄적음모 ㅣ원태림
  『남조선문제』 제7호(통권 231), 조국통일사, 1984, 26~28쪽

■ 민족분렬영구화에 미친 극악한 매국노 ㅣ김춘선
  『남조선문제』 제8호(통권 232), 조국통일사, 1984, 24~25쪽

■ 체육회담을 통해본 괴뢰들의 민족분렬자세 ㅣ본사기자
  『남조선문제』 제9호(통권 233), 조국통일사, 1984, 42~44쪽

■ 통일의 길을 막으려는 계획적인 도발행위 ㅣ정은규
  『남조선문제』 제2호(통권 238), 조국통일사, 1985, 48~49쪽

- 북남대화의 중단과 그 책임 | 김춘선
  『남조선문제』 제4호(통권 240), 조국통일사, 1985, 34~36쪽

- [자료] -만고역도 전두환놈의 죄상을 단죄한다-≪남침위협≫의 구실밑
  에 감행되는 북침전쟁소동
  『남조선문제』 제5호(통권 241), 조국통일사, 1985, 43~44쪽

- 통일념원을 짓밟는 ≪교차승인≫론
  『조선녀성』 제5호(통권 420), 근로단체출판사, 1985, 40~41쪽

- 무례한 행위 | 오난식
  『남조선문제』 제11호(통권 247), 조국통일사, 1985, 30~32쪽

- 괴뢰들의 대화자세와 분렬로선 | 김선철
  『남조선문제』 제1호(통권 249), 조국통일사, 1986, 33~37쪽

- 민족대단합의 위대한 경륜-남북련석회의와 백범 김구선생을 회고하여 | 김
  종항, 안우생
  『남조선문제』 제3호(통권 251), 조국통일사, 1986, 4~16쪽

- 조국통일에 역행하는 괴뢰들의 분렬, 대결 행위 | 김교식
  『남조선문제』 제4호(통권 258), 조국통일사, 1987, 28~32쪽

- 올림픽경기를 ≪두개 조선≫조작책동에 리용하려는 미일반동들과 남조선
  괴뢰들의 음모는 저지되어야 한다 | 김유순
  『국제생활』 제8호(통권 31), 국제생활사, 1988, 6~8쪽

- ≪교차승인론≫은 민족의 분렬을 영구화하기 위한 교활한 술책 | 리왈수
  『근로자』 제11호(통권 559), 근로자사, 1988, 92~96쪽

- 남조선괴뢰도당의 ≪북방정책≫의 반동성 | 김영희
  『국제생활』 제12호(통권 35), 국제생활사, 1988, 16~18쪽

- ≪두개조선≫조작책동을 반대하여 투쟁하는 것은 민족앞에 나선 절박한
  과제
  『조선녀성』 제3호(통권 442), 근로단체출판사, 1989, 35~36쪽

- 대화와 통일의 원쑤-로태우
  『조선녀성』 제4호(통권 443), 근로단체출판사, 1989, 40쪽

- 방북의 길은 막을수 없다 ㅣ김성환

  『조선사회민주당』 제4호, 조선사회민주당출판사, 1989, 50~51쪽

- [남조선문제] ≪북방정책≫은 ≪두개 조선≫조작을 위한 반민족적 책동 ㅣ김
  태화

  『근로자』 제5호(통권 565), 근로자사, 1989, 79~84쪽

- [정세자료] 민주와 대화, 통일에 역행하는 폭압소동 ㅣ김영희

  『국제생활』 제6호(통권 41), 국제생활사, 1989, 19~22쪽

- [조국통일문제] 남조선당국은 우리의 평화통일노력에 호응하여 새로운 정
  책전환을 하여야 한다 ㅣ안병수

  『근로자』 제6호(통권 566), 근로자사, 1989, 78~83쪽

- 문익환 목사는 무조건 석방되여야 한다 ㅣ렴태준

  『국제생활』 제7호(통권 42), 국제생활사, 1989, 26~27쪽

- ≪대화창구일원화≫의 간판밑에 대화와 통일을 반대하는 로태우 일당 ㅣ김재현

  『국제생활』 제8호(통권 43), 국제생활사, 1989, 24~26쪽

- [조국통일 및 남조선문제] 남조선사회의 민주화는 조국통일을 위한 중요
  한 조건 ㅣ림동옥

  『근로자』 제8호(통권 568), 근로자사, 1989, 81~86쪽

- ≪한민족이라는 관점에 설 때에만 대결상태를 청산하고 통일의 길을 개
  척할 수 있으리라고 본다≫

  『국제생활』 제10호(통권 45), 국제생활사, 1989, 23~33쪽

1990~1999 ···

- 남조선측은 북남대화와 협상에 성실한 자세로 나와야 한다 ㅣ전금철

  『국제생활』 제1호(통권 48), 국제생활사, 1990, 23~25쪽

- 민주, 통일 세력 말살을 위한 파쑈정국 ㅣ림기우

  『조선사회민주당』 제1호, 조선사회민주당출판사, 1990, 52~54쪽

- 온 겨레의 통일념원을 우롱한 로태우역도의 ≪민족교류안≫ |방철수
  『국제생활』 제10호(통권 57), 국제생활사, 1990, 47~50쪽

- [조국통일문제] ≪실체인정≫론의 반동적본질 |김태화
  『근로자』 제2호(통권 586), 근로자사, 1991, 86~90쪽

- ≪민족이질화론≫의 반동성 |변철승
  『조선사회민주당』 제3호, 조선사회민주당출판사, 1991, 48~49쪽

- 남조선≪문민정권≫의 ≪통일정책≫의 부당성 |교수, 박사 박동근
  『조선사회민주당』 제4호, 조선사회민주당출판사, 1993, 46~47쪽

- 통일의 걸림돌 ≪안기부≫는 해체되여야 한다 |정성남
  『조선사회민주당』 제2호, 조선사회민주당출판사, 1994, 45~46쪽

- [좌담회] 반통일죄행으로 이어진 ≪문민≫의 행적
  『조선사회민주당』 제1호, 조선사회민주당출판사, 1996, 55~57쪽

- 남조선괴뢰들이 들고나온 ≪해볕론≫의 반동적본질 |저자 미확인
  『근로자』 제6호, 근로자사, 1999, 62쪽

- 남조선괴뢰들이 ≪대북공조체제≫는 용납 못할 반통일체제 |저자 미확인
  『근로자』 제8호, 근로자사, 1999, 53쪽

- 남조선괴뢰들의 ≪반공화국모략책동≫은 파탄을 면치 못할것이다 |저자 미
  확인
  『근로자』 제9호, 근로자사, 1999, 63쪽

2000~2009

- 외세의존하에 민족분렬을 ≪합법화≫하기 위한 남조선당국자들의 책동과
  그 반동성 |신분진
  『김일성종합대학학보』[력사법학편] 제55권 제1호(통권 423), 김일성종합대학출판사,
  2009, 103~108쪽

2) 북한통일정책

1940~1949 ●●

- 통일 민주 조국 건설을 위하여
  『근로자』 제18호(통권 40), 노동신문사, 1949, 3~6쪽

- 반동의 지반을 소탕함으로써 평화적으로 조국의 통일을 달성하자 ㅣ리승엽
  『근로자』 제19호(통권 41), 로동신문사, 1949, 7~13쪽

1950~1959 ●●

- 조선 정전 협정의 조인은 평화 력량의 승리
  『국제생활』 제10호, 조선중앙통신사, 1953, 16~18쪽

- 민주 기지 강화는 조국 통일의 강력한 담보 ㅣ최영환
  『근로자』 제7호(통권 116), 로동신문사, 1955, 30~40쪽

- 조국의 평화적 통일은 조선 인민의 당면한 최대의 임무 ㅣ윤철호
  『근로자』 제8호(통권 117), 로동신문사, 1955, 23~32쪽

- 조국의 평화적 통일을 위하여
  『근로자』 제5호(통권 126), 근로자사, 1956, 142~148쪽

- 조국의 평화적 통일에 대한 우리 당의 방책은 조선 민족의 일치한 념원의
  표현 ㅣ박기영
  『근로자』 제6호(통권 127), 근로자사, 1956, 41~52쪽

- 조선은 반드시 평화적으로 통일되여야 하며 또 될 수 있다
  『국제생활』 제10호, 국제생활사, 1956, 1~2쪽

- 조국의 평화적 통일을 위하여
  『조선로동당제3차대회주요문헌집』 조선로동당출판사, 1956, 63~70쪽

- 조국의 평화적 통일과 제1차 5개년 계획의 기본적 과제 - 조선최고인민회의 제2기 제1회 회의에서의 연설 - |김일성
  『조선문제연구』 제4호, 조선문제연구소, 1957, 1~14쪽

- 최근의 정세 발전과 조국의 평화적 통일을 위한 투쟁 |홍중식
  『근로자』 제1호(통권 146), 근로자사, 1958, 32~39쪽

- 4월 남북 련석 회의와 그 력사적 의의 |류시남
  『근로자』 제8호(통권 153), 근로자사, 1958, 77~83쪽

- 조선의 평화적 통일을 촉진시키기 위한 중요한 제성명
  『조선문제연구』 제2권 제1호, 조선문제연구소, 1958, 1~12쪽

- 미군의 철거 여부는 조선 문제의 평화적 해결에 대한 성의를 측정하는 시금석
  『국제생활』 제7호, 국제생활사, 1958, 3~4쪽

- [머리말] 조선은 평화적으로 통일되어야 한다
  『조선문제연구』 제3권 제3호, 조선문제연구소, 1959, 1~3쪽

- 대한민국 민의원 및 남조선 인민에게 보내는 서간
  『조선문제연구』 제3권 제3호, 조선문제연구소, 1959, 18~21쪽

- 조국의 평화적 통일에 관하여최고인민회의 제2기 제6회 회의에서 행해진 남일 부수상의 보고
  『조선문제연구』 제3권 제3호, 조선문제연구소, 1959, 4~17쪽

- 〈자료〉「국련한국통일부흥위원단」의 제9회 년차보고와 관련한 조선민주주의인민공화국 정부의 각서
  『조선문제연구』 제3권 제3호, 조선문제연구소, 1959, 61~72쪽

- 공화국북반부에서의 사회주의의 승리와 조국의 평화적 통일 -우리나라의 인민 민주주의 혁명과 모순에 관한 몇 가지 문제- |김후선
  『철학론문집』 과학원출판사, 1959, 1~22쪽

1960~1969 ....

- 평화적 조국 통일에 대한 우리 당의 확고한 립장
  『근로자』 제9호(통권 178), 근로자사, 1960, 18~22쪽

- [권두언] 평화적 조국 통일을 실현하기 위한 전투적 강령
  『근로자』 제12호(통권 181), 근로자사, 1960, 35~41쪽

- 조국의 평화적 통일을 보다 촉진하기 위하여 - 최고인민회의 제2기 제8차
  회의에서 최용건 위원장의 보고
  『조선문제연구』 제4권 제5.6호, 조선문제연구소, 1960, 1~24쪽

- 〈자료〉 조선의 평화적 통일에 관한 조선민주주의인민공화국정부의 각서
  「국련한국통일부흥위원단」의 「보고」와 관련하여
  『조선문제연구』 제4권 제5.6호, 조선문제연구소, 1960, 64~75쪽

- 조국의 평화적 통일을 위한 우리 당의 투쟁 |박진제
  『근로자』 제6호(통권 187), 근로자사, 1961, 27~35쪽

- 출로는 민족의 자주 통일에 있다
  『근로자』 제8호(통권 222), 근로자사, 1963, 10~18쪽

- 자립적 민족 경제의 건설은 조국의 통일과 독립과 번영의 길이다
  『근로자』 제8호(통권 222), 근로자사, 1963, 19~30쪽

- 자주통일의 실현을 위하여 |백남운
  『근로자』 제23호(통권 237), 근로자사, 1963, 13~20쪽

- 조국 통일을 촉진하기 위하여 우리의 혁명 력량을 더욱 결속하자
  『근로자』 제5호(통권 243), 근로자사, 1964, 42~48쪽

- 조국통일을 위한 우리 당의 방침과 그 생활력 |최창진
  『남조선문제론문집』 남조선문제출판사, 1965, 227~245쪽

- 워싱톤에 있는 조선문제연구소 소장에게 보낸 김일성수상의 회답서한 |김
  일성
  『남조선문제』 제2호(통권 31), 조국사, 1967, 2~7쪽

- 조국통일을 자주적으로 우리 세대에 실현하자
  『남조선문제』 제3호(통권 32), 조국사, 1967, 2~8쪽

- 남북련석회의때를 회고하여 ㅣ리극로
  『조선예술』 제8호(통권 145), 문예출판사, 1968, 33~36쪽

- 남조선혁명과 조국통일의 앞길을 밝혀주는 전투적 강령
  『근로자』 제1호(통권 323), 근로자사, 1969, 52~58쪽

- 조국의 평화적 통일을 위한 가장 공명정대한 방침 ㅣ신응복
  『근로자』 제11호(통권 332), 근로자사, 1969, 57~64쪽

1970~1979 ●●

- 남조선에서 통일혁명당이 중앙위원회를 구성하고 강령과 선언을 발표
  『조선예술』 제9호(통권 170), 문예출판사, 1970, 13~19쪽

- 미제침략자들과 박정희역도를 쓸어버리고 조국을 자주적으로 통일하자 ㅣ저
  자 미확인
  『남조선문제』 제5호, 조국통일사, 1971, 2쪽

- 위대한 수령 김일성동지께서 밝혀주신 조국통일방도는 나라의 자주적통
  일과 전국혁명승리의 확고한 담보 ㅣ리상준
  『근로자』 제9호(통권 354), 근로자사, 1971, 52~57쪽

- 남북조선 전체 인민이 힘을 합쳐 조국통일위업을 우리 세대에 완수하자
  『남조선문제』 제10호(통권 85), 조국통일사, 1971, 12~17쪽

- 남북조선인민들의 단합된 힘으로 조국의 평화적통일을 이룩하자
  『남조선문제』 제2호(통권 89), 조국통일사, 1972, 2~7쪽

- 조국통일의 유일하게 정당한 길을 밝힌 리정표 ㅣ천리마평양사범대학학장
  박복순
  『인민교육』 제8,9호, 교원선전수첩출판사, 1972, 55~57쪽

- 다방면적인 접촉과 협상의 실현은 나라의 자주적 평화통일의 필수적 요

구 ㅣ강장월

『근로자』 제10호(통권 366), 근로자사, 1972, 53~58쪽

- 미제침략자들을 철거시키는 것은 조국의 자주적 평화통일을 위한 선결문
  제 ㅣ김창형

  『근로자』 제11호(통권 367), 근로자사, 1972, 53~58쪽

- 남북애국적민주력량의 대단합을 실현한 력사적인 회의 ㅣ김수형

  『근로자』 제3호(통권 371), 근로자사, 1973, 54~58쪽

- 북과 남이 합작을 실현하는것은 조국통일을 앞당기기 위한 성숙된 요구 ㅣ신
  남천

  『근로자』 제3호(통권 371), 근로자사, 1973, 59~64쪽

- 미제의 내정간섭을 물리치고 협상과 대화의 폭을 넓히는것은 온 민족의
  단합된 힘으로 조국통일을 앞당기는 믿음직한 담보

  『남조선문제』 제7호(통권 105), 조국통일사, 1973, 2~7쪽

- ≪두개 조선≫조작책동을 짓부시고 나라와 민족을 구원하기 위한 위대한
  통일강령

  『근로자』 제7호(통권 375), 근로자사, 1973, 9~14쪽

- 대민족회의의 소집은 조국통일위업을 촉진하는 현실적인 길 ㅣ강수일

  『근로자』 제8호(통권 376), 근로자사, 1973, 56~59쪽

- 위대한수령 김일성동지께서 제시하신 북과 남사이의 다방면적인 합작과
  교류를 실현할데 대한 방침은 조국통일을 촉진하는 합리적방침 ㅣ서재영

  『남조선문제』 제9호(통권 107), 조국통일사, 1973, 22~27쪽

- 위대한수령 김일성동지께서 제시하신 대민족회의를 소집할데 대한 방침
  은 나라의 통일문제를 우리 인민의 의사와 요구에 맞게 해결하기 위한 정
  당한 방침 ㅣ홍기문

  『남조선문제』 제9호(통권 107), 조국통일사, 1973, 28~32쪽

- 위대한수령 김일성동지께서 제시하신 대외관계분야에서 북과 남이 공동
  으로 나갈데 대한 방침은 두개조선조작책동을 짓부시고 조국통일위업을
  촉진하기 위한 가장 적극적인 방침 ㅣ김금옥

『남조선문제』 제9호(통권 107), 조국통일사, 1973, 38~43쪽

- 정전협정을 평화협정으로 바꾸는것은 조국의 자주적평화통일을 촉진하는 전제를 마련하는 가장 정당한 조치
  『남조선문제』 제5호(통권 115), 통일신보사, 1974, 7~11쪽

- 나라의 영구분렬을 막고 통일을 앞당기기위한 위대한 구국강령
  『남조선문제』 제6호(통권 116), 통일신보사, 1974, 2~7쪽

- 통일이냐, 분렬이냐
  『남조선문제』 제8호(통권 118), 통일신보사, 1974, 12~28쪽

- 민족의 모든 애국력량이 거족적으로 단결하여 난국을 타개하고 자주적조국통일을 앞당기자
  『남조선문제』 제11.12호(통권 121), 조국통일사, 1974, 27~31쪽

- 위대한 수령 김일성 동지께서 몸소 마련하시고 지도하신 남북련석회의와 그 력사적의의 |심성만
  『력사과학론문집』 제6호, 사회과학출판사, 1975, 31~104쪽

- 조국통일의 3대 원칙과 5대 강령의 정당성 |조성훈
  『조선문제연구』 제21호, 조선문제연구소, 1975, 9~50쪽

- 정전협정을 평화협정으로 바꾸는것은 조국의 자주적평화통일을 촉진시키기 위한 획기적조치 |김규환
  『남조선문제』 제7호(통권 139), 조국통일사, 1976, 7~10쪽

- 위대한 수령 김일성동지께서 천명하신 북과 남의 대화에 대한 우리 당의 립장은 조국의 자주적 평화통일을 다그치기 위한 가장 원칙적립장 |전금진
  『남조선문제』 제9호(통권 141), 조국통일사, 1976, 11~16쪽

- 비동맹운동과 조선의 통일 |이남주
  『조선문제연구』 제21호, 조선문제연구소, 1976, 11~56쪽

- 북과 남이 힘을 합쳐 투쟁으로 분렬을 막고 투쟁으로 통일을 앞당기자 |전금진
  『근로자』 제1호(통권 417), 근로자사, 1977, 59~64쪽

- 북의 사회주의력량과 남의 애국적민주력량의 대련합은 나라의 통일을 위

한 위력한 추진력 |정현석
『남조선문제』 제5호(통권 148), 조국통일사, 1977, 2~5쪽

■ 남북협상은 조국의 자주적평화통일을 앞당기기 위한 합리적이며 현실적
인 방도 |김수천
『근로자』 제5호(통권 421), 근로자사, 1977, 55~59쪽

■ 외세를 물리치고 조국을 자주적으로 통일하기 위한 성스러운 애국투쟁
－남조선인민들의 2.7구국투쟁 30돐에 즈음하여－ |김윤환
『남조선문제』 제2호(통권 157), 조국통일사, 1978, 11~13쪽

■ 우리나라는 둘로 갈라져서는 안되며 반드시 통일되여야 한다 |정석현
『남조선문제』 제3호(통권 158), 조국통일사, 1978, 3~5쪽

■ 민족의 대단결은 조국의 자주적평화통일을 위한 기본담보 |황한욱
『사회과학』 제6호(통권 31), 사회과학출판사, 1978, 43~48쪽

■ [독자들의 질문에 대한 대답] 정치협상이란 무엇인가
『남조선문제』 제9호(통권 164), 조국통일사, 1978, 17쪽

■ 북과 남의 대화와 합작은 조국의 평화적 통일을 앞당기기 위한 중요한 방
도 |경룡일
『근로자』 제10호(통권 438), 근로자사, 1978, 33~38쪽

■ 우리나라를 하나로 통일하는것은 조선문제의 성격으로부터 제기되는 필
연적요구 |리정근
『남조선문제』 제12호(통권 167), 조국통일사, 1978, 3~5쪽

■ 조선의 통일문제는 대화를 통하여 평화적으로 해결하여야 한다 |경룡일
『남조선문제』 제12호(통권 167), 조국통일사, 1978, 6~7쪽

■ 폭넓은 대화의 실현은 조국통일을 앞당기기 위한 중요한 방도 |리도준
『근로자』 제7호(통권 447), 근로자사, 1979, 59~64쪽

■ [단상] 분렬의 장벽은 깨뜨려야 한다 |본사기자 한복희
『조선녀성』 제8호(통권 368), 근로단체출판사, 1979, 56쪽

■ 미제침략군의 철거는 조국의 자주적 통일을 위한 선결조건 |김형우
『근로자』 제9호(통권 449), 근로자사, 1979, 49~54쪽

1980~1989 ··

- 조국통일을 위한 3대로선은 나라의 자주적평화통일을 확고히 담보하는 주체적인 전략로선 |리학봉
  『사회과학』 제5호(통권 42), 과학백과사전출판사, 1980, 50~54쪽

- 조국통일 3대원칙은 민족공동의 유일한 통일강령 |최창덕
  『근로자』 제12호(통권 464), 근로자사, 1980, 50~55쪽

- 조국통일의 3대원칙은 민족공동의 투쟁강령 |변창엽
  『사회과학』 제5호(통권 48), 과학백과사전출판사, 1981, 51~55쪽

- 정전협정을 평화협정으로 바꾸는 것은 조선에서의 평화와 평화통일의 전제조건 |서원철
  『사회과학』 제6호(통권 49), 과학백과사전출판사, 1981, 44~48쪽

- 긴장상태를 완화하고 전쟁위험을 제거하는것은 평화통일의 중요한 조건 |안 유
  『남조선문제』 제6호(통권 195), 조국통일사, 1981, 9~10쪽

- 조국통일과 민족대통일전선 |신도현
  『근로자』 제6호(통권 470), 근로자사, 1981, 51~57쪽

- 조국의 자주적평화통일을 실현하기 위한 선결조건 |본사기자 한복희
  『조선녀성』 제7호(통권 389), 근로단체출판사, 1981, 50쪽

- 정전협정을 평화협정으로 바꾸는것은 조선의 자주적평화통일을 위한 정당한 조치 |길재경
  『근로자』 제7호(통권 471), 근로자사, 1981, 55~59쪽

- 조국통일을 이룩하는데서 나서는 가장 절박한 과업 |본사기자
  『조선녀성』 제8호(통권 390), 근로단체출판사, 1981, 50쪽

- [해설] 민족대통일전선에 굳게 뭉쳐 조국을 통일하자 |본사기자
  『조선녀성』 제9호(통권 391), 근로단체출판사, 1981, 50쪽

- 조국통일의 3대원칙은 민족공동의 투쟁강령 |박영시
  『근로자』 제8호(통권 472), 근로자사, 1981, 55~60쪽

- 조국통일3대원칙에 기초하여 나라의 통일을 앞당기자
  『남조선문제』 제7호(통권 219), 조국통일사, 1983, 6~7쪽
- 북과 남사이의 긴장완화와 불가침선언 ㅣ림기우
  『조선사회민주당』 제3호, 조선사회민주당출판사, 1984, 33~37쪽
- 통일혁명의 한길에서 ㅣ본사기자
  『남조선문제』 제8호(통권 232), 조국통일사, 1984, 18~20쪽
- [자료] 북남경제문화 교류와 합작을 위한 공화국 정부의 애국적조치
  『남조선문제』 제2호(통권 238), 조국통일사, 1985, 29~30쪽
- 북남대화와 그 요구 ㅣ리형국
  『조선사회민주당』 제2호, 조선사회민주당출판사, 1985, 70~75쪽
- 3자회담의 실현은 조성된 정세의 절박한 요구 ㅣ남성철
  『남조선문제』 제3호(통권 239), 조국통일사, 1985, 3~4쪽
- [조국통일문제] 대화와 협상을 통하여 북남관계를 개선하는것은 우리 당의 일관한 립장 ㅣ전금진
  『근로자』 제3호(통권 515), 근로자사, 1985, 79~83쪽
- 온 민족이 일심단결하여 조속히 조국을 통일하자
  『남조선문제』 제4호(통권 240), 조국통일사, 1985, 11~13쪽
- [문답해설] 평화통일과 북남국회회담 ㅣ본사기자
  『조선녀성』 제4호(통권 419), 근로단체출판사, 1985, 35쪽
- [편집국론설] 조선반도에서 새 전쟁의 위험을 막고 공고한 평화를 이룩하자
  『근로자』 제6호(통권 518), 근로자사, 1985, 3~8쪽
- 가장 합리적이고 현실적인 북남국회회담제안 ㅣ장영호
  『남조선문제』 제8호(통권 244), 조국통일사, 1985, 25~26쪽
- [조국통일 및 국제문제] 조선의 평화와 평화통일의 새 국면을 열기 위한 획기적인 구국방안 ㅣ박제해
  『근로자』 제9호(통권 521), 근로자사, 1985, 77~81쪽
- [남조선 및 국제문제] 대화와 협상은 민족의 기대와 통일의 리념에 맞게 진행되여야 한다 ㅣ공제민

『근로자』 제1호(통권 525), 근로자사, 1986, 82~86쪽

- 대화와 협상은 우리 당과 공화국정부가 견지하고있는 일관한 립장 ㅣ최 철
  『남조선문제』 제2호(통권 250), 조국통일사, 1986, 29~31쪽

- 비핵지대, 평화지대 ㅣ본사기자
  『조선녀성』 제2호(통권 423), 근로단체출판사, 1986, 39~40쪽

- [조국통일문제] 대화와 협상을 통하여 나라의 통일문제를 해결하는것은 우리 당의 일관한 립장 ㅣ전금진
  『근로자』 제2호(통권 526), 근로자사, 1986, 82~87쪽

- 긴장완화는 북남대화의 진척을 위한 중요방도 ㅣ정현석
  『남조선문제』 제3호(통권 251), 조국통일사, 1986, 17~19쪽

- [조국통일문제] 긴장상태를 완화하는것은 북남대화를 성과적으로 진행하기 위한 선결조건 ㅣ윤윤홍
  『근로자』 제3호(통권 527), 근로자사, 1986, 78~81쪽

- 조선에서 전쟁위험을 막고 평화의 새 전기를 마련하기 위한 획기적인 제안 ㅣ정현석
  『남조선문제』 제4호(통권 252), 조국통일사, 1986, 8~10쪽

- 3자회담의 실현은 평화통일의 근본문제를 해결하기 위한 중요방도 ㅣ김준회
  『남조선문제』 제5호(통권 253), 조국통일사, 1986, 18~19쪽

- 조국통일의 새로운 돌파구를 여는 열쇠 ㅣ정두환
  『국제생활』 제2호(통권 13), 국제생활사, 1987, 24~27쪽

- [조국통일문제] 대화와 협상은 북남관계를 개선하고 조국통일의 유리한 국면을 마련하기 위한 중요한 방도 ㅣ전금진
  『근로자』 제2호(통권 538), 근로자사, 1987, 87~91쪽

- 북남교착상태를 타개하기 위한 합리적인 방도 ㅣ류억만
  『조선사회민주당』 제2호, 조선사회민주당출판사, 1987, 49~52쪽

- 조선의 평화와 통일을 지지하여 우리의 공동행동을 더욱 강화하자
  『국제생활』 제3호(통권 14), 국제생활사, 1987, 9~10쪽

- 3자회담은 반드시 진행되여야 한다 |송택호
  『남조선문제』 제3호(통권 257), 조국통일사, 1987, 15~18쪽

- 북남고위급정치군사회담제안은 조선의 평화와 평화통일을 위한 가장 합리적이고 현실적인 방안 |림동옥
  『근로자』 제3호(통권 539), 근로자사, 1987, 24~29쪽

- 조국통일 3대원칙은 전체 조선인민의 의사를 집대성한 민족공동의 통일원칙 |류호준
  『근로자』 제7호(통권 543), 근로자사, 1987, 86~90쪽

- 북남련석회의소집방안은 나라의 평화와 평화통일의 새 국면을 열어놓기 위한 획기적인 제안 |전금철
  『국제생활』 제2호(통권 25), 국제생활사, 1988, 7~44쪽

- 북남련석회의를 조속히 열자
  『남조선문제』 제2호(통권 262), 조국통일사, 1988, 6~9쪽

- [남조선문제] 민족적 화해와 단합을 위한 새로운 전환의 계기를 마련하자 |허 담
  『근로자』 제3호(통권 551), 근로자사, 1988, 80~86쪽

- 조미관계의 개선은 시대적 추세의 요구 |권해연
  『조선사회민주당』 제3호, 조선사회민주당출판사, 1988, 62~64쪽

- 조선반도에서 공고한 평화를 이룩하는것은 세계평화위업의 중요한 일환 |송택호
  『남조선문제』 제4호(통권 264), 조국통일사, 1988, 7~10쪽

- 평화협정을 맺는것은 통일문제를 근본적으로 해결하는 관건적 고리 |김정국
  『남조선문제』 제4호(통권 264), 조국통일사, 1988, 11~15쪽

- [조국통일문제] 북남련석회의를 소집하는것은 나라의 평화와 평화통일의 새로운 국면을 열기 위한 획기적인 조치 |리문환
  『근로자』 제4호(통권 552), 근로자사, 1988, 91~96쪽

- 대화와 화해, 통일에 대한 상반되는 립장 |로형산
  『조선사회민주당』 제4호, 조선사회민주당출판사, 1988, 49~53쪽

- [조국통일문제] 통일대화에 참여하려는 남조선 인민들의 정당한 요구는 실현되여야 한다 |림동옥
  『근로자』 제11호(통권 559), 근로자사, 1988, 86~91쪽

- 조선의 자주적 평화통일을 위한 제 4차 세계대회 |김룡수
  『국제생활』 제12호(통권 35), 국제생활사, 1988, 13~15쪽

- 북남대화는 통일을 위한 대화로 되여야 한다 |안병수
  『국제생활』 제12호(통권 35), 국제생활사, 1988, 6~8쪽

- 민족의 통일념원과 시대의 요구를 반영한 획기적인 평화방안
  『조선녀성』 제1호(통권 440), 근로단체출판사, 1989, 33~34쪽

- [조국통일문제] 북남대화는 통일을 위한 대화로 되여야 한다 |최성익
  『근로자』 제1호(통권 561), 근로자사, 1989, 85~90쪽

- [조국통일문제] 조선반도에서 평화를 보장하는 가장 합리적이고 현실적인 평화강령 |박영수
  『근로자』 제2호(통권 562), 근로자사, 1989, 78~83쪽

- 합리적인 통일협상방도 |김성운
  『조선사회민주당』 제2호, 조선사회민주당출판사, 1989, 43~44쪽

- 북남대화의 요구 |최영수
  『조선사회민주당』 제2호, 조선사회민주당출판사, 1989, 45~46쪽

- 북남대화와 정치군사적 문제 |리명수
  『조선사회민주당』 제2호, 조선사회민주당출판사, 1989, 47~48쪽

- 북남지도급인사들의 정치협상회의 소집제안은 통일방도에 대한 전민족적 합의를 이룩할 수 있는 가장 합리적인 협상제안 |안병수
  『국제생활』 제3호(통권 38), 국제생활사, 1989, 9~11쪽

- [편집국론설] 나라의 평화를 보장하고 평화통일을 앞당기는데서 실질적인 전진을 이룩하자
  『근로자』 제3호(통권 563), 근로자사, 1989, 3~7쪽

- [조국통일문제] 북남정치협상회의는 통일방도에 대한 민족적 합의를 이룩할 수 있게 하는 합리적인 방법 |전금철

『근로자』 제3호(통권 563), 근로자사, 1989, 78~82쪽

- 조국통일과 민간급대화 | 리수영
  『조선사회민주당』 제4호, 조선사회민주당출판사, 1989, 48~49쪽

- 민족통일협상회의를 소집하는것은 조선의 자주적평화통일을 촉진하기 위한 정당한 구국대책 | 허 담
  『국제생활』 제11호(통권 46), 국제생활사, 1989, 3~6쪽

- 통일된 조국에서 민족의 자유로운 발전과 번영을 이룩하려는것은 우리 인민의 확고부동한 의지 | 정리근
  『근로자』 제11호(통권 571), 근로자사, 1989, 85~90쪽

1990~1999 ···

- [남조선문제] 민족의 단합된 힘으로 조국통일의 력사적위업을 기어이 성취하자 | 안병수
  『근로자』 제1호(통권 573), 근로자사, 1990, 86~91쪽

- 분단장벽을 허물고 북과 남사이의 자유래왕과 전면개방을 실현하자 | 려연구
  『국제생활』 제2호(통권 49), 국제생활사, 1990, 7~9쪽

- 북남대화의 다각화 | 함영일
  『조선사회민주당』 제2호, 조선사회민주당출판사, 1990, 46~47쪽

- 북과남의 최고위급이 참가하는 당국과 각 정당수뇌들의 협상회의는 지체없이 소집되여야 한다 | 윤기복
  『국제생활』 제3호(통권 50), 국제생활사, 1990, 3~5쪽

- 민족문제해결의 독창적인 길 | 강승춘
  『철학연구』 제4호(통권 43), 사회과학출판사, 1990, 24~28쪽

- 조선반도의 평화를 위한 우리의 군축제안은 지체없이 실현되어야 한다 | 최우진
  『국제생활』 제8호(통권 55), 국제생활사, 1990, 18~20쪽

- 북남당국에 보내는 편지

  『국제생활』 제9호(통권 56), 국제생활사, 1990, 27~28쪽

- 북과 남, 해외의 모든 애국력량을 망라하는 전민족적인 통일전선을 이룩
  하자 |림동옥

  『국제생활』 제10호(통권 57), 국제생활사, 1990, 30~33쪽

- 조국통일북미협회 중앙위원회위원장 선우학원이 ≪국제생활≫ 기자와 진
  행한 담화

  『국제생활』 제10호(통권 57), 국제생활사, 1990, 37~39쪽

- 조선반도에서 긴장상태를 완화하고 조국통일을 위한 평화적 환경을 마련
  하자 |강석주

  『국제생활』 제11호(통권 58), 국제생활사, 1990, 16~18쪽

- [조국통일문제] 북과 남은 국제무대에서 민족공동의 리익을 수호하기 위
  하여 서로 협력하여야 한다 |강석주

  『근로자』 제12호(통권 584), 근로자사, 1990, 81~85쪽

- 북남고위급회담에서 나타난 두 립장 |박제해

  『국제생활』 제1호(통권 60), 국제생활사, 1991, 24~27쪽

- 불가침선언을 채택하는것은 평화와 평화통일의 새 국면을 열기 위한 출
  발점

  『조선녀성』 제2호(통권 453), 근로단체출판사, 1991, 39~40쪽

- [편집국론설] 조선반도에서 전쟁의 위험을 가시고 평화통일의 길을 열어
  나가자

  『근로자』 제6호(통권 590), 근로자사, 1991, 26~31쪽

- 조국통일운동사에 새로운 장을 열어넣을수 있게 한 폭넓은 북남협상방침
  |리봉순

  『김일성종합대학학보』[력사법학편] 제37권 제11호(통권 197), 김일성종합대학출판사,
  1991, 11~16쪽

- 민족의 대단결을 이룩하여 조국통일의 력사적 위업을 앞당겨 실현하자

  『근로자』 제10호(통권 594), 근로자사, 1991, 9~14쪽

- 민족대단결은 조국의 자주적 평화통일의 근본전제이며 본질적 내용 |김구식
  『근로자』 제11호(통권 595), 근로자사, 1991, 85~90쪽

- [조국통일 및 남조선론설] 북남합의서를 성실히 리행하는 것은 조국통일을 앞당기기 위한 절실한 문제 |저자 미확인
  『근로자』 제3호(통권 599), 근로자사, 1992, 86~91쪽

- [조국통일문제] 민족대단결을 이룩하는것은 조국통일을 앞당기기 위한 근본담보 |류호준
  『근로자』 제9호(통권 629), 근로자사, 1994, 91쪽

- 남북련석회의의 나날을 더듬으며 |지영훈
  『조선사회민주당』 제4호(통권 579), 조선사회민주당출판사, 1996, 13~17쪽

- 조선반도에서 새로운 평화보장체계를 수립하는것은 미룰수 없는 절박한 문제 |박사, 부교수 박동진
  『김일성종합대학학보』[력사법학편] 제42권 제4호(통권 271), 김일성종합대학출판사, 1996, 13~17쪽

- 북과 남, 해외의 3자련대는 민족자주, 평화수호를 위한 기본담보 |저자 미확인
  『근로자』 제5호, 근로자사, 1997, 77쪽

- 위대한 령도자 김정일동지의 정력적인 령도밑에 남조선 수재민들을 구원하기 위한 동포애적 조치의 실현 |리 용
  『력사과학』 제3호(통권 167), 과학백과사전출판사, 1998, 33~35쪽

- 민족적 단결을 이룩하는것은 주체성과 민족성을 고수하고 구현하기 위한 실제적담보 |박사, 부교수 김양환
  『김일성종합대학학보』[력사법학편] 제44권 제1호(통권 291), 김일성종합대학출판사, 1998, 50~54쪽

- 북과 남사이의 관계를 개선하는것은 조국의 자주적평화통일을 실현하기 위한 절박한 과업 |학사 심태선
  『김일성종합대학학보』[철학경제학편] 제44권 제3호(통권 295), 김일성종합대학출판사, 1998, 26~30쪽

2000~2009 ●●●●●●●●●●●●●●●●●●●●●●●●●●●●●●●●●●●●●●●

- [론설] 4월 남북련석회의와 오늘
  『조선사회민주당』 제1호(통권 596), 조선사회민주당출판사, 2001, 32~33쪽

- [론설] 동족의 정은 가를수 없다
  『조선사회민주당』 제1호(통권 596), 조선사회민주당출판사, 2001, 33~34쪽

- 6.15북남공동선언발표1돐에 즈음하여-[론설] 조국통일운동사에 특기할 1년
  『조선사회민주당』 제1호(통권 596), 조선사회민주당출판사, 2001, 7~8쪽

- 조선반도분렬의 서막
  『조선사회민주당』 제2호(통권 597), 조선사회민주당출판사, 2001, 33~39쪽

- 6.15 남북공동선언 |김종태해주제1사범대학 남학철
  『교원선전수첩』 제3호, 교원신문사, 2001, 148~149쪽

- 6.15북남공동선언은 오늘도 래일도 조국통일의 리정표 |저자 미확인
  『근로자』 제3호, 근로자사, 2002, 53쪽

- 이것이 〈통일〉이 아니겠습니까: 6.15공동선언발표 2돐기념 민족통일
  『조선예술』 제10호(통권 550), 문화예술종합출판사, 2002, 19쪽

- 민족자주는 6.15북남공동선언의 기본정신 |부교수, 학사 신분진
  『김일성종합대학학보』[력사법학편] 제48권 제1호(통권 339), 김일성종합대학출판사,
  2002, 41~45쪽

- 6.15북남공동선언은 21세기 조국통일의 리정표 |교수, 박사 량창일
  『김일성종합대학학보』[력사법학편] 제48권 제2호(통권 342), 김일성종합대학출판사,
  2002, 41~45쪽

- 위대한 령도자 김정일동지의 현명한 령도밑에 6.15북남 공동선언관철을
  위한 투쟁에서 이룩된 빛나는 성과 |박사 리종익
  『력사과학』 제1호(통권 185), 과학백과사전출판사, 2003, 12~13쪽

- 조국통일운동의 중요한 리정표를 마련한 력사적인 대회 |박정달
  『력사과학』 제1호(통권 185), 과학백과사전출판사, 2003, 59~60쪽

- 평화와 통일을 위한 3.1민족대회

『조선사회민주당』 제1호(통권 596), 조선사회민주당출판사, 2003, 33~34쪽

■ 북, 남, 해외 동포학자통일회의 진행 |선우경주

『조선사회민주당』 제1호(통권 596), 조선사회민주당출판사, 2003, 34~37쪽

■ 민족공조에 통일이 있다-북과 남,해외 각계인사들 통일의지 피력-

『조선사회민주당』 제1호(통권 596), 조선사회민주당출판사, 2003, 37~41쪽

■ 6.15공동선언은 오늘도 래일도 추켜들 조국통일의 리정표 |학사 김현일

『조선사회민주당』 제1호(통권 600), 조선사회민주당출판사, 2003, 32~33쪽

■ 6.15북남공동선언은 우리 민족이 조국통일운동에서 들고 나가야 할 표대 |학사 김룡진

『정치법률연구』 제2호(통권 2), 과학백과사전출판사, 2003, 12~13쪽

■ 6.15북남공동선언은 민족자주의 기치 |본사기자

『조선녀성』 제6호(통권 541), 근로단체출판사, 2003, 54쪽

■ 북남공동선언에 대한 립장과 자세는 애국과 매국을 가르는 |저자 미확인

『근로자』 제6호, 근로자사, 2003, 56쪽

■ 민족공조로 조국통일의 새로운 국면을 열어나가자 |저자 미확인

『근로자』 제12호, 근로자사, 2003, 50쪽

■ ≪우리 민족끼리≫의 리념의 본질 |학사 김만혁

『사회과학원학보』 제2호(통권 42), 사회과학출판사, 2004, 12~14쪽

■ 우리 당의 선군정치는 ≪우리 민족끼리≫의 리념실현의 확고한 담보 |학사 김만혁

『정치법률연구』 제2호(통권 6), 과학백과사전출판사, 2004, 28~29쪽

■ 민족공조는 조국통일과 민족번영을 위한 필수적요구 |김웅천

『정치법률연구』 제3호(통권 7), 과학백과사전출판사, 2004, 27~29쪽

■ 6.15공동선언리행은 민족의 지향이며 의지

『조선녀성』 제3호(통권 550), 근로단체출판사, 2004, 53쪽

■ 6.15북남공동선언은 조국통일의 기치 |부교수, 학사 신분진

『김일성종합대학학보』[력사법학편] 제50권 제2호(통권 366), 김일성종합대학출판사, 2004, 47~51쪽

- 민족대단결로선은 민족문제의 종국적해결을 위한 항구적인 전략적로선 | 교수, 학사 조성환

  『정치법률연구』 제1호(통권 9), 과학백과사전출판사, 2005, 25~26쪽

- 6.15북남공동선언은 21세기 조국통일의 리정표 | 학사 리경철

  『사회과학원학보』 제2호(통권 47), 사회과학출판사, 2005, 23~25쪽

- 민족자주는 조국통일운동의 생명선 | 부교수, 학사 신영남

  『정치법률연구』 제3호(통권 11), 과학백과사전출판사, 2005, 24~25쪽

- 6.15북남공동선언은 조국통일의 리정표 | 허영심

  『조선녀성』 제6호(통권 565), 근로단체출판사, 2005, 35~36쪽

- 6.15공동선언의 기치를 높이 들고나가는것은 조국통일운동을 힘있게 전진시켜나가기 위한 확고한 담보 | 저자 미확인

  『근로자』 제6호, 근로자사, 2005, 58쪽

- 3대공조는 자주통일실현의 기본담보 | 박사, 부교수 림동춘

  『김일성종합대학학보』[력사법학편] 제51권 제3호(통권 381), 김일성종합대학출판사, 2005, 59~63쪽

- 6.15공동선언의 기치밑에 장엄하게 펼쳐진 통일운동의 새로운 장 | 박사, 부교수 리종익

  『력사과학』 제1호(통권 197), 과학백과사전출판사, 2006, 16~18쪽

- 력사적인 6.15북남공동선언의 기치아래 조국통일을 실현하기 위한 전 민족의 거족적인 투쟁 | 김동하

  『력사과학』 제2호(통권 198), 과학백과사전출판사, 2006, 54~56쪽

- 선군정치는 조국통일문제를 우리 민족끼리 풀어나갈 수 있게 하는 확고한 담보 | 학사 김봉덕

  『김일성종합대학학보』[철학경제학편] 제52권 제1호(통권 385), 김일성종합대학출판사, 2006, 11~14쪽

- 경애하는 김정일동지는 선군의 위력으로 조국통일의 전환적 국면을 열어놓으신 조국통일의 위대한 구성이시다 | 학사 안창림

  『김일성종합대학학보』[철학경제학편] 제52권 제2호(통권 388), 김일성종합대학출판사, 2006, 2~5쪽

■ 어버이 수령님께서 쌓아올리신 조국통일령도업적을 옹호고수하고 더욱
   빛내이기 위한 위대한 령도 |부교수, 학사 김덕부
   『김일성종합대학학보』[력사법학편] 제53권 제4호(통권 408), 김일성종합대학출판사,
   2007, 8~12쪽

■ 민족대단결은 우리 민족의 사활적요구 |학사 송경문
   『김일성종합대학학보』[철학경제학편] 제53권 제1호(통권 397), 김일성종합대학출판
   사, 2007, 32~35쪽

■ 선군정치는 조국통일의 앞길을 열어나가는 위대한 민족적 기치 |최일현
   『김일성종합대학학보』[철학경제학편] 제53권 제2호(통권 400), 김일성종합대학출판
   사, 2007, 15~18쪽

■ 민족자주의 원칙은 통일문제해결의 근본원칙 |안철호
   『김일성종합대학학보』[철학경제학편] 제53권 제3호(통권 403), 김일성종합대학출판
   사, 2007, 26~28쪽

■ 선군은 민족의 통일과 번영의 위대한 기치 |우철하
   『정치법률연구』 제4호(통권 24), 과학백과사전출판사, 2008, 10쪽

■ 민족의 단합된 힘으로 조국을 통일하자! |저자미확인
   『조선예술』 제10호(통권 622), 문학예술출판사, 2008, 47쪽

■ ≪북남관계발전과 평화번영을 위한 선언≫은 6.15공동선언을 전면적으로
   구현하기 위한 실천강령 |신분진
   『김일성종합대학학보』[력사법학편] 제54권 제3호(통권 417), 김일성종합대학출판사,
   2008, 71~76쪽

■ 조국통일위업수행에서 제기되는 통일전선의 본질 |남희웅
   『정치법률연구』 제2호(통권 26), 과학백과사전출판사, 2009, 56쪽

■ 민족자주, 민족적단합의 리념은 조국통일의 기본리념 |본사기자 백영미
   『조선녀성』 제2호(통권 609), 근로단체출판사, 2009, 35~36쪽

■ ≪우리 민족끼리≫는 조국통일운동에서 구현해야 할 근본리념 |교수, 박
   사 김창원
   『사회과학원학보』 제3호(통권 64), 사회과학출판사, 2009, 35 · 37쪽

■ 조국통일운동을 ≪우리 민족끼리≫의 기치밑에 거족적인 운동으로 확대
　발전시키신 위대한 업적 |장은일
　『조선녀성』 제6호(통권 613), 근로단체출판사, 2009, 22~23쪽

3) 통일환경

1950~1959 ······································

■ 조선 정전과 국제 정세 |차학호
　『국제생활』 제10호, 조선중앙통신사, 1953, 9~15쪽

1960~1969 ······································

■ 조선문제는 외세의 간섭없이 자주적으로 해결되여야 한다 |김기홍
　『근로자』 제10호(통권 308), 근로자사, 1967, 45~50쪽

1970~1979 ······································

■ 남북공동성명발표후 우리 조국의 자주적평화통일을 방해하는 미제의 책
　동 |리창연
　『남조선문제』 제2호(통권 100), 조국통일사, 1973, 30~35쪽
■ 우리 인민의 조국통일 위업에 대한 날로 커가는 국제적 련대성 |김관섭
　『근로자』 제2호(통권 406), 근로자사, 1976, 58~64쪽

- 조선문제에 관한 유엔총회의 결의는 하루 빨리 실현되여야 한다 |전인철
  『근로자』 제11호(통권 415), 근로자사, 1976, 59~64쪽

- 우리인민의 조국통일위업에 대한 국제적련대성의 강화 |정석현
  『남조선문제』 제7호(통권 150), 조국통일사, 1977, 6~9쪽

- 세계는 나라의 자주적평화통일을 위한 우리 인민의 편에 확고히 서있다 |박
  영시
  『근로자』 제7호(통권 423), 근로자사, 1977, 59~64쪽

- 조선문제는 세계관심의 초점 |리승혁
  『근로자』 제9호(통권 425), 근로자사, 1977, 60~64쪽

- 안팎의 분렬주의자들의 ≪두개조선≫의 조작책동을 짓부시고 조국통일위
  업을 앞당기자 ─5.10망국단선반대투쟁 서른돐에 즈음하여─
  『남조선문제』 제5호(통권 160), 조국통일사, 1978, 16~18쪽

- 적들의 ≪두개조선≫조작음모를 짓부시고 조국을 통일하자
  『남조선문제』 제6호(통권 161), 조국통일사, 1978, 6~7쪽

- 외세의 간섭을 배격하는 것은 조국통일문제해결의 선결조건 |김정방
  『남조선문제』 제12호(통권 167), 조국통일사, 1978, 14~15쪽

- 세계는 조선의 자주적평화통일을 바란다 |본사기자
  『조선녀성』 제3호(통권 363), 근로단체출판사, 1979, 52~53쪽

- 조국의 자주적평화통일은 세계의 념원 |본사기자
  『조선녀성』 제5호(통권 365), 근로단체출판사, 1979, 50쪽

1980~1989

- 우리 인민의 조국통일위업에 대한 국제적련대성의 강화 |리종목
  『근로자』 제3호(통권 455), 근로자사, 1980, 60~64쪽

- 해외동포들의 조국통일념원과 주장 |김주호
  『남조선문제』 제5호(통권 184), 조국통일사, 1980, 24~25쪽

- 민족통일을 위한 제3선언문
  『남조선문제』 제9호(통권 198), 조국통일사, 1981, 22~23쪽

- 미제는 우리나라의 통일을 방해하는 주되는 외세 | 윤성남
  『남조선문제』 제7호(통권 207), 조국통일사, 1982, 25~27쪽

- 폭로된 비밀문건 | 김춘선
  『남조선문제』 제4호(통권 216), 조국통일사, 1983, 32~37쪽

- 미제는 조선분렬의 장본인 호전분자 레간놈과 ≪두개조선≫조작음모(1)
  | 최 덕
  『남조선문제』 제11호(통권 223), 조국통일사, 1983, 35~38쪽

- 호전분자 레간놈과 ≪두개조선≫조작음모(2) | 최 덕
  『남조선문제』 제12호(통권 224), 조국통일사, 1983, 37~41쪽

- 미제의 ≪두개 조선≫조작책동을 저지 파탄시키자
  『근로자』 제12호(통권 500), 근로자사, 1983, 42~48쪽

- 조선문제해결을 위한 우리의 새로운 제안은 세계인민들의 적극적인 지지
  를 받고있다 | 리도준
  『근로자』 제4호(통권 504), 근로자사, 1984, 55~58쪽

- 미제와 결탁하여 ≪두개 조선≫조작에 광분하는 일본반동들 | 계정복
  『남조선문제』 제8호(통권 232), 조국통일사, 1984, 39~41쪽

- 조국통일위업에 대한 국제적련대성을 표시-쏘련 및 구라파사회주의나라
  지도자들이 조국통일을 위한 우리의 립장을 열렬히 지지- | 본사기자
  『남조선문제』 제9호(통권 233), 조국통일사, 1984, 29~30쪽

- ≪비핵3원칙≫에 대하여
  『남조선문제』 제11호(통권 235), 조국통일사, 1984, 31쪽

- 브라질땅에 통일지지의 목소리가 높이 울리도록 | 문원일
  『남조선문제』 제11호(통권 235), 조국통일사, 1984, 15~17쪽

- [조국통일문제] 미국은 우리의 3자회담제안에 빨리 응해나서야한다 | 김태화
  『근로자』 제1호(통권 513), 근로자사, 1985, 76~80쪽

- 조선문제는 세계정치에서 해결을 기다리는 초미의 문제 │최영렬

  『남조선문제』 제3호(통권 239), 조국통일사, 1985, 5~6쪽

- 우리인민의 통일 위업에 대한 국제적 지지와 련대성 │리성호

  『국제생활』 제8호(통권 19), 국제생활사, 1987, 6~8쪽

- 조선의 통일을 지지하는 련대성의 목소리 │김룡수

  『국제생활』 제4호(통권 27), 국제생활사, 1988, 19~21쪽

- [상식자료] 조선의 통일과 평화를 위한 국제련락위원회

  『국제생활』 제4호(통권 27), 국제생활사, 1988, 62~63쪽

- [조국통일문제] 미제의 ≪두개 조선≫조작책동을 저지파탄시키는 것은 조
  국통일을 위한 절박한 과업 │정리근

  『근로자』 제7호(통권 555), 근로자사, 1988, 80~85쪽

- [국제문제] 조선문제는 현시기 국제정치무대에서 시급히 해결하여야 할
  초미의 문제 │리기섭

  『근로자』 제9호(통권 557), 근로자사, 1988, 91~96쪽

- 조선반도의 평화와 통일을 위한 국제평화대행진 │안병수

  『국제생활』 제9호(통권 44), 국제생활사, 1989, 19~22쪽

- [조국통일 및 남조선문제] 미국은 조선의 현실을 바로 보고 대조선정책을
  바꾸어야 한다 │송호경

  『근로자』 제10호(통권 570), 근로자사, 1989, 88~92쪽

- 조선의 평화와 통일을 위한 국제적 련대성의 강화 │리몽호

  『국제생활』 제12호(통권 47), 국제생활사, 1989, 14~16쪽

1990~1999 ···

- 조선의 통일과 평화를 위한 국제련락위원회 비상집행위원회 확대회의 │리
  성호

  『국제생활』 제1호(통권 48), 국제생활사, 1990, 26~28쪽

- 조국통일에 유리한 국제적환경을 마련하자 |양형섭
  『국제생활』 제9호(통권 56), 국제생활사, 1990, 7쪽

- 유엔사무총장에게 보내는 편지
  『국제생활』 제9호(통권 56), 국제생활사, 1990, 29~30쪽

- 미국대통령에게 보내는 편지
  『국제생활』 제9호(통권 56), 국제생활사, 1990, 30 · 42쪽

- 미제에 의한 38분단선의 조작과 그 흉악한 목적 |부교수, 준박사 안동렵
  『김일성종합대학학보』[력사법학편] 제3호(통권 189), 김일성종합대학출판사, 1991,
  25~29쪽

- [조국통일문제] 조선정전협정을 란폭하게 유린한 미제의 범죄적책동 |박동진
  『근로자』 제10호(통권 606), 근로자사, 1992, 85~89쪽

- [조국통일문제] 렬강들에 의한 조선분렬의 력사적경위 |박동진
  『근로자』 제6호(통권 614), 근로자사, 1993, 85~90쪽

- 제국주의자들의 ≪평화적이행≫전략의 반동성 |최명철
  『김일성종합대학학보』[력사법학편] 제45권 제2호(통권 306), 김일성종합대학출판사,
  1999, 34~38쪽

2000~2009

- 미제는 자주통일의 극악한 원쑤 |저자 미확인
  『근로자』 제6호, 근로자사, 2001, 59쪽

3. 통일운동

1950~1959 ···

- 조국통일을 위한 남반부 인민 유격 투쟁 |리승엽
  『근로자』 제1호(통권 47), 로동신문사, 1950, 15~26쪽

- 조선 인민들의 조국 통일과 자유와 민주를 위한 정의의 전쟁 |장순명
  『근로자』 제12호(통권 58), 로동신문사, 1950, 10~20쪽

- 인민 민주주의와 조국의 통일 독립을 위한 조선 인민의 투쟁 |최창익
  『근로자』 제14호(통권 60), 로동신문사, 1950, 25~42쪽

- 조국의 통일 독립을 위한 조선 인민의 투쟁은 세계 민주 력량의 지지를
  받고 있다 |한설야
  『근로자』 제15호(통권 61), 로동신문사, 1950, 38~50쪽

- 평화와 조국의 통일을 위한 투쟁에서의 조선 인민의 불굴의 의지 |김 훈
  『근로자』 제3호(통권 112), 로동신문사, 1955, 11~19쪽

- 평화적 통일을 념원하는 남조선 인민들 |최동명
  『국제생활』 제3호, 조선중앙통신사, 1956, 4~6쪽

- 재일본 조선 녀성들은 조국의 평화적 통일을 위하여 싸우고 있다
  『조선녀성』 제11호, 조선녀성사, 1956, 11~12쪽

1960~1969 ···

- 남조선에서 고조되고 있는 자주적인 평화통일 기운 |류정방

『근로자』 제3호(통권 184), 근로자사, 1961, 54~58쪽

- 최근 남조선 정세 발전의 주요 추세 |조한서

  『근로자』 제14호(통권 207), 근로자사, 1962, 34~38쪽

- 남조선 인민들 속에서 고조되고 있는 조국 통일 지향 |최창진

  『근로자』 제10호(통권 248), 근로자사, 1964, 38~42쪽

- 조국을 자주적으로 통일하려는 남조선 인민의 지향 |리종철

  『근로자』 제9호(통권 271), 근로자사, 1965, 30~34쪽

1970~1979 ....

- [자료] 남조선 인민들속에서 더욱 높아가는 조국통일 지향

  『남조선문제』 제2호(통권 145), 조국통일사, 1977, 33~35쪽

- 조선민주주의 인민공화국은 조국통일을 위한 남조선인민들의 투쟁의 기
  치 |정준기

  『근로자』 제9호(통권 437), 근로자사, 1978, 41~49쪽

1980~1989 ....

- 민주주의와 조국통일을 위한 남조선인민들의 의로운 투쟁은 반드시 승리
  할 것이다 |위재협

  『남조선문제』 제3호(통권 182), 조국통일사, 1980, 3~4쪽

- 남조선에서 민족자주세력의 단합은 조국통일을 위한 절박한 요구 |정현석

  『남조선문제』 제3호(통권 182), 조국통일사, 1980, 5~6쪽

- 새로운 추세를 보이고있는 남조선지식인들의 통일론의 |남기혁

  『남조선문제』 제12호(통권 191), 조국통일사, 1980, 25~26쪽

- 민주, 민족통일의 기치를 들고 일떠선 해외동포들(1) |김춘선

『남조선문제』제1호(통권 192), 조국통일사, 1981, 32~33쪽

■ 민주민족통일의 기치를 높이 든 해외동포들(2) |계정복
『남조선문제』제4.5호(통권 194), 조국통일사, 1981, 23~25쪽

■ 더욱 심화발전되는 남조선인민들의 조국통일지향 |김주호
『남조선문제』제6호(통권 195), 조국통일사, 1981, 17~18쪽

■ 통일의 열망안고 싸우는 미주지역교포들 |엄충일
『남조선문제』제1호(통권 202), 조국통일사, 1982, 30~31쪽

■ 날로 높아가는 해외동포들의 통일열망 |본사기자
『남조선문제』제11호(통권 223), 조국통일사, 1983, 18~19쪽

■ 북과 남의 대화와 관련한 해외동포들의 반향 |본사기자
『남조선문제』제11호(통권 247), 조국통일사, 1985, 15~16쪽

■ 미제를 몰아내고 조국통일을 촉진하자
『남조선문제』제6호(통권 254), 조국통일사, 1986, 5~7쪽

■ 날로 강화되는 조선의 평화와 통일을 지지하는 국제적련대성운동 |리몽호
『근로자』제7호(통권 543), 근로자사, 1987, 91~96쪽

■ [남조선문제] 새로운 발전단계에 들어선 자주, 민주, 통일을 위한 남조선인
민들의 정의의 애국투쟁 |김태화
『근로자』제9호(통권 545), 근로자사, 1987, 87~91쪽

■ 남조선에서 급격히 높아가는 자주적 조국통일기운 |한영읍
『국제생활』제7호(통권 30), 국제생활사, 1988, 22~25쪽

■ 조국의 자주적 평화통일을 위한 해외동포들의 투쟁 |김주영
『국제생활』제8호(통권 31), 국제생활사, 1988, 9~11쪽

■ 남조선에서의 조국통일운동의 새로운 단계에로의 발전 |준박사, 부교수 천
형무
『력사과학』제2호(통권 130), 사회과학출판사, 1989, 9~12쪽

■ 문익환 목사의 평양방문은 우리 나라 민족통일운동사에 기록될 애국적인
소행 |려연구
『국제생활』제6호(통권 41), 국제생활사, 1989, 16~18쪽

- 최근 남조선에서 날로 확대발전하고있는 인민대중의 자주적 조국통일운동 ㅣ준박사 김계익

  『교원선전수첩』 제7호, 교원신문사, 1989, 120~125쪽
- 남조선청년학생들의 평양축전참가의 길을 막은 남조선 괴뢰도당의 범죄행위 ㅣ박정섭

  『국제생활』 제8호(통권 43), 국제생활사, 1989, 9~11쪽
- ≪전대협≫대표 림수경의 평양축전참가는 분단의 장벽을 허물고 조국통일을 이룩하기 위한 용감하고 애국적인 행동 ㅣ김창룡

  『국제생활』 제9호(통권 44), 국제생활사, 1989, 23~25쪽
- [조국통일 및 남조선문제] 날로 높아가는 조국통일의 기운은 그 어떤 힘으로도 막을수 없다 ㅣ김광우

  『근로자』 제10호(통권 570), 근로자사, 1989, 83~87쪽
- 문익환목사일행을 처형하려는 것은 통일을 반대하는 배족적인 범죄행위 ㅣ고기준

  『국제생활』 제11호(통권 46), 국제생활사, 1989, 10~12쪽
- 림수경학생을 당장 무죄석방하여야 한다 ㅣ최금순

  『국제생활』 제12호(통권 47), 국제생활사, 1989, 17~19쪽
- 남조선에서의 조국통일운동의 현단계 ㅣ강희봉

  『사회과학론문집』 재일본조선사회과학자협회, 1989, 29~42쪽

1990~1999

- 로태우일당은 그 어떤 폭압만행으로써도 자주, 민주, 통일을 위한 ≪전대협≫의 정당한 투쟁을 가로막을 수 없다 ㅣ김창룡

  『국제생활』 제2호(통권 49), 국제생활사, 1990, 23~25쪽
- 민족의 분렬을 끝장내고 조국을 통일하기 위한 남조선인민들의 투쟁(1989년) ㅣ박사 박태호

『력사과학』 제2호(통권 134), 사회과학출판사, 1990, 14~17쪽

■ 남조선괴뢰도당은 문익환, 림수경, 문규현에 대한 파쑈적 탄압을 중지하여야 한다 |최장룡

『국제생활』 제6호(통권 53), 국제생활사, 1990, 37~39쪽

■ 조국통일의 열망을 안고

『조선녀성』 제6호(통권 451), 근로단체출판사, 1990, 37쪽

■ 민족적단합과 통일의 대축제로 성대히 진행된 범민족대회 |안병수

『국제생』 제9호(통권 6), 국제생활사, 1990, 13~15쪽

■ 범민족대회에서 한 남측 황석영대표의 기조보고

『국제생활』 제9호(통권 56), 국제생활사, 1990, 16~17쪽

■ 범민족대회에서 한 북측준비위원회 윤기복위원장의 기조보고

『국제생활』 제9호(통권 56), 국제생활사, 1990, 18~23쪽

■ 조국의 평화와 통일을 위한 범민족대회 결의문

『국제생활』 제9호(통권 56), 국제생활사, 1990, 24~25쪽

■ 민족통일운동사에 새로운 장을 펼쳐놓은 1990년대의 첫해 |윤기복

『국제생활』 제12호(통권 59), 국제생활사, 1990, 7~11쪽

■ 조국통일운동을 확대발전시키기 위한 남조선인민들의 투쟁(1990년) |준박사 안명일

『력사과학』 제2호(통권 138), 사회과학출판사, 1991, 23~26쪽

■ 조국통일범민족련합(≪범민련≫) |리화운

『교원선전수첩』 제10호, 교원신문사, 1991, 104~105쪽

■ [조국통일문제] 조국통일범민족련합은 조국통일 위업을 더욱 앞당겨 나가기 위한 전민족적 통일운동체 |전금철

『근로자』 제7호(통권 591), 근로자사, 1991, 85~89쪽

■ 조국통일 3대원칙 제시후 전민족범위에서 끊임없이 확대발전되여온 조국통일운동 |준박사 안명일

『력사과학』 제2호(통권 146), 사회과학출판사, 1993, 19~23쪽

- 광주인민봉기후 조국통일을 위한 남조선녀성들의 투쟁 | 강정덕
  『조선녀성』 제1호(통권 470), 근로단체출판사, 1994, 39~40쪽

- 조국통일을 위한 범민족대회의 소집과 조국통일 범민족련합결성을 위한
  우리 인민의 투쟁 | 리광선
  『력사과학』 제4호(통권 160), 과학백과사전출판사, 1996, 28~30쪽

2000~2009 ···

- 조국통일의 지름길을 밝혀 준 선언: 남조선의 각계층 인민들의 반향 | 본사
  기자
  『조선녀성』 제7호(통권 530), 근로단체출판사, 2002, 39쪽

- 금강산에 차넘친 북남녀성들의 통일열망: 민족분렬사상 처음으로 열린 력
  사적인 북남녀성통일대회를 보고 | 본사기자 오순옥
  『조선녀성』 제12호(통권 535), 근로단체출판사, 2002, 31~32쪽

- 자주, 평화, 통일을 지향하는 남조선의 민심 | 저자 미확인
  『근로자』 제7호, 근로자사, 2004, 26쪽

경제

IV

1. 경제일반

1940~1949 ··

■ 남조선 산업의 파탄과 통화팽창 ㅣ석 국
『근로자』 제10호(통권 32), 로동신문사, 1949, 29~42쪽

1950~1959 ··

■ 미제 강점 하의 파멸적 남조선 경제 정치 정세 (상) ㅣ배 철
『근로자』 제3호(통권 76), 로동신문사, 1952, 47~63쪽

■ 미제 강점 하의 파멸적 남조선 정치 경제 정세(하) ㅣ배 철
『근로자』 제6호(통권 79), 로동신문사, 1952, 32~49쪽

■ 미제의 경제 ≪원조≫와 남조선 산업의 파탄 ㅣ홍석종
『근로자』 제8호(통권 117), 로동신문사, 1955, 116~124쪽

■ 미제 강점하의 남조선 경제 정세 ㅣ주진구
『인민』 제4호, 민주조선사, 1955, 134~148쪽

■ 미제 강점하 10년간의 남조선의 참상 ㅣ주 혁
『인민』 제8호, 민주조선사, 1955, 120~130쪽

■ 남조선 중소 상공업의 몰락상 ㅣ최명소
『국제생활』 제17호, 국제생활사, 1956, 19~21쪽

■ [미군 나가라!] 미제의 식민지 예속화 정책과 남조선 상공업의 현 상태 ㅣ조광식
『상업』 제6호, 상업신문사, 1958, 26~30쪽

■ 1958년 남조선 경제 형편 │최준섭
    『근로자』 제1호(통권 158), 근로자사, 1959, 85~89쪽

■ 1958년도의 남조선 경제 │백종원
    『조선문제연구』 제3권 제1호, 조선문제연구소, 1959, 13~24쪽

1960~1969 ....

■ [자료] 15년간의 미제 식민지 통치가 빚어낸 남조선 상공업의 전면적 파국
    『상업』 제5호, 상업신문사, 1960, 42~44쪽

■ 미제는 당장 물러가라! 미제 강점하 남반부 경제의 파탄
    『상업』 제8호, 상업신문사, 1960, 56~61쪽

■ 4.26 이후 한층 예속파탄한 남조선경제와 그 출구 │김종회
    『조선문제연구』 제4권 제3.4호, 조선문제연구소, 1960, 36~55쪽

■ 미제의 식민지 예속화 정책이 빚어 낸 남조선 경제의 파멸적 위기 │김영길
    『상업』 제7호, 상업신문사, 1961, 19~25쪽

■ ≪군사 정변≫ 후 남조선의 경제적 파국은 심화되고 있다 │김규걸
    『재정금융』 제8호, 국립출판사, 1961, 13쪽

■ [자료 및 경험] 통계 수'자에서 본 남북조선의 판이한 현실
    『경제연구』 제2호, 사회과학원출판사, 1963, 58~62쪽

■ 남조선에서의 심각한 경제 위기 │강영철
    『근로자』 제14호(통권 228), 근로자사, 1963, 34~41쪽

1970~1979 ....

■ 최근 남조선경제정세 │장인식
    『남조선문제』 제6호(통권 93), 조국통일사, 1972, 33~38쪽

- 남조선경제의 파국적위기 |김범룡

  『근로자』 제8~9호(통권 365), 근로자사, 1972, 58~64쪽

- 박정희괴뢰도당의 멸망을 다그치는 남조선경제의 파국적위기 |박승걸

  『남조선문제』 제1호(통권 122), 조국통일사, 1975, 31~36쪽

- ≪12.7경제특별조치≫에 대하여 |저자 미확인

  『남조선문제』 제2호(통권 123), 조국통일사, 1975, 48쪽

- ≪인도지나사태≫ 이후 더욱 격화되고있는 남조선경제의 파국적위기 |한계현

  『남조선문제』 제1호(통권 134), 조국통일사, 1976, 28~33쪽

- 남조선경제의 식민지적예속성과 심각한 파국적위기 |김범룡

  『근로자』 제6호(통권 410), 근로자사, 1976, 59~64쪽

- [전재물] ≪용기있는 전환≫

  『남조선문제』 제7호(통권 139), 조국통일사, 1976, 44~47쪽

- ≪10월유신≫ 이후 남조선경제의 파국적위기는 더욱 심화되고있다 |장광철

  『남조선문제』 제10호(통권 142), 조국통일사, 1976, 22~25쪽

- [1977년도 남조선정세개관] 파멸적위기를 겪고있는 남조선경제 |백기민

  『남조선문제』 제1호(통권 156), 조국통일사, 1978, 35~37쪽

- 남조선에서 민족경제의 전면적파산과 경제의 불안정성의 증대 |장영수

  『남조선문제』 제11호(통권 166), 조국통일사, 1978, 38~40쪽

1980~1989

- 괴뢰들의 ≪경제안정화≫소동은 무엇을 노리는것인가 |리철수

  『남조선문제』 제1호(통권 180), 조국통일사, 1980, 35~36쪽

- 내려만가는 ≪경기예고지표≫

  『남조선문제』 제2호(통권 181), 조국통일사, 1980, 27쪽

- 극도의 혼란과 파국 속에서 허우적거린 한해 ｜리영철

  『남조선문제』 제2호(통권 181), 조국통일사, 1980, 25~27쪽

- 날로 심각해지고 있는 남조선경제위기의 특징 ｜박동근

  『근로자』 제5호(통권 457), 근로자사, 1980, 59~64쪽

- 남조선경제가 겪고있는 심각한 위기 ｜장영식

  『남조선문제』 제10호(통권 189), 조국통일사, 1980, 47~49쪽

- 파국적인 위기속에서 모대겨온 남조선경제 ｜서정학

  『남조선문제』 제2.3호(통권 193), 조국통일사, 1981, 36~37쪽

- 남조선경제의 예속성과 그 파국적위기 ｜박동근

  『근로자』 제9호(통권 473), 근로자사, 1981, 54~59쪽

- 앞길이 막힌 남조선경제 ｜리영준

  『남조선문제』 제1호(통권 202), 조국통일사, 1982, 45~46쪽

- [1981년도 남조선 정세] 침체와 혼란, 파국 속에서 허덕인 남조선경제 ｜서정화

  『남조선문제』 제2.3호(통권 203), 조국통일사, 1982, 48~50쪽

- 남조선경제를 파멸에로 몰아넣고있는 극악한 범죄자 ｜조민철

  『남조선문제』 제5호(통권 205), 조국통일사, 1982, 46~48쪽

- 날로 증대되는 경제불안정성의 식민지적특성 ｜서정화

  『남조선문제』 제6호(통권 206), 조국통일사, 1982, 39~41쪽

- 미일독점자본의 부속물로 전락된 남조선경제의 파국적후과 ｜박동근

  『근로자』 제8호(통권 496), 근로자사, 1983, 53~58쪽

- 1980년대초 남조선경제위기의 특징 ｜준박사, 부교수 석두관

  『김일성종합대학학보』[사회과학편] 제4호(통권 150), 김일성종합대학출판사, 1983,
  210~222쪽

- 현불황의 특징과 원인 - 기로에 선 남조선경제 - ｜강행우

  『조선문제연구』 제23호, 조선문제연구소, 1983, 137~184쪽

- 파국상태에 빠진 남조선경제 ｜본사기자

  『교원선전수첩』 제2호, 교원신문사, 1985, 120~127쪽

■ 더욱 확대심화되고있는 남조선경제위기 |사회과학원 리정헌
『교원선전수첩』 제10호, 교원신문사, 1985, 82~85쪽

■ 수습할수 없는 위기에 빠진 남조선경제 |장영호
『남조선문제』 제12호(통권 248), 조국통일사, 1985, 57~59쪽

■ 남조선경제위기는 식민지예속경제의 산물 |최형찬
『조선사회민주당』 제2호, 조선사회민주당출판사, 1986, 64~69쪽

■ [남조선문제] 미일독점자본에 예속된 남조선경제의 파국적위기 |김창우
『근로자』 제4호(통권 528), 근로자사, 1986, 81~86쪽

■ 예속적이고 취약한 남조선경제 |박동근
『국제생활』 제4호(통권 39), 국제생활사, 1989, 26~29쪽

■ 남조선경제의 파국적 위기 |박동근
『근로자』 제8호(통권 568), 근로자사, 1989, 87~91쪽

1990~1999

■ [사회경제문제] 날로 심화되고 있는 남조선경제위기 |손종철
『국제생활』 제1호(통권 48), 국제생활사, 1990, 58~61쪽

■ 위기에 직면한 남조선경제 |교수, 박사 박동근
『조선사회민주당』 제3호, 조선사회민주당출판사, 1990, 55~56쪽

■ 남조선경제의 현위기의 특징과 원인 |강행우
『사회과학론문집』 재일본조선사회과학자협회, 1990, 42~51쪽

■ 발전된 자본주의나라들의 ≪물질적 번영≫의 진상 |김화천
『근로자』 제6호(통권 602), 근로자사, 1992, 92쪽

■ 남조선괴뢰도당의 ≪경제개혁≫책동의 반동적본질과 파국적후과 |교수, 박사 석두관
『김일성종합대학학보』[경제학편] 제42권 제3호(통권 264), 김일성종합대학출판사, 1996, 51~54쪽

- 파국의 길로 줄달음치고있는 남조선경제 |교수, 박사 손종철
  『경제연구』 제2호(통권 95), 과학백과사전출판사, 1997, 49~52쪽

- 남조선경제의 파국상 |저자 미확인
  『근로자』 제5호, 근로자사, 1997, 81쪽

- 날로 심각화되고있는 남조선경제위기 |저자 미확인
  『근로자』 제11호, 근로자사, 1998, 53쪽

- 1990년대 후반기 남조선경제의 파국상과 그 요인에 대하여 |교수, 박사 석두관
  『김일성종합대학학보』[철학경제학편] 제44권 제4호(통권 298), 김일성종합대학출판사, 1998, 68~73쪽

2000~2009 ■■■

- 계속되는 남조선경제위기 |저자 미확인
  『근로자』 제5호, 근로자사, 2000, 59쪽

- 자본주의시장경기의 자연발생성에 영향을 주는 주되는 요인 |최영옥
  『김일성종합대학학보』[철학경제학편] 제4호(통권 430), 김일성종합대학출판사, 2009, 113~116쪽

- 자본주의적 ≪시장구조≫를 합리화하는 현대부르죠아경제리론의 반동성 |정광수
  『김일성종합대학학보』[철학경제학편] 제4호(통권 430), 김일성종합대학출판사, 2009, 117~122쪽

2. 경제체제

1940~1949

- 국가독점자본주의에 대하여 ㅣ이.쿠지미노브
  『근로자』 제5호(통권 15), 로동신문사, 1948, 65~94쪽

- 미 제국주의자의 침략정책에 의하여 파탄되는 남반부의 민족경제 ㅣ신성호
  『근로자』 제22호(통권 44), 로동신문사, 1949, 46~56쪽

- [참고자료] 현단계에 있어서 자본주의의 일반적 위기의 첨예화 ㅣ아.이.스네예르쏜
  『근로자』 제24호(통권 46), 로동신문사, 1949, 88~110쪽

1950~1959

- [독자의 질문에 대한 대답] 제국주의 시기에 있어서의 자본주의의 불균형적 발전에 대하여
  『근로자』 제9호(통권 70), 로동신문사, 1951, 115~124쪽

- 자본주의 일반적 위기의 첨예화 ㅣ장주익
  『근로자』 제3호(통권 76), 로동신문사, 1952, 64~87쪽

- [참고자료] 자본주의 나라들의 발전의 불균형성과 그들 간의 모순의 첨예화 ㅣ웨.체쁘라꼬브
  『근로자』 제8호(통권 81), 로동신문사, 1952, 98~119쪽

- 세계 자본주의 체계의 가일층의 약화 ㅣ구우진

『근로자』 제12호(통권 85), 로동신문사, 1952, 97∼115쪽

- 현대 자본주의의 기본적 경제 법칙 |에쓰·위고드쓰끼
  『근로자』 제3호(통권 88), 로동신문사, 1953, 111∼133쪽
- 미 제국주의자들의 남조선 산업파괴정책과 예속화정책 |최명소
  『력사과학』 제6호, 조선민주주의인민공화국과학원출판사, 1955, 24∼43쪽
- 경제 공황의 기본 합법칙성과 특수성 |이.뜨라흐쩬베르그
  『근로자』 제8호(통권 117), 로동신문사, 1955, 141∼159쪽
- 현대 소부르쥬아 경제 리론에 대하여 |김세련
  『경제연구』 제2호, 조선민주주의인민공화국과학원, 1956, 131∼156쪽
- 리승만 도당들의 매국 경제 정책인 소위 '자유경제' |정화산
  『인민』 제4호, 민주조선사, 1956, 121∼134쪽
- 아메리카의 남조선에 대한 식민지적 예속화와 「원조」정책의 본질 |김종회
  『조선문제연구』 제1호, 조선문제연구소, 1957, 7∼44쪽
- 현 시기 자본주의 세계의 경제공황 |최무용
  『근로자』 제7호(통권 152), 근로자사, 1958, 51∼58쪽
- 미제에 의한 남조선 경제의 군사화와 그의 엄중한 후과 |최길현
  『근로자』 제8호(통권 153), 근로자사, 1958, 52∼58쪽
- 남조선에서 류포되고 있는 부르죠아 경제 리론의 파산 |손준식
  『근로자』 제9호(통권 166), 근로자사, 1959, 48∼53쪽

1960∼1969

- 남조선에서의 국민 소득 측정 방법론에 대한 비판 |김재은
  『경제연구』 제1호, 조선민주주의인민공화국과학원, 1960, 42∼54쪽
- 남조선 경제의 식민지적 성격
  『경제연구』 제3호, 조선민주주의인민공화국과학원, 1960, 101∼102쪽

『조선대학학보』 제3호, 조선대학, 1963, 61~107쪽

- 국가 독점 자본주의의 본질에 관하여 ㅣ부교수 김광순
  『경제연구』 제1호(통권 36), 사회과학원출판사, 1964, 15~22쪽

- 신식민주의에 복무하는 《후진국 개발론》의 반동성 ㅣ경제학학사 변락주
  『경제연구』 제1호(통권 36), 사회과학원출판사, 1964, 23~29쪽

- 시장을 둘러싼 제국주의자들 간의 모순 ㅣ윤 수
  『근로자』 제1호(통권 239), 근로자사, 1964, 27~33쪽

- 남조선 민족 자본의 특성 ㅣ현호범
  『근로자』 제2호(통권 240), 근로자사, 1964, 36~41쪽

- [자료] 베른슈타인의 《경제 리론》의 수정주의적 본질과 그 반동성
  『경제연구』 제2호(통권 37), 사회과학원출판사, 1964, 60~63쪽

- 현시기 미국 독점 자본의 부패의 심화와 그 특징 ㅣ김화천
  『근로자』 제21호(통권 259), 근로자사, 1964, 29~35쪽

- 남조선에 대한 미제의 식민지 예속화 정책과 미제 권력하의 남조선 《국가
  자본주의》 ㅣ재일본조선인과학자협회조선대학 김종회
  『조선민주주의인민공화국15주년기념론문집』, 사회과학원출판사, 1964, 1~93쪽

- 남조선에 대한 미제의 《원조》정책의 전개와 예속 자본의 형성 ㅣ재일본
  조선인과학자협회조선문제연구소 신희구
  『조선민주주의인민공화국15주년기념론문집』, 사회과학원출판사, 1964, 95~141쪽

- 미제의 남조선 침략과 예속 자본 ㅣ심재홍
  『근로자』 제1호(통권 263), 근로자사, 1965, 29~35쪽

- [강좌] 남조선에 류포되고 있는 몇 가지 부르죠아 화폐 신용론에 대한 비
  판 ㅣ부교수 전영호
  『경제연구』 제1호(통권 40), 사회과학원출판사, 1965, 33~39쪽

- 학사 학위 청구 론문(남조선 로동계급의 빈궁화) 심사 공개 회의
  『경제연구』 제2호(통권 41), 사회과학원출판사, 1965, 61~62쪽

- 《계획적 자본주의》
  『경제연구』 제2호(통권 41), 사회과학원출판사, 1965, 63~64쪽

■ 남조선에 류포되고 있는 반동 경제 ≪리론≫의 기본 조류 ㅣ류 광

  『남조선문제』 제3호, 남조선문제출판사, 1965, 50쪽

■ 계량 경제학

  『경제연구』 제4호(통권 43), 사회과학원출판사, 1965, 63쪽

■ 남조선 예속 자본의 몇 가지 특성

  『경제연구』 제4호(통권 43), 사회과학원출판사, 1965, 59~62쪽

■ [문답학습] ≪인민적 자본주의론≫의 진면모 ㅣ리근억

  『근로자』 제21호(통권 283), 근로자사, 1965, 43~48쪽

■ 남조선의 사회경제관계의 재편성 ㅣ하석훈

  『남조선문제론문집』 남조선문제출판사, 1965, 26~51쪽

■ 남조선에서의 예속 자본과 민족 자본 ㅣ김수영

  『남조선문제론문집』 남조선문제출판사, 1965, 73~91쪽

■ 상호 수요론

  『경제연구』 제1호(통권 44), 사회과학원출판사, 1966, 48쪽

■ 경제적 자유주의

  『경제연구』 제1호(통권 44), 사회과학원출판사, 1966, 47~48쪽

■ 미제의 남조선 경제에 대한 군사적 부속물화 정책 ㅣ강동칠

  『남조선문제』 제3호(통권 20), 남조선문제출판사, 1966, 1~8쪽

■ [고전해제] 레닌의 저서 ≪자본주의의 최고단계로서의 제국주의≫에 대하
  여 ㅣ김철명

  『경제연구』 제3호(통권 46), 사회과학원출판사, 1966, 41~46쪽

■ [강사들에게 주는 자료] 남조선 사회 경제 관계의 본질

  『남조선문제』 제3호(통권 20), 남조선문제출판사, 1966, 43~46쪽

■ [고전해제] 레닌 저 ≪경제학상의 랑만주의의 특징을 론함≫에 대하여

  『경제연구』 제4호(통권 47), 사회과학원출판사, 1966, 37~41쪽

■ 미제에 의한 남조선 경제의 군사적 부속물화의 특성 ㅣ강동칠

  『남조선문제』 제5호(통권 22), 남조선문제출판사, 1966, 1~7쪽

■ [용어 해설] ≪공업소유권≫
  『남조선문제』 제4호(통권 33), 조국사, 1967, 48쪽

■ ≪자유경제론≫ 비판(2) |송룡천
  『남조선문제』 제4호(통권 33), 조국사, 1967, 25~31쪽

■ 신말사스주의와 남조선의 ≪과잉인구≫문제 |김흥규
  『남조선문제』 제4호(통권 33), 조국사, 1967, 32~38쪽

■ 남조선경제의 가일층의 군사화와 그 식민지적 특징 |경제학학사 김범룡
  『경제연구』 제4호(통권 51), 과학백과사전출판사, 1967, 68~72쪽

■ [용어 해설] 입찰
  『남조선문제』 제5호(통권 34), 조국사, 1967, 46~47쪽

■ [학습자료] 남조선사회경제관계의 재편성
  『남조선문제』 제6호(통권 35), 조국사, 1967, 31~36쪽

■ [학습자료] 미제에 의한 남조선경제의 군사화
  『남조선문제』 제7호(통권 36), 조국사, 1967, 27~32쪽

■ [부르죠아반동사상해부] 남조선에 퍼지고 있는 케인즈주의 |변락주
  『남조선문제』 제7호(통권 36), 조국사, 1967, 8~14쪽

■ [학습자료] 남조선인민들에 대한 미제의 식민지적수탈
  『남조선문제』 제8호(통권 37), 조국사, 1967, 31~37쪽

■ ≪남북문제≫론의 정체를 해부함(상) |류근대
  『남조선문제』 제9호(통권 38), 조국사, 1967, 11~17쪽

■ ≪남북문제≫론의 정체를 해부함(하)
  『남조선문제』 제10호(통권 39), 조국사, 1967, 23~29쪽

■ 남조선민족자본의 경영상 특징 |최민수
  『남조선문제』 제11호(통권 40), 조국사, 1967, 18~23쪽

■ [머리말] 남조선에서 「근대화론」의 허상과 실체 |배병두
  『조선문제연구』 제6권 제1호, 조선문제연구소, 1967, 1~8쪽

■ 남조선에서 「외자도입」정책의 전개와 매판자본의 자본축적의 본질-「근
  대화론」이 가져온 것- |신희구

『조선문제연구』제6권 제1호, 조선문제연구소, 1967, 89~148쪽

■ 남조선에서 속류「인플레이션 이론」비판－인플레이션의 개념규정 문제를 중심으로－ ｜강행우
　『조선문제연구』제6권 제2호, 조선문제연구소, 1967, Ⅱ222~262쪽

■ 남조선경제의 군사화와 매판자본의「재편성」｜신희구
　『조선문제연구』제7권 제1호, 조선문제연구소, 1968, 161~194쪽

1970~1979 ●●●

■ 남조선의 지주, 매판자본가, 반동관료배들은 매국배족의 무리들이며 인민의 극악한 원쑤이다 ｜정병하
　『근로자』제10호(통권 343), 근로자사, 1970, 51~57쪽

■ [지상강좌] 남조선에 수립된 식민지적, 봉건적 착취체계(1) ｜김춘점
　『남조선문제』제2호(통권89), 조국통일사, 1972, 42~48쪽

■ 미제의 새 전쟁 준비책동에 따라 더욱 촉진되고 있는 남조선경제의 군사화 ｜김범룡
　『남조선문제』제3호(통권 90), 조국통일사, 1972, 24~29쪽

■ [지상강좌] 남조선에 수립된 식민지적, 봉건적 착취체계(2) ｜김춘점
　『남조선문제』제3호(통권 90), 조국통일사, 1972, 41~47쪽

■ 공화국부반부의 자립적민족경제의 튼튼한 토대는 조국통일과 장래번영을 위한 물질적담보 ｜장영호
　『남조선문제』제4호(통권 91), 조국통일사, 1972, 37~41쪽

■ [지상강좌] 남조선에 수립된 식민지적, 봉건적 착취체계(4) ｜고병초
　『남조선문제』제6호(통권 93), 조국통일사, 1972, 39~44쪽

■ [지상강좌] 남조선에 수립된 식민지적, 봉건적 착취체계(5) ｜고병초
　『남조선문제』제7호(통권 94), 조국통일사, 1972, 42~47쪽

■ 고리대의 성행은 식민지반봉건적인 남조선사회제도의 반영 ｜한준현

『남조선문제』 제6호(통권 104), 조국통일사, 1973, 27~32쪽

■ 남조선경제의 군사화의 특징과 ≪공업단지≫조성책동 |력사지리학부지리
강좌 고병운

『조선대학학보』 제4호, 조선대학교, 1973, 34~48쪽

■ 남조선경제에 미치고있는 ≪닉슨주의≫의 후과 |한혜택

『남조선문제』 제1호(통권 111), 통일신보사, 1974, 27~31쪽

■ 남조선매판자본가들은 미제의 충실한 앞잡이이며 악랄한 착취자이다 |저
자 미확인

『남조선문제』 제3호(통권 113), 통일신보사, 1974, 8쪽

■ 주체사상은 남조선의 참혹한 경제적파국을 가시고 민족경제의 자립의 길
을 밝혀주는 위대한사상 |장영호

『남조선문제』 제5호(통권 115), 통일신보사, 1974, 12~17쪽

■ 자본주의세계의 심각한 자원위기가 남조선경제에 미치는 영향 |리 강

『남조선문제』 제6호(통권 116), 통일신보사, 1974, 24~29쪽

■ 남조선농촌에서 성행하고있는 봉건적착취(1) |주승흡

『남조선문제』 제3호(통권 124), 조국통일사, 1975, 17~21쪽

■ 남조선농촌에서 성행하고있는 봉건적착취(2) |주승흡

『남조선문제』 제4호(통권 125), 조국통일사, 1975, 43~48쪽

■ 자본주의세계를 휩쓸고있는 심각한 경제위기 |김정기

『근로자』 제5호(통권 397), 근로자사, 1975, 59~64쪽

■ ≪유신≫간판밑에 더욱 악랄하게 촉진되고있는 남조선경제의 군사화책
동 |저자 미확인

『남조선문제』 제6호(통권 127), 조국통일사, 1975, 17쪽

■ 남조선매판자본의 치부의 증대와 매판성의 강화 |천기수

『남조선문제』 제9호(통권 130), 조국통일사, 1975, 26~31쪽

■ 남조선경제는 공업과 농업사이의 련계가 파탄된 식민지예속경제 |한진택

『남조선문제』 제12호(통권 133), 조국통일사, 1975, 25~30쪽

- 남조선사회는 ≪부익부, 빈익빈≫의 사회이다 | 김철수
  『남조선문제』 제12호(통권 133), 조국통일사, 1975, 31~37쪽

- 매국적인 ≪외자도입≫과정을 통한 남조선매판자본가들의 더러운 치부 | 한혜택
  『남조선문제』 제3호(통권 136), 조국통일사, 1976, 22~26쪽

- 자본주의경제제도는 근로인민대중의 자주성을 짓밟는 가장 반동적제도 | 강창남
  『사회과학』 제4호(통권 17), 사회과학출판사, 1976, 67~72쪽

- 경제의 침체와 발전의 완만성은 자본주의경제제도의 합법칙성 | 강 남
  『사회과학』 제5호(통권 18), 사회과학출판사, 1976, 53~58쪽

- 중요산업의 국유화는 남조선사회의 민주주의적 발전을 위한 필수적요구
  −중요산업국유화법령 발포 서른돐을 맞이하여− | 장영호
  『남조선문제』 제8호(통권 140), 조국통일사, 1976, 18~23쪽

- 일본독점자본에 종속된 남조선매판자본의 매국배족적본성 | 천기영
  『남조선문제』 제11.12호(통권 143), 조국통일사, 1976, 23~26쪽

- 남조선 매판자본의 재구성과 축재과정 | 최한호
  『조선문제연구』 제21호, 조선문제연구소, 1976, 209~252쪽

- ≪부익부, 빈익빈≫은 자본주의경제제도의 본질을반영하는 자본주의사회의 합법칙적현상 | 강창남
  『사회과학』 제1호(통권 20), 사회과학출판사, 1977, 55~59쪽

- 현대제국주의의 전면적경제위기와 부르죠아경제리론의 총파산 | 리행호
  『경제론문집』 제6호(통권 427), 과학백과사전출판사, 1977, 190~207쪽

- 자본주의경제제도의 반동적본질과 그 기초 | 강창남
  『경제론문집』 제6호(통권 427), 과학백과사전출판사, 1977, 208~236쪽

- 남조선매판자본가의 특징과 그 매국배족적죄행 | 남충혁
  『남조선문제』 제9호(통권 152), 조국통일사, 1977, 40~44쪽

- 남조선경제제도는 예속적이며 반동적인 경제제도 | 백기민
  『남조선문제』 제9호(통권 164), 조국통일사, 1978, 39~41쪽

■ ≪철군≫의 막뒤에서 감행되는 남조선경제의 군사화책동 ㅣ리영수
  『남조선문제』 제10호(통권 165), 조국통일사, 1978, 54~55쪽

■ 더욱 심화되고있는 남조선경제의 식민지적예속성 ㅣ김남수
  『남조선문제』 제12호(통권 167), 조국통일사, 1978, 44~46쪽

1980~1989

■ 남조선사회경제구조해부(1) 남조선의 식민지적인 사회경제제도와 그 기본
  특징 ㅣ서정화
  『남조선문제』 제7호(통권 186), 조국통일사, 1980, 43~45쪽

■ 실업은 자본주의제도의 필연적산물 ㅣ김정호
  『근로자』 제7호(통권 459), 근로자사, 1980, 60~64쪽

■ 남조선은 ≪부익부, 빈익빈≫의 반동적사회 ㅣ백기민
  『남조선문제』 제9호(통권 188), 조국통일사, 1980, 38~40쪽

■ 남조선사회경제구조해부(2) 미제에 의한 남조선사회경제관계의 재편성 ㅣ서
  정화
  『남조선문제』 제9호(통권 188), 조국통일사, 1980, 41~43쪽

■ 남조선사회경제구조해부(3) 남조선사회의 경제형태 ㅣ서정화
  『남조선문제』 제11호(통권 190), 조국통일사, 1980, 83~85쪽

■ 남조선사회경제구조해부(4) 남조선사회의 계급구성 ㅣ서정학
  『남조선문제』 제1호(통권 192), 조국통일사, 1981, 43~45쪽

■ ≪저임금정책≫을 변호하는 부르죠아경제리론 ㅣ리찬업
  『남조선문제』 제1호(통권 192), 조국통일사, 1981, 46~48쪽

■ 외국독점자본의 치부를 위한 ≪수출주도형경제≫ ㅣ오명주
  『남조선문제』 제4.5호(통권 194), 조국통일사, 1981, 42~44쪽

■ 남조선사회경제구조해부(5) 남조선사회의 착취관계의 성격과 그 특징 ㅣ서
  정학

『남조선문제』 제4.5호(통권 194), 조국통일사, 1981, 45~47쪽

■ 남조선사회경제구조해부(6) 남조선에서 ≪부익부, 빈익빈≫은 사회경제제
  도의 필연적산물 | 서정화
  『남조선문제』 제6호(통권 195), 조국통일사, 1981, 40~42쪽

■ [상식자료] 자본주의세계를 휩쓸고있는 연료, 원료 위기 | 박정길
  『교원선전수첩』 제7호(통권 147), 교원신문사, 1981, 63~64쪽

■ 남조선사회경제구조해부(7) 남조선사회경제제도의 전면적 위기와 파탄 | 서정화
  『남조선문제』 제8호(통권 197), 조국통일사, 1981, 40~42쪽

■ 남조선에 류포되고 있는 부르죠아경영관리리론비판 | 리근환
  『사회과학론문집』 제9호, 김일성종합대학출판사, 1981, 194~255쪽

■ 남조선생계통계방법의 반동성과 부당성 | 김광일
  『사회과학론문집』 제9호, 김일성종합대학출판사, 1981, 255~268쪽

■ 남조선의 현 경제위기는 ≪수출주도형경제≫의 산물 | 장 호
  『남조선문제』 제4호, 조국통일사, 1982, 54~57쪽

■ 남조선의 식민지적재생산구조의 예속성은 남조선경제의 파탄을 불가피하
  게 하는 사회경제적 조건 | 정성원
  『사회과학』 제6호(통권 55), 과학백과사전출판사, 1982, 59~62쪽

■ [괴뢰정권의 정체를 발가본다] 남조선에서 ≪부익부, 빈익빈≫의 필연성 | 최
  관익
  『남조선문제』 제9호(통권 209), 조국통일사, 1982, 39~41쪽

■ 미제가 실권을 틀어쥐고있는 식민지예속경제 | 장 호
  『남조선문제』 제11호(통권 211), 조국통일사, 1982, 47~49쪽

■ 림종기에 이른 〈수출주도형경제〉 | 리운영
  『남조선문제』 제2호(통권 214), 조국통일사, 1983, 40~42쪽

■ 미제는 남조선경제의 조종자 | 오상천
  『조선사회민주당』 제2호, 조선사회민주당출판사, 1983, 68~72쪽

■ 자본주의, 제국주의는 최후의 착취제도이며 가장 횡포한 억압제도 | 한환규
  『사회과학』 제6호(통권 61), 과학백과사전출판사, 1983, 28~33쪽

■ 남조선 경제구조의 종속성 |성수일

　『조선문제연구』 제23호, 조선문제연구소, 1983, 185~210쪽

■ 남조선에서 경제의 식민지적예속성의 심화 |리정헌

　『사회과학』 제6호(통권 67), 과학백과사전출판사, 1984, 44~48쪽

■ ≪수출주도형경제≫구조와 그 문제점 |김장철

　『남조선문제』 제6호(통권 230), 조국통일사, 1984, 49~52쪽

■ 미국의 반동적경제정책과 그 전면적파산 |리근환

　『근로자』 제6호(통권 506), 근로자사, 1984, 60~64쪽

■ 자립성을 완전히 잃어버린 식민지예속경제 |박영호

　『남조선문제』 제8호(통권 232), 조국통일사, 1984, 48~50쪽

■ [남조선은 미제의 완전한 식민지] 자립성을 완전히 잃어버린 식민지예속
　경제 |박영호

　『남조선문제』 제9호(통권 233), 조국통일사, 1984, 50~52쪽

■ [식민지남조선경제를 발가본다] 미제에게 중요경제명맥을 빼앗긴 식민지
　경제 |손종철

　『남조선문제』 제1호(통권 237), 조국통일사, 1985, 43~44쪽

■ [식민지남조선경제를 발가본다] 미제의 군사적부속물로 전락된 경제 |손종철

　『남조선문제』 제2호(통권 238), 조국통일사, 1985, 50~51쪽

■ 예속과 몰락의40년 예속경제의 표본

　『조선녀성』 제3호(통권 418), 근로단체출판사, 1985, 38~39쪽

■ [식민지남조선경제를 발가본다] 외국자본에 얽매인 식민지경제 |손종철

　『남조선문제』 제3호(통권 239) 조국통일사, 1985, 42~44쪽

■ [식민지남조선경제를 발가본다] 생산수단을 해외에 의존하는 예속적인 절
　름발이 경제 |박영상

　『남조선문제』 제4호(통권 240), 조국통일사, 1985, 48~50쪽

■ 남조선경제는 미제의 지배밑에 있는 철저한 식민지예속경제 |손종철

　『사회과학』 제4호(통권 71), 과학백과사전출판사, 1985, 53~57쪽

- 날로 심각화되는 세계자본주의 경제위기 |황한욱
  『사회과학』 제4호(통권 71), 과학백과사전출판사, 1985, 58~64쪽

- [식민지남조선경제를 발가본다] ≪수출주도형≫의 기형적이며 예속적인 식민지경제 |손종철
  『남조선문제』 제5호(통권 241), 조국통일사, 1985, 28~29쪽

- [식민지남조선경제를 발가본다] 전면적으로 파탄되는 민족경제 |손종철
  『남조선문제』 제6호(통권 242), 조국통일사, 1985, 26~29쪽

- 발전도상나라들에 대한 제국주의자들의 경제적침략책동을 합리화하는 현대부르죠아경제리론의 반동성 |리 철
  『사회과학』 제6호(통권 73), 과학백과사전출판사, 1985, 52~58쪽

- [반동리론비판] 남조선에 류포되고 있는 부르죠아 경제리론의 반동성 |손종철
  『근로자』 제7호(통권 519), 근로자사, 1985, 75~80쪽

- [식민지남조선경제를 발가본다] 식민지적기형성이 더욱 심화되는 예속경제 |손종철
  『남조선문제』 제9호(통권 245), 조국통일사, 1985, 41~44쪽

- [식민지남조선경제를 발가본다] 인민생활의 극심한 령락은 식민지경제의 중요징표 |손 종
  『남조선문제』 제11호(통권 247), 조국통일사, 1985, 50~52쪽

- 남조선경제는 ≪수출주도형경제≫ |준박사 강인준
  『교원선전수첩』 제110호, 교원신문사, 1985, 78~81쪽

- [식민지남조선경제를 발가본다] 외국빚에 얽매인 채무경제 |손종철
  『남조선문제』 제12호(통권 248), 조국통일사, 1985, 51~53쪽

- [실업문제] 자본주의나라들에서 |본사기자
  『교원선전수첩』 제1호, 교원신문사, 1986 125~127쪽

- 현시기 제국주의나라들에 류포되고있는 통화주의에 대한 비판 |준박사, 부교수 원정표
  『경제연구』 제1호(통권 52), 과학백과사전출판사, 1986, 35~40쪽

- 남조선경제는 대외시장에 종속된 ≪수출주도형≫의 식민지예속경제
  『경제연구』 제2호(통권 53), 과학백과사전출판사, 1986, 45~48쪽

- 남조선경제의 식민지적 예속성과 기형성을 합리화하는 ≪불균형성장론≫의 허황성과 반동성 |부교수, 준박사 정성원
  『사회과학』 제3호(통권 76) 과학백과사전출판사, 1986, 48~52쪽

- [남조선사회제도의 반인민적본질해부] 예속과 략탈을 심화시키는 식민지경제제도 |박동근
  『남조선문제』 제3호(통권 251), 조국통일사, 1986, 52~56쪽

- 파국상태에서 허덕이는 식민지예속경제 |최영호
  『남조선문제』 제2호(통권 256), 조국통일사, 1987, 44~47쪽

- 현대부르죠아경제학의 위기 |원정표
  『근로자』 제10호(통권 546), 근로자사, 1987, 92~96쪽

- 현대부르죠아경제학의 기본조류들과 그의 반동성 |준박사 원정표
  『김일성종합대학학보』[사회과학편] 제1호, 김일성종합대학출판사, 1987, 64~74쪽

- 국제독점의 발생과 그 형태 |준박사 리경영
  『김일성종합대학학보』[사회과학편] 제1호(통권 167), 김일성종합대학출판사, 1987, 75~85쪽

- 남조선 ≪수출주도형경제≫구조의 식민지적성격 |리신순
  『김일성종합대학학보』[사회과학편] 제1호(통권 167), 김일성종합대학출판사, 1987, 86~102쪽

- ≪부익부, 빈익빈≫현상이 심해지는 남조선사회 |김창우
  『남조선문제』 제1호(통권 261), 조국통일사, 1988, 46~50쪽

- 남조선에서 우심해지는 ≪부익부, 빈익빈≫현상 |김량제
  『국제생활』 제4호(통권 27), 국제생활사, 1988, 51~54쪽

- [사회경제문제] 남조선에서 대두하고 있는 ≪민족경제론≫ |손종철
  『국제생활』 제6호(통권 29), 국제생활사, 1988, 50~53쪽

- ≪부익부, 빈익빈≫현상의 세계적 범위에로의 심화는 현대제국주의의 신식민주의적 략탈의 산물 |안명훈

『경제연구』 제1호(통권 62), 사회과학출판사, 1989, 40~44쪽

- [남조선문제] 남조선경제는 전형적인 식민지예속경제 ㅣ손종철
  『근로자』 제2호(통권 562), 근로자사, 1989, 84~91쪽

- 친애하는 지도자 김정일동지께서 밝히신 자본주의에 비한 사회주의의 근
  본적 우월성 ㅣ준박사 최영옥
  『경제연구』 제4호(통권 65), 사회과학출판사, 1989, 2~5쪽

- 발전된 자본주의나라들에서 사회계급 구성의 변화 ㅣ박사 김화천
  『경제연구』 제4호(통권 65), 사회과학출판사, 1989, 41~44쪽

- 자본의 국제화와 자본주의나라들의 호상관계에서 새로운 변화 ㅣ김원선
  『경제연구』 제4호(통권 65), 사회과학출판사, 1989, 45~47쪽

1990~1999 ·····························

- 세계경제의 발전과 새로운 국제경제질서의 수립 ㅣ박사 전정희
  『경제연구』 제1호(통권 66), 사회과학출판사, 1990, 45~48쪽

- 제국주의자들의 과학기술독점책동과 그 심각한 후과 ㅣ공영걸
  『경제연구』 제1호(통권 66), 사회과학출판사, 1990, 49~52쪽

- [강좌] 세계시장시세의 변동요인 ㅣ준박사 김철용
  『경제연구』 제1호(통권 66), 사회과학출판사, 1990, 53~56쪽

- 현대제국주의하에서 날로 첨예화되는 시장문제의 사회경제적요인 ㅣ리진호
  『경제연구』 제2호(통권 67), 사회과학출판사, 1990, 50~53쪽

- 국민소득개념에 대한 부루죠아적견해의 부당성 ㅣ준박사 심은심
  『경제연구』 제2호(통권 67), 사회과학출판사, 1990, 54~56쪽

- 자본주의세계에서 로동력의 국제적이동과 ≪부익부, 빈익빈≫의 심화 ㅣ태
  순철
  『경제연구』 제4호(통권 69), 사회과학출판사, 1990, 46~49쪽

■ 현대제국주의하에서 벌어지고있는 국가소유의 민영화책동과 그 반동적본
질 |권창일

　『경제연구』 제4호(통권 69), 사회과학출판사, 1990, 50~52쪽

■ 현대제국주의의 반인민성과 부패성을 보여주는 자본주의사회의 기본특징
|김성희

　『경제연구』 제4호(통권 69), 사회과학출판사, 1990, 53~55쪽

■ 미일독점자본에 철저히 예속된 남조선≪수출주도형경제≫ |사회과학원주
체경제학연구소 리정헌

　『교원선전수첩』 제11호, 교원신문사, 1990, 113~117쪽

■ 현대제국주의의 변호론인 ≪감세론≫의 반동성 |김광혁

　『경제연구』 제3호(통권 72), 사회과학출판사, 1991, 46~49쪽

■ 경제의 군사화와 자본주의적재생산 |김용남

　『경제연구』 제4호(통권 73), 사회과학출판사, 1991, 53~56쪽

■ 부르죠아적산업분류와 그 반동성 |정태선

　『김일성종합대학학보』[경제학편] 제2호(통권 188), 김일성종합대학출판사, 1991, 64~
68쪽

■ 현시기 제국주의나라들에 류포되고 있는 ≪후기공업사회≫론과 ≪초공업
사회≫론에 대한 비판 |부교수, 준박사 원정표

　『김일성종합대학학보』[경제학편] 제2호(통권 188), 김일성종합대학출판사, 1991, 69~
74쪽

■ 현대제국주의를 변호하는 ≪공급경제론≫의 발생과 그 특징 |김광혁

　『김일성종합대학학보』[경제학편] 제2호(통권 188), 김일성종합대학출판사, 1991, 75~
80쪽

■ 국제독점에 의한 신식민주의적지배의 실현 |준박사 리경영

　『김일성종합대학학보』[사회과학-경제학편] 제37권 제10호(통권 196), 김일성종합대
학출판사, 1991, 54~58쪽

■ 현대자본주의하에서 경기순환의 특징 |허중규

　『김일성종합대학학보』[사회과학-경제학편] 제37권 제10호(통권 196), 김일성종합대
학출판사, 1991, 59~63쪽

- ≪공급경제론≫자들이 꾸며낸 ≪정부지출삭감론≫의 반동성 ㅣ김광혁
  『김일성종합대학학보』[사회과학−경제학편] 제37권 제10호(통권 196), 김일성종합대학출판사, 1991, 70~75쪽

- 자본주의세계의 인구위기와 그 후과 ㅣ홍명순
  『경제연구』 제1호(통권 74), 사회과학출판사, 1992, 54~56쪽

- [남조선문제] 남조선경제의 식민지예속적성격 ㅣ박동근
  『근로자』 제1호(통권 597), 근로자사, 1992, 80~84쪽

- 남조선경제에 대한 미제의 군사적부속물화책동 ㅣ리중현
  『경제연구』 제4호(통권 77), 과학백과사전출판사, 1992, 39~42쪽

- 비누거품같은 남조선경제: 벌가리아신문 ≪뜨리부나≫의 글
  『조선녀성』 제6호(통권 463), 근로단체출판사, 1992, 40쪽

- [남조선문제] 남조선사회의 식민지반자본주의적성격 ㅣ김구식
  『근로자』 제6호(통권 602), 근로자사, 1992, 87~91쪽

- [자료] 비누거품같은 남조선경제 ㅣ저자 미확인
  『근로자』 제11호(통권 607), 근로자사, 1992, 96쪽

- 현대부르죠아인플레론의 반동성에 대하여 ㅣ교수, 박사 리원경
  『김일성종합대학학보』[경제학편] 제38권 제11호(통권 209), 김일성종합대학출판사, 1992, 67~71쪽

- ≪제국주의변생≫론의 반동적본질과 특징 ㅣ부교수, 준박사 원정표
  『김일성종합대학학보』[경제학편] 제38권 제1호(통권 199), 김일성종합대학출판사, 1992, 62~66쪽

- 자본주의 시장경제와 그 모순 ㅣ박사, 부교수 김명렬
  『김일성종합대학학보』[사회과학편] 제38권 제2호(통권 200), 김일성종합대학출판사, 1992, 37~40쪽

- ≪하늘의 룡과 땅속의 지렁이≫ 벌가리아신문 ≪뜨리부나≫기자의 글
  『경제연구』 제3호(통권 80), 과학백과사전출판사, 1993, 54~56쪽

- 시장경제리론의 반동성 ㅣ후보원사, 교수, 박사 리명서
  『경제연구』 제4호(통권 81), 과학백과사전출판사, 1993, 39~42쪽

- ≪실업의 유익성≫을 주장하는 궤변의 반동성 |준박사 정명필
  『경제연구』 제4호(통권 81), 과학백과사전출판사, 1993, 43~46쪽

- 돈이 인간을 지배하는 원리작용의 사회경제적기초 |리복희
  『경제연구』 제4호(통권 81), 과학백과사전출판사, 1993, 47~50쪽

- [남조선문제] ≪신경제론≫의 기만성과 반동성 |박동근
  『근로자』 제10호(통권 618), 근로자사, 1993, 80~85쪽

- 현대제국주의하에서 경제생활에 대한 국가적간섭방법의 개악책동과 그 반
  인민성 |박사 안명훈
  『김일성종합대학학보』[경제학편] 제39권 제11호(통권 221), 김일성종합대학출판사,
  1993, 65~69쪽

- 자본주의의 제국주의에로의 이행시기 부르죠아경제리론의 기본특징 |부교
  수, 준박사 원정표
  『김일성종합대학학보』[경제학편] 제39권 제7호(통권 217), 김일성종합대학출판사, 1993,
  67~71쪽

- 현대제국주의자들의 경제구조개편책동과 구조적위기의 심화 |준박사 심은심
  『김일성종합대학학보』[사회과학편] 제39권 제3호(통권 213), 김일성종합대학출판사,
  1993, 74~78쪽

- 자본주의경제법칙에 대한 주체적해명 |부교수, 준박사 김춘점
  『경제연구』 제3호(통권 84), 과학백과사전출판사, 1994, 49~52쪽

- 기술로동과 정신로동을 하는 근로자들의 장성과 그에 대한 자본주의적
  지배와 착취 |준박사 백성해
  『경제연구』 제3호(통권 84), 과학백과사전출판사, 1994, 53~56쪽

- 남조선경제의 식민지반자본주의적 성격 |교수, 박사 손종철
  『경제연구』 제4호(통권 85), 과학백과사전출판사, 1994, 42~49쪽

- 현대제국주의의 신식민주의적지배와 매판자본 |준박사 리평재
  『경제연구』 제4호(통권 85), 과학백과사전출판사, 1994, 50~52쪽

- 현대≪자유무역제도≫의 심각한 위기 |김철훈
  『경제연구』 제4호(통권 85), 과학백과사전출판사, 1994, 53~56쪽

- 시장경제의 특징과 모순 |박사, 부교수 리기반
  『김일성종합대학학보』[경제학편] 제40권 제2호(통권 228), 김일성종합대학출판사, 1994, 48~51쪽

- 소유의 ≪다양화≫론의 반동적본질 |교수, 박사 김재서
  『김일성종합대학학보』[경제학편] 제40권 제4호(통권 236), 김일성종합대학출판사, 1994, 48~51쪽

- ≪고통분담론≫은 ≪공동운명체론≫의 식민지적변색이며 ≪로사협조론≫의 ≪문민판≫ |교수, 박사 리근환
  『김일성종합대학학보』[경제학편] 제40권 제4호(통권 236), 김일성종합대학출판사, 1994, 57~60쪽

- 경제공황에 대한 부르죠아경제리론 비판 |박사, 부교수 원정표
  『김일성종합대학학보』[경제학편] 제40권 제3호(통권 232), 김일성종합대학출판사, 1994, 55~60쪽

- ≪수요공급설≫의 비과학성과 반동성 |김순철
  『경제연구』 제1호(통권 86), 과학백과사전출판사, 1995, 48~51쪽

- 실업문제해결에 대한 부르죠아적≪관심≫과 그 반동성 |리영수
  『경제연구』 제2호(통권 87), 과학백과사전출판사, 1995, 54~56쪽

- 자본주의시장경제의 본질과 취약성 |준교수, 준박사 리승집
  『경제연구』 제4호(통권 89), 과학백과사전출판사, 1995, 49~52쪽

- 임금에 대한 부르죠아경제리론은 자본주의를 변호하는 반동적리론 |박사, 부교수 원정표
  『김일성종합대학학보』[경제학편] 제41권 제4호(통권 252), 김일성종합대학출판사, 1995, 35~39쪽

- 제국주의나라 ≪국가소유≫와 주식회사소유의 본질을 외곡하는 현대부르죠아경제리론 비판 |박사 원정표
  『경제연구』 제1호(통권 90), 과학백과사전출판사, 1996, 54~56쪽

- 경제적 침체와 혼란은 자본주의시장경제의 필연적 산물 |리기성
  『근로자』 제1호(통권 645), 근로자사, 1996, 92쪽

■ 현대부르죠아조세론의 반동성 ㅣ정민일

『경제연구』 제4호(통권 93), 과학백과사전출판사, 1996, 54~56쪽

■ [부르죠아리론비판] 자본주의시장경제의 ≪효률성≫과 ≪우월성≫에 대하
여 떠드는 부르죠아리론의 반동성 ㅣ서재영

『근로자』 제8호(통권 652), 근로자사, 1996, 91쪽

■ 독점자본에 복무하는 현대부르죠아회계학 ㅣ교수, 박사 리근환

『김일성종합대학학보』[경제학편] 제42권 제2호(통권 260), 김일성종합대학출판사, 1996,
54~59쪽

■ 자본주의경제의 새로운 구조적모순과 침체 ㅣ저자 미확인

『근로자』 제3호, 근로자사, 1997, 92쪽

■ 근로인민대중의 자주적인 경제생활을 구속말살하는 현대자본주의 소유제
도의 반동성 ㅣ조성환

『경제연구』 제4호(통권 97), 과학백과사전출판사, 1997, 46~48쪽

■ ≪복지경제론≫자들이 주장하는 물질적부의 ≪공정한 분배≫에 대한 ≪리론≫
비판 ㅣ류운수

『경제연구』 제4호(통권 97), 과학백과사전출판사, 1997, 49~52쪽

■ 현대자본주의 기업관리에서 ≪경영전략론≫의 반동성과 비과학성 ㅣ학사
리평선

『경제연구』 제4호(통권 97), 과학백과사전출판사, 1997, 53~56쪽

■ 사적소유제도의 반동성 ㅣ저자 미확인

『근로자』 제6호, 근로자사, 1997, 92쪽

■ 경제의 ≪계획화≫에 대한 현대부르죠아 경제리론비판 ㅣ박사, 부교수 원정표

『김일성종합대학학보』[경제학편] 제43권 제2호(통권 277), 김일성종합대학출판사, 1997,
61~65쪽

■ 다국적기업체의 반동적본질과 그 특징 ㅣ박명철

『김일성종합대학학보』[경제학편] 제43권 제4호(통권 285), 김일성종합대학출판사, 1997,
55~59쪽

■ 현대제국주의국가의 역할에 대한 ≪복지경제론≫비판 ㅣ류운수

『김일성종합대학학보』[경제학편] 제43권 제4호(통권 285), 김일성종합대학출판사, 1997, 67~71쪽

- 자본주의시장경제의 반인민성과 취약성 |함영철
  『경제연구』 제2호(통권 99), 과학백과사전출판사, 1998, 50~52쪽

- ≪복지경제론≫자들이 설교하는 상품≪가치론≫의 허황성과 반동성 |학사 류운수
  『경제연구』 제4호(통권 101), 과학백과사전출판사, 1998, 43~47쪽

- 자본주의적사적소유의 ≪소멸≫에 대한 현대부르죠아경제리론비판 |교수, 학사 원정표
  『김일성종합대학학보』[철학경제학편] 제44권 제2호(통권 292), 김일성종합대학출판사, 1998, 69~73쪽

- 자본주의시장경제의 기본특징 |현순일
  『경제연구』 제1호(통권 102), 과학백과사전출판사, 1999, 53~56쪽

- 신탁통치하에서 심화되고있는 남조선경제의 예속화 |저자 미확인
  『근로자』 제5호, 근로자사, 1999, 59쪽

- 기회주의경제리론의 반동적본질과 발생근원 |학사 정광수
  『김일성종합대학학보』[철학경제학편] 제45권 제2호(통권 304), 김일성종합대학출판사, 1999, 71~76쪽

- 과학기술발전에 의한 제국주의의 ≪변생≫을 주장하는 현대부르죠아경제리론비판 |박사, 부교수 원정표
  『김일성종합대학학보』[철학경제학편] 제45권 제4호(통권 310), 김일성종합대학출판사, 1999, 69~73쪽

2000~2009

- 현대부르죠아경제리론은 현대제국주의를 변호하는 반동적인 리론 |박사 원정표
  『경제연구』 제2호(통권 107), 과학백과사전출판사, 2000, 38~41쪽

- 경제의 ≪세계화≫의 ≪필연성≫에 대한 제국주의변호론자들의 설교의 반동성 | 박상철

  『경제연구』 제3호(통권 108), 과학백과사전출판사, 2000, 53~56쪽

- 제국주의변호론자들이 설교하는 경제의 ≪세계화≫론의 반동적본질 | 박상철

  『김일성종합대학학보』[철학경제학편] 제46권 제2호(통권 316), 김일성종합대학출판사, 2000, 72~76쪽

- 현대부르죠아경제리론의 특징 | 박사, 부교수 원정표

  『김일성종합대학학보』[철학경제학편] 제46권 제3호(통권 319), 김일성종합대학출판사, 2000, 71~76쪽

- 공해는 자본주의경제제도의 필연적산물 | 한영민

  『김일성종합대학학보』[철학경제학편] 제46권 제4호(통권 322), 김일성종합대학출판사, 2000, 54~57쪽

- 자본주의나라들에서 기형적인 인구고령화가 사회의 경제생활에 미치는 심각한 후과 | 김 훈

  『경제연구』 제1호(통권 110), 과학백과사전출판사, 2001, 54~56쪽

- 부르죠아속류상품가치론의 반동적변화과정 | 박사 원정표

  『경제연구』 제2호(통권 111), 과학백과사전출판사, 2001, 50~53쪽

- 자본주의시장경제생태의 취약성 | 유영금

  『경제연구』 제2호(통권 111), 과학백과사전출판사, 2001, 54~56쪽

- 경제에 대한 국가적간섭의 강화와 시장의 자동적조절의 결합을 합리화하는 현대부르죠아변호론의 반동성 | 배윤철

  『경제연구』 제3호(통권 112), 과학백과사전출판사, 2001, 45~47쪽

- 소유≪다양화≫와 반인민적자본주의시장경제의 복귀 | 박금옥

  『경제연구』 제3호(통권 112), 과학백과사전출판사, 2001, 54~56쪽

- 경제체제를 통해 본 미제의 세계지배전략의 파산 | 저자 미확인

  『근로자』 제12호, 근로자사, 2001, 56쪽

- 자본주의적생산의 ≪효율성≫에 대한 주장의 반인민성과 허위성 | 리현철

  『김일성종합대학학보』[철학경제학편] 제47권 제1호(통권 325), 김일성종합대학출판사, 2001, 70~74쪽

- 현대제국주의나라들에 류포되어 있는 기회주의적인 ≪계급협조론≫의 반
  동성 |학사 정광수
  『김일성종합대학학보』[철학경제학편] 제47권 제2호(통권 328), 김일성종합대학출판
  사, 2001, 63~68쪽

- 1980년대 현대제국주의나라들에서 자본주의적국가소유의 축소책동과 그
  반인민성 |박사, 부교수 안명훈
  『김일성종합대학학보』[철학경제학편] 제47권 제2호(통권 328), 김일성종합대학출판
  사, 2001, 69~74쪽

- 부르죠아조세근거설의 반동성 |학사 김두선
  『김일성종합대학학보』[철학경제학편] 제47권 제3호(통권 331), 김일성종합대학출판
  사, 2001, 66~70쪽

- 현대자본주의재생산모순의 심화에 대하여 |학사 류영철
  『김일성종합대학학보』[철학경제학편] 제47권 제4호(통권 334), 김일성종합대학출판
  사, 2001, 68~72쪽

- 현대제국주의나라들에 류포되어 있는 기회주의적인 ≪복지국가≫론의 반
  동성 |학사 정광수
  『경제연구』 제3호(통권 116), 과학백과사전출판사, 2002, 33~35쪽

- 국가독점자본주의는 현대제국주의의 정치경제적 기초 |박사 안명훈
  『경제연구』 제3호(통권 116), 과학백과사전출판사, 2002, 40~42쪽

- 부르죠아 어용통계의 리론적전제와 그 부당성 |최영준
  『경제연구』 제4호(통권 117), 과학백과사전출판사, 2002, 54~56쪽

- 미제의 세계경제 ≪1극화≫책동과 그 파산의 불가피성 |저자 미확인
  『근로자』 제12호, 근로자사, 2002, 55쪽

- ≪확대된 생산구상≫의 비과학성과 반동성 |교수, 박사 심은심
  『김일성종합대학학보』[철학경제학편] 제48권 제1호(통권 337), 김일성종합대학출판
  사, 2002, 66~70쪽

- 리윤에 대한 부르죠아경제리론비판 |박사, 부교수 원정표
  『김일성종합대학학보』[철학경제학편] 제48권 제3호(통권 343), 김일성종합대학출판
  사, 2002, 67~72쪽

■ 현대 자본주의분업체계의 중요특징 ㅣ안영주

　『경제연구』제1호(통권 118), 과학백과사전출판사, 2003, 52~53 · 56쪽

■ 부르죠아국가는 식민지 및 발전도상나라들에 대한 다국적기업체의 경제
　적 침략을 위한 권력수단 ㅣ박사 리경영

　『경제연구』제2호(통권 119), 과학백과사전출판사, 2003, 54~56쪽

■ 자본주의적재생산에 대한 연구 ㅣ학사 황경오

　『경제연구』제3호(통권 120), 과학백과사전출판사, 2003, 47~49쪽

■ 인플레를 합리화하는 부르죠아변호론의 반동성 ㅣ김명남

　『경제연구』제3호(통권 120), 과학백과사전출판사, 2003, 50~51쪽

■ 국가의 간섭을 주장하는 ≪신보수주의≫발생과 기본특징 ㅣ계춘봉

　『경제연구』제4호(통권 121), 과학백과사전출판사, 2003, 45~46 · 48쪽

■ ≪유효수요≫에 대한 거시경제리론의 반동성 ㅣ김명남

　『경제연구』제4호(통권 121), 과학백과사전출판사, 2003, 47~48쪽

■ 다른 나라들에 대한 제국주의의 경제적 지배와 략탈을 변호하는 현대부
　르죠아경제리론비판 ㅣ박사, 부교수 원정표

　『김일성종합대학학보』[철학경제학편] 제49권 제1호(통권 349), 김일성종합대학출판
　사, 2003, 73~77쪽

■ 정보산업시대 자본주의고용제도의 특징과 실업의 장성 ㅣ학사 장상준

　『경제연구』제1호(통권 122), 과학백과사전출판사, 2004, 41~42쪽

■ 국민소득 구조에 대한 부르죠아적견해 비판 ㅣ김명남

　『경제연구』제1호(통권 122), 과학백과사전출판사, 2004, 50~51쪽

■ 부르죠아미시경제학의 특징과 반동성 ㅣ라정근

　『경제연구』제1호(통권 122), 과학백과사전출판사, 2004, 52~53쪽

■ 부르죠아미시경제리론이 설교하는 ≪소비자행동≫리론의 반동성 ㅣ라정근

　『경제연구』제2호(통권 123), 과학백과사전출판사, 2004, 46~48쪽

■ 부르죠아사회개량주의적 ≪혼합경제론≫비판 ㅣ리금성

　『경제연구』제2호(통권 123), 과학백과사전출판사, 2004, 49~51쪽

■ 1990년대에 발생하여 류포된 현대부르죠아 경제리론 비판 ㅣ교수, 박사 원정표

『경제연구』 제2호(통권 123), 과학백과사전출판사, 2004, 52~53쪽

■ 부르죠아미시경제학이 설교하는 ≪소득분배론≫의 반동성 ┃라정근
『경제연구』 제3호(통권 124), 과학백과사전출판사, 2004, 45~47쪽

■ 자본주의회계검증제도의 기만성 ┃학사 강철수
『경제연구』 제3호(통권 124), 과학백과사전출판사, 2004, 51~53쪽

■ 자본주의경기순환에 대한 연구 ┃부교수, 학사 황경오
『경제연구』 제4호(통권 125), 과학백과사전출판사, 2004, 40~41 · 45쪽

■ 리윤에 대한 현대부르죠아경제리론의 특징과 반동성 ┃림정희
『경제연구』 제4호(통권 125), 과학백과사전출판사, 2004, 42~45쪽

■ 현대자본주의주식회사 의사결정제도의 중요특징 ┃학사 김홍일
『경제연구』 제4호(통권 125), 과학백과사전출판사, 2004, 46~47쪽

■ 자본주의나라들에 류포된 기회주의적인 우익 사회민주주의경제리론의 발생과 특징 ┃학사 정광수
『경제연구』 제4호(통권 125), 과학백과사전출판사, 2004, 48~49 · 53쪽

■ ≪신경제론≫비판 ┃박사, 부교수 원정표
『김일성종합대학학보』[철학경제학편] 제50권 제1호(통권 361), 김일성종합대학출판사, 2004, 61~65쪽

■ 부르죠아 ≪사회학파≫의 경제리론비판 ┃교수, 박사 원정표
『김일성종합대학학보』[철학경제학편] 제50권 제4호(통권 370), 김일성종합대학출판사, 2004, 71~75쪽

■ ≪기술적호상작용론≫의 반동성 ┃학사 계춘봉
『경제연구』 제1호(통권 126), 과학백과사전출판사, 2005, 51~53쪽

■ 자본주의유한회사와 그 특징 ┃전경주
『경제연구』 제2호(통권 127), 과학백과사전출판사, 2005, 30~32쪽

■ 현대자본주의기업의 업무집행기구는 독점자본의 의사집행기구 ┃김만식
『경제연구』 제2호(통권 127), 과학백과사전출판사, 2005, 33~35쪽

■ 환경보호의 사회경제적성격을 외곡하는 부르죠아리론의 반동성 ┃학사 조영남
『경제연구』 제2호(통권 127), 과학백과사전출판사, 2005, 36~38쪽

- ≪호상의존성론≫의 반동성 |학사 계춘봉

  『경제연구』 제2호(통권 127), 과학백과사전출판사, 2005, 39~41쪽

- ≪효과적인 국가의 경제정책≫에 대한 현대부르죠아경제리론의 반동성 |배윤철

  『경제연구』 제2호(통권 127), 과학백과사전출판사, 2005, 42~43쪽

- 제국주의변호론자들이 설교하는 ≪지구공동체론≫의 반동성 |학사 박상철

  『경제연구』 제2호(통권 127), 과학백과사전출판사, 2005, 44~45·48쪽

- 자본주의 ≪회계정보론≫의 부당성 |학사 강철수

  『경제연구』 제3호(통권 128), 과학백과사전출판사, 2005, 42~44쪽

- 자본주의 ≪경제기술적진보≫와 ≪부익부, 빈익빈≫의 심화 |학사 김혜선

  『경제연구』 제3호(통권 128), 과학백과사전출판사, 2005, 45~46·50쪽

- 현대부르죠아국민소득론이 의거하고 있는 ≪리론≫적 기초의 부당성과 반동성 |박사, 부교수 심은심

  『김일성종합대학학보』[철학경제학편] 제51권 제1호(통권 373), 김일성종합대학출판사, 2005, 78~82쪽

- 현대부르죠아 ≪정보사회≫론은 근로인민대중의 계급의식을 마비시키는 반동적인 리론 |학사 로승일

  『김일성종합대학학보』[철학경제학편] 제51권 제2호(통권 376), 김일성종합대학출판사, 2005, 31~35쪽

- 다국적기업에 의한 ≪세계통합≫을 설교하는 현대부르죠아변호론자들의 궤변과 그 반동성 |학사 박상철

  『김일성종합대학학보』[철학경제학편] 제51권 제2호(통권 376), 김일성종합대학출판사, 2005, 73~76쪽

- 부르죠아고전정치경제학이 제기한 ≪소득분배론≫의 반동성 |김은실

  『경제연구』 제1호(통권 130), 과학백과사전출판사, 2006, 41~45쪽

- 현대제국주의의 착취적본질을 부인한 현대수정주의경제리론의 반동성 |박사 정광수

  『경제연구』 제2호(통권 131), 김일성종합대학출판사, 2006, 51~53쪽

- 자본주의회계에서 충당금과 그 기만성 |학사 윤영순
  『경제연구』제2호(통권 131), 과학백과사전출판사, 2006, 54~56쪽
- 자본주의적국제분업의 ≪현대화론≫의 반동성 |학사 계춘봉
  『경제연구』제3호(통권 132), 과학백과사전출판사, 2006, 42~45·48쪽
- 정보산업시대에 더욱 강화되고 있는 자본의 착취적 본성 |학사 황 철
  『경제연구』제3호(통권 132), 과학백과사전출판사, 2006, 52~53·56쪽
- 현대제국주의의 침략적 본성을 부인한 현대수정주의 경제리론의 반동성
  |박사 정광수
  『경제연구』제3호(통권 132), 과학백과사전출판사, 2006, 54~56쪽
- 1980년대에 류포된 현대부르죠아경제리론의 특징 |교수, 박사 원정표
  『경제연구』제4호(통권 133), 과학백과사전출판사, 2006, 36~37·40쪽
- ≪경제적적응론≫의 반동성 |학사 계춘봉
  『경제연구』제4호(통권 133), 과학백과사전출판사, 2006, 38~40쪽
- 소득분배의 본질에 대한 부르죠아리론비판 |김은실
  『경제연구』제4호(통권 133), 과학백과사전출판사, 2006, 47~49쪽
- 1990년대 류포된 현대부르죠아경제리론의 특징 |교수, 박사 원정표
  『김일성종합대학학보』[철학경제학편] 제52권 제3호(통권 391), 김일성종합대학출판
  사, 2006, 84~88쪽
- 자연부원소비에 관한 부르죠아 리론의 반동성과 비과학성 |학사 리 혁
  『김일성종합대학학보』[철학경제학편] 제52권 제3호(통권 391), 김일성종합대학출판
  사, 2006, 89~92쪽
- 정보설비에 의한 생산과정에서의 자본의 착취 |부교수, 학사 황경오
  『경제연구』제1호(통권 134), 과학백과사전출판사, 2007, 44~45·48쪽
- 정보산업시대 자본주의멸망의 불가피성을 규정하는 중요한 요인 |학사 리
  창환
  『정치법률연구』제2호(통권 18), 과학백과사전출판사, 2007, 27~28쪽
- 실업에 관한 현대부르죠아경제리론의 대표적조류와 반동성 |김정진
  『경제연구』제2호(통권 135), 과학백과사전출판사, 2007, 48~50·53쪽

- 정보산업시대 자본주의사회의 계급적모순과 대립의 격화 |학사 리창환

  『경제연구』제2호(통권 135), 과학백과사전출판사, 2007, 54~56쪽

- 현시기 자본주의경제의 구조적특징과 위기 |학사 김양호

  『경제연구』제3호(통권 136), 과학백과사전출판사, 2007, 41~43·46쪽

- 현대제국주의하에서 피착취근로대중의 처지를 외곡하는 현대부르죠아변호론의 반동성 |허정수

  『경제연구』제3호(통권 136), 과학백과사전출판사, 2007, 47~49·55쪽

- 현대자본주의기업회계제도의 특징과 기만성 |부교수, 학사 조종민

  『경제연구』제4호(통권 137), 과학백과사전출판사, 2007, 44~48쪽

- 인플레에 대한 ≪사회제도주의리론≫ 비판 |학사 리금성

  『경제연구』제4호(통권 137), 과학백과사전출판사, 2007, 49~50·56쪽

- 경제위기극복방도에 관한 현대부르죠아≪신경제장성리론≫의 반동성 |김명선

  『경제연구』제4호(통권 137), 과학백과사전출판사, 2007, 51~53쪽

- 남조선어용통계의 리론적전제의 부당성 |정관철

  『경제연구』제4호(통권 137), 과학백과사전출판사, 2007, 54~56쪽

- 신말사스주의의 비과학성과 반동성 |박사, 부교수 림동건

  『김일성종합대학학보』[철학경제학편] 제53권 제1호(통권 397), 김일성종합대학출판사, 2007, 83~86쪽

- 현대제국주의의 착취적본질을 부인하는 기회주의적인 우익사회민주주의경제리론의 반동성 |박사, 부교수 정광수

  『김일성종합대학학보』[철학경제학편] 제53권 제1호(통권 397), 김일성종합대학출판사, 2007, 87~90쪽

- 자본가계급의 ≪소멸≫을 떠드는 현대부르죠아≪정보사회≫론의 반동성 |허정수

  『김일성종합대학학보』[철학경제학편] 제53권 제2호(통권 400), 김일성종합대학출판사, 2007, 96~99쪽

- 현시기 자본주의나라들에서 인민대중과 자본가계급사이의 수입격차로 인

한 ≪부익부, 빈익빈≫현상의 심화 |장봉철
『경제연구』 제1호(통권 138), 과학백과사전출판사, 2008, 50~51쪽

■ 현대제국주의사회의 계급적대립을 부인하는 현대부르죠아변호론의 반동
성 |허정수
『경제연구』 제2호(통권 139), 과학백과사전출판사, 2008, 50~51쪽

■ 자본주의시장에서의 부정거래에 대한 ≪규제≫조치와 그 취약성 |박사 김
홍일
『경제연구』 제3호(통권 140), 과학백과사전출판사, 2008, 54~56쪽

■ 「글로벌 자본주의」의 역사적 위상에 관한 경제학적 고찰 |지영일(정치경제
학부)
『조선대학교학보』 제8호, 조선대학교출판부, 2008, 94~104쪽

■ 미국발 금융위기가 남조선 경제에 미치고 있는 영향에 대하여 |조선대학
교조교양현
『정경론집』 제7호, 조선대학교정치경제학부, 2008, 32~36쪽

■ 자본가계급의 기업지배권을 은폐하는 ≪사회제도주의≫의 반동성 |리금성
『경제연구』 제1호(통권 142), 과학백과사전출판사, 2009, 46~48쪽

■ 정보산업시대 첨단과학기술의 독점을 위한 제국주의자들의 약육강식의
경쟁의 주요형태와 그 특징 |리영숙
『경제연구』 제1호(통권 142), 과학백과사전출판사, 2009, 49~51쪽

■ 현시기 발전된 자본주의나라들의 생산부문구조에서 나타난 변화 |김혁철
『경제연구』 제2호(통권 143), 과학백과사전출판사, 2009, 48~50쪽

■ 세계금융위기의 원인과 주요특징 |박사 김경석
『경제연구』 제2호(통권 143), 과학백과사전출판사, 2009, 51~54쪽

■ 정보산업시대 자본주의적착취의 본질적특성 |한 욱
『교원선전수첩』 제3호(통권 386), 교육신문사, 2009, 172~174쪽

■ 현시기 발전된 자본주의나라들에서 경제의 대외의존성의 심화 |김혁철
『경제연구』 제4호(통권 145), 과학백과사전출판사, 2009, 42~44쪽

■ 자본주의사회에서 사회와 개인의 이익의 ≪실현≫을 설교하는 ≪사회적

시장경제론≫에 대한 비판 |신금성

『경제연구』제4호(통권 145), 과학백과사전출판사, 2009, 45~46 · 48쪽

■ 현대자본주의주식회사제도에 대한 부르죠아변호론의 반동성 |김홍일

『김일성종합대학학보』[철학경제학편] 제55권 제2호(통권 424), 김일성종합대학출판사, 2009, 123~126쪽

■ 정치경제학의 연구대상에 대한 부르죠아 및 소부르죠아리론비판 |원정표

『김일성종합대학학보』[철학경제학편] 제55권 제3호(통권 427), 김일성종합대학출판사, 2009, 145~150쪽

3. 경제성장, 국민소득

1950~1959

- 남조선에 있어서의 국민소득과 경제의 파탄
  『근로자』 제9호(통권 142), 근로자사, 1957, 65~72쪽

1960~1969

- 남조선의 공업 총 생산액 측정에서 제기되는 몇 가지 문제 ㅣ김범룡
  『경제연구』 제2호, 과학원출판사, 1962, 63~71쪽
- 예속과 수탈의 ≪계획≫－군사 ≪정권≫의 ≪제1차경제개발5개년계획≫에 대하여 ㅣ김학성
  『근로자』 제3호(통권 196), 근로자사, 1962, 58~61쪽
- 군사≪정권≫은 파탄된 남조선 경제를 수습할 수 없다 ㅣ김명욱
  『근로자』 제4호(통권 218), 근로자사, 1963, 33~37쪽
- 박정희 군사≪정권≫의 사회 경제≪개혁≫의 반동성과 ≪경제개발 계획≫의 략탈성 ㅣ김수영
  『김일성종합대학학보』[남조선연구편] 제4호(통권 21), 김일성종합대학출판사, 1964, 1~14쪽
- ≪경제안정화정책≫의 행방 ㅣ신채광
  『남조선문제』 제1호, 남조선문제출판사, 1965, 17쪽
- 사회경제 ≪개혁≫과 ≪시책≫의 반동성 ㅣ김수영

『남조선문제』 제2호, 남조선문제출판사, 1965, 36쪽

- [자료] 소위≪제1차경제개발5개년계획≫은 무엇을 가져왔는가?

  『남조선문제』 제6호(통권 35), 조국사, 1967, 43~48쪽

- [자료] 남조선의 국민소득과 사회총생산액 실태 │리련상

  『남조선문제』 제12호(통권 41), 조국사, 1967, 42~46쪽

- 재정면에서 본「제2차 5개년 계획」의 허구 │강순익

  『조선문제연구』 제6권 제1호, 조선문제연구소, 1967, 209~242쪽

- 「제1차 5개년 계획」의 본질과 그 결과－2중 예속화와 경제의 군사화를 중심으로－ │문공탁

  『조선문제연구』 제6권 제1호, 조선문제연구소, 1967, 9~58쪽

1970~1979

- 남조선반동통치배들이 내놓은 ≪경제 안정과 성장에 관한 긴급명령≫의 반동적본질 │리영기

  『남조선문제』 제11호(통권 97), 조국통일사, 1972, 36~42쪽

- ≪경제유신≫의 간판아래 남조선괴뢰도당이 벌리고있는 ≪실력배양≫책동의 반동적본질 │박태원

  『남조선문제』 제4호(통권 102), 조국통일사, 1973, 30~36쪽

- 박정희괴뢰도당이 들고나온 ≪중화학공업계획≫의 반동적본질 │한유진

  『남조선문제』 제5호(통권 115), 통일신보사, 1974, 34~38쪽

- 박정희괴뢰도당이 들고나온 ≪제4차 경제개발 5개년계획≫은 매국과 수탈, 전쟁의 계획 │한원택

  『남조선문제』 제3호(통권 146), 조국통일사, 1977, 28~32쪽

- [용어 해설] ≪수출지향성산업≫

  『남조선문제』 제4호(통권 147), 조국통일사, 1977, 48쪽

- 박정희괴뢰도당이 떠벌이는 ≪국민소득의 증대≫는 예속과 군사화, 빈궁

의 증대이다 |윤자홍

『남조선문제』 제10호(통권 153), 조국통일사, 1977, 23~27쪽

■ 박정희괴뢰도당의 ≪경제근대화≫책동의 반동적본질 |리행호

『사회과학』 제4호(통권 29), 사회과학출판사, 1978, 48~52쪽

1980~1989 ●●●

■ 현괴뢰정권의 반동적인 경제정책동향 |서정화

『남조선문제』 제8호(통권 187), 조국통일사, 1980, 42~44쪽

■ 남조선에서 빈부의 차이를 낳는 ≪국민소득≫분배의 격차의 심화 |방순철

『남조선문제』 제10호(통권 199), 조국통일사, 1981, 43~45쪽

■ [론평] 전쟁과 수탈, 매국을 위한 범죄적≪계획≫ |서정화

『남조선문제』 제4호(통권 204), 조국통일사, 1982, 58~59쪽

■ 「제5차 경제사회 발전 5개년 계획」비판 |강행우

『조선문제연구』 제22호, 조선문제연구소, 1982, 223~256쪽

■ 이른바≪빈부격차축감≫시책과 그 반동성 |최관익

『남조선문제』 제6호(통권 218), 조국통일사, 1983, 43~49쪽

■ 남조선에서 ≪국민소득≫분배의 식민지적특징 |최관익

『남조선문제』 제9호(통권 221), 조국통일사, 1983, 45~47쪽

■ 괴뢰도당의 허황한 ≪안정경제성장정책≫ |리신순

『남조선문제』 제1호(통권 225), 조국통일사, 1984, 42~45쪽

■ ≪경제사회발전계획≫의 파탄과 그 배경 |장 호

『남조선문제』 제3호(통권 227), 조국통일사, 1984, 51~54쪽

■ ≪국민소득≫지표의 허황성 |김창우

『남조선문제』 제10호(통권 246), 조국통일사, 1985, 52~56쪽

■ [학습 참고 자료] 죽음의 ≪국토개발≫현장

『남조선문제』 제4호(통권 258), 조국통일사, 1987, 62~64쪽

- [사회경제문제] 속이 빈 남조선 경제 ㅣ손종철

  『국제생활』 제2호(통권 25), 국제생활사, 1988, 41~44쪽

1990~1999 ....

- 남조선괴뢰도당이 조작한 제6차 ≪사회경제개발5개년계획≫(1987－1991
  년)의 반동적본질과 그 전면적파탄 ㅣ준박사 리신순

  『김일성종합대학학보』[경제학편] 제38권 제1호(통권 199), 김일성종합대학출판사, 1992,
  71~75쪽

- 남조선≪국토계획제도≫의 반동성 ㅣ준박사 리주민

  『김일성종합대학학보』[력사법학편] 제40권 제3호(통권 234), 김일성종합대학출판사,
  1994, 60~64쪽

4. 재정금융, 국민생활

1950~1959

- 남조선 경제의 파멸과 근로 인민들의 빈궁상 |신성호
  『근로자』 제11호(통권 57), 로동신문사, 1950, 35~56쪽

- 최근의 남조선 사회상 |명 소
  『국제생활』 제14호, 조선중앙통신사, 1953, 8~10쪽

- 폭등하는 남조선 물가와 참담한 인민들의 생활
  『국제생활』 제20호, 조선중앙통신사, 1954, 10~12쪽

- 남조선에서의 환률 변경과 그의 영향 |홍순국
  『국제생활』 제20호, 조선중앙통신사, 1955, 5~7쪽

- 심화되는 남 조선의 악성 인플레 |최명소
  『국제생활』 제9호, 조선중앙통신사, 1955, 3~5쪽

- 남조선의 재정에 관하여 |박진산
  『조선문제연구』 제4호, 조선문제연구소, 1957, 29~47쪽

- 미제 강점하 남반부에서의 조세에 의한 농민 략탈 |김춘점
  『경제연구』 제1호, 조선민주주의인민공화국과학원, 1958, 105~121쪽

- 「초긴축정책」과 남조선 경제의 예속체제 강화 |백종원
  『조선문제연구』 제2권 제2호, 조선문제연구소, 1958, 34~44쪽

- 미제 강점하에 신음하는 남반부 실업자들과 류랑 고아들을 구제할 데 대
  하여
  『직맹생활』 제9호(통권 25), 직업동맹출판사, 1958, 2~3쪽

- 남반부 실업자들과 류랑 고아들에게 이 행복을 꼭 안겨 주자 ㅣ윤인규

  『직맹생활』 제9호(통권 25), 직업동맹출판사, 1958, 24~25쪽

- 남조선 괴뢰 정부 재정의 파탄 ㅣ리운태

  『근로자』 제4호(통권 161), 근로자사, 1959, 85~89쪽

- 남조선괴뢰정부의 ≪1959년 재정 안정계획≫의 파탄과 그의 후과 ㅣ박태원

  『재정금융』 제12호(통권 37), 국립출판사, 1959, 8~11쪽

1960~1969 ●●●

- ≪딸라의 환률 인상≫ 및 ≪남조선의 공업 생산 수준≫에 대한 토론회

  『경제연구』 제2호, 조선민주주의인민공화국과학원, 1960, 68쪽

- 미제에 의한 남조선 ≪환률≫인상의 략탈적 본질 ㅣ전영호

  『경제연구』 제2호, 조선민주주의인민공화국과학원, 1960, 1~12쪽

- 파국에 처한 남조선 재정 금융 ㅣ박태원

  『재정금융』 제10호, 국립출판사, 1961, 28쪽

- 1961년도 남조선 괴뢰 정부 예산의 반동적 본질 ㅣ김광수

  『재정금융』 제4호, 국립출판사, 1961, 28쪽

- 남조선에서의 인플레의 앙진과 그 후과 ㅣ김기호

  『재정금융』 제6호, 국립출판사, 1961, 21쪽

- 국민 소득에서 본 남조선 경제의 파탄과 인민 생활의 령락 ㅣ경제학학사 김재은

  『경제연구』 제3호, 과학원출판사, 1963, 28~36쪽

- 남조선「재정」의 식민지적 성격 ㅣ강순익

  『조선문제연구』 제5권 제1호, 조선문제연구소, 1963, 117~135쪽

- 남조선에서의 지폐 과잉발행에 관하여 ㅣ강행우

  『조선문제연구』 제5권 제1호, 조선문제연구소, 1963, 136~156쪽

- 환률인상과 남조선경제 ㅣ전기홍
  『근로자』 제15호(통권 253), 근로자사, 1964, 27~33쪽

- 남조선괴뢰≪정부≫ 재정의 식민지적 성격 ㅣ재일본조선인과학자협회 조선문
  제연구소 강순익
  『조선민주주의인민공화국15주년기념론문집』, 사회과학원출판사, 1964, 203~216쪽

- 군사≪정권≫의 금융정책과 남조선 금융의 파국상 ㅣ박진산
  『조선민주주의인민공화국15주년기념론문집』, 사회과학원출판사, 1964, 217~233쪽

- 일제 강점하의 조선의 물가 추세와 미제 강점하의 남조선의 물가추세 ㅣ재일
  본조선인과학자협회 조선대학 강행우
  『조선민주주의인민공화국15주년기념론문집』, 사회과학원출판사, 1964, 235~252쪽

- 과연 ≪균형≫과 ≪안정≫의 예산인가? ㅣ박 철
  『남조선문제』 제1호, 남조선문제출판사, 1965, 59쪽

- 미제 강점 후 남조선에서 인플레의 가일층의 격화와 그 기본 요인 ㅣ김기호
  『경제연구』 제3호(통권 42), 사회과학원출판사, 1965, 31~39쪽

- [문답] ≪환률 현실화≫란 무엇인가
  『남조선문제』 제5호(통권 11), 남조선문제출판사, 1965, 61~64쪽

- 은행 체계를 통한 착취 ㅣ김기호
  『남조선문제』 제7호(통권 13), 남조선문제출판사, 1965, 21~25쪽

- 남조선 재정 지출의 군사적 성격 ㅣ김광수
  『남조선문제』 제7호(통권 13), 남조선문제출판사, 1965, 26~33쪽

- ≪금리 현실화≫에 대하여 ㅣ장성호
  『남조선문제』 제11.12호(통권 17), 남조선문제출판사, 1965, 24~28쪽

- 미제의 군사화 정책에 복무하는 남조선 재정 ㅣ김광수
  『근로자』 제22호(통권 284), 근로자사, 1965, 30~38쪽

- 1966년도 괴뢰 정부 재정 ≪예산≫의 본질과 특성 ㅣ홍옥도
  『남조선문제』 제1호(통권 18), 남조선문제출판사, 1966, 29~34쪽

- [학계소식] 남조선 화폐체계와 그 위기의 심화 ㅣ강좌장, 김기호
  『경제연구』 제3호(통권 46), 사회과학원출판사, 1966, 49~50쪽

■ 남조선에서 당면한 생활개선투쟁을 강화하기 위하여 ㅣ리기서

『남조선문제』 제12호(통권 29), 조국사, 1966, 9~16쪽

■ [자료] 1967년도 괴뢰정부≪예산≫ ㅣ천 일

『남조선문제』 제3호(통권 32), 조국사, 1967, 46~48쪽

■ [용어 해설] 긴축재정

『남조선문제』 제7호(통권 36), 조국사, 1967, 46쪽

■ [용어 해설] 딸라위기

『남조선문제』 제7호(통권 36), 조국사, 1967, 46쪽

■ 박정희「정권」의 이른바「통화·금융정책」의 기만성에 관하여 -「최근의 물
가는 안정되어 있는가」- ㅣ강행우

『조선문제연구』 제6권 제1호, 조선문제연구소, 1967, 181~208쪽

■ 남조선「재정」의「임전체제화」 ㅣ강순익

『조선문제연구』 제6권 제2호, 조선문제연구소, 1967, II54~78쪽

■ 신전쟁도발책동에 봉사하는 남조선「재정」 ㅣ강순익

『조선문제연구』 제7권 제1호, 조선문제연구소, 1968, 195~226쪽

■ 「임전태세」확립에 봉사하는 남조선 금융기구 - 최근의「개발금융체제확립」
책동의 본질을 중심으로 - ㅣ문공탁

『조선문제연구』 제7권 제1호, 조선문제연구소, 1968, 227~272쪽

■ 달러위기와 남조선의 인플레이션 ㅣ강행우

『조선문제연구』 제7권 제1호, 조선문제연구소, 1968, 273~300쪽

1970~1979

■ [용어 해설] ≪내핍≫

『남조선문제』 제7호(통권 94), 조국통일사, 1972, 48쪽

■ 심각한 경제위기를 반영한 1973년도 남조선괴뢰정부≪예산≫ ㅣ장태호

『남조선문제』 제3호(통권 101), 조국통일사, 1973, 23~27쪽

- 남조선에서의 조세에 대한 몇가지 자료(1)

  『남조선문제』 제3호(통권 101), 조국통일사, 1973, 44~48쪽

- 자본주의세계를 휩쓸고있는 통화위기와 남조선경제 |한경삼

  『남조선문제』 제5호(통권 103), 조국통일사, 1973, 31~37쪽

- 남조선에서의 조세에 대한 몇가지 자료(2)

  『남조선문제』 제5호(통권 103), 조국통일사, 1973, 44~48쪽

- [용어 해설] ≪주민세≫

  『남조선문제』 제6호(통권 104), 조국통일사, 1973, 48쪽

- 남조선에서의 조세에 대한 몇가지 자료(3)

  『남조선문제』 제6호(통권 104), 조국통일사, 1973, 44~47쪽

- 남조선에서의 심각한 식량위기 |리기선

  『남조선문제』 제8호(통권 106), 조국통일사, 1973, 31~35쪽

- ≪실력배양≫의 간판밑에 전쟁준비를 다그치기위한 1974년도 남조선괴뢰정부 ≪재정예산≫ |저자 미확인

  『남조선문제』 제3호(통권 113), 통일신보사, 1974, 25쪽

- 최근 남조선에서의 물건값의 급격한 오름새

  『남조선문제』 제5호(통권 115), 통일신보사, 1974, 44~45쪽

- 박정희괴뢰도당이 벌려놓고있는 략탈적인≪내자동원극대화≫책동 |장문철

  『남조선문제』 제6호(통권 116), 통일신보사, 1974, 19~23쪽

- 현시기 박정희괴뢰도당이 겪고 있는 심각한재정위기 |민종식

  『남조선문제』 제7호(통권 117), 통일신보사, 1974, 13~18쪽

- 1975년도 남조선괴뢰정부의 ≪재정예산≫에 대하여 |저자 미확인

  『남조선문제』 제2호(통권 123), 조국통일사, 1975, 45쪽

- [독자질문에 대한 대답] ≪금록통상부정대출사건≫에 대하여

  『남조선문제』 제3호(통권 124), 조국통일사, 1975, 48쪽

- [용어해설] ≪지압조사≫

  『남조선문제』 제9호(통권 130), 조국통일사, 1975, 48쪽

■ [자료] 치달아오르는 물건값과 료금

『남조선문제』 제3호(통권 158), 조국통일사, 1978, 42~43쪽

■ 남조선은 세상에 더없는 ≪세금지옥≫ | 서정길

『남조선문제』 제4호(통권 159), 조국통일사, 1978, 43~44쪽

■ [용어 해설] ≪어음≫

『남조선문제』 제6호(통권 161), 조국통일사, 1978, 56쪽

■ 활개치는 ≪사채시장≫ | 백기민

『남조선문제』 제6호(통권 161), 조국통일사, 1978, 40~42쪽

■ 엉터리 ≪물가통계≫

『남조선문제』 제7호(통권 162), 조국통일사, 1978, 50쪽

■ 이른바 ≪부가가치세제≫는 무엇을 가져왔는가 | 김장철

『남조선문제』 제7호(통권 162), 조국통일사, 1978, 51~53쪽

■ [용어 해설] ≪사교육비≫

『남조선문제』 제8호(통권 163), 조국통일사, 1978, 55쪽

■ 남조선에서 물건값은 왜 계속 올라가는가 | 서정길

『남조선문제』 제8호(통권 163), 조국통일사, 1978, 46~48쪽

■ [용어 해설] ≪인정과세≫

『남조선문제』 제9호(통권 164), 조국통일사, 1978, 54쪽

■ [용어해설] ≪새마을금고≫

『남조선문제』 제12호(통권 167), 조국통일사, 1978, 54쪽

■ 괴뢰도당의 ≪기업공개≫책동은 무엇을 노리는것인가 | 조희윤

『남조선문제』 제12호(통권 167), 조국통일사, 1978, 51~52쪽

1980~1989

■ 눈덩이처럼 불어나는 ≪사채≫

『남조선문제』 제1호(통권 180), 조국통일사, 1980, 20쪽

■ 괴뢰들의 환률인상이 빚어내고있는 심각한 후과 ㅣ장영호
  『남조선문제』 제4호(통권 183), 조국통일사, 1980, 49~51쪽

■ 구걸길에 오른 남조선
  『조선녀성』 제6호(통권 378), 근로단체출판사, 1980, 52쪽

■ 인민들의 생계를 위협하는 물건값오름새 ㅣ방순철
  『남조선문제』 제8호(통권 187), 조국통일사, 1980, 45~46쪽

■ 딸라위기와 남조선경제 ㅣ방순철
  『남조선문제』 제9호(통권 188), 조국통일사, 1980, 44~46쪽

■ 남조선을 휩쓸고있는 통화팽창 ㅣ최철수
  『남조선문제』 제9호(통권 188), 조국통일사, 1980, 47~48쪽

■ 투기와 협잡으로 뒤엉킨 증권시장 ㅣ안은영
  『남조선문제』 제9호(통권 188), 조국통일사, 1980, 49~51쪽

■ ≪졸업증≫이 아니라 실업증이다-남조선 학교 졸업생들의 비참한 처지-
  ㅣ조희윤
  『남조선문제』 제9호(통권 188), 조국통일사, 1980, 52~53쪽

■ 수탈과 치부의 수단 보험산업 ㅣ김윤순
  『남조선문제』 제11호(통권 190), 조국통일사, 1980, 81~82쪽

■ 혼란에 빠진 재정 수입과 지출 ㅣ방순일
  『남조선문제』 제12호(통권 191), 조국통일사, 1980, 50~51쪽

■ 폭압과 전쟁, 수탈을 위한 괴뢰정부 ≪예산≫ ㅣ리영준
  『남조선문제』 제2,3호(통권 193), 조국통일사, 1981, 53쪽

■ 세금수탈에 피눈이 되여 날뛰는 군사불한당 ㅣ김장철
  『남조선문제』 제2,3호(통권 193), 조국통일사, 1981, 51~52쪽

■ 남조선통화금융체계의 예속성의 심화와 략탈성 ㅣ장 호
  『남조선문제』 제8호(통권 197), 조국통일사, 1981, 43~45쪽

■ 인민들의 목을 조이는 ≪식량절약≫ ㅣ김은숙
  『남조선문제』 제9호(통권 198), 조국통일사, 1981, 44~45쪽

- 통화팽창과 그 요인 ㅣ최철수
  『남조선문제』 제11호(통권 200), 조국통일사, 1981, 36~38쪽

- 생활의 걸음마다에 붙어다니는 세금 ㅣ최철수
  『남조선문제』 제12호(통권 201), 조국통일사, 1981, 41~42쪽

- 흉악한 속심을 드러낸 군사불한당의 올해≪예산≫ ㅣ장 호
  『남조선문제』 제2.3호(통권 203), 조국통일사, 1982, 64쪽

- [토막글] 돈벌레들의 ≪장사≫행위
  『남조선문제』 제4호(통권 204), 조국통일사, 1982, 53쪽

- 세금수탈과 강도적인 ≪가산세≫ ㅣ최철수
  『남조선문제』 제5호(통권 205), 조국통일사, 1982, 61~62쪽

- 모리배들의 돈놀이와 ≪사채≫ ㅣ방순철
  『남조선문제』 제6호(통권 206), 조국통일사, 1982, 49~50쪽

- [론평] 기만적인 ≪빈곤으로부터의 해방≫ 타령 ㅣ리영준
  『남조선문제』 제7호(통권 207), 조국통일사, 1982, 52~53쪽

- [론평] ≪물가오름세심리추방≫놀음은 무엇을 노리는것인가 ㅣ조민철
  『남조선문제』 제9호(통권 209), 조국통일사, 1982, 49~50쪽

- 매판재벌을 위한 ≪은행민영화≫놀음
  『남조선문제』 제3호(통권 215), 조국통일사, 1983, 33쪽

- 극심한 식량난 ㅣ본사기자
  『조선녀성』 제3호(통권 406), 근로단체출판사, 1983, 40쪽

- 괴뢰도당의 재정적자와 ≪국채≫ ㅣ조민철
  『남조선문제』 제3호(통권 215), 조국통일사, 1983, 40~41쪽

- 강도적인 세금수탈책동
  『남조선문제』 제4호(통권 216), 조국통일사, 1983, 37쪽

- ≪은행민영화≫와 괴뢰들의 검은 속심 ㅣ리영준
  『남조선문제』 제5호(통권 217), 조국통일사, 1983, 51~53쪽

- ≪환률≫인상에 대하여
  『남조선문제』 제6호(통권 218), 조국통일사, 1983, 50쪽

- 떨어지는 화폐가치

  『남조선문제』 제8호(통권 220), 조국통일사, 1983, 50쪽

- 괴뢰정부의 심각한 재정위기 |조 민

  『남조선문제』 제11호(통권 223), 조국통일사, 1983, 49~50쪽

- 미제국주의자들에 의한 남조선 금융체계의 재편성과 예속성의 심화 |리찬수

  『김일성종합대학학보』[사회과학편] 제4호(통권 150), 김일성종합대학출판사, 1983, 223~243쪽

- 미제의 식민지적지배와 괴뢰정부재정 |서정환

  『남조선문제』 제3호(통권 227), 조국통일사, 1984, 45~48쪽

- ≪금융실명거래제≫에 대하여

  『남조선문제』 제3호(통권 227), 조국통일사, 1984, 49~50쪽

- 세계최악의 ≪세금지대≫

  『조선녀성』 제6호(통권 415), 근로단체출판사, 1984, 39쪽

- 세금지옥

  『조선녀성』 제6호(통권 415), 근로단체출판사, 1984, 39쪽

- 전두환괴뢰역도의 악랄한 조세수탈책동 |인민대학습당 박계조

  『교원선전수첩』 제8호, 교원신문사, 1984, 125~127쪽

- 금융위기와 그 문제점 |전수동

  『남조선문제』 제11호(통권 235), 조국통일사, 1984, 46~48쪽

- 세금과 민생 |리 환

  『남조선문제』 제11호(통권 235), 조국통일사, 1984, 49~51쪽

- 세금과 민생 |리 환

  『남조선문제』 제12호(통권 236), 조국통일사, 1984, 47~48쪽

- 남조선식민지금융기관들의 취약성과 략탈성 |리찬수

  『김일성종합대학학보』[사회과학편] 제1호(통권 151), 김일성종합대학출판사, 1984, 99~122쪽

- ≪외화내빈≫의 남조선경제 |준박사 김범룡

  『조선사회민주당』 제2호, 조선사회민주당출판사, 1985, 83~89쪽

- ≪재정금융긴축≫놀음과 그 후과 | 장영호

  『남조선문제』 제5호(통권 241), 조국통일사, 1985, 54~57쪽

- 성행하는 ≪지하경제≫ | 전동수

  『남조선문제』 제5호(통권 241), 조국통일사, 1985, 59~60쪽

- 날로 심각화되는 제국주의나라들에서의 재정위기 | 황한욱

  『근로자』 제6호(통권 518), 근로자사, 1985, 88~92쪽

- [상식] ≪국제통화기금≫

  『남조선문제』 제11호(통권 247), 조국통일사, 1985, 61쪽

- 례년에 없던 ≪감원 바람≫

  『남조선문제』 제12호(통권 248), 조국통일사, 1985, 28쪽

- [단신자료] 늘어나는 세금

  『남조선문제』 제1호(통권 249), 조국통일사, 1986, 37쪽

- [단신자료] 지하철 ≪공채≫

  『남조선문제』 제2호(통권 250), 조국통일사, 1986, 45쪽

- 환률변동이 남조선경제에 미치는 후과 | 간덕일

  『남조선문제』 제6호(통권 254), 조국통일사, 1986, 54~57쪽

- [사회경제문제] 남조선금융시장에서 판을 치고있는 미일독점은행 | 박동근

  『국제생활』 제9호(통권 9), 국제생활사, 1986, 44~46쪽

- 값싼 로동력이 홍수처럼 범람하는 남조선 | 한정서

  『교원선전수첩』 제11호, 교원신문사, 1986, 120~123쪽

- [학습참고자료] 미제의 남조선원화시세의 인상압력에 대하여

  『남조선문제』 제3호, 조국통일사, 1987, 60~61쪽

- [학습참고자료] 괴뢰들의 ≪국채≫발행

  『남조선문제』 제4호(통권 258), 조국통일사, 1987, 59~60쪽

- 인민들의 숨통을 조이는 세금올가미 | 서정환

  『남조선문제』 제5호(통권 259), 조국통일사, 1987, 42~44쪽

- 최근 물건값의 오름세와 그 요인 | 장영호

  『남조선문제』 제6호(통권 260), 조국통일사, 1987, 48~50쪽

- [사회경제문제] 미국의 원시세인상강요와 남조선경제 |리근환

  『국제생활』 제6호(통권 41), 국제생활사, 1989, 42~44쪽

1990~1999

- 남조선식민지재정의 군사침략적성격 |준박사 리중현

  『김일성종합대학학보』[경제학편] 제37권 제10호(통권 196), 김일성종합대학출판사, 1991, 64~69쪽

- 더욱 심각화되는 자본주의재정위기 |박은권

  『경제연구』 제1호(통권 74), 사회과학출판사, 1992, 51~53쪽

- 미제에 의하여 조작된 남조선금융의 식민지적예속성 |부교수, 준박사 리중현

  『김일성종합대학학보』[경제학편] 제38권 제11호(통권 209), 김일성종합대학출판사, 1992, 56~60쪽

- 남조선에서 사법경찰비의 증대는 파쑈폭압기구를 강화하기 위한 수단 |준박사 리중현

  『김일성종합대학학보』[경제학편] 제38권 제1호(통권 199), 김일성종합대학출판사, 1992, 67~70쪽

- 현대제국주의 재정, 통화, 금융 제도에서 심화되고있는 파국적위기 |교수, 박사 전영호

  『김일성종합대학학보』[사회과학-경제학편] 제38권 제7호(통권 205), 김일성종합대학출판사, 1992, 78~84쪽

- 실업의 천지로 전락된 남조선 |박홍엽

  『교원선전수첩』 제2호, 교원신문사, 1993, 124~125쪽

- 남조선주식시세의 침체성과 파동성 |박동모

  『경제연구』 제4호(통권 81), 과학백과사전출판사, 1993, 36~38쪽

- 자본주의보험제도의 반동적 본질 |준박사 장영찬

  『경제연구』 제1호(통권 86), 과학백과사전출판사, 1995, 45~47쪽

■ 현시기 자본주의 나라들에서 추진되고 있는 금융의 증권화 │김철호
  『경제연구』 제2호(통권 87), 과학백과사전출판사, 1995, 47~49·53쪽

■ 자본주의나라들에서 금융의 자유화와 그 영향 │준박사 김득삼
  『경제연구』 제4호(통권 89), 과학백과사전출판사, 1995, 53~56쪽

■ 남조선근로대중의 빈궁화와 담세능력의 고갈 │부교수, 학사 리중현
  『김일성종합대학학보』[경제학편] 제43권 제1호(통권 273), 김일성종합대학출판사, 1997,
  57~61쪽

■ ≪금융상품≫의 다양화는 자본주의통화위기의 산물 │김혜경
  『경제연구』 제3호(통권 100), 과학백과사전출판사, 1998, 50~53쪽

■ 남조선통화금융위기의 심화와 국제통화기금의 신탁통치 │부교수, 학사 리
  중현
  『김일성종합대학학보』[철학경제학편] 제45권 제3호(통권 307), 김일성종합대학출판
  사, 1999, 62~66쪽

2000~2009 ●●●●●●●●●●●●●●●●●●●●●●●●●●●●●●●●●●●●●●

■ 자본주의예금시장변화에서 주목되는 몇가지 문제 │김경석
  『경제연구』 제4호(통권 109), 과학백과사전출판사, 2000, 45~47쪽

■ ≪국제통화기금≫의 ≪신탁통치≫밑에 빚어진 ≪실업대란≫과 남조선사
  회의 반인민성 │교수, 박사 석두관
  『김일성종합대학학보』[철학경제학편] 제46권 제1호(통권 313), 김일성종합대학출판
  사, 2000, 58~62쪽

■ 현 시기 자본주의통화금융위기의 일반적특징 │학사 리영남
  『경제연구』 제2호(통권 111), 과학백과사전출판사, 2001, 47~49·53쪽

■ 최근 자본주의부동산시장에서 일어 나고 있는 변화 │장광호
  『경제연구』 제3호(통권 112), 과학백과사전출판사, 2001, 42~44쪽

■ 자본주의나라들에서 로년인구의 사회경제적처지의 악화·│김 훈
  『경제연구』 제4호(통권 113), 과학백과사전출판사, 2001, 54~56쪽

- 통화위기와 그 메커니즘에 대한 고찰(1) ㅣ오민학(정치경제학부)
  『조선대학교학보』 제5호, 조선대학교출판부, 2002, 50~69쪽

- 통화위기와 그 메커니즘에 대한 고찰(2) ㅣ오민학(정치경제학부)
  『조선대학교학보』 제5호, 조선대학교출판부, 2002, 70~81쪽

- 자본주의은행업무의 정보화문제에 대하여 ㅣ후보원사, 교수, 박사 리원경
  『김일성종합대학학보』[철학경제학편] 제48권 제2호(통권 340), 김일성종합대학출판
  사, 2002, 56~60쪽

- 자본주의 ≪조세원칙≫의 반동성 ㅣ학사 김두선
  『경제연구』 제3호(통권 120), 과학백과사전출판사, 2003, 42~44쪽

- 자본주의중앙은행의 ≪인플레목표정책≫의 부당성에 대하여 ㅣ원사, 교수,
  박사 리원경
  『경제연구』 제4호(통권 121), 과학백과사전출판사, 2003, 51~53쪽

- 국제독점에 의한 근로자들의 생활처지의 악화 ㅣ박사, 부교수 리경영
  『김일성종합대학학보』[철학경제학편] 제50권 제4호(통권 370), 김일성종합대학출판
  사, 2004, 82~87쪽

- 자본주의증권류통시장과 그 기능 ㅣ전은숙
  『경제연구』 제1호, 과학백과사전출판사(통권 126), 2005, 43~45쪽

- 자본주의나라 세종구조에서 나타나는 반인민성 ㅣ학사 김두선
  『경제연구』 제4호(통권 129), 과학백과사전출판사, 2005, 50~52쪽

- 자본주의사회에서 화폐자본운동의 특성 ㅣ학사 리영남
  『경제연구』 제4호(통권 129), 과학백과사전출판사, 2005, 53~54쪽

- 정보산업시대 자본주의사회에서 근로인민대중의 생활처지의 악화 ㅣ김홍철
  『경제연구』 제1호(통권 130), 과학백과사전출판사, 2006, 48~51쪽

- 자본주의사회에서 공정금리조작을 통한 통화조절과 그 파탄 ㅣ학사 리영남
  『김일성종합대학학보』[철학경제학편] 제52권 제1호(통권 385), 김일성종합대학출판
  사, 2006, 49~53쪽

- 현대제국주의하에서 국제통화체계의 변화 ㅣ학사 김혜선
  『김일성종합대학학보』[철학경제학편] 제52권 제3호(통권 391), 김일성종합대학출판
  사, 2006, 93~97쪽

- 자본주의나라들에서의 재정과 금융의 융합에 대하여 |원사, 교수, 박사 리원경
  『경제연구』 제1호, 과학백과사전출판사(통권 134), 2007, 41~43쪽

- 자본주의채권시장에서의 변화추이와 그 요인 |한혜순
  『경제연구』 제2호(통권 135), 과학백과사전출판사, 2007, 51~53쪽

- [상식] 자본주의신용공황에 대하여 |학사 리영남
  『경제연구』 제3호(통권 136), 과학백과사전출판사, 2007, 56쪽

- 화폐경제의 외곡된 모습(1) |원사, 교수, 박사 리원경
  『경제연구』 제4호(통권 137), 과학백과사전출판사, 2007, 39~41쪽

- 투자신탁거래와 그 투기적성격 |리충심
  『경제연구』 제4호(통권 137), 과학백과사전출판사, 2007, 42~43 · 48쪽

- 자본주의사회에서 증권투기행위와 그로 인한 경제위기의 심화 |현철남
  『경제연구』 제1호(통권 138), 과학백과사전출판사, 2008, 45~47쪽

- 자본주의상업은행들이 다국적은행화에로 나가게된 원인 |고은주
  『경제연구』 제1호(통권 138), 과학백과사전출판사, 2008, 48~49쪽

- 금융의 ≪국제화≫와 그 파국적 후과 |강경희
  『경제연구』 제2호(통권 139), 과학백과사전출판사, 2008, 48~49쪽

- 금융과두정치 |김봉주
  『교원선전수첩』 제2호(통권 385), 교육신문사, 2009, 18쪽

- 국제채권시장에서 자본거래의 변화 |리전혁
  『사회과학원학보』 제4호(통권 65), 사회과학원출판사, 2009, 64쪽

- 국제채권시장의 구조상변화 |리전혁
  『경제연구』 제4호(통권 145), 과학백과사전출판사, 2009, 40~41 · 44쪽

- 자본주의사회에서 소비자신용의 확대는 경제공황의 폭발을 촉진시키는 요인 |홍 강
  『경제연구』 제4호(통권 145), 과학백과사전출판사, 2009, 49~50쪽

- 자본주의국가의 통화금융적간섭과 후과 |교수, 박사 리경영
  『경제연구』 제4호(통권 145), 과학백과사전출판사, 2009, 55~56쪽

■ 자본주의지불준비률조작과 그 취약성 ㅣ리영남
『김일성종합대학학보』[철학경제학편] 제55권 제1호(통권 421), 김일성종합대학출판
사, 2009, 117~122쪽

■ 현대자본주의은행의 기본특징 ㅣ김소영
『김일성종합대학학보』[철학경제학편] 제55권 제2호(통권 424), 김일성종합대학출판
사, 2009, 112~116쪽

■ 자본주의세계에서 증권시장의 확대와 그 원인 ㅣ리전혁
『김일성종합대학학보』[철학경제학편] 제55권 제3호(통권 427), 김일성종합대학출판
사, 2009, 136~139쪽

■ 조세회피, 조세전가를 통하여 발로되는 자본주의조세수탈의 반인민성 ㅣ김
두선
『김일성종합대학학보』[철학경제학편] 제55권 제3호(통권 427), 김일성종합대학출판
사, 2009, 140~144쪽

■ 자본주의사회에서 금리에 영향을 주는 요인과 금리파동 ㅣ오철훈
『김일성종합대학학보』[철학경제학편] 제4호(통권 430), 김일성종합대학출판사, 2009,
109~112쪽

5. 대외경제

1940~1949

- 남조선을 분활예속화하려는 미국의 군사적 경제적 정책 ㅣ석 국
  『근로자』 제12호(통권 22), 로동신문사, 1948, 94~110쪽

- 미제국주의자들의 소위경제원조와 남조선인민들의 생활형편 ㅣ유 연
  『조선녀성』 제3호, 조선녀성사, 1949, 22~25쪽

1950~1959

- 미제의 남조선 부흥 원조의 정체 ㅣ최명소
  『국제생활』 제11호, 조선중앙통신사, 1955, 3~5쪽

- 남조선에 대한 미제의 소위 ≪경제 원조≫와 그의 결과 ㅣ최명소
  『국제생활』 제9호, 국제생활사, 1956, 27~29쪽

- [자료] 한미우호통상항해조약(전문)
  『조선문제연구』 제1호, 조선문제연구소, 1957, 80~89쪽

- 남조선에 대한 미국의 「경제원조」정책의 침략적 본질 ㅣ정송은
  『조선문제연구』 제3호, 조선문제연구소, 1957, 44~63쪽

- 남조선에 대한 미제의 ≪경제원조≫정책의 침략적 본질 ㅣ정성언
  『근로자』 제5호(통권 138), 근로자사, 1957, 86~97쪽

- 미제의 략탈적 ≪원조≫와 남조선 경제의 예속과 파탄 ㅣ조 연
  『국제생활』 제12호, 국제생활사, 1958, 6~9쪽

1960~1969

- 남조선에 대한 미국의 침략적 ≪원조≫와 그의 경제적 후과 ㅣ리동탁, 윤상우
  『경제연구』 제3호, 조선민주주의인민공화국과학원, 1960, 23~34쪽

- 남조선에 대한 미 제국주의의 ≪원조≫의 침략적 본질 ㅣ리동탁
  『력사과학』 제5호, 조선민주주의인민공화국과학원출판사, 1960, 25~32쪽

- 예속과 략탈의 도구 ㅣ김 현
  『근로자』 제7호(통권 176), 근로자사, 1960, 30~38쪽

- 아메리카의 남조선 「원조」의 과정과 특징 ㅣ백종원
  『조선문제연구』 제4권 제1호, 조선문제연구소, 1960, 10~22쪽

- 미국독점자본에 예속된 남조선경제 ㅣ리동탁
  『8.15해방15주년기념경제론문집』 과학원출판사, 1960, 187~236쪽

- 남북 경제학자들은 힘을 합쳐 나라의 통일적 경제 발전을 위한 방도를 연구하자 ㅣ김광진
  『경제연구』 제1호, 조선민주주의인민공화국과학원, 1961, 1~8쪽

- [독자들의 질문에 대한 대답] ≪한미 경제 및 기술협정≫에 침략적 본질 ㅣ김경현
  『근로자』 제3호(통권 184), 근로자사, 1961, 59~62쪽

- 군사 파쑈 도당들의 ≪외자 도입≫책동의 매국적 본질 ㅣ김광수
  『재정금융』 제12호, 국립출판사, 1961, 16쪽

- 미제와 그 앞잡이들의 식민지 략탈적 ≪원조 효율 극대화≫책동과 ≪외자 도입≫-4월 인민 봉기 이후- ㅣ김종회
  『조선대학학보』(통권 2), 조선대학, 1961, 41~72쪽

- 미제에 의한 일본 독점 자본의 재생과 남조선 침투를 위한 그의 야망 ㅣ심재홍
  『경제연구』 제1호, 과학원출판사, 1962, 31~40쪽

- [론문] 남조선에서 미제의 ≪경제 원조≫를 공간으로 한 과잉 상품의 강제 수입과 그의 경제적 후과 ㅣ리동탁
  『경제연구』 제6호, 과학원출판사, 1962, 38~49쪽

- [학계 소식] 남조선에 대한 미국 ≪경제 원조≫와 그 후과 ㅣ리동탁

  『경제연구』 제3호, 과학원출판사, 1963, 66~67쪽

- 남조선에 대한 미국 ≪경제 원조≫의 성격 ㅣ리동탁

  『경제연구』 제4호, 과학원출판사, 1963, 48~52쪽

- [문답학습] 보세 가공 무역이란 무엇인가 ㅣ서성준

  『근로자』 제9호(통권 223), 근로자사, 1963, 40~44쪽

- 일본 독점자본의 해외 팽창정책과 남조선 재침략에 관하여 ㅣ조성훈

  『조선문제연구』 제5권 제1호, 조선문제연구소, 1963, 59~80쪽

- 남조선에 침투하고 있는 일본 독점 자본 ㅣ한금천

  『근로자』 제4호(통권 242), 근로자사, 1964, 32~37쪽

- 일본 독점 자본의 해외팽창정책과 남조선에 대한 재침략 책동 ㅣ재일본조선인과학자협회 조선문제연구소 조성훈

  『조선민주주의인민공화국15주년기념론문집』, 사회과학원출판사, 1964, 143~177쪽

- ≪수출진흥정책≫은 무엇을 노리는가 ㅣ신채광

  『남조선문제』 제3호, 남조선문제출판사, 1965, 34쪽

- 미국 ≪경제원조≫의 본질 ㅣ윤영호

  『남조선문제』 제3호, 남조선문제출판사, 1965, 40쪽

- [지상토론] 미국 ≪경제원조≫의 본질과 특징 ㅣ김수영

  『남조선문제』 제6호(통권 12), 남조선문제출판사, 1965, 58~64쪽

- 남조선 대외 무역의 특성 ─대외 무역 구조를 중심으로─ ㅣ박영필

  『남조선문제』 제7호(통권 13), 남조선문제출판사, 1965, 40~47쪽

- 최근 남조선에 대한 일본 독점 자본의 경제적 침략 책동 ㅣ박 강

  『남조선문제』 제9호(통권 15), 남조선문제출판사, 1965, 21~26쪽

- [지상토론] 미제 ≪경제원조≫의 본질 ㅣ최우룡

  『남조선문제』 제9호(통권 15), 남조선문제출판사, 1965, 50~52쪽

- [문답학습] ≪주한 미 국제 개발처≫의 정체 ㅣ박노욱

  『근로자』 제4호(통권 290), 근로자사, 1966, 61~64쪽

- [자료] 자주성을 상실케 한 ≪경제원조≫(남조선 출판물에서)

  『남조선문제』 제5호(통권 22), 남조선문제출판사, 1966, 46~48쪽

- 남조선에 대한 ≪국제 경제 협의체≫의 침략성 ㅣ김규걸

  『남조선문제』 제7호(통권 24), 조국사, 1966, 26~30쪽

- ≪한일경제협력≫의 본질 ㅣ장영호

  『남조선문제』 제12호(통권 29), 조국사, 1966, 24~30쪽

- 박정희도당의 외자도입과 ≪자유화≫책동의 본질 ㅣ김수영

  『남조선문제』 제1호(통권 30), 조국사, 1967, 24~28쪽

- ≪한일경제각료간담회≫

  『남조선문제』 제4호(통권 33), 조국사, 1967, 47쪽

- 구라파자본의 남조선침투 ㅣ리 식

  『남조선문제』 제5호(통권 34), 조국사, 1967, 43~45쪽

- [용어 해설] 지불협정

  『남조선문제』 제6호(통권 35), 조국사, 1967, 48쪽

- [용어 해설] 통상협정

  『남조선문제』 제6호(통권 35), 조국사, 1967, 48쪽

- [용어 해설] 차관

  『남조선문제』 제6호(통권 35), 조국사, 1967, 48쪽

- [자료] 박정희도당의 대외부채와 그 상환능력 ㅣ리 식

  『남조선문제』 제8호(통권 37), 조국사, 1967, 44~46쪽

- [용어 해설] 기술제휴

  『남조선문제』 제9호(통권 38), 조국사, 1967, 47~48쪽

- [실태자료] 박정희도당의 ≪인력수출정책≫의 진상

  『남조선문제』 제10호(통권 39), 조국사, 1967, 43~46쪽

- 일본 독점자본의 남조선 재침략에 있어서 최근의 특징에 관하여 ㅣ조성훈

  『조선문제연구』 제6권 제1호, 조선문제연구소, 1967, 59~88쪽

- 남조선 무역의 특징에 관하여—대미·대일 예속화의 심화를 중심으로— ㅣ조성훈

  『조선문제연구』 제6권 제2호, 조선문제연구소, 1967, Ⅱ26~53쪽

1970~1979

- 남조선에 대한 외국독점자본의 침입형태와 그 략탈적성격 ㅣ저자 미확인
  『남조선문제』 제6호, 조국통일사, 1971, 37쪽
- ≪수출자유지역≫의 설치와 그를 통한 일본독점 자본의 남조선침투의 강화
  『남조선문제』 제10호(통권 85), 조국통일사, 1971, 26~30쪽
- ≪한일경제협력≫의 군사침략적성격 ㅣ최수련
  『남조선문제』 제12호(통권 87), 조국통일사, 1971, 30~35쪽
- 남조선당국자들의 ≪수출진흥≫책동의 반동적본질과 그 후과 ㅣ리정구
  『남조선문제』 제11호(통권 97), 조국통일사, 1972, 30~35쪽
- [용어 해설] ≪사양산업≫
  『남조선문제』 제1호(통권 99), 조국통일사, 1973, 48쪽
- 일본군국주의의 남조선에 대한 경제적 침략과 그 후과(2) ㅣ현호범
  『남조선문제』 제1호(통권 99), 조국통일사, 1973, 36~41쪽
- 남조선에 침투하고있는 미국사독점자본의 침략적 및 략탈적본질 ㅣ한계현
  『남조선문제』 제4호(통권 102), 조국통일사, 1973, 43~48쪽
- [용어 해설] ≪관세정액환급제≫
  『남조선문제』 제7호(통권 105), 조국통일사, 1973, 48쪽
- 무역을 통한 일본군국주의자들의 남조선에 대한 침투와 략탈 ㅣ리정수
  『남조선문제』 제7호(통권 105), 조국통일사, 1973, 36~40쪽
- 남조선경제를 일본경제권에 끌어넣기 위한 일본군국주의자들의 악랄한 책동 ㅣ장영호
  『남조선문제』 제8호(통권 106), 조국통일사, 1973, 25~30쪽
- 외래독점자본을 제한없이 끌어들이는 박정희괴뢰도당의 매국배족적죄행 ㅣ한계현
  『남조선문제』 제10호(통권 108), 통일신보사, 1973, 20~25쪽
- 남조선에 대한 미제의 ≪원조≫정책과 그 경제적후과 ㅣ김범룡
  『남조선문제』 제10호(통권 108), 통일신보사, 1973, 26~31쪽

- [용어 해설] ≪엔차관≫

  『남조선문제』 제11호(통권 109), 통일신보사, 1973, 48쪽

- 남조선경제를 삼키려는 일본군국주의자들의 악랄한 책동 | 김광수

  『근로자』 제11호(통권 379), 근로자사, 1973, 53~58쪽

- 남조선에서 더욱 늘어나는 대외부채 | 리진경

  『남조선문제』 제12호(통권 110), 통일신보사, 1973, 21~25쪽

- ≪일한경제협력≫의 간판밑에 본격화되고있는 일본독점기업진출의 침략성 | 저자 미확인

  『남조선문제』 제3호(통권 113), 통일신보사, 1974, 19쪽

- 남조선에 대한 국제독점자본의 대기업-≪다국적기업≫의 침투와 그 후과 | 한계현

  『남조선문제』 제7호(통권 117), 통일신보사, 1974, 19~23쪽

- ≪근대화≫의 미명밑에 감행되고 있는 남조선에 대한 미제의 식민지경제정책의 특징 | 김정기

  『경제론문집』 제5호, 사회과학출판사, 1975, 169~204쪽

- 박정희괴뢰도당이 떠벌이는 ≪수출립국론≫은 남조선경제의 예속과 파탄을 심화시키는 망국론 | 한계현

  『남조선문제』 제5호(통권 126), 조국통일사, 1975, 24~29쪽

- 최근 박정희괴뢰도당의 망국적 ≪외자도입≫정형과 그 후과 | 저자 미확인

  『남조선문제』 제6호(통권 127), 조국통일사, 1975, 33쪽

- 일본군국주의자들의 남조선경제에 대한 예속화책동은 엄중한 상태에 이르고있다 | 장영호

  『남조선문제』 제8호(통권 129), 조국통일사, 1975, 28~34쪽

- 미제강점하의 남조선경제는 철저한 예속과 파산몰락의 길을 걸어왔다 | 한유선

  『남조선문제』 제10호(통권 131), 조국통일사, 1975, 38~42쪽

- 남조선에 대한 비밀원조계획 | 강순익

  『조선문제연구』 제21호, 조선문제연구소, 1975, 443~468쪽

- 「한」일 무역의 현단계-구조적 대일 종속성을 중심으로- |성수일
  『조선문제연구』 제21호, 조선문제연구소, 1975, 523~556쪽

- 박「정권」의 일본자본 도입과정에서의 부정부패 |장선옥
  『조선문제연구』 제21호, 조선문제연구소, 1975, 557~594쪽

- 원자재수급을 틀어쥐고 남조선경제를 지배하기 위한 일본군국주의자들의 악랄한 책동 |장영호
  『남조선문제』 제2호(통권 135), 조국통일사, 1976, 21~24쪽

- ≪인도지나사태≫이후 남조선에 대한 일본군국주의자들의 경제적침투의 강화와 그 배경 |박태원
  『남조선문제』 제5.6호(통권 138), 조국통일사, 1976, 40~45쪽

- 남조선에 대한 일본군국주의자들의 ≪경제협력≫의 군사침략적성격 |장동수
  『남조선문제』 제11.12호(통권 143), 조국통일사, 1976, 18~22쪽

- 「한일경제협력권」형성의 실상-일본자본의 생태와 그 병리- |성수일
  『조선문제연구』 제21호, 조선문제연구소, 1976, 253~306쪽

- [자료] 무역을 통한 일본독점자본의 남조선침투
  『남조선문제』 제3호(통권 146), 조국통일사, 1977, 41~45쪽

- [용어 해설] ≪과실송금≫
  『남조선문제』 제4호(통권 147), 조국통일사, 1977, 48쪽

- 남조선에 침투한 미국 ≪다국적기업≫은 악랄한 착취자, 략탈자이며 지배자이다 |림희순
  『남조선문제』 제5호(통권 148), 조국통일사, 1977, 34~38쪽

- [자료] 외래독점자본의 남조선침투실태
  『남조선문제』 제7호(통권 150), 조국통일사, 1977, 39~42쪽

- [독자들의 대한 대답] ≪한미경제협의회≫란 무엇인가
  『남조선문제』 제1호(통권 156), 조국통일사, 1978, 54쪽

- 경제관계를 통한 ≪한≫일 유착 |오무영
  『남조선문제』 제1호(통권 156), 조국통일사, 1978, 50~51쪽

- 남조선은 외국의 빚을 얼마나 지고있는가
  『남조선문제』 제4호(통권 159), 조국통일사, 1978, 45쪽

- [용어 해설] ≪수출선수금≫
  『남조선문제』 제5호(통권 160), 조국통일사, 1978, 56쪽

- 박정희괴뢰도당이 떠벌이는 이른바 ≪수출립국≫의 기만성 |백기민
  『남조선문제』 제5호(통권 160), 조국통일사, 1978, 35~37쪽

- 최근 박정희괴뢰도당의 외자도입책동과 그 반동성 |김장철
  『남조선문제』 제5호(통권 160), 조국통일사, 1978, 40~42쪽

- 남조선에 침투한 일본독점기업체의 실태
  『남조선문제』 제6호(통권 161), 조국통일사, 1978, 43~44쪽

- 땅속의 궤도로 오가는 검은 돈뭉치 |김유영
  『남조선문제』 제7호(통권 162), 조국통일사, 1978, 48~49쪽

- 최근 미국≪다국적기업≫의 남조선침투에서 나타나고있는 몇가지 특징 |조희윤
  『남조선문제』 제8호(통권 163), 조국통일사, 1978, 41~43쪽

- [용어 해설] ≪기술제휴≫
  『남조선문제』 제9호(통권 164), 조국통일사, 1978, 54쪽

- [자료] ≪제7광구≫
  『남조선문제』 제9호(통권 164), 조국통일사, 1978, 42~43쪽

- 침략과 매국의 궤도우를 달리는 ≪한일경제협력≫ |서정길
  『남조선문제』 제9호(통권 164), 조국통일사, 1978, 44~46쪽

- 남조선에 기여든 외국독점은행실태
  『남조선문제』 제10호(통권 165), 조국통일사, 1978, 48~49쪽

- ≪자전거경제≫
  『남조선문제』 제11호(통권 166), 조국통일사, 1978, 37쪽

- 남조선에서 짜내고있는 미국독점자본의 폭리 |조희윤
  『남조선문제』 제11호(통권 166), 조국통일사, 1978, 41~42쪽

- 식민지적성격이 강화되는 남조선대외무역 |장영호

  『남조선문제』 제6호(통권 185), 조국통일사, 1980, 43~45쪽

- 일본반동들의 침략적 ≪경제협력≫의 최근 추세 |리영준

  『남조선문제』 제6호(통권 185), 조국통일사, 1980, 58~60쪽

- ≪차관≫은 지배와 략탈의 도구 |서정철

  『남조선문제』 제6호(통권 185), 조국통일사, 1980, 63~64쪽

- 침략의 검은손을 깊이 뻗치고있는 미일≪다국적기업≫ |서천일

  『남조선문제』 제8호(통권 187), 조국통일사, 1980, 59~61쪽

- 남조선에 대한 식민지경제정책수행에서 일본을 리용, 통제하려는 미제의 책동 |장남수

  『남조선문제』 제8호(통권 187), 조국통일사, 1980, 62~64쪽

- 전두환일당을 경제적으로 뒤받침하기위한 미제의 책동 |장인철

  『남조선문제』 제9호(통권 188), 조국통일사, 1980, 61~62쪽

- ≪마산수출자유지역≫과 일본독점자본의 치부 |오명주

  『남조선문제』 제10호(통권 189), 조국통일사, 1980, 61~62쪽

- 남조선에서 활개치는 외래독점상사들 |서정철

  『남조선문제』 제10호(통권 189), 조국통일사, 1980, 63~64쪽

- 남조선에 대한 경제적지배체계를 강화하기위한 미제의 책동 |우정남

  『남조선문제』 제11호(통권 190), 조국통일사, 1980, 93~94쪽

- 침략적이며 예속적인 ≪한일수직분업체계≫ |조희윤

  『남조선문제』 제11호(통권 190), 조국통일사, 1980, 95~96쪽

- 긴급≪채권국회의≫는 무엇을 보여주는가 |장 호

  『남조선문제』 제12호(통권 191), 조국통일사, 1980, 48~49쪽

- 전두환도당을 경제적으로 뒤받침하기 위한 일본반동들의 책동 |서정학

  『남조선문제』 제12호(통권 191), 조국통일사, 1980, 63~64쪽

- 미다국적은행과 남조선에서의 엄청난 리윤 |방순철

  『남조선문제』 제1호(통권 192), 조국통일사, 1981, 63~64쪽

■ 남조선대외무역을 지배통제하기 위한 미제의 책동 |김수영
  『남조선문제』 제2.3호(통권 193), 조국통일사, 1981, 62~64쪽

■ 전두환도당의 매국배족적인 외자구걸놀음 |장 호
  『남조선문제』 제4.5호(통권 194), 조국통일사, 1981, 40~41쪽

■ ≪민간교역≫의 간판밑에 강화되는 일본반동들의 남조선재침책동 |강일봉
  『남조선문제』 제4.5호(통권 194), 조국통일사, 1981, 56~58쪽

■ 남조선경제의 명줄을 조이는 미다국적기업 |방웅걸
  『남조선문제』 제4.5호(통권 194), 조국통일사, 1981, 61~62쪽

■ 최근 경제적침략을 강화하기 위한 일본반동들의 움직임 |리영철
  『남조선문제』 제7호(통권 196), 조국통일사, 1981, 63~64쪽

■ 집권≪안보≫를 꾀한 매국적인 ≪방안≫ |리영준
  『남조선문제』 제12호(통권 201), 조국통일사, 1981, 40쪽

■ 매국노의 ≪안보차관≫ 구걸놀음 |서정화
  『남조선문제』 제1호(통권 202), 조국통일사, 1982, 47~48쪽

■ 남조선에 대한 미일독점자본의 직접투자와 그 특징 |리영준
  『남조선문제』 제4호(통권 204), 조국통일사, 1982, 60~62쪽

■ 남조선은 외국독점은행들의 ≪황금시장≫ |서정화
  『남조선문제』 제5호(통권 205), 조국통일사, 1982, 56~57쪽

■ 드러난 쌀부정거래사건 |최철수
  『남조선문제』 제6호(통권 206), 조국통일사, 1982, 42~44쪽

■ 남조선에서 성행하는 밀수행위 |주영걸
  『남조선문제』 제6호(통권 206), 조국통일사, 1982, 45~46쪽

■ 남조선의 대외채무와 그 특징 |장 호
  『남조선문제』 제7호(통권 207), 조국통일사, 1982, 49~51쪽

■ [토막글] 미일독점체들의 ≪투자의 락원≫
  『남조선문제』 제8호(통권 208), 조국통일사, 1982, 44쪽

■ 일본반동들의 대남조선경제정책의 최근동향 |장 호
  『남조선문제』 제8호(통권 208), 조국통일사, 1982, 39~41쪽

■ 일본군국주의자들의 남조선재침책동은 조국통일을 방해하는 또하나의 장
  애물 ｜김윤명
  『남조선문제』 제8호(통권 208), 조국통일사, 1982, 42~44쪽

■ 미제의 ≪자원전략≫과 남조선 ｜정성호
  『남조선문제』 제9호(통권 209), 조국통일사, 1982, 25~27쪽

■ ≪국제수지≫의 악화와 그 요인 ｜장 호
  『남조선문제』 제9호(통권 209), 조국통일사, 1982, 46~48쪽

■ [자료] 경제를 틀어쥔 ≪숨은정부≫-남조선주재 ≪미국제개발국≫의 정체-
  『남조선문제』 제10호(통권 210), 조국통일사, 1982, 33~34쪽

■ [식민지략탈의 올가미] -미제의 남조선에 대한 식민지 수탈과 착취를 합
  법화한 경제관계 ≪조약≫과 ≪협정≫- ｜최수림
  『남조선문제』 제11호(통권 211), 조국통일사, 1982, 45~46쪽

■ 탐욕스러운 미국독점자본의 ≪비육장≫ ｜김호철
  『남조선문제』 제11호(통권 211), 조국통일사, 1982, 50~51쪽

■ 대외의존형 경제정책 비판과 남북경제교류 ｜성수일
  『조선문제연구』 제2호, 조선문제연구소, 1982, 131~166쪽

■ 국제수지와 대외채무의 문제점 ｜최한호, 윤성용
  『조선문제연구』 제22호, 조선문제연구소, 1982, 257~290쪽

■ 미제에게 일확천금을 보장하는 ≪주보제도≫
  『남조선문제』 제1호(통권 213), 조국통일사, 1983, 45쪽

■ [자료] 세계 제3위의 대외채무자-남조선괴뢰들의 대외부채실태-
  『남조선문제』 제1호(통권 213), 조국통일사, 1983, 43~44쪽

■ 예속과 파산을 몰아오는 군수산업육성놀음 ｜장 호
  『남조선문제』 제1호(통권 213), 조국통일사, 1983, 46~48쪽

■ ≪경제개방≫책동과 그 배경 ｜장 호
  『남조선문제』 제3호(통권 215), 조국통일사, 1983, 30~33쪽

■ 20세기말기의 추악한 동족매매업자-남조선괴뢰들의 ≪인력수출≫실태-
  『남조선문제』 제3호(통권 215), 조국통일사, 1983, 34~36쪽

- [상식] ≪다국적기업≫
  『남조선문제』 제5호(통권 217), 조국통일사, 1983, 54쪽

- 대일무역적자의 증대와 그 요인 │장 호
  『남조선문제』 제5호(통권 217), 조국통일사, 1983, 48~50쪽

- 남조선에 뻗친 ≪국제경제협의체≫의 정체 │서정환
  『남조선문제』 제6호(통권 218), 조국통일사, 1983, 51~52쪽

- 늘어나는 외화도피사건
  『남조선문제』 제7호(통권 219), 조국통일사, 1983, 44쪽

- [상식] 노예무역
  『남조선문제』 제8호(통권 220), 조국통일사, 1983, 51쪽

- ≪합작기업≫을 통한 남조선경제의 지배 │조 민
  『남조선문제』 제8호(통권 220), 조국통일사, 1983, 48~50쪽

- 급격히 늘어나는 외채리자
  『남조선문제』 제10호(통권 222), 조국통일사, 1983, 32쪽

- [상식] ≪딸라외교정책≫
  『남조선문제』 제11호(통권 223), 조국통일사, 1983, 48쪽

- [상식] ≪세계은행≫
  『남조선문제』 제5호(통권 229), 조국통일사, 1984, 33쪽

- 짙어가는 ≪외채망국≫의 비운 │조 민
  『남조선문제』 제5호(통권 229), 조국통일사, 1984, 29~30쪽

- ≪자살행위≫로 배격받는 ≪수입자유화≫놀음 │서정환
  『남조선문제』 제5호(통권 229), 조국통일사, 1984, 49~51쪽

- 지배와 략탈에 날뛰고있는 일본기업체들 │김장철
  『남조선문제』 제8호(통권 232), 조국통일사, 1984, 45~47쪽

- ≪채무폭탄≫을 안고 파멸에로 내닫는 경제 │장영호
  『남조선문제』 제12호(통권 236), 조국통일사, 1984, 49~51쪽

- 일본독점자본의 남조선침투책동 │안기봉
  『근로자』 제12호(통권 512), 근로자사, 1984, 51~55쪽

■ 남조선인민들을 구원하기 위한 동포애적조치 Ⅰ본사기자
  『교원선전수첩』 제1호, 교원신문사, 1985, 69~72쪽

■ 일본독점자본의 남조선침투와 그 특징 Ⅰ김득삼
  『사회과학』 제2호(통권 69), 과학백과사전출판사, 1985, 54~59쪽

■ 대일무역적자는 왜 늘어만 나는가 Ⅰ서정환
  『남조선문제』 제2호(통권 238), 조국통일사, 1985, 55~56쪽

■ ≪덤핑≫수출과 관세장벽 Ⅰ장영호
  『남조선문제』 제3호(통권 239), 조국통일사, 1985, 49~52쪽

■ 〈만고역도 전두환놈의 죄상을 단죄한다〉 ≪투자천국≫으로 만든 매국역
  적 Ⅰ서정환
  『남조선문제』 제5호(통권 241), 조국통일사, 1985, 47~49쪽

■ [조국통일 및 남조선문제] 북과 남사이의 경제적 합작과 교류는 실현되여
  야 한다 Ⅰ공제민
  『근로자』 제5호(통권 517), 근로자사, 1985, 84~88쪽

■ [상식] ≪엔≫차관에 대하여
  『남조선문제』 제6호(통권 242), 조국통일사, 1985, 49쪽

■ 날로 엄중해지는 남조선괴뢰들의 대외부채 Ⅰ사회과학원 리정헌
  『교원선전수첩』 제8호, 교원신문사, 1985, 100~104쪽

■ 다국적기업들의 상륙과 그 횡포 Ⅰ리정현
  『남조선문제』 제9호(통권 245), 조국통일사, 1985, 54~56쪽

■ 미국 다국적자본의 침투와 남조선경제 Ⅰ김창우
  『근로자』 제9호(통권 521), 근로자사, 1985, 82~86쪽

■ 급증하는 외국인 투자
  『남조선문제』 제11호(통권 247), 조국통일사, 1985, 55쪽

■ ≪위험수위≫를 넘어선 남조선의 대외부채 Ⅰ김창우
  『남조선문제』 제11호(통권 247), 조국통일사, 1985, 53~55쪽

■ ≪특혜≫로 횡재하는 외국은행 Ⅰ리영준
  『남조선문제』 제12호(통권 248), 조국통일사, 1985, 60~62쪽

- ≪개방화≫책동과 남조선경제 |김창우
  『남조선문제』 제1호(통권 249), 조국통일사, 1986, 38~42쪽

- 남조선경제는 외래독점자본에 철저히 예속된 ≪외자의존형≫경제
  『경제연구』 제1호(통권 52), 과학백과사전출판사, 1986, 45~48쪽

- 북남경제회담에서 내놓은 우리의 방안과 그 정당성 |공제민
  『남조선문제』 제3호(통권 251), 조국통일사, 1986, 23~26쪽

- 남조선에 대한 일본반동들의 경제침략의 중요특징 |원영호
  『남조선문제』 제3호(통권 251), 조국통일사, 1986, 57~60쪽

- 남조선에 대한 미제의 상품판매 시장화책동 |고병초
  『남조선문제』 제4호(통권 252), 조국통일사, 1986, 52~55쪽

- 늘어나는 남조선의 대일무역적자 |한정서
  『교원선전수첩』 제10호, 교원신문사, 1986, 113~116쪽

- 최근 남조선에 대한 미국자본의 침투 |손종철
  『국제생활』 제10호(통권 10), 국제생활사, 1986, 45~48쪽

- [남조선문제] 남조선은 세계최대의 채무지대 |손종철
  『근로자』 제10호(통권 534), 근로자사, 1986, 87~91쪽

- 미제의 반동적인 보호무역주의책동 |문룡빈
  『근로자』 제1호(통권 525), 근로자사, 1986, 92~96쪽

- 미제의 ≪고안품≫ - 식민지하청적수출산업 |리용운
  『교원선전수첩』 제1호, 교원신문사, 1987, 116~121쪽

- [사회경제문제] 남조선에 대한 일본의 경제적 침투 |김창우
  『국제생활』 제1호(통권 12), 국제생활사, 1987, 41~42·45쪽

- 남조선의 목을 조이는 미국의 경제압력 |최국명
  『조선사회민주당』 제2호, 조선사회민주당출판사, 1987, 68~73쪽

- 남조선경제는 미일2중종속구조의 경제 |박사 김병식
  『경제연구』 제4호(통권 57), 과학백과사전출판사, 1987, 43~48쪽

- 보험시장의 개방과 그 후과 |전동수
  『남조선문제』 제4호(통권 258), 조국통일사, 1987, 49~52쪽

- 최근 미국독점체들의 증대되는 직접투자와 그 침략성 | 장 호
  『남조선문제』 제5호(통권 259), 조국통일사, 1987, 38~41쪽

- 남조선에서 판을 치는 미전자계산기독점체 | 박동근
  『국제생활』 제8호(통권 19), 국제생활사, 1987, 42~44쪽

- [사회경제문제] 날로강화되고 있는 남조선에 대한 일본의 경제적압력 | 손
  종철
  『국제생활』 제9호(통권 20), 국제생활사, 1987, 43~45쪽

- 남조선무역의 식민지적 성격의 심화 | 리정헌
  『남조선문제』 제1호(통권 261), 조국통일사, 1988, 54~57쪽

- 미일 무역마찰과 환자파동에 말려들어 심화되고있는 남조선경제의 파국
  | 박사, 교수 전영호
  『경제연구』 제4호(통권 61), 과학백과사전출판사, 1988, 42~48쪽

- [남조선문제] 남조선에 대한 미제의 강도적인 ≪수입개방≫정책과 그 후
  과 | 김창우
  『근로자』 제12호(통권 572), 근로자사, 1989, 80~84쪽

1990~1999

- [사회경제문제] 미국의 시장개방압력에 굴종하는 남조선괴뢰 | 박동근
  『국제생활』 제2호(통권 49), 국제생활사, 1990, 39~42쪽

- [남조선경제자료] 미일독점자본에 의한 남조선원료공업의 파탄 | 청진제1사
  범대학강좌장 로영식
  『교원선전수첩』 제3호, 교원신문사, 1990, 119~122쪽

- 남조선경제의 파국적위기의 실상 | 교수, 박사 박동근
  『조선사회민주당』 제4호, 조선사회민주당출판사, 1991, 58~62쪽

- [남조선문제] 남조선에 대한 미제의 시장개방강요책동과 그 후과 | 박동근
  『근로자』 제6호(통권 590), 근로자사, 1991, 85~90쪽

- 제국주의자들의 ≪원조≫와 ≪협조≫는 지배와 예속의 올가미 ㅣ김수용
  『근로자』 제5호(통권 589), 근로자사, 1991, 91~96쪽

- 직접투자를 통한 남조선경제에 대한 외래독점자본의 지배의 강화 ㅣ준박
  사, 부교수 김주호
  『경제연구』 제2호(통권 75), 과학백과사전출판사, 1992, 45~48쪽

- 남조선에 대한 미제의 시장개방압력 ㅣ교수, 박사 박동근
  『조선사회민주당』 제3호, 조선사회민주당출판사, 1992, 45~47쪽

- 미국독점자본의 아세아태평양전략과 ≪경제권≫조작책동 ㅣ안동철
  『경제연구』 제3호(통권 76), 사회과학출판사, 1992, 47~50쪽

- 일본다국적기업의 대대적인 침투에 의한 남조선경제의 예속의 심화 ㅣ준박
  사 리신순
  『김일성종합대학학보』[경제학편] 제39권 제7호(통권 217), 김일성종합대학출판사, 1993,
  54~57쪽

- 쌀시장개방은 김영삼≪정권≫의 만고대죄 ㅣ리운석
  『조선사회민주당』 제2호, 조선사회민주당출판사, 1994, 47~48쪽

- [남조선문제] 김영삼괴뢰도당의 쌀시장개방책동은 용납 못할 반민족적죄
  행 ㅣ김정혁
  『근로자』 제5호(통권 625), 근로자사, 1994, 84~89쪽

- 남조선 괴뢰도당이 어떤 놈들인가를 잘 알도록 -의주군 서호고등중학교
  리세종교원의 교양사업에서- ㅣ본사기자
  『인민교육』 제6호, 교원신문사, 1994, 25~26쪽

- ≪세계화구상≫은 남조선경제를 영원한 식민지예속경제로 만들려는 매국
  배족적인 망상 ㅣ교수, 박사 손종철
  『경제연구』 제4호(통권 89), 과학백과사전출판사, 1995, 41~44쪽

- 더욱 강화되는 미독점자본의 아세아침투의 반동성 ㅣ교수, 박사 리근환
  『경제연구』 제3호(통권 92), 과학백과사전출판사, 1996, 42~44쪽

- 발전도상나라들에 대한 다국적기업체의 경제적예속의 새로운 형태 ㅣ박사,
  부교수 리경영

『김일성종합대학학보』[경제학편] 제43권 제2호(통권 277), 김일성종합대학출판사, 1997, 51~55쪽

- 제국주의적 ≪원조≫는 침략과 략탈을 가리우는 수단 |학사 안명훈
  『김일성종합대학학보』[경제학편] 제43권 제4호(통권 285), 김일성종합대학출판사, 1997, 18~22쪽

- 미국과 남조선사이에 경제분야에서 체결된 ≪조약≫과 ≪협정≫은 남조선에 대한 미제의 경제적예속을 합리화하는 수단 |학사 전세관
  『김일성종합대학학보』[법학편] 제43권 제3호(통권 283), 김일성종합대학출판사, 1997, 64~70쪽

- 일본종합상사의 침략적, 략탈적 성격 |안대혁
  『경제연구』 제1호(통권 98), 과학백과사전출판사, 1998, 53~56쪽

- 남조선의 경제파국은 ≪외자도입≫의 필연적산물 |교수, 박사 손종철
  『경제연구』 제3호(통권 100), 과학백과사전출판사, 1998, 42~45쪽

- 남조선인민들에게 전력을 보내주기위한 우리 당의 동포애적조치와 그 실현을 위한 투쟁 |포항공업대학 리 용
  『교원선전수첩』 제3호, 교원신문사, 1999, 113~117쪽

- 다국적기업과 직접투자 |황철진
  『경제연구』 제3호(통권 104), 과학백과사전출판사, 1999, 47~49쪽

- 인플레가 자본주의대외무역에 미치는 후과 |홍 강
  『경제연구』 제3호(통권 104), 과학백과사전출판사, 1999, 50~52쪽

- 남조선에 대한 국제통화기금 ≪구제융자≫의 침략적, 략탈적 성격 |황순화
  『경제연구』 제4호(통권 105), 과학원출판사, 1999, 54~56쪽

2000~2009

- ≪외자유치론≫의 매국성 |저자 미확인
  『근로자』 제3호, 근로자사, 2000, 59쪽

- 인플레가 직접투자형태의 자본수출에 미치는 심각한 영향 Ⅰ홍 강
  『경제연구』제3호(통권 108), 과학백과사전출판사, 2000, 43~46쪽

- 자본주의기업의 ≪다국적화전략≫은 다른 나라에 대한 경제적 침략과 략탈의 수단 Ⅰ김철남
  『경제연구』제1호(통권 110), 과학백과사전출판사, 2001, 51~53쪽

- 다국적기업체의 발생과 기본특징 Ⅰ박사, 부교수 리경영
  『김일성종합대학학보』[철학경제학편] 제47권 제2호(통권 328), 김일성종합대학출판사, 2001, 75~80쪽

- 6.15공동선언과 북남경제협력의 과제에 대하여 Ⅰ정치경제학부 교수 지영일
  『정경론집』창간호, 조선대학교정치경제학부, 2002, 5~20쪽

- 자본주의무역에서 비관세장벽이 적용되게 된 사회경제적요인 Ⅰ정춘심
  『김일성종합대학학보』[철학경제학편] 제50권 제2호(통권 364), 김일성종합대학출판사, 2004, 63~66쪽

- 현대제국주의자들의 과학기술적예속화책동과 그 수법 Ⅰ부교수, 학사 리명숙
  『김일성종합대학학보』[철학경제학편] 제51권 제1호(통권 373), 김일성종합대학출판사, 2005, 83~87쪽

- 제국주의자들의 ≪개혁≫, ≪개방≫ 책동의 반동적본질과 그 파산의 불가피성 Ⅰ박사, 부교수 허철수
  『김일성종합대학학보』[철학경제학편] 제51권 제2호(통권 376), 김일성종합대학출판사, 2005, 27~30쪽

- 현시기 자본주의무역에서 강행적인 수출촉진에 의한 수입규제의 심화 Ⅰ학사 정춘심
  『경제연구』제1호(통권 130), 과학백과사전출판사, 2006, 46~47 · 51쪽

- 단천지구의 마그네사이트 개발과 북남경제협력 Ⅰ김수대(문학역사학부, 비상근강사), 김귀동(문학역사학부)
  『조선대학교학보』제7호, 조선대학교출판부, 2006, 157~174쪽

- 제국주의자들의 경제의 ≪세계화≫책동의 파국적후과 Ⅰ학사 박상철
  『김일성종합대학학보』[철학경제학편] 제52권 제2호(통권 388), 김일성종합대학출판사, 2006, 58~60쪽

- 제국주의 다국적기업체들의 기술 ≪공개≫ 및 무상이전책동의 략탈적본 질 |강춘식
  『김일성종합대학학보』[철학경제학편] 제53권 제1호(통권 397), 김일성종합대학출판 사, 2007, 79~82쪽

- 현시기 ≪전략적제휴≫에 의한 다국적기업들의 세계경제지배책동과 그 특징 |박사 김홍일
  『김일성종합대학학보』[철학경제학편] 제53권 제2호(통권 400), 김일성종합대학출판 사, 2007, 91~95쪽

- 현시기 발전도상나라들에서 국내자원보호를 위하여 실시하고 있는 수출 관세정책 |정춘심
  『경제연구』 제3호(통권 144), 과학백과사전출판사, 2009, 50~51쪽

- 현대제국주의하에서 인플레가 간접투자형태의 자본수출에 미치는 영향 |홍 강
  『김일성종합대학학보』[철학경제학편] 제55권 제2호(통권 424), 김일성종합대학출판 사, 2009, 117~122쪽

- 세계적인 식량위기의 원인과 농업토지자원의 합리적리용 |정영룡
  『김일성종합대학학보』[철학경제학편] 제4호(통권 430), 김일성종합대학출판사, 2009, 73~76쪽

6. 산업

1940~1949 ·····································

- 파탄되어가는 남조선 농촌정리와 토지를 요구하는 남조선 농민들의 투쟁
  |박문규
  『근로자』 제9호(통권 31), 로동신문사, 1949, 12~21쪽

1950~1959 ·····································

- 남조선의 쌀은 어데로
  『조선녀성』 제2호, 조선녀성사, 1950, 58~60쪽

- 해방지구에서 실시되는 토지개혁의 의의 |김욱진
  『근로자』 제14호(통권 60), 로동신문사, 1950, 51~61쪽

- 자본주의 국가에 있어서의 강제로동 |정관률
  『근로자』 제12호(통권 73), 로동신문사, 1951, 64~90쪽

- 남조선 괴뢰 정부의 략탈적 농업 정책과 남반부 농민들의 빈궁화 |박경수
  『근로자』 제12호(통권 85), 로동신문사, 1952, 59~75쪽

- 피폐한 남조선농업 |박치영
  『근로자』 제10호(통권 119), 로동신문사, 1955, 71~82쪽

- 리 승만 정부의 금년도 추곡 매상 |우 석
  『국제생활』 제23호, 조선중앙통신사, 1955, 3~5쪽

- 남조선에 있어서의 미제와 리 승만 괴뢰 정권의 토지 정책 ㅣ김한주
  『경제연구』 제1호, 조선민주주의인민공화국과학원, 1956, 39~60쪽

- [선전원 및 선동원에 주는 자료] 자본주의 및 식민지 예속국가들에서의 로동운동의 앙양 ㅣ윤완희
  『근로자』 제4호(통권 125), 근로자사, 1956, 135~143쪽

- 리 승만 괴뢰 정부의 반동적 농업 정책 ㅣ최명소
  『국제생활』 제7호, 국제생활사, 1956, 27~29쪽

- 남조선의 농민 경제의 현상-빈곤과 기아에 허덕이는 남조선 농민생활의 실태- ㅣ김병원
  『조선문제연구』 제3호, 조선문제연구소, 1957, 1~15쪽

- [국제 상업 개관] 자본주의 제국에서의 국내 상업 ㅣ아.아니츠꼬와느.보그다노브
  『상업』 제1호, 상업신문사, 1958, 58~63쪽

- 8.15 해방 후 13년간의 남조선 상공업 ㅣ김영기
  『상업』 제9호, 상업신문사, 1958, 36~39쪽

- 남조선에서의 토지 소유 관계와 농업 생산력의 파탄 ㅣ전필수
  『근로자』 제10호(통권 155), 근로자사, 1958, 98~105쪽

- 남조선 농촌실태조사의 약간의 자료분석 ㅣ김종회
  『조선문제연구』 제2권 제1호, 조선문제연구소, 1958, 24~47쪽

- 남조선 농업 생산 과정에서의 착취 관계의 본질 ㅣ리동탁
  『경제연구』 제5호, 조선민주주의인민공화국과학원, 1959, 49~56쪽

- 남조선 공업의 전면적 몰락과 노동자의 상태 ㅣ오재양
  『조선문제연구』 제3권 제3호, 조선문제연구소, 1959, 25~40쪽

- 현 시기 자본주의 나라들에서의 로동운동 ㅣ김호길
  『근로자』 제5호(통권 162), 근로자사, 1959, 42~47쪽

- 미제강점하 남조선의 기만적 ≪농지 개혁≫의 본질과 토지 문제 해결의 혁명적 길 ㅣ김종회
  『조선대학학보』 제1호, 조선대학, 1959, 11~51쪽

1960~1969 ....

- 남조선에서 농가경제의 파탄과 장면내각 │김기대
  『조선문제연구』 제4권 제5.6호, 조선문제연구소, 1960, 53~63쪽

- 남조선 농업의 파국적 위기 │윤상우
  『근로자』 제2호(통권 183), 근로자사, 1961, 58~64쪽

- 미제 예속 하의 남조선 민족 공업의 전면적 파탄 │김영기
  『근로자』 제5호(통권 186), 근로자사, 1961, 48~54쪽

- [자료] 남반부 경지 리용에 관한 통계 자료
  『경제연구』 제3호, 과학원출판사, 1962, 85~86쪽

- [론문] 남조선 농민들에 대한 고리대 착취 │윤상우
  『경제연구』 제4호, 과학원출판사, 1962, 39~44쪽

- 남조선 어업에서의 식민지적 전 자본주의적 착취와 그 후과 │리종석
  『경제연구』 제5호, 과학원출판사, 1962, 25~29쪽

- [학계소식] 남조선 공업 생산고에 관한 통계학적 고찰 │김범룡
  『경제연구』 제5호, 과학원출판사, 1962, 67~68쪽

- 군사 ≪정권≫의 반동적 농촌정책 │리시강
  『근로자』 제9호(통권 202), 근로자사, 1962, 30~32쪽

- 남조선에서 토지문제 │리룡필
  『근로자』 제17호(통권 210), 근로자사, 1962, 29~36쪽

- 남조선 농촌의 상대적 과잉 인구 문제와 그의 해결 방도 │홍만기
  『경제연구』 제1호, 과학원출판사, 1963, 25~31쪽

- [학계소식] ≪농지 개혁≫의 반동성과 남조선에서 토지-농민 문제의 해
  결 방도 │홍만기
  『경제연구』 제1호, 과학원출판사, 1963, 65~66쪽

- [문답학습] 남조선 ≪국영 기업≫의 본질 │김수영
  『근로자』 제20호(통권 234), 근로자사, 1963, 42~44쪽

■ 남조선 노동자의 상태 | 오재두

  『조선문제연구』 제5권 제1호, 조선문제연구소, 1963, 99∼116쪽

■ 미제에 의한 남조선공업의 예속과 편파성의 심화 | 김범룡

  『력사과학』 제1호(통권 51), 과학원출판사, 1964, 35∼52쪽

■ 남조선 공업의 식민지적 예속성과 편파성의 심화 | 상급교원 김수영

  『경제연구』 제1호(통권 36), 사회과학원출판사, 1964, 60∼62쪽

■ 남조선 농촌에서의 생산 관계와 착취 구조 | 윤상우

  『근로자』 제6호(통권 244), 근로자사, 1964, 42∼48쪽

■ 남조선 위정자들의 ≪공업 구조 개혁≫책동의 내막 | 전 홍

  『근로자』 제19호(통권 257), 근로자사, 1964, 33∼37쪽

■ 남조선 농촌에서의 가혹한 고리대 착취 | 지한석

  『근로자』 제21호(통권 259), 근로자사, 1964, 36∼41쪽

■ 남조선 괴뢰 정권의 반 인민적 ≪중농정책≫ | 김금련

  『김일성종합대학학보』[남조선연구편] 제4호(통권 21), 김일성종합대학출판사, 1964,
  104∼117쪽

■ 통일 후 남조선 공업 배치에서 제기될 수 있는 몇가지 문제 | 강필순

  『남조선문제』 제1호, 남조선문제출판사, 1965, 38쪽

■ 남조선 어업에서의 ≪입어료≫의 봉건지대적 성격에 관하여 | 리종석

  『경제연구』 제1호(통권 40), 사회과학원출판사, 1965, 29∼32쪽

■ 남조선에서의 봉건 지대를 통한 농민 착취 | 서상중

  『남조선문제』 제3호, 남조선문제출판사, 1965, 26쪽

■ [자료] 경지 면적 실태

  『남조선문제』 제4호(통권 10), 남조선문제출판사, 1965, 61∼64쪽

■ 남조선 민족 상업의 몰락 | 문혜성

  『남조선문제』 제7호(통권 13), 남조선문제출판사, 1965, 15∼20쪽

■ 남조선 철도 운수의 군사적 성격 | 홍옥도

  『남조선문제』 제7호(통권 13), 남조선문제출판사, 1965, 34∼39쪽

- ≪부당하게 치부한 한국 재벌≫(남조선 출판물에서)
  『남조선문제』 제7호(통권 13), 남조선문제출판사, 1965, 62~64쪽

- 남조선 로동자들의 저임금상태와 그 요인 |서재형
  『남조선문제』 제8호(통권 14), 남조선문제출판사, 1965, 31~38쪽

- [자료] 남조선 농촌의 토지 소유 실태
  『남조선문제』 제9호(통권 15), 남조선문제출판사, 1965, 53~60쪽

- 남조선 어촌 착취 구조의 반봉건적 성격 |리종석
  『남조선문제』 제11,12호(통권 17), 남조선문제출판사, 1965, 16~23쪽

- ≪농지개혁≫후의 남조선농촌생산관계의 특징 |서상준
  『남조선문제론문집』 남조선문제출판사, 1965, 52~72쪽

- 남조선 수산업에 대한 미제의 략탈 정책과 그 후과 |리종석
  『남조선문제』 제2호(통권 19), 남조선문제출판사, 1966, 33~38쪽

- 남조선에서의 조세 및 류통 체계를 통한 농민 수탈 |량하호
  『남조선문제』 제3호(통권 20), 남조선문제출판사, 1966, 14~20쪽

- 미국 잉여 농산물 강매와 남조선 농업에 미치는 그의 파괴적 작용 |리영엽
  『남조선문제』 제3호(통권 20), 남조선문제출판사, 1966, 21~26쪽

- 남조선 ≪어업 협동 조합≫의 반동적 본질 |리종석
  『남조선문제』 제6호(통권 23), 조국사, 1966, 26~29쪽

- [지상토론] ≪농지개혁≫의 반동적 본질 |주승흠
  『남조선문제』 제6호(통권 23), 조국사, 1966, 38~42쪽

- ≪중소기업육성정책≫의 본질 |최민수
  『남조선문제』 제8호(통권 25), 조국사, 1966, 20~25쪽

- [학습자료] 남조선의 착취구조(농촌부문)
  『남조선문제』 제9호(통권 26), 조국사, 1966, 36~44쪽

- [자료] 소상인, 수공업자들의 구성과 처지
  『남조선문제』 제9호(통권 26), 조국사, 1966, 45~48쪽

- ≪농업근대화≫정책의 본질 |김금련
  『남조선문제』 제10호(통권 27), 조국사, 1966, 17~21쪽

- 남조선에서의 곡물가격과 농민생활 |최혁일
  『남조선문제』 제11호(통권 28), 조국사, 1966, 69~72쪽

- ≪공업근대화≫정책의 반동적본질과 신식민주의적특징 |박동근
  『남조선문제』 제2호(통권 31), 조국사, 1967, 8~14쪽

- [실태자료] 남조선의 ≪10대재벌≫ |천 일
  『남조선문제』 제4호(통권 33), 조국사, 1967, 39~42쪽

- [학계 소식] 남조선에서의 미제의 토지-농업정책에 대한 새로운 연구론문
  『남조선문제』 제5호(통권 34), 조국사, 1967, 48쪽

- 남조선부농경리의 특성 |정영호
  『남조선문제』 제5호(통권 34), 조국사, 1967, 17~22쪽

- [용어해설] ≪공업단지≫
  『남조선문제』 제5호(통권 34), 조국사, 1967, 46~47쪽

- [용어해설] 하청
  『남조선문제』 제5호(통권 34), 조국사, 1967, 46~47쪽

- 기업≪계렬화≫는 무엇을 노리는가? |최민수
  『남조선문제』 제6호(통권 35), 조국사, 1967, 19~24쪽

- 지주적착취의 몇가지 형태와 그 성격 |주승흠
  『남조선문제』 제7호(통권 36), 조국사, 1967, 2~7쪽

- [자료] ≪중농정책≫의 기만성과 농민생활의 령락
  『남조선문제』 제7호(통권 36), 조국사, 1967, 37~42쪽

- [용어해설] ≪주산지조성계획≫
  『남조선문제』 제8호(통권 37), 조국사, 1967, 47~48쪽

- [실태자료] 남조선수산업의 전면적파탄
  『남조선문제』 제12호(통권 41), 조국사, 1967, 36~41쪽

- 박「정권」의 「농업근대화론」비판 |김기대
  『조선문제연구』 제6권 제1호, 조선문제연구소, 1967, 149~180쪽

- 신식민지주의하의 남조선 농업 |김기대
  『조선문제연구』 제6권 제2호, 조선문제연구소, 1967, 106~141쪽

- 남조선어업의 실태−그 식민지적 후진성과 반봉건적 성격을 중심으로− |문공탁

  『조선문제연구』 제6권 제2호, 조선문제연구소, 1967, 142~192쪽

- 남조선에서 「중소기업육성」 정책의 실체−중소기업의 자금난을 중심으로− |신희구

  『조선문제연구』 제6권 제2호, 조선문제연구소, 1967, 79~105쪽

- 남조선 노동자의 비참한 상태 |최한호

  『조선문제연구』 제7권 제1호, 조선문제연구소, 1968, 301~338쪽

- 남조선에서 고농과 빈농의 노동형태−머슴과 고지(コジ)에 관하여− |김기대

  『조선문제연구』 제7권 제1호, 조선문제연구소, 1968, 339~358쪽

1970~1979 ....

- 미제와 박정희괴뢰도당의 중소기업말살정책과 그 후과 |저자 미확인

  『남조선문제』 제2호, 조국통일사, 1971, 36쪽

- 남조선경제의 군사화에서 ≪관영기업≫이 노는 반동적역할 |저자 미확인

  『남조선문제』 제3호, 조국통일사, 1971, 19쪽

- 남조선채굴부문로동자들의 처지 |저자 미확인

  『남조선문제』 제6호, 조국통일사, 1971, 26쪽

- 미제의 전쟁정책과 식민지략탈로 인한 남조선산림자원의 전면적황폐화 |저자 미확인

  『남조선문제』 제7호, 조국통일사, 1971, 45쪽

- [용어 해설] ≪분익제≫

  『남조선문제』 제10호(통권 85), 조국통일사, 1971, 48쪽

- 남조선에서 ≪불실기업≫과 그 ≪정리≫책동의 반동적본질 |정수일

  『남조선문제』 제11호(통권 86), 조국통일사, 1971, 25~29쪽

■ [용어해설] ≪주식분산≫

  『남조선문제』 제3호(통권 90), 조국통일사, 1972, 48쪽

■ [용어해설] 량곡≪매상≫

  『남조선문제』 제10호(통권 97), 조국통일사, 1972, 48쪽

■ 미제국주의자들에게 어장을 빼앗긴 남조선 어민들의 생활참상 ㅣ리희영

  『남조선문제』 제3호(통권 101), 조국통일사, 1973, 28~32쪽

■ [독자질문에 대한 대답] ≪전관수역≫과 ≪공동규제수역≫에 대하여

  『남조선문제』 제5호(통권 115), 통일신보사, 1974, 48쪽

■ 박정희괴뢰도당이 벌리고있는 ≪공업단지조성정책≫의 반동적본질 ㅣ천기운

  『남조선문제』 제9호(통권 119), 통일신보사, 1974, 20~25쪽

■ 남조선농업의 심각한 위기와 그 파국적영향 ㅣ장호철

  『남조선문제』 제9호(통권 119), 통일신보사, 1974, 26~30쪽

■ 남조선의 심한 식량위기는 미제와 박정희괴뢰도당의 반인민적인 농업정
  책의 산물 ㅣ리수남

  『남조선문제』 제1호(통권 122), 조국통일사, 1975, 37~42쪽

■ 최근 파국적인 경제위기속에서 더욱 심해지는 남조선 중소기업의 파산몰
  락 ㅣ한진택

  『남조선문제』 제5호(통권 126), 조국통일사, 1975, 30~33쪽

■ 박정희괴뢰도당의 ≪고속도로≫건설놀음은 새 전쟁 준비를 다그치기 위
  한 범죄적책동이다

  『남조선문제』 제6호(통권 127), 조국통일사, 1975, 22쪽

■ 남조선농민들의 영농조건은 더욱 악화되고 있다

  『남조선문제』 제7호(통권 128), 조국통일사, 1975, 25~30쪽

■ 최근시기 남조선농촌에서 지주수중에로의 토지의 급속한 재집중과 지주
  구성에서의 특징 ㅣ정성호

  『남조선문제』 제9호(통권 130), 조국통일사, 1975, 32~39쪽

■ 남조선에 중화학 공업화의 실체와 허상 ㅣ최한호

  『조선문제연구』 제21호, 조선문제연구소, 1975, 279~328쪽

- 매판정권하의 농업문제 |김기대
  『조선문제연구』 제21호, 조선문제연구소, 1975, 329~368쪽

- 박「정권」의 군수산업 육성책동과 임전체제의 확립 |김중건
  『조선문제연구』 제21호, 조선문제연구소, 1975, 469~522쪽

- ≪유신체제≫밑에서 더욱 심화되는 남조선공업의 식민지적성격 |장춘삼
  『남조선문제』 제1호(통권 134), 조국통일사, 1976, 21~27쪽

- 토지문제의 민주주의적해결은 남조선사회발전의 절박한 요구 |박진수
  『남조선문제』 제3호(통권 136), 조국통일사, 1976, 12~16쪽

- 자립적발전의 길이 가로막힌 남조선민족공업의 구조적취약성 |천이강
  『남조선문제』 제3호(통권 136), 조국통일사, 1976, 17~21쪽

- [자료] 미국독점자본에 의한 남조선정유공업의 지배와 략탈
  『남조선문제』 제3호(통권 136), 조국통일사, 1976, 39~40쪽

- [독자들의 질문에 대한 대답] 만성적기근지대로 된 남조선의 식량사정
  『남조선문제』 제4호(통권 137), 조국통일사, 1976, 37~39쪽

- [용어해설] ≪월요병≫
  『남조선문제』 제5.6호(통권 138), 조국통일사, 1976, 48쪽

- [용어해설] ≪6가크롬≫공해
  『남조선문제』 제7호(통권 139), 조국통일사, 1976, 48쪽

- [시평] ≪협력≫의 간판밑에 강화되고 있는 남조선에 대한 일본독점의 공해수출책동 |천기태
  『남조선문제』 제8호(통권 140), 조국통일사, 1976, 43~45쪽

- [자료] 일본독점기업체에 고용되고있는 남조선녀성로동자들의 비참한 생활처지
  『남조선문제』 제10호(통권 142), 조국통일사, 1976, 38~41쪽

- 박정희 괴뢰로당이 남조선로동자들에게 강요하는 략탈적인 저임금정책의 반동성 |정학남
  『남조선문제』 제1호(통권 144), 조국통일사, 1977, 19~23쪽

- 남조선을 만성적기근지대로 굴러떨어뜨린 박정희 괴뢰도당의 범죄적 책동 ㅣ안덕용

  『남조선문제』 제3호(통권 146)), 조국통일사, 1977, 23~27쪽

- [용어해설] ≪농업병≫

  『남조선문제』 제4호(통권 147), 조국통일사, 1977, 48쪽

- [용어해설] ≪국토되찾기운동≫

  『남조선문제』 제6호(통권 149), 조국통일사, 1977, 48쪽

- [자료] 한랭전선의 영향으로 파탄상태에 처한 남조선농업

  『남조선문제』 제10호(통권 153), 조국통일사, 1977, 42~45쪽

- [실태자료] 남조선제조업부문 로동자들의 임금실태 ㅣ장영호

  『남조선문제』 제11호(통권 154), 조국통일사, 1977, 49~51쪽

- 남조선괴뢰도당의 ≪중소기업육성정책≫은 민족공업을 파괴하기 위한 범죄적책동 ㅣ백기민

  『남조선문제』 제12호(통권 155), 조국통일사, 1977, 41~43쪽

- 농민들의 피땀을 짜내는 ≪량곡매상≫놀음 ㅣ박일수

  『남조선문제』 제2호(통권 157), 조국통일사, 1978, 29~30쪽

- 늘어나는 토지매점

  『남조선문제』 제4호(통권 159), 조국통일사, 1978, 42쪽

- [용어해설] ≪입시산업≫

  『남조선문제』 제5호(통권 160), 조국통일사, 1978, 56쪽

- 일본반동들의 또하나의 범죄행위

  『남조선문제』 제6호(통권 161), 조국통일사, 1978, 56쪽

- [용어해설] ≪독과점가격≫

  『남조선문제』 제7호(통권 162), 조국통일사, 1978, 56쪽

- ≪농지제도≫개악책동은 무엇을 노리고있는가 ㅣ현무영

  『남조선문제』 제7호(통권 162), 조국통일사, 1978, 46~47쪽

- 남조선의 군수산업에 깊이 침투하고있는 일본독점자본 ㅣ김장철

  『남조선문제』 제8호(통권 163), 조국통일사, 1978, 53~54쪽

1980~1989 ●●●

- 남조선에서의 식민지적임금체계의 특징 |리찬업
  『남조선문제』 제2호(통권 181), 조국통일사, 1980, 51~53쪽

- ≪로사협조≫론의 반동성 |전주걸
  『남조선문제』 제4호(통권 183), 조국통일사, 1980, 45~46쪽

- 자금난속에서 허덕이는 매판재벌들 |리근평
  『남조선문제』 제4호(통권 183), 조국통일사, 1980, 52~54쪽

- 만신창이 된 남조선경제 |본사기자
  『조선녀성』 제5호(통권 377), 근로단체출판사, 1980, 52쪽

- 남조선농촌착취구조의 내용 |김성률
  『남조선문제』 제5호(통권 184), 조국통일사, 1980, 42~44쪽

- 남조선괴뢰도당의 반동적농업정책 |오명주
  『남조선문제』 제5호(통권 184), 조국통일사, 1980, 45~47쪽

- 남새파동이 휩쓰는 남조선 |리근평
  『남조선문제』 제5호(통권 184), 조국통일사, 1980, 48~49쪽

- 농민들의 등골을 짜내는 량곡≪수매≫놀음 |장영준
  『남조선문제』 제5호(통권 184), 조국통일사, 1980, 50~51쪽

- 절량에 아우성치는 남조선농촌 |서영일
  『남조선문제』 제5호(통권 184), 조국통일사, 1980, 52~53쪽

- 살길이 막힌 영산강주변농민들 |최철수
  『남조선문제』 제5호(통권 184), 조국통일사, 1980, 54~55쪽

- 알륵과 결탁으로 뒤엉킨 매판재벌의 추악한 몰골 |리근평
  『남조선문제』 제6호(통권 185), 조국통일사, 1980, 39~40쪽

- 남조선의 보잘것없는 석탄공업 |방순일
  『남조선문제』 제6호(통권 185), 조국통일사, 1980, 46~47쪽

- [남조선 매판자본가들의 존재와 치부의 방식을 발가본다] 매국과 범죄로 얼룩진 죄악의 자취(1) |전주경
  『남조선문제』 제6호(통권 185), 조국통일사, 1980, 50~52쪽

- 중근동에서 망신당한 매판재벌

  『남조선문제』 제7호(통권 186), 조국통일사, 1980, 59쪽

- 이른바 ≪통일산업≫의 정체 |방상철

  『남조선문제』 제7호(통권 186), 조국통일사, 1980, 60쪽

- 남조선의 심각한 공해현상은 괴뢰도당의 매국배족적정책의 산물 |리근평

  『남조선문제』 제7호(통권 186), 조국통일사, 1980, 46~48쪽

- ≪오물단지≫가 퍼뜨리는 공해병 |안성덕

  『남조선문제』 제7호(통권 186), 조국통일사, 1980, 49~50쪽

- [자료] 공해로 어지러워지고있는 서울

  『남조선문제』 제7호(통권 186), 조국통일사, 1980, 51~52쪽

- ≪죽음의 바다≫로 변하고있는 남해안 |백기민

  『남조선문제』 제7호(통권 186), 조국통일사, 1980, 53~54쪽

- 공해산업수출과 일본독점자본의 속심 |조희윤

  『남조선문제』 제7호(통권 186), 조국통일사, 1980, 55~56쪽

- [남조선 매판자본가들의 존재와 치부의 방식을 발가본다] 매국과 범죄로
  얼룩진 죄악의 자취(2) |전주경

  『남조선문제』 제7호(통권 186), 조국통일사, 1980, 57~58쪽

- 남조선로동자들을 낮은 임금에 묶어놓고있는 일본독점자본 |현무영

  『남조선문제』 제9호(통권 188), 조국통일사, 1980, 63~64쪽

- [남조선 매판자본가들의 존재와 치부의 방식을 발가본다] 매국과 범죄로
  얼룩진 죄악의 자취(3) |전주경

  『남조선문제』 제10호(통권 189), 조국통일사, 1980, 50~52쪽

- 미제의 침략과 략탈의 도구로 되고있는 ≪관영기업≫ |조희윤

  『남조선문제』 제10호(통권 189), 조국통일사, 1980, 59~60쪽

- 민족의 존엄을 외화와 바꿀수없다-남조선 괴뢰들의 범죄적인 ≪기생관
  광≫책동- |주영걸

  『남조선문제』 제11호(통권 190), 조국통일사, 1980, 86~87쪽

- [남조선 매판자본가들의 존재와 치부의 방식을 발가본다] 매국과 범죄로
  얼룩진 죄악의 자취(4) |전주경
  『남조선문제』제1호(통권 192), 조국통일사, 1981, 49~51쪽

- ≪맑은 공기가 그립다≫ -유해 로동에 신음하는 부산 신발공장 로동자들-
  |정미영
  『남조선문제』제1호(통권 192), 조국통일사, 1981, 56~57쪽

- 올해의 암담한 식량사정
  『남조선문제』제2.3호(통권 193), 조국통일사, 1981, 38쪽

- [남조선 매판자본가들의 존재와 치부의 방식을 발가본다] 매국과 범죄로
  얼룩진 죄악의 자취(5) |전주경
  『남조선문제』제4.5호(통권 194), 조국통일사, 1981, 37~39쪽

- 남조선을 휩쓰는 식량위기 |최철수
  『남조선문제』제4.5호(통권 194), 조국통일사, 1981, 48~49쪽

- 남조선에서 더욱 심화되는 연료동력위기 |최철수
  『남조선문제』제6호(통권 195), 조국통일사, 1981, 43~44쪽

- 외래독점자본에 얽매인 남조선로동자들의 노예적처지 |김은숙
  『남조선문제』제6호(통권 195), 조국통일사, 1981, 45~46쪽

- 남조선에서 겪고있는 원료난, 연료난의 중요특징 |장 호
  『남조선문제』제7호(통권 196), 조국통일사, 1981, 41~43쪽

- 파산몰락하는 남조선농촌의 물질기술적토대 |방순철
  『남조선문제』제7호(통권 196), 조국통일사, 1981, 44~46쪽

- 남조선의 ≪농업협동조합≫은 가혹한 농민수탈기구 |최철수
  『남조선문제』제7호(통권 196), 조국통일사, 1981, 47~48쪽

- 매판자본가들을 살찌우기 위한 ≪기업체질개선대책≫ |방순철
  『남조선문제』제8호(통권 197), 조국통일사, 1981, 46~47쪽

- 유류값인상과 어민생활 |최철수
  『남조선문제』제8호(통권 197), 조국통일사, 1981, 48~49쪽

- ≪중화학공업육성≫책동의 반동성 |간덕일
  『남조선문제』 제10호(통권 199), 조국통일사, 1981, 46~48쪽

- 흡혈장-≪마산수출자유지역≫ |정미영
  『남조선문제』 제10호(통권 199), 조국통일사, 1981, 49~50쪽

- [자료] 남조선괴뢰들의 미국잉여량곡도입실태
  『남조선문제』 제10호(통권 199), 조국통일사, 1981, 52~53쪽

- 경제≪정책전환≫은 무엇을 노리는 것인가 |장 호
  『남조선문제』 제12호(통권 201), 조국통일사, 1981, 37~39쪽

- [토막글] 성행하는 ≪객주≫
  『남조선문제』 제5호(통권 205), 조국통일사, 1982, 64쪽

- 로동자들의 실질임금은 왜 낮아지는가 |리영준
  『남조선문제』 제5호(통권 205), 조국통일사, 1982, 58~60쪽

- 농민들은 어떻게 피땀을 빨리는가 |전주경
  『남조선문제』 제6호(통권 206), 조국통일사, 1982, 51~53쪽

- [토막글] 엄청난 소득격차
  『남조선문제』 제7호(통권 207), 조국통일사, 1982, 24쪽

- [토막글] 빚투성이의 ≪상장기업≫
  『남조선문제』 제7호(통권 207), 조국통일사, 1982, 33쪽

- 교통운수 및 통신 시설의 확대를 위한 책동의 반동성 |간덕일
  『남조선문제』 제7호(통권 207), 조국통일사, 1982, 37~39쪽

- ≪사활선상≫을 헤매는 중소기업 |최철수
  『남조선문제』 제7호(통권 207), 조국통일사, 1982, 54~55쪽

- [외세와 파쑈에 짓눌린 남조선] 병기창, 공해산업지대-경상도 |남기혁
  『남조선문제』 제9호(통권 209), 조국통일사, 1982, 42~43쪽

- 산업재해가 세계제일
  『남조선문제』 제11호(통권 211), 조국통일사, 1982, 49쪽

- 경제위기의 산물인 부르죠아 ≪감량경영법≫의 진상 |박사 리근환

『김일성종합대학학보』[사회과학편] 제4호(통권 150), 김일성종합대학출판사, 1982, 117~138쪽

■ 엄청난 규모의 농가부채
『남조선문제』 제2호(통권 214), 조국통일사, 1983, 43쪽

■ 미제의 ≪잉여농산물≫강매책동과 남조선에서 량곡문제 |장 호
『남조선문제』 제2호(통권 214), 조국통일사, 1983, 44~48쪽

■ 남조선로동자와 ≪수당금제≫ |조기수
『남조선문제』 제4호(통권 216), 조국통일사, 1983, 54~55쪽

■ 남조선에서의 산업공해와 그 요인 |김장철
『남조선문제』 제7호(통권 219), 조국통일사, 1983, 50~53쪽

■ [자료] 해마다 줄어드는 농업소득
『남조선문제』 제8호(통권 220), 조국통일사, 1983, 52~53쪽

■ 높아가는 식량의 해외의존도
『남조선문제』 제11호(통권 223), 조국통일사, 1983, 30쪽

■ 남조선에서의 ≪생산성향상≫운동의 반동성과 기만성(1) |리근환
『남조선문제』 제11호(통권 223), 조국통일사, 1983, 44~47쪽

■ 교활한 ≪기업관리≫에 의한 악랄한 착취 |본사기자 김영한
『교원선전수첩』 제12호, 교원신문사, 1983, 116~117쪽

■ 남조선농촌착취구조에 관한 연구 |김성률
『사회과학론문집』 제12호, 김일성종합대학출판사, 1983, 223~302쪽

■ 남조선에서의 ≪생산성향상≫운동의 반동성과 기만성(2) |리근환
『남조선문제』 제12호(통권 224), 조국통일사, 1983, 47~50쪽

■ 남조선에서의 미제의 식민지수산정책의 반동적본질과 그 후과 |임명룡
『사회과학론문집』 제14호, 김일성종합대학출판사, 1983, 257~334쪽

■ 현대제국주의하에서 적용되고 있는 교활한 로동시간제도의 착취적본질 |준박사 김수용
『김일성종합대학학보』[사회과학편] 제2호(통권 152), 김일성종합대학출판사, 1983, 175~190쪽

- 남조선에서 난민과 농업위기의 구조 |최한호
  『조선문제연구』 제23호, 조선문제연구소, 1983, 211~248쪽

- 종속체제하의 남조선 농업 |김기대
  『조선문제연구』 제23호, 조선문제연구소, 1983, 249~288쪽

- 남조선에서의 ≪생산성향상≫운동의 반동성과 기만성(3) |리근환
  『남조선문제』 제1호(통권 225), 조국통일사, 1984, 36~38쪽

- ≪대림부도사건≫의 내막 |안명철
  『남조선문제』 제7호(통권 231), 조국통일사, 1984, 35~37쪽

- 죄악의 화신-매판재벌들 |조 민
  『남조선문제』 제7호(통권 231), 조국통일사, 1984, 39~41쪽

- 날로 확대되는 소작제도 |김 우
  『남조선문제』 제8호(통권 232), 조국통일사, 1984, 29~30쪽

- 중세기적인 락후한 영농방법 |서정환
  『남조선문제』 제8호(통권 232), 조국통일사, 1984, 31~32쪽

- [자료] 경지면적감소와 식량난
  『남조선문제』 제8호(통권 232), 조국통일사, 1984, 33~34쪽

- 리농현상이 보여준 남조선 농업위기 |길만호
  『남조선문제』 제8호(통권 232), 조국통일사, 1984, 35~36쪽

- [암흑의 땅 남조선] 기업주와 로동자 |리 한
  『남조선문제』 제8호(통권 232), 조국통일사, 1984, 37~38쪽

- [암흑의 땅 남조선] 기업주와 로동자 |리 환
  『남조선문제』 제9호(통권 233), 조국통일사, 1984, 55~57쪽

- 심각한 위기를 겪고있는 남조선농업 |최창덕
  『근로자』 제9호(통권 509), 근로자사, 1984, 62~64쪽

- 침략과 범죄의 응결체-≪포철≫ |장 호
  『남조선문제』 제11호(통권 235), 조국통일사, 1984, 32~35쪽

- 말뿐인 ≪무재해운동≫
  『남조선문제』 제3호(통권 239), 조국통일사, 1985, 41쪽

- ≪농촌근대화≫를 구실로 부활되는 지주제도 |신상흡
  『남조선문제』 제3호(통권 239), 조국통일사, 1985, 53~54쪽

- [전재물] ≪저임금지대≫
  『남조선문제』 제4호(통권 240), 조국통일사, 1985, 51~52쪽

- 급증하는 로동재해
  『남조선문제』 제5호(통권 241), 조국통일사, 1985, 49쪽

- ≪병약한 상태≫의 매판업체들
  『남조선문제』 제7호(통권 243), 조국통일사, 1985, 58쪽

- [상식] 대륙붕
  『남조선문제』 제8호(통권 244), 조국통일사, 1985, 55쪽

- ≪최악의 경영난≫에 빠진 중소기업
  『남조선문제』 제8호(통권 244), 조국통일사, 1985, 59쪽

- ≪집단좌초≫되여 몰락하는 상선대 |장영호
  『남조선문제』 제9호(통권 245), 조국통일사, 1985, 57~59쪽

- ≪국제그룹≫은 왜 파산되였는가 |박영상
  『남조선문제』 제9호(통권 245), 조국통일사, 1985, 60~62쪽

- 침체속에서 허덕이는 수산업 |장영호
  『남조선문제』 제10호(통권 246), 조국통일사, 1985, 57~59쪽

- [자료] 날로 더욱 파탄되는 남조선농업
  『남조선문제』 제11호(통권 247), 조국통일사, 1985, 56~58쪽

- [남조선 및 국제문제] 남조선농업의 식민지적예속성과 농민생활의 령락 |신상흡
  『근로자』 제11호(통권 523), 근로자사, 1985, 76~80쪽

- 남조선농업의 심각한 위기 |안주공업대학 강좌장 리찬업
  『교원선전수첩』 제11호, 교원신문사, 1985, 86~88쪽

- 외래독점자본가들의 리윤증대와 기아임금 |간덕일
  『남조선문제』 제12호(통권 248), 조국통일사, 1985, 54~56쪽

- [단신자료] 줄어드는 밀, 보리 생산량
  『남조선문제』 제1호(통권 249), 조국통일사, 1986, 37쪽

- [상식] ≪공업단지≫
  『남조선문제』 제1호(통권 249), 조국통일사, 1986, 44쪽

- [자료] 세계 제1위의 로동재해지대
  『남조선문제』 제1호(통권 249), 조국통일사, 1986, 43~44쪽

- [단신자료] 급격히 줄어드는 농경지면적
  『남조선문제』 제3호(통권 251), 조국통일사, 1986, 51쪽

- [단신자료] 빚더미에 눌린 매판업체들
  『남조선문제』 제5호(통권 253), 조국통일사, 1986, 31쪽

- 현대자본주의하에서 생산의 자동화가 로동계급에게 주는 영향 |준박사 리
  행호
  『경제연구』 제3호(통권 56), 과학백과사전출판사, 1987, 46~48쪽

- ≪농산물수입자유화≫와 농업위기의 심화 |장영호
  『남조선문제』 제3호(통권 257), 조국통일사, 1987, 51~54쪽

- [남조선문제] 남조선공업의 식민지적예속성과 그 파국적후과 |박영상
  『근로자』 제5호(통권 541), 근로자사, 1987, 84~90쪽

- [학습참고자료] 침략과 매국을 위한 해저턴넬 건설책동
  『남조선문제』 제6호(통권 260), 조국통일사, 1987, 61~62쪽

- 확대발전되는 로동운동의 경제적 배경 |장영호
  『남조선문제』 제1호(통권 261), 조국통일사, 1988, 33~35쪽

- [학습참고자료] 악성화되는 ≪체불임금≫
  『남조선문제』 제2호(통권 262), 조국통일사, 1988, 63~64쪽

- [학습참고자료] 교활하고 악랄한 착취수단-≪수당금제≫
  『남조선문제』 제3호(통권 263), 조국통일사, 1988, 60~61쪽

- [남조선문제] 미제의 식민지예속화정책에 의한 남조선 농촌경리의 전면적
  파산 |박영상
  『근로자』 제9호(통권 569), 근로자사, 1989, 79~84쪽

1990~1999

- [남조선문제] 남조선괴뢰들이 떠벌이는 ≪산업평화론≫의 반동적본질 | 박동근
  『근로자』 제7호(통권 579), 근로자사, 1990, 85~90쪽

- 남조선 ≪사회간접자본≫과 그 반동적특징 | 정태선
  『경제연구』 제3호(통권 72), 과학백과사전출판사, 1991, 54~56쪽

- 남조선에서 확대된 ≪고속도로≫의 군사침략적성격 | 정태선
  『김일성종합대학학보』[경제학편] 제37권 제6호(통권 192), 김일성종합대학출판사,
  1991, 81~86쪽

- 남조선에 대한 미제의 농축산물시장개방압력과 그 파국적후과 | 준박사 리
  신순
  『김일성종합대학학보』[경제학편] 제37권 제6호(통권 192), 김일성종합대학출판사,
  1991, 87~92쪽

- 남조선의 ≪농업협동조합≫의 반동성 | 준박사 리주민
  『김일성종합대학학보』[력사법학편] 제37권 제11호(통권 197), 김일성종합대학출판사,
  1991, 79~82쪽

- [남조선문제] 미제의 남조선농업말살정책과 그 파국적후과 | 손종철
  『근로자』 제5호(통권 601), 근로자사, 1992, 92쪽

- ≪우루과이라운드협상≫과 그것이 남조선농업에 미치는 영향 | 본사기자
  『교원선전수첩』 제8호, 교원신문사, 1992, 117~119쪽

- 막대한 빚에 짓눌려 허덕이는 남조선매판≪재벌≫의 취약성 | 준박사 리신순
  『김일성종합대학학보』[경제학편] 제38권 제11호(통권 209), 김일성종합대학출판사,
  1992, 61~66쪽

- 현대독점기업의 계렬, 하청 기업에 대한 관리의 반동성 | 준박사 문춘광
  『김일성종합대학학보』[경제학편] 제38권 제11호(통권 209), 김일성종합대학출판사,
  1992, 72~76쪽

- 자본주의기업경영관리체계로서의 ≪사업부제≫의 반동성 | 준박사 문춘광
  『김일성종합대학학보』[경제학편] 제38권 제1호(통권 199), 김일성종합대학출판사, 1992,
  51~55쪽

- [자료] 자본주의나라들에서 도입되고있는 로동제도의 반동성 |서동명
  『경제연구』 제4호(통권 81), 과학백과사전출판사, 1993, 55~56쪽

- 남조선에서 매판대기업에 의한 중소기업의 계열하청화와 수탈방법 |최춘호
  『김일성종합대학학보』[경제학편] 제39권 제11호(통권 221), 김일성종합대학출판사, 1993, 70~73쪽

- 남조선에서 실시한 반인민적농업정책과 그 반동성(1948-1961) |리인걸
  『력사과학』 제3~4호(통권 147~148), 과학백과사전출판사, 1993, 60~63쪽

- 남조선 ≪농협≫의 반동적 본질 |최옥선
  『경제연구』 제1호(통권 82), 과학백과사전출판사, 1994, 47~49쪽

- 현시기 로동계급에 대한 독점자본의 착취에서 나타나고 있는 특징 |김창혁
  『경제연구』 제1호(통권 82), 과학백과사전출판사, 1994, 50~53쪽

- 극도로 쇠퇴되고있는 남조선농업 |최옥선
  『교원선전수첩』 제3호(통권 299), 교원신문사, 1994, 127~128쪽

- 남조선≪관영기업≫의 식민지적성격 |준박사 리신순
  『김일성종합대학학보』[경제학편] 제40권 제2호(통권 228), 김일성종합대학출판사, 1994, 44~47쪽

- 친애하는 지도자 김정일동지께서 밝히신 자본주의기업관리방법의 반동적 본질에 관한 사상 |준박사 문춘광
  『김일성종합대학학보』[경제학편] 제40권 제4호(통권 236), 김일성종합대학출판사, 1994, 52~56쪽

- 남조선 ≪농협≫은 미제의 식민지 농촌정책의 산물 |최옥선
  『경제연구』 제4호(통권 89), 과학백과사전출판사, 1995, 45~48쪽

- 남조선에 확대된 유흥업의 식민지예속성 |학사 정태선
  『경제연구』 제4호(통권 93), 과학백과사전출판사, 1996, 47~50쪽

- 돈에 의거하는것은 자본주의적기업관리방법의 중요특징 |박경옥
  『김일성종합대학학보』[경제학편] 제42권 제3호(통권 264), 김일성종합대학출판사, 1996, 41~45쪽

- 남조선괴뢰들의 ≪개방농정≫의 반동성과 기만성 |학사 김창근

『경제연구』 제1호(통권 94), 과학백과사전출판사, 1997, 43~46쪽

- 현대 자본주의중소기업의 생존방식과 경영의 반동성 |박현철

  『김일성종합대학학보』[경제학편] 제43권 제2호(통권 277), 김일성종합대학출판사, 1997, 56~60쪽

- ≪산업공학≫과 그 악랄성 |학사 문춘광

  『경제연구』 제2호(통권 99), 과학백과사전출판사, 1998, 34~37쪽

- 자본주의기업들에서 특허기술관리의 착취적성격 |학사 문춘광

  『김일성종합대학학보』[철학경제학편] 제44권 제2호(통권 292), 김일성종합대학출판사, 1998, 64~68쪽

- 자본주의회계에서의 련결결산은 독점기업의 리익분식을 위한 온상 |김재일

  『김일성종합대학학보』[철학경제학편] 제44권 제3호(통권 295), 김일성종합대학출판사, 1998, 69~74쪽

- 자본주의 ≪고속감가상각제≫의 반동성 |학사 윤영순

  『김일성종합대학학보』[철학경제학편] 제45권 제3호(통권 307), 김일성종합대학출판사, 1999, 67~72쪽

2000~2009

- 남조선에서 ≪로사협의제도≫와 그 반동성 |학사 김명옥

  『김일성종합대학학보』[력사법학편] 제46권 제1호(통권315), 김일성종합대학출판사, 2000, 73~77쪽

- 자본주의기업의 ≪경영전략≫은 근로자들에 대한 착취와 경제적침략의 수단 |김철남

  『김일성종합대학학보』[철학경제학편] 제46권 제4호(통권 322), 김일성종합대학출판사, 2000, 68~72쪽

- 자본주의회계에서 적용되는 련결재무결산제도의 반동성 |학사 강철수

  『경제연구』 제4호(통권 113), 과학백과사전출판사, 2001, 47~49·53쪽

- 자본주의사회에서 정보산업의 발전과 ≪부익부≫, ≪빈익빈≫현상의 심

화 |부교수, 학사 김원선

『경제연구』 제2호(통권 115), 과학백과사전출판사, 2002, 54~56쪽

- 정보산업의 발전과 자본주의리윤경제 |리해연

  『경제연구』 제1호(통권 118), 과학백과사전출판사, 2003, 49~51쪽

- 현 시기 자본주의나라들에서 림시고용의 증대와 그를 통한 자본주의적 착취의 강화 |원유일

  『경제연구』 제2호(통권 119), 과학백과사전출판사, 2003, 52~53쪽

- 자본주의 ≪회계일반원칙≫의 기만성 |학사 강철수

  『경제연구』 제3호(통권 120), 과학백과사전출판사, 2003, 45~46·49쪽

- 현대자본주의사회에서 정보산업의 발전이 근로자들의 경제생활에 미치는 영향 |박사, 부교수 안명훈

  『김일성종합대학학보』[철학경제학편] 제49권 제1호(통권 349), 김일성종합대학출판사, 2003, 68~72쪽

- 남조선에서의 경제발전과 ≪재벌≫ |조선대학교 조수 양 현

  『정경론집』 제2호, 조선대학교정치경제학부, 2003, 98쪽

- 정보산업발전에서 자본주의에 비한 사회주의의 우월성 |학사 김형석

  『경제연구』 제1호(통권 122), 과학백과사전출판사, 2004, 38~40쪽

- 자본주의기업에서 리윤분배의 반인민성 |학사 강철수

  『경제연구』 제1호(통권 122), 과학백과사전출판사, 2004, 54~56쪽

- 정보산업시대 자본주의로동시장의 특징 |리용범

  『경제연구』 제3호(통권 124), 과학백과사전출판사, 2004, 42~44쪽

- 자본주의주식회사 리윤분배방법의 착취적, 략탈적성격 |학사 김홍일

  『김일성종합대학학보』[철학경제학편] 제50권 제1호(통권 361), 김일성종합대학출판사, 2004, 66~71쪽

- 자본주의주식회사의 특징 |학사 김홍일

  『김일성종합대학학보』[철학경제학편] 제50권 제2호(통권 364), 김일성종합대학출판사, 2004, 57~62쪽

- 정보산업시대 자본주의나라들에서 고용로동에 대한 착취의 특징과 ≪부

익부, 빈익빈≫의 심화 |학사 장상준

『김일성종합대학학보』[철학경제학편] 제50권 제3호(통권 367), 김일성종합대학출판
사, 2004, 77~81쪽

- ≪로동조합관계관리≫는 로동자들에 대한 착취를 강화하기 위한 기만적
  인 수단 |박사 문춘광

  『경제연구』 제1호(통권 126), 과학백과사전출판사, 2005, 46~48·56쪽

- 자본주의사회에서 정보산업의 발전과 실업문제의 악화 |리광진

  『경제연구』 제1호(통권 126), 과학백과사전출판사, 2005, 49~50쪽

- 정보산업시대 자본의 착취의 특성 |부교수, 학사 황경오

  『경제연구』 제3호(통권 128), 과학백과사전출판사, 2005, 47~50쪽

- 자본주의사회에서 정보산업발전의 제한성 |학사 손영석

  『경제연구』 제4호(통권 129), 과학백과사전출판사, 2005, 44~46쪽

- 현시기 자본주의나라들의 고용로력자구성에서 지능로동자들의 비중의 증
  대 |부교수, 학사 황경오

  『경제연구』 제4호(통권129), 과학백과사전출판사, 2005, 47~49쪽

- 현대자본주의하에서 자본참가를 통한 기업계렬구조의 형성과 그 취약성
  |학사 김홍일

  『김일성종합대학학보』[철학경제학편] 제51권 제2호(통권 376), 김일성종합대학출판
  사, 2005, 68~72쪽

- 현시기 자본주의나라들에서 림시고용형태의 대대적인 적용 |부교수, 학사
  황경오

  『경제연구』 제3호(통권 132), 과학백과사전출판사, 2006, 49~51쪽

- 현대자본주의상업에서의 광고전략과 그 특징 |한희옥

  『경제연구』 제3호(통권 140), 과학백과사전출판사, 2008, 48~49쪽

- 자본주의금융기관경영원칙의 기만성 |전명룡

  『경제연구』 제3호(통권 140), 과학백과사전출판사, 2008, 50~51쪽

- 현대자본주의적생산조직에서의 변화 |김형일

  『경제연구』 제3호(통권 140), 과학백과사전출판사, 2008, 52~53·56쪽

- [강좌] 현대자본주의하에서 ≪업적임금제≫의 보편화와 그 교활성 | 부교수
  황경오
  『사회과학원학보』 제1호(통권 62), 사회과학출판사, 2009, 56~57쪽
- 현시기 자본주의나라들에서 시장관리를 통한 착취의 강화 | 최명선
  『경제연구』 제4호(통권 145), 과학백과사전출판사, 2009, 47~48쪽
- 자본주의기업 ≪판매의 4가지 요소≫는 근로자들에 대한 추가적착취의
  수단 | 문춘광
  『김일성종합대학학보』[철학경제학편] 제55권 제1호(통권 421), 김일성종합대학출판사,
  2009, 112~116쪽

사회

1. 사회운동

1) 노동운동

1950~1959

- 자본주의 나라들에서의 로동운동 |김동훈
  『근로자』제11호(통권 120), 로동신문사, 1955, 148~159쪽

1960~1969

- 자본주의 국가들에서의 로동운동의 새로운 앙양 |구일선
  『근로자』제11호(통권 204), 근로자사, 1962, 37~42쪽

- 8.15해방 이후 남조선에서의 로동운동(1945.8~1953.7) |김량제
  『력사과학』제5호, 과학원출판사, 1963, 61~78쪽

- 남조선에서의 로동운동의 앙양 |윤영호
  『근로자』제4호(통권 242), 근로자사, 1964, 27~31쪽

- 미제와 군사파쑈≪정권≫의 반동적인 로동정책을 반대하며 생존과 민주
  주의적 권리를 위한 남조선 로동계급의 투쟁(1961.5－1963.6) |김인걸
  『김일성종합대학학보』[남조선연구편] 제4호(통권 21), 김일성종합대학출판사, 1964,
  55~82쪽

- 로조운동의 문제점 |강천문
  『남조선문제』제1호, 남조선문제출판사, 1965, 10쪽

- 3.22총파업과 로동운동의 현상태 |김영덕

『남조선문제』 제3호, 남조선문제출판사, 1965, 14쪽

- 혁명의 동력 – 로동계급 |류시남

『남조선문제』 제3호, 남조선문제출판사, 1965, 44쪽

- 최근 남조선로동 운동의 특징 |리 송

『남조선문제』 제5호(통권 11), 남조선문제출판사, 1965, 36~4쪽

- 최근 시기 남조선 농민운동의 특징과 금후 과업 |오민성

『남조선문제』 제7호(통권 13), 남조선문제출판사, 1965, 8~14쪽

- 실업이 로동운동에 미치는 영향 |박 준

『남조선문제』 제9호(통권 15), 남조선문제출판사, 1965, 27~32쪽

- 남조선 로동운동 발전의 몇가지 특징 |리형기

『남조선문제론문집』 남조선문제출판사, 1965, 156~180쪽

- 남조선 농민운동 발전의 몇가지 특징 |리 송

『남조선문제론문집』 남조선문제출판사, 1965, 181~207쪽

- [지상강좌] 남조선로동자, 농민의 혁명화 문제 제1강, 남조선에서 로동자, 농민을 혁명화 한다는 것은 무엇을 의미하는가 |오일수

『남조선문제』 제1호(통권 18), 남조선문제출판사, 1966, 35~37쪽

- 남조선 로동계급의 계급적 자각을 높이기 위한 몇 가지 문제 |리 송

『남조선문제』 제2호(통권 19), 남조선문제출판사, 1966, 1~7쪽

- [1965년도 남조선인민운동 개관] 로동운동 |김일춘

『남조선문제』 제2호(통권 19), 남조선문제출판사, 1966, 18~21쪽

- [1965년도 남조선인민운동 개관] 농민운동 |윤홍필

『남조선문제』 제2호(통권 19), 남조선문제출판사, 1966, 22~23쪽

- 현 시기 남조선 농민운동에서 반수탈 투쟁이 가지는 의의 |김진철

『남조선문제』 제3호(통권 20), 남조선문제출판사, 1966, 9~13쪽

- [강사들에게 주는 자료] 1965년도 남조선 인민들의 중요 투쟁 일지

『남조선문제』 제3호(통권 20), 남조선문제출판사, 1966, 47~48쪽

- 남조선 로동계급의 구성상 주요 특징 |라경철

『남조선문제』 제5호(통권 22), 남조선문제출판사, 1966, 13~18쪽

■ 미제와 괴뢰 도당의 ≪로동조합≫정책 ㅣ리 갑
　『남조선문제』 제5호(통권 22), 남조선문제출판사, 1966, 19~23쪽

■ 남조선 로동운동 발전의 최근 추세 ㅣ김학진
　『근로자』 제5호(통권 291), 근로자사, 1966, 34~38쪽

■ 전라남도 하의도 농민 폭동 ㅣ송주용
　『남조선문제』 제7호(통권 24), 조국사, 1966, 14~17쪽

■ 남조선혁명과 농민운동 ㅣ강 룡
　『근로자』 제7호(통권 293), 근로자사, 1966, 46~51쪽

■ 1946년 8월 광주화순탄광 로동자들의 투쟁 ㅣ리영근
　『남조선문제』 제8호(통권 25), 조국사, 1966, 15~19쪽

■ [강사들에게 주는 자료] 장성발전하고 있는 남조선로동운동 ㅣ김영덕
　『남조선문제』 제8호(통권 25), 조국사, 1966, 43~46쪽

■ 9월총파업의 의의와 교훈 ㅣ김호영
　『남조선문제』 제9호(통권 26), 조국사, 1966, 8~16쪽

■ [자료] 최근 외국기관로동자들의 투쟁 ㅣ김락춘
　『남조선문제』 제11호(통권 28), 조국사, 1966, 66~68·72쪽

■ 8.15직후의 남조선로동운동 ㅣ김호영
　『남조선문제』 제2호(통권 31), 조국사, 1967, 15~21쪽

■ 3.22총파업과 그의 력사적 의의(3.22총파업 스무돐을 맞이하여) ㅣ최태영
　『남조선문제』 제3호(통권 32), 조국사, 1967, 31~36쪽

■ 남조선로동계급의 처지와 력사적 사명 ㅣ김학룡
　『력사과학』 제5호(통권 73), 사회과학원출판사, 1967, 15~19쪽

■ 남조선혁명과 로동운동 ㅣ리기서
　『근로자』 제6호(통권 304), 근로자사, 1967, 38~44쪽

■ [자료] ≪농업협동조합≫의 정체 ㅣ리기엽
　『남조선문제』 제9호(통권 38), 조국사, 1967, 43~46쪽

1970~1979 ∙∙∙

- 생존의 권리와 민주주의적자유를 위한 남조선로동자들의 투쟁 |조일국
  『남조선문제』 제10호(통권 120), 조국통일사, 1974, 17~21쪽

- 최근 로조를 뭇기 위한 남조선로동자들의 투쟁 |최상윤
  『남조선문제』 제11.12호(통권 121), 조국통일사, 1974, 37~41쪽

- ≪〈한국〉로동운동의 현 상태-한 지하투쟁보고≫
  『남조선문제』 제5호(통권 126), 조국통일사, 1975, 45~48쪽

- 남조선 노동조합운동과 「한국노총」-「한국노총」의 실체를 중심으로- |강성주
  『조선문제연구』 제21호, 조선문제연구소, 1975, 369~404쪽

- 최근 남조선로동자들의 투쟁 |권기남
  『남조선문제』 제7호(통권 139), 조국통일사, 1976, 30~33쪽

- 최근 힘있게 벌어지고있는 남조선농민들의 투쟁 |김정의
  『남조선문제』 제11.12호(통권 143), 조국통일사, 1976, 27~30쪽

- 생존의 권리와 민주주의를 위한 남조선로동자들의 투쟁 |하일봉
  『남조선문제』 제8호(통권 151), 조국통일사, 1977, 22~25쪽

- 남조선농민들의 비참한 생활처지와 그들의 최근투쟁 |천장철
  『남조선문제』 제10호(통권 153), 조국통일사, 1977, 33~36쪽

- 생존과 민족주의를 위한 서울≪평화시장≫로동자들의 투쟁 |김주호
  『남조선문제』 제4호(통권 159), 조국통일사, 1978, 27~28쪽

- 피땀으로 얼룩진 부산부두 |주영경
  『남조선문제』 제4호(통권 159), 조국통일사, 1978, 41~42쪽

- [전재물] 결사선언
  『남조선문제』 제4호(통권 159), 조국통일사, 1978, 29쪽

- 괴뢰도당의 수탈을 반대하는 남조선농민들의 투쟁 |김주호
  『남조선문제』 제5호(통권 160), 조국통일사, 1978, 30~31쪽

- [실태자료] 로동운동을 말살하기 위한 어용조직으로서의 ≪한국로총≫
  『남조선문제』 제5호(통권 160), 조국통일사, 1978, 32~34쪽

- 남조선로동운동의 현실태
  『남조선문제』 제7호(통권 162), 조국통일사, 1978, 29~31쪽

- 로동운동에 대한 또하나의 파쑈적탄압조치
  『남조선문제』 제10호(통권 165), 조국통일사, 1978, 38쪽

- 최근남조선로동자들의 투쟁 |김주호
  『남조선문제』 제11호(통권 166), 조국통일사, 1978, 18~19쪽

1980~1989

- 어용로조로 규탄받는 ≪한국로총≫
  『남조선문제』 제1호(통권 180), 조국통일사, 1980, 25쪽

- 와이에취무역회사 로동자들의 투쟁은 무엇을 보여주었는가 |한계현
  『남조선문제』 제2호(통권 181), 조국통일사, 1980, 28~29쪽

- 반≪정부≫적추세로 나아가는 남조선로동운동 |계정복
  『남조선문제』 제6호(통권 185), 조국통일사, 1980, 24~25쪽

- 생존과 민주주의를 위한 남조선로동자들의 대중적진출 |김주호
  『남조선문제』 제7호(통권 186), 조국통일사, 1980, 20~21쪽

- 정선탄부들의 폭동은 무엇을 보여주었는가 |계정복
  『남조선문제』 제7호(통권 186), 조국통일사, 1980, 22~23쪽

- 어용로조우두머리들을 몰아내기 위한 로동자들의 투쟁 |길만호
  『남조선문제』 제9호(통권 188), 조국통일사, 1980, 19쪽

- 전두환역적을 반대하는 해외동포들의 투쟁 |방룡길
  『남조선문제』 제7호(통권 196), 조국통일사, 1981, 23~24쪽

- [론평] 로동자들의 투쟁을 막아보려는 가소로운 행위 |주영걸
  『남조선문제』 제2.3호(통권 203), 조국통일사, 1982, 62~63쪽

- 남조선로동운동발전과 그 요인 |김춘선
  『남조선문제』 제5호(통권 205), 조국통일사, 1982, 27~28쪽

- ≪우리들끼리 살겠다≫(미국 콘트롤 데이타회사 서울분공장 로동자들의 투쟁)
  『남조선문제』 제10호(통권 210), 조국통일사, 1982, 20~21쪽

- 불굴의 투지를 보여준 원풍모방주식회사 로동자들 |방룡길
  『남조선문제』 제1호(통권 213), 조국통일사, 1983, 19~21쪽

- ≪노예처럼 굴복하지 않겠다≫－남조선 콘트롤 데이타회사 로동자들의 반미투쟁－ |김철현
  『남조선문제』 제3호(통권 215), 조국통일사, 1983, 9~13쪽

- 심화발전되는 남조선로동운동 |신태성
  『조선사회민주당』 제4호, 조선사회민주당출판사, 1983, 59~64쪽

- [이야기] 그들의 투쟁은 멈추지 않았다 －원풍모방주식회사 로동자들의 그후투쟁－ |리기수
  『남조선문제』 제1호(통권 225), 조국통일사, 1984, 28~30쪽

- 남조선의 지하투쟁조직≪전국민주로동자련맹≫과 ≪전국민주학생련맹≫
  『남조선문제』 제5호(통권 229), 조국통일사, 1984, 22쪽

- 새로운 투쟁조직인 ≪로동자복지협의회≫
  『남조선문제』 제7호(통권 231), 조국통일사, 1984, 20쪽

- 급속히 장성하는 로동자들의 투쟁
  『남조선문제』 제11호(통권 235), 조국통일사, 1984, 25쪽

- 태백탄전의 불꽃 |방룡길
  『남조선문제』 제6호(통권 242), 조국통일사, 1985, 16~17쪽

- 로동자들속에서 애독되는 지하출판물들
  『남조선문제』 제10호(통권 246), 조국통일사, 1985, 32쪽

- 로동운동을 교살하기 위한 악랄한 책동 |리기수
  『남조선문제』 제11호(통권 247), 조국통일사, 1985, 36~38쪽

- 남조선로동운동의 최근 추세 ㅣ방 룡
  『남조선문제』 제5호(통권 259), 조국통일사, 1987, 24~27쪽

- 자주적인 로조결성을 위한 올해 로동자들이 투쟁 ㅣ리기수
  『남조선문제』 제6호(통권 260), 조국통일사, 1987, 34~35쪽

- [남조선문제] 남조선로동계급의 투쟁은 생존의 권리와 민주주의적 자유를 위한 정의의 투쟁 ㅣ김봉주
  『근로자』 제12호(통권 548), 근로자사, 1987, 75~79쪽

- 최근 남조선로동자들의 투쟁에서 주목되는 문제 ㅣ국제관계대학부교수 김현
  『교원선전수첩』 제1호, 교원신문사, 1988, 124~126쪽

- 남조선의 새로운 열풍-로동운동 ㅣ문학민
  『조선사회민주당』 제1호, 조선사회민주당출판사, 1988, 63~67쪽

- 날을 따라 앙양되고있는 로동운동의 몇가지 주목되는 문제 ㅣ최연수
  『남조선문제』 제4호(통권 264), 조국통일사, 1988, 28~31쪽

- 새롭게 앙양되고 있는 남조선로동운동 ㅣ방철수
  『국제생활』 제5호(통권 40), 국제생활사, 1989, 22~25쪽

1990~1999

- [남조선문제] 남조선에서 급속히 장성강화되고있는 로동운동과 그 특징 ㅣ김교식
  『근로자』 제8호(통권 580), 근로자사, 1990, 85~90쪽

- 최근남조선로동자들의 투쟁 ㅣ김형직사범대학정치경제학강좌 김성도
  『교원선전수첩』 제8호, 교원신문사, 1990, 115~117쪽

- 미제의 농축산물수입개방강요를 반대하는 남조선농민들의 투쟁 ㅣ반무영
  『력사과학』 제2호(통권 146), 사회과학출판사, 1993, 24~26쪽

- [조국통일, 남조선문제] 새로운 높은 단계에로 발전되고있는 남조선로동운동 ㅣ박정섭

『근로자』 제9호(통권 641), 근로자사, 1995, 92쪽

- 미제와 괴뢰도당의 반동적 농업정책과 그를 반대하는 남조선농민들의 투쟁(1945－1961년) ㅣ리일걸
  『력사과학론문집』 제18호, 사회과학출판사, 1995, 139～178쪽

- 자유와 민주주의, 삶의 권리를 위한 남조선로동자들의 정의의 투쟁 ㅣ저자미확인
  『근로자』 제3호, 근로자사, 1997, 87쪽

2) 대중운동

1960~1969 ···

- 남조선 인민들의 투쟁은 계속되고 심화될 것이다
  『근로자』 제5호(통권 174), 근로자사, 1960, 19～27쪽

- 남조선인민의 반미 구국투쟁과 관련한 제중요문헌
  『조선문제연구』 제4권 제2호, 조선문제연구소, 1960, 1～20쪽

- 〈자료〉 남조선인민의 반미구국투쟁 일지(1960.1~5)
  『조선문제연구』 제4권 제2호, 조선문제연구소, 1960, 59～70쪽

- 남조선인민의 투쟁일지(1960.8.1~1960.10.31)
  『조선문제연구』 제4권 제5.6호, 조선문제연구소, 1960, 99～114쪽

- 남조선 인민들의 4월 인민 봉기와 그의 력사적 의의 ㅣ강현욱
  『김일성종합대학창립15주년기념론문집』 김일성종합대학편집위원회, 1961, 158～185쪽

- 남조선 인민들의 투쟁을 멈출 힘은 없다 ㅣ김한경
  『근로자』 제5호(통권 198), 근로자사, 1962, 27～30쪽

- ≪이민은 기민이다≫ ㅣ김 호

『근로자』 제11호(통권 225), 근로자사, 1963, 41~44쪽

■ 자주, 자립을 위한 남조선 인민들의 투쟁 ㅣ김한준
『근로자』 제17호(통권 231), 근로자사, 1963, 22~31쪽

■ 현시기 남조선 인민들의 반미 구국투쟁 ㅣ력사학학사 김희일
『력사과학』 제1호(통권 57), 사회과학원출판사, 1965, 6~15쪽

■ 조선 인민의 혁명적 투지를 시위함 2.7 구국투쟁 ㅣ최진일
『남조선문제』 제2호, 남조선문제출판사, 1965, 23쪽

■ 4.19의 피값을 해야 한다 ㅣ김병주
『조선녀성』 제4호, 조선녀성사, 1965, 36~37쪽

■ 남조선 인민 투쟁의 20년 ㅣ백상철
『근로자』 제16호(통권 278), 근로자사, 1965, 28~34쪽

■ ≪한일 협정≫을 반대하는 남조선 인민들의 투쟁 ㅣ조응환
『근로자』 제18호(통권 280), 근로자사, 1965, 36~41쪽

■ 남조선에서의 반제 민주주의 운동의 발전과 그 특징 ㅣ최 진
『남조선문제론문집』 남조선문제출판사, 1965, 208~226쪽

■ 남조선인민들의 영웅적인 10월항쟁 ㅣ권영욱
『근로자』 제9호(통권 295), 근로자사, 1966, 28~32쪽

■ 반파쑈민주화투쟁은 남조선인민들의 간절한 과업 ㅣ림춘광
『근로자』 제9호(통권 295), 근로자사, 1966, 33~37쪽

■ 10월인민항쟁과 그의 력사적의의 ㅣ권천수
『남조선문제』 제10호(통권 27), 조국사, 1966, 2~7쪽

■ [자료] 남조선의 관제어용단체들
『남조선문제』 제8호(통권 37), 조국사, 1967, 38~43쪽

■ 남조선인민들의 투쟁묘사에서 제기되는 새로운측면들 ㅣ허영목
『조선예술』 제8호(통권 145), 문예출판사, 1968, 79~81쪽

■ 미제의 식민지노예교육정책과 그를 반대하는 남조선 교원, 학생들의 투쟁
ㅣ김영걸
『인민교육』 제11호, 교원선전수첩출판사, 1969, 59쪽

1970~1979 ....

- 남조선혁명력량은 광범한 대중적 투쟁을 통해서만 장성강화될 수 있다 ㅣ라필수

  『근로자』 제3호(통권 348), 근로자사, 1971, 57~64쪽

- 반파쑈민주화투쟁을 적극 발전시키는 것은 현단계의 남조선혁명앞에 나선 중요과업 ㅣ최원흡

  『근로자』 제7호(통권 352), 근로자사, 1971, 58~64쪽

- 주체사상의 혁명적기치밑에 날로 심화발전하는 남조선인민들의 반미구국투쟁 ㅣ남기홍

  『근로자』 제2호(통권 359), 근로자사, 1972, 52~58쪽

- 남조선에서의 반파쑈민주화투쟁에 관한 위대한 수령 김일성동지의 사상 ㅣ리윤철

  『남조선문제』 제4호(통권 91), 조국통일사, 1972, 29~36쪽

- 최근 남조선농민들의 투쟁 ㅣ최상윤

  『남조선문제』 제10호(통권 120), 조국통일사, 1974, 22~26쪽

- 4.19의 투쟁정신은 살아있다 ㅣ윤룡억

  『근로자』 제3호(통권 395), 근로자사, 1975, 59~64쪽

- 범죄적인 ≪한일협정≫을 무효화하기위한 남조선 청년학생들과 인민들의 투쟁 ㅣ최상윤

  『남조선문제』 제8호(통권 129), 조국통일사, 1975, 35~40쪽

- 남조선인민들의 반파쑈민주화투쟁은 조국통일위업을 앞당기는 성스러운 애국투쟁 ㅣ김창형

  『근로자』 제8호(통권 400), 근로자사, 1975, 53~58쪽

- 남조선인민들의 반파쑈민주화투쟁은 반드시 승리할것이다 ㅣ김춘근

  『근로자』 제5호(통권 409), 근로자사, 1976, 53~58쪽

- [자료] ≪남조선에서의 압제와 그를 반대하는 저항운동≫

  『남조선문제』 제9호(통권 141), 조국통일사, 1976, 40~44쪽

■ 반박세력의 사회적 기반형성 연구 |김기대
『조선문제연구』 제21호, 조선문제연구소, 1976, 157~208쪽

■ 남조선혁명운동발전에서 새로운 전화점을 열어놓은 4월인민봉기 |김창호
『력사과학』 제2호(통권 82), 사회과학원출판사, 1977, 23~29쪽

■ 최근년간 남조선언론인들의 투쟁과 그 특징 |리정근
『남조선문제』 제2호(통권 145), 조국통일사, 1977, 19~22쪽

■ 남조선인민들의 민주화투쟁은 인간의 존엄과 자주성을 지키며 조국통일
을 앞당기기 위한 성스러운 투쟁 |김원학
『근로자』 제6호(통권 422), 근로자사, 1977, 59~64쪽

■ 민주운동과 로동운동의 련대성을 가로막기 위한 비렬한 탄압만행 |추풍현
『남조선문제』 제12호(통권 155), 조국통일사, 1977, 39쪽

■ ≪유신≫파쑈독재를 반대하는 남조선인민들의 투쟁은 정의의 애국투쟁 |
독고원식
『근로자』 제2호(통권 430), 근로자사, 1978, 59~64쪽

■ [독자들의 질문에 대한 대답] 혁명운동에서 청년학생, 인테리들이 교량적
역할을 한다는 것은 무엇을 말하는가
『남조선문제』 제3호(통권 158), 조국통일사, 1978, 47쪽

■ 정의의 목소리를 막아보려는 박정희뢰뢰도당의 언론탄압책동 |원태림
『남조선문제』 제3호(통권 158), 조국통일사, 1978, 33~35쪽

■ 남조선의 민주화운동에서 나타나고있는 로동계급과의 련대성운동과 공동
투쟁 |김윤환
『남조선문제』 제4호(통권 159), 조국통일사, 1978, 21~23쪽

■ 파쑈적 언론탄압을 위한 ≪기자담당제≫
『남조선문제』 제6호(통권 161), 조국통일사, 1978, 42쪽

■ [자료] 해외동포들속에서 확대발전하는 민주주의운동단체들과 그 활동
『남조선문제』 제10호(통권 165), 조국통일사, 1978, 29~31쪽

■ 남조선 인민들의 반파쑈민주화투쟁의 몇 가지 특징 |방철수
『근로자』 제10호(통권 450), 근로자사, 1979, 53~58쪽

1980~1989 ....

- ≪유신≫독재에 치명적타격을 준 남조선인민들의 10월투쟁 |계정복
  『남조선문제』 제1호(통권 180), 조국통일사, 1980, 15~17쪽

- ≪유신체제≫를 심각한 위기에 몰아넣은 반항의 폭풍 |김춘선
  『남조선문제』 제2호(통권 181), 조국통일사, 1980, 22~24쪽

- 억누를수록 반항은 커지는 법이다 |서치렬
  『근로자』 제7호(통권 459), 근로자사, 1980, 53~59쪽

- 삶을 위한 남조선도시주민들의 투쟁 |김주호
  『남조선문제』 제1호(통권 192), 조국통일사, 1981, 28~29쪽

- 자유와 민주주의를 위한 투쟁에 나선 남조선 지식인들 |계정복
  『남조선문제』 제1호(통권 192), 조국통일사, 1981, 30~31쪽

- 일본군국주의재침의 척후병들을 물리치기 위한 남조선인민들의 투쟁 |박
  동수
  『력사과학』 제2호(통권 98), 과학백과사전출판사, 1981, 12~17쪽

- 남조선에서 괴뢰군 조작 첫시기 진보적군인들 속에서 벌어진 애국적투쟁
  |정종균
  『력사과학』 제3호(통권 99), 과학백과사전출판사, 1981, 17~22쪽

- ≪한일협정≫조작후 일본군국주의의 재침을 반대하는 남조선인민들의 투
  쟁과 그 주요특징 |박동수
  『력사과학』 제4호(통권 100), 과학백과사전출판사, 1981, 28~32쪽

- 10월인민항쟁에서 발휘된 남조선인민들의 투쟁정신은 살아있다 |서치렬
  『근로자』 제10호(통권 474), 근로자사, 1981, 60~64쪽

- 날로 높아가는 해외동포들의 반미기운 |리기수
  『남조선문제』 제12호(통권 201), 조국통일사, 1981, 20~21쪽

- 미제와 리승만괴뢰도당을 반대하여 일어난 려수군인폭동 |정종균
  『력사과학』 제1호(통권 101), 과학백과사전출판사, 1982, 24~29쪽

- 려수군인폭동의 영향밑에 일어난 남조선괴뢰군내 애국적군인들의 투쟁 |정종균

  『력사과학』 제3호(통권 103), 과학백과사전출판사, 1982, 30~35쪽

- [토막글] ≪우리모두 반미구국성전에 나서자!≫

  『남조선문제』 제7호(통권 207), 조국통일사, 1982, 51쪽

- 반미자주의 길에 나서는 남조선종교인들 |조남훈

  『남조선문제』 제9호(통권 209), 조국통일사, 1982, 23~24쪽

- 남조선인민들속에서 날로 높아가는 반미자주화투쟁 |최창덕

  『근로자』 제9호(통권 485), 근로자사, 1982, 60~64쪽

- 남조선 민주화 투쟁의 현단계 |김일만

  『조선문제연구』 제22호, 조선문제연구소, 1982, 103~130쪽

- 남조선에 조직된≪도시산업선교회≫와 그 활동에 대하여 |정성호

  『남조선문제』 제2호(통권 214), 조국통일사, 1983, 20~23쪽

- 남조선종교인들의 애국적인 반미진출 |신태성

  『조선사회민주당』 제2호, 조선사회민주당출판사, 1983, 40~43쪽

- 민족적자주권을 위한 남조선인민들의 반민자주화투쟁 |방철수

  『근로자』 제3호(통권 491), 근로자사, 1983, 60~64쪽

- 남조선의 ≪지하대학≫

  『교원선전수첩』 제3호, 교원신문사, 1983, 124~125쪽

- 남조선에서의 반미자주를 위한 투쟁 |리민구

  『조선사회민주당』 제3호, 조선사회민주당출판사, 1983, 27~33쪽

- [만평] ≪민주화운동전국청년련합≫

  『남조선문제』 제12호(통권 224), 조국통일사, 1983, 50쪽

- 남조선과 해외 동포들속에서 대두하는 반전반핵기운 |방철수

  『조선사회민주당』 제4호, 조선사회민주당출판사, 1984, 46~50쪽

- 영웅적봉기의 목격자들은 말한다 |계정복

  『남조선문제』 제5호(통권 229), 조국통일사, 1984, 18~22쪽

- ≪민주승리 그날까지 어떤 곤난도 우리를 막지 못할것이다≫-≪민주화
  운동전국청년련합≫의 결성과 그 활동- |리기수
  『남조선문제』 제8호(통권 232), 조국통일사, 1984, 21~23쪽

- 새로 조직된 대중운동단체들에 대하여 |본사기자
  『남조선문제』 제1호(통권 237), 조국통일사, 1985, 31~32쪽

- [농민들의 투쟁소식] ≪기독교농민회 총련합회≫
  『남조선문제』 제3호(통권 239), 조국통일사, 1985, 25쪽

- [투쟁단체 결성소식] ≪광주 구속자 협의회≫
  『남조선문제』 제5호(통권 241), 조국통일사, 1985, 32쪽

- [실화] 향거의 불길 |김원택
  『남조선문제』 제8호(통권 244), 조국통일사, 1985, 36~37쪽

- 남조선에 대두한 ≪삼민주의≫ |리형국
  『조선사회민주당』 제2호, 조선사회민주당출판사, 1986, 49~53쪽

- 남조선에 대두하는 반전, 반핵 기운 |김성호
  『조선사회민주당』 제3호, 조선사회민주당출판사, 1986, 25~27쪽

- [남조선문제] 남조선인민들의 반제자주화투쟁과 미제의 식민지통치의 위기
  |서치렬
  『근로자』 제12호(통권 536), 근로자사, 1986, 84~88쪽

- 민족적 애국운동으로서의 해외교포운동의 성격에 대하여 |박삼석
  『조선대학학보』 제10호, 조선대학교, 1986, 32~43쪽

- 최근 남조선인민운동발전의 몇가지 추세 |박정섭
  『남조선문제』 제2호(통권 256), 조국통일사, 1987, 26~28쪽

- 의식화는 남조선대중운동의 절박한 요구 |리광진
  『조선사회민주당』 제3호, 조선사회민주당출판사, 1987, 71~74쪽

- 남조선종교일군들의 최근 투쟁 |리기수
  『남조선문제』 제4호(통권 258), 조국통일사, 1987, 41~44쪽

- [남조선문제] 6월인민항쟁은 반미반파쑈민주화를 위한 거족적인 애국투쟁
  |림동옥

『근로자』 제10호(통권 546), 근로자사, 1987, 82~86쪽

- 전후 남조선에서 반미자주화에로의 투쟁의 발전은 력사발전의 합법칙적 요구 |박 렬
  『김일성종합대학학보』[사회과학편] 제1호(통권 167), 김일성종합대학출판사, 1987, 124~134쪽

- 최근 급격히 앙양되고있는 남조선 농민들의 투쟁 |전군섭
  『남조선문제』 제2호(통권 262), 조국통일사, 1988, 37~39쪽

- 영웅적인 6월인민항쟁의 경험과 교훈 |서정환
  『남조선문제』 제3호(통권 263), 조국통일사, 1988, 22~24쪽

- [남조선문제] 자주, 민주, 통일을 위한 남조선인민들의 투쟁은 막을 수 없는 력사의 흐름 |김영희
  『근로자』 제12호(통권 560), 근로자사, 1988, 77~82쪽

- 남조선에서 앙양되는 반전, 반핵 투쟁 |전성호
  『조선사회민주당』 제3호, 조선사회민주당출판사, 1989, 52~54쪽

- [남조선문제] 화산의 분출구에 세워진 정치루각 |김영희
  『근로자』 제9호(통권 569), 근로자사, 1989, 85~89쪽

1990~1999

- 우리 민족의 강의한 자주정신과 기개를 시위한 영웅적 4월인민봉기 |류호준
  『근로자』 제4호(통권 576), 근로자사, 1990, 85~90쪽

- [남조선문제] 남조선인민들의 반파쑈민주화투쟁을 보다 높은 단계에로 발전시킨 영웅적 광주인민봉기 |한영읍
  『근로자』 제5호(통권 577), 근로자사, 1990, 85~90쪽

- 남조선민중해방운동사에 길이 빛날 10월인민항쟁 |방선향
  『조선사회민주당』 제4호, 조선사회민주당출판사, 1991, 63~64쪽

- [남조선문제] 최근 남조선에서 급격히 앙양되고 있는 반미반파쑈투쟁의

중요 특징 |전군섭

『근로자』 제8호(통권 592), 근로자사, 1991, 92~96쪽

■ 제주도인민의 4.3봉기와 반미애국투쟁의 강화 |박설영

『력사과학론문집』 제16호, 사회과학출판사, 1991, 129~172쪽

■ 1994년에 새롭게 발전한 남조선대중운동의 주요특징 |박명성

『력사과학』 제2호(통권 154), 과학백과사전종합출판사, 1995, 26~29쪽

■ 력사에 길이 빛날 광주인민봉기 |본사기자

『조선녀성』 제3호(통권 478), 근로단체출판사, 1995, 37쪽

■ [남조선문제] 4월인민봉기는 자주, 민주, 통일을 위한 남조선인민들의 투쟁에서 새로운 전환을 가져온 력사적사변 −4월인민봉기 35돐에 즈음하여− |려연구

『근로자』 제4호(통권 636), 근로자사, 1995, 87~91쪽

■ 1901년 제주도농민봉기 |오철호

『력사과학』 제4호(통권 172), 과학백과사전종합출판사, 1999, 25~27쪽

2000~2009

■ 6.15북남공동선언발표1돐에 즈음하여−[사진] 남조선인민운동, 그 새로운 면모

『조선사회민주당』 제1호(통권 596), 조선사회민주당출판사, 2001, 15~16쪽

■ 1990년대 남조선대중운동의 조직화를 위한 투쟁 |조성혁

『력사과학』 제4호(통권 180), 과학백과사전출판사, 2001, 59~60쪽

■ 력사가 처음보는 반미항쟁

『조선사회민주당』 제1호(통권 597), 조선사회민주당출판사, 2003, 41~43쪽

3) 학생운동

1950~1959 ●●

■ 광주학생운동 – 광주학생운동 30주년에 제하여 | 리종현
  『력사과학』 제6호, 조선민주주의인민공화국과학원출판사, 1959, 1~10쪽

1960~1969 ●●●

■ 남조선 청년 학생들의 투쟁의 불길 | 본사기자 김종부
  『인민교육』 제4호, 인민교육사, 1960, 47~48쪽

■ 민족 해방과 민주주의 혁명에서 남조선 청년 학생들의 역할 | 하앙천
  『근로자』 제13호(통권 227), 근로자사, 1963, 2~11쪽

■ 남조선 청년 학생들의 6.3 봉기에 대하여 | 하앙천
  『근로자』 제13호(통권 251), 근로자사, 1964, 8~17쪽

■ 6.3 봉기 후 남조선 인민들의 투쟁과 청년 학생, 지식인들의 임무 | 하영천
  『근로자』 제4호(통권 266), 근로자사, 1965, 12~23쪽

■ 반미 구국 투쟁의 전환점으로 된 4월 인민 봉기
  『근로자』 제7호(통권 269), 근로자사, 1965, 31~38쪽

■ [1965년도 남조선인민운동 개관] 학생운동 | 강 욱
  『남조선문제』 제2호(통권 19), 남조선문제출판사, 1966, 24~27쪽

■ 4월 인민 봉기 후 남조선 학생 운동 | 최진일
  『남조선문제』 제4호(통권 21), 남조선문제출판사, 1966, 17~23쪽

■ 남조선학생운동의 금후발전을 위한 몇가지 문제 | 황공수
  『남조선문제』 제9호(통권 38), 조국사, 1967, 2~10쪽

1970~1979 ··

- 최근 남조선청년학생들의 동향과 투쟁 |저자 미확인
  『남조선문제』 제4호, 조국통일사, 1971, 42쪽

- ≪전국민주청년학생총련맹≫과 그 활동에 대하여
  『남조선문제』 제9호(통권 119), 통일신보사, 1974, 36~39쪽

- 위대한수령 김일성동지께서 밝혀주신 남조선청년학생 운동에 관한 사상
  (1) |권정혁
  『남조선문제』 제4호(통권 125), 조국통일사, 1975, 27~31쪽

- 위대한수령 김일성동지께서 밝히신 남조선청년학생운동에 관한 사상(2) |권
  정혁
  『남조선문제』 제5호(통권 126), 조국통일사, 1975, 2~7쪽

- 남조선청년학생들의 반파쑈민주화투쟁 |본사기자 변소정
  『인민교육』 제7호, 교원신문사, 1975, 60~62쪽

- [시평] 남조선청년학생들에 대한 박정희괴뢰도당의 탄압선풍 |안용철
  『남조선문제』 제2호(통권 135), 조국통일사, 1976, 35~37쪽

- [자료] ≪민주민족통일의 기발을 높이 들자≫
  『남조선문제』 제2호(통권 135), 조국통일사, 1976, 43~45쪽

- 최근 남조선청년학생들의 반파쑈민주화투쟁 |김철만
  『남조선문제』 제4호(통권 137), 조국통일사, 1976, 25~28쪽

- 남조선청년학생들의 반파쑈민주화투쟁은 반드시 승리하고야 말것이다 |리
  동춘
  『인민교육』 제7호, 교원신문사, 1976, 53~54쪽

- 멸망의 길을 재촉하는 박정희괴뢰도당의 학원파쑈화책동 |송재구
  『인민교육』 제8호, 교원신문사, 1976, 55~56쪽

- [전재물] 왜 침묵을 계속하는가-남조선 학생운동의 현황-
  『남조선문제』 제4호(통권 147), 조국통일사, 1977, 45~47쪽

- 남조선청년학생들의 반파쑈민주화 투쟁의 최근추세 |리영준
  『남조선문제』 제9호(통권 152), 조국통일사, 1977, 45~48쪽

- 청년학생들의 투쟁을 막아보려는 어리석은 망동
  『남조선문제』 제4호(통권 159), 조국통일사, 1978, 48쪽

- 4.19 투쟁정신과 오늘의 남조선청년학생운동 |김선철
  『남조선문제』 제4호(통권 159), 조국통일사, 1978, 19~20쪽

- 청년학생들의 투쟁을 가로막기위한 선제공격
  『남조선문제』 제5호(통권 160), 조국통일사, 1978, 49쪽

- 최근 남조선청년학생들의 반파쑈민주화투쟁 |김주호
  『남조선문제』 제9호(통권 164), 조국통일사, 1978, 21~22쪽

- 반파쑈민주화운동에서 남조선청년학생들이 노는 혁명적역할 |정진구
  『남조선문제』 제11호(통권 166), 조국통일사, 1978, 9~11쪽

- 청년학생들의 투쟁을 탄압하고있는 괴뢰도당의 책동 |안 철
  『남조선문제』 제11호(통권 166), 조국통일사, 1978, 25~26쪽

- 범죄적인 ≪한일협정≫을 짓부시기 위한 남조선의 애국적 청년학생들과
  인민들의 투쟁 |리정인
  『력사과학』 제1호(통권 89), 과학백과사전출판사, 1979, 14~18쪽

1980~1989

- 남조선 청년학생들의 6.3투쟁과 그 특징 |김창호
  『력사과학』 제3호(통권 95), 과학백과사전출판사, 1980, 13~17쪽

- 련대적공동투쟁에로 나아가는 남조선청년학생운동 |김춘선
  『남조선문제』 제4호(통권 183), 조국통일사, 1980, 29~30쪽

- 남조선전역에 세차게 타번진 청년학생들의 반파쑈민주화의 불길 |정성호
  『남조선문제』 제7호(통권 186), 조국통일사, 1980, 24~26쪽

- 남조선청년학생들의 최근 민주화투쟁동향 | 김선철

  『남조선문제』 제4.5호(통권 194), 조국통일사, 1981, 20~22쪽

- 민주항전의 길에 다시금 나선 남조선청년학생들 | 김춘선

  『남조선문제』 제8호(통권 197), 조국통일사, 1981, 21~22쪽

- 남조선청년학생들에 대한 야만적인 폭압책동 | 김선철

  『남조선문제』 제8호(통권 197), 조국통일사, 1981, 31~32쪽

- [단평] 반체반파쇼투쟁에로 부르는 노래

  『남조선문제』 제1호(통권 202), 조국통일사, 1982, 17쪽

- 반파쑈민주화의 새로운 투쟁조직 - ≪리념써클≫ | 김춘선

  『남조선문제』 제4호(통권 204), 조국통일사, 1982, 33~34쪽

- 반미감정의 폭발 - 불탄 ≪미국문화원≫ | 김춘선

  『남조선문제』 제7호(통권 207), 조국통일사, 1982, 21~22쪽

- 로동운동과의 결합에로 나가는 남조선청년학생운동 | 엄유철

  『남조선문제』 제9호(통권 209), 조국통일사, 1982, 19~20쪽

- 민주화투쟁의 승리를 지향하는 남조선청년학생들의 ≪의식화작업≫ | 김정렬

  『남조선문제』 제9호(통권209), 조국통일사, 1982, 21~22쪽

- ≪지하대학≫(해외교포신문≪신한민보≫에서)

  『남조선문제』 제10호(통권 210), 조국통일사, 1982, 22쪽

- ≪지하써클≫에서 보급하는 ≪종속리론≫에 대하여 | 김춘선

  『남조선문제』 제3호(통권 215), 조국통일사, 1983, 17~18쪽

- 학생운동 교살음모 | 본사기자

  『남조선문제』 제5호(통권 217), 조국통일사, 1983, 35~36쪽

- 높아가는 학생투쟁

  『남조선문제』 제9호(통권 221), 조국통일사, 1983, 33쪽

- 최근 남조선청년학생운동에서 주목되는 추세 | 허학필

  『남조선문제』 제9호(통권 221), 조국통일사, 1983, 21~23쪽

- 남조선의 지하투쟁조직 ≪새별회≫

  『남조선문제』 제1호(통권 225), 조국통일사, 1984, 34쪽

- 남조선청년학생들의 반미자주화를 위한 투쟁

  『교원선전수첩』 제2호, 교원신문사, 1984, 104~105쪽

- 자주화와 민주화를 위한 남조선청년학생운동 |한영읍

  『근로자』 제6호(통권 506), 근로자사, 1984, 56~59쪽

- 피타는 절규, 의로운 투쟁 |본사기자

  『남조선문제』 제7호(통권 231), 조국통일사, 1984, 21~22쪽

- 주목되는 움직임 |리기수

  『남조선문제』 제10호(통권 234), 조국통일사, 1984, 25~26쪽

- 그들은 어떻게 죽었는가 |본사기자

  『남조선문제』 제11호(통권 235), 조국통일사, 1984, 29~30쪽

- [전재물] 단결과 투쟁의 노래

  『남조선문제』 제3호(통권 239), 조국통일사, 1985, 41쪽

- 응당한 보복

  『남조선문제』 제4호(통권 240), 조국통일사, 1985, 36쪽

- [남조선문제] 남조선사회의 자주화, 민주화를 위한 청년학생들의 의로운 투쟁 |한영읍

  『근로자』 제4호(통권 516), 근로자사, 1985, 80~84쪽

- [전재물] 저항과 투쟁의 현장에서 부른 남조선대학생들의 노래

  『남조선문제』 제6호(통권 242), 조국통일사, 1985, 18쪽

- [투쟁단체결성소식] 민주통일 민중운동 련합

  『남조선문제』 제6호(통권 242), 조국통일사, 1985, 18쪽

- 최근시기 남조선청년학생들의 투쟁에서 주목되는 몇가지 문제 |사회과학원실장 준박사, 부교수 김창호

  『교원선전수첩』 제7호, 교원신문사, 1985, 81~84쪽

- ≪먹물탄≫

  『남조선문제』 제8호(통권 244), 조국통일사, 1985, 61쪽

- ≪1,352회≫
  『남조선문제』 제9호(통권 245), 조국통일사, 1985, 47쪽

- [투쟁단체 결성소식] ≪국어운동대학생련합회≫
  『남조선문제』 제9호(통권 245), 조국통일사, 1985, 59쪽

- [이야기] 낮과 밤을 이은 4일간 |방룡길
  『남조선문제』 제11호(통권 247), 조국통일사, 1985, 25~28쪽

- [전재물] 갈수록 조직화되고 격렬해지는 학생운동
  『남조선문제』 제12호(통권 248), 조국통일사, 1985, 63~64쪽

- 남조선청년학생들의 투쟁을 보여주는 생동한 화폭 |박관영
  『조선예술』 제12호(통권 348), 문예출판사, 1985, 69~70쪽

- 남조선청년학생운동의 최근추세 |방룡길
  『남조선문제』 제1호(통권 249), 조국통일사, 1986, 23~26쪽

- 지난해에 있은 남조선청년학생들의 반미자주화투쟁 |평남석탄공업대학 한
  정서
  『교원선전수첩』 제3호, 교원신문사, 1986, 104~109쪽

- [남조선문제] 남조선청년학생들의 반미반파쑈 민주화투쟁은 정의의 애국
  투쟁 |박정섭
  『근로자』 제1호(통권 537), 근로자사, 1987, 85~90쪽

- 세차게 벌어진 지난해 남조선청년학생운동에서 주목되는 몇가지 |인민대
  학습당 박계조
  『교원선전수첩』 제3호, 교원신문사, 1987, 112~116쪽

- 청년학생들속에서 급격히 높아가는 련공기운 |박정섭
  『남조선문제』 제5호(통권 259), 조국통일사, 1987, 20~23쪽

- 남조선청년학생들의 의식화활동의 주요특징 |리영성
  『남조선문제』 제2호(통권 262), 조국통일사, 1988, 32~36쪽

- 최근 남조선청년학생들의 반미자주화 투쟁의 중요특징 |박정섭
  『남조선문제』 제4호(통권 264), 조국통일사, 1988, 24~27쪽

- 광주학생운동의 력사적 교훈 |계영숙

  『력사과학』 제4호(통권 132), 사회과학출판사, 1989, 15~19쪽

- [남조선문제] 자주, 민주, 조국통일을 위한 남조선인민들의 투쟁에서 청년 학생들의 역할 |한영읍

  『근로자』 제6호(통권 566), 근로자사, 1989, 84~90쪽

1990~1999

- 대중의식화를 위한 남조선청년학생들의 투쟁 |리행현

  『력사과학론문집』 제16호, 사회과학출판사, 1991, 85~128쪽

- 파쑈폭압의 별동대 ≪백골단≫ |본사기자

  『교원선전수첩』 제7호, 교원신문사, 1992, 126~127쪽

- [남조선문제] 남조선청년학생들속에서 세차게 전개되고있는 의식화 운동 과 그 특징 |전군섭

  『근로자』 제2호(통권 610), 근로자사, 1993, 85~90쪽

- [자료론설] ≪한총련≫은 남조선 100만학도들의 전위조직 |박정섭

  『근로자』 제12호(통권 620), 근로자사, 1993, 86쪽

2000~2009

- 청년학생통일대축전을 실현하기 위한 남조선청년학생들의 투쟁 |박영철

  『력사과학』 제2호(통권 190), 과학백과사전출판사, 2004, 24~25쪽

- 1990년대 반미자주화를 실현하기 위한 남조선청년학생들의 투쟁 |김관식

  『력사과학』 제4호(통권 204), 과학백과사전출판사, 2007, 50~52쪽

2. 사회문제

1) 복지

1950~1959 ···

- 남조선 녀성들과 어린이들의 참담한 생활 | 심수경
  『조선녀성』 제7호, 조선녀성사, 1953, 32~34쪽

- 미제와 리승만 통치하의 남조선어린이들의 처지
  『조선녀성』 제10호, 조선녀성사, 1953, 63~65쪽

- 미제의 침략 정책과 리승만의 매국 정책에 의한 남조선 인민들의 참담한
  생활상 | 김종식
  『인민』 제8호, 민주조선사, 1953, 94~104쪽

- 자본주의나라 근로자들의 빈궁화 | 강 계
  『근로자』 제6호(통권 115), 로동신문사, 1955, 115~127쪽

- 악화 일로의 남조선 전력 사정 | 최명소
  『국제생활』 제22호, 조선중앙통신사, 1955, 3~5쪽

- 미제 강점하 10년간의 남조선 참상 | 주 혁
  『인민』 제8호, 민주조선사, 1955, 120~130쪽

- 남반부의 모든 류랑 고아들을 우리에게 넘겨 달라!
  『조선녀성』 제9호, 조선녀성사, 1958, 24~25쪽

- [남조선 자료] 앓다가 그대로 죽으란 말인가?
  『국제생활』 제8호, 국제생활사, 1958, 13쪽

- 남조선의 생활 | 심영희
  『조선녀성』 제11호, 조선녀성사, 1959, 22~24쪽

1960~1969 ●●

■ 그들은 남조선에서 무엇을 보았던가 |편집부
  『조선녀성』 제2호, 조선녀성사, 1960, 16~17쪽

■ 남조선 인민들의 처지는 더욱 악화되었다
  『국제생활』 제9호, 국제생활사, 1961, 5~7쪽

■ 헐벗고 굶주려 거리를 헤매는 남조선 어린이들 |장인찬
  『조선녀성』 제6호, 조선녀성사, 1962, 38~39쪽

■ [암흑의 땅 남조선에서] 시들어져 가는 남반부 어린이들 |허 인
  『조선녀성』 제6호, 조선녀성사, 1963, 33~34쪽

■ [암흑의 땅 남조선에서 — 버림받은 어린이들] 깡패식 ≪위험 방지 대책≫
  『조선녀성』 제6호, 조선녀성사, 1964, 29쪽

■ [암흑의 땅 남조선에서 — 버림받은 어린이들] 누구의 탓인가? |허 인
  『조선녀성』 제6호, 조선녀성사, 1964, 28~29쪽

■ [암흑의 땅 남조선에서 — 버림받은 어린이들] 인숙 모녀의 운명(이야기) |안
  전일
  『조선녀성』 제6호, 조선녀성사, 1964, 30~31쪽

■ [암흑의 땅 남조선에서 — 버림받은 어린이들] 터져 나오는 원한의 목소리
  『조선녀성』 제6호, 조선녀성사, 1964, 31~33쪽

■ [암흑의 땅 남조선에서] 못 살겠다는 하소연 뿐
  『조선녀성』 제9호, 조선녀성사, 1964, 36~37쪽

■ 남조선에 류포되고 있는 ≪인구 과잉≫론 |최시범
  『근로자』 제14호(통권 252), 근로자사, 1964, 31~39쪽

■ [남녁땅 형제들을 잊지말자] 그들이 끌려 갔던 곳 |김병주
  『조선녀성』 제1호, 조선녀성사, 1965, 85~88쪽

■ 남조선 고아들을 내 손으로 |유병희
  『조선녀성』 제2호, 조선녀성사, 1965, 32쪽

- [특집] 남조선 ≪국민보건≫의 본질에 대한 몇가지 고찰 |홍순원

  『남조선문제』 제6호(통권 12), 남조선문제출판사, 1965, 51〜57쪽

- 버림 받은 남녘의 어린이들 |리철진

  『조선녀성』 제6호, 조선녀성사, 1965, 44쪽

- [학습자료] 남조선사회의 계급구성

  『남조선문제』 제8호(통권 25), 조국사, 1966, 35〜42쪽

- [자료] 남조선하층관리들의 처지와 동향

  『남조선문제』 제9호(통권 38), 조국사, 1967, 39〜42쪽

1970〜1979 ·······························

- 남조선도시빈민들의 참혹한 생활처지 |김경수

  『남조선문제』 제10호(통권 85), 조국통일사, 1971, 37〜41쪽

- 미제와 박정희괴뢰도당의 반인민적반동정책에 의하여 극도로 악화된 남
  조선보건의 현상태 |김규영

  『남조선문제』 제11호(통권 86), 조국통일사, 1971, 37〜41쪽

- 남조선어린이들의 참상 |전기흥

  『인민교육』 제11호(통권 273), 교원선전수첩출판사, 1972, 63〜64쪽

- 남조선에서 더욱 격화되고있는 도시와 농촌간의 대립 |리기엽

  『남조선문제』 제1호(통권 99), 조국통일사, 1973, 30〜35쪽

- 남조선보건의 부패상 |홍순원

  『남조선문제』 제3호(통권 101), 조국통일사, 1973, 33〜37쪽

- 남조선사회제도의 반동적본질(2) |송룡천

  『남조선문제』 제10호(통권 108), 통일신보사, 1973, 43〜48쪽

- ≪부익부, 빈익빈≫의 차이가 더욱 심해가는 남조선

  『교원선전수첩』 제1호(통권 58), 교원선전수첩출판사, 1974, 75〜77쪽

- 남조선사회제도의 반동적본질(4) |석두관

  『남조선문제』 제1호(통권 111), 통일신보사, 1974, 44~48쪽

- 남조선사회제도의 반동적본질(6) |석두관

  『남조선문제』 제6호(통권 116), 통일신보사, 1974, 41~44쪽

- 남조선의 반인민적이며 반동적인 보건제도

  『교원선전수첩』 제7호(통권 64), 교원선전수첩출판사, 1974, 74~77쪽

- 20세기 죄악이 판을 치는 사회(1)(도꾜외국어대학 프랑스인교수 알란발텔
  의 남조선려행기)

  『남조선문제』 제8호(통권 118), 통일신보사, 1974, 41~46쪽

- 20세기 죄악이 판을 치는 사회(2)(도꾜외국어대학 프랑스인교수 알란발텔
  의 남조선려행기)

  『남조선문제』 제9호(통권 119), 통일신보사, 1974, 43~48쪽

- 남조선사회는 극도로 썩고 병든 사회이다 |장덕영

  『남조선문제』 제10호(통권 131), 조국통일사, 1975, 43~48쪽

- [자료] 서울 청계천빈민촌의 비참한 생활실태

  『남조선문제』 제3호(통권 136), 조국통일사, 1976, 41~42쪽

- [전재물] 남조선을 다녀온 재일동포의 수기

  『남조선문제』 제3호(통권 136), 조국통일사, 1976, 45~47쪽

- [자료] 최근 남조선을 휩쓸고있는 혹심한 가물피해

  『남조선문제』 제9호(통권 141), 조국통일사, 1976, 34~37쪽

- [자료] 사고와 재난의 ≪지옥≫-남조선

  『남조선문제』 제9호(통권 141), 조국통일사, 1976, 38~39쪽

- [시평] ≪양자≫로 끌어간 남조선어린이들에 대한 미제식인종들의 야수적
  만행 |전주걸

  『남조선문제』 제9호(통권 141), 조국통일사, 1976, 31~33쪽

- [자료] 파쑈적 ≪유신≫체제밑에서 더욱 악화된 남조선인민생활

  『남조선문제』 제3호(통권 146), 조국통일사, 1977, 38~40쪽

- 남조선지주구성에서의 변화와 그 사회경제적요인 |곽호남
  『남조선문제』 제9호(통권 152), 조국통일사, 1977, 34~39쪽

- [단상] 집없는 사람들을 두고 |전주걸
  『남조선문제』 제12호(통권 155), 조국통일사, 1977, 37~38쪽

- [실태자료] 해외에 팔려간 남조선인민들의 비참한 노예적처지
  『남조선문제』 제12호(통권 155), 조국통일사, 1977, 44~47쪽

- ≪부익부, 빈익빈≫의 남조선사회 |전주경
  『남조선문제』 제1호(통권 156), 조국통일사, 1978, 40~42쪽

- [실화] 어린수난자의 호소 |안희영
  『남조선문제』 제1호(통권 156), 조국통일사, 1978, 47~49쪽

- [실태자료] 남조선보건의 현상태
  『남조선문제』 제2호(통권 157), 조국통일사, 1978, 42~44쪽

- 남조선을 국제혈액시장으로 만든 흡혈귀의 죄행
  『남조선문제』 제2호(통권 157), 조국통일사, 1978, 28쪽

- 어째서 남조선농민들은 가난을 면하지 못하는가 |박일훈
  『남조선문제』 제3호(통권 158), 조국통일사, 1978, 52~53쪽

- 극심해가는 동족매매행위
  『남조선문제』 제3호(통권 158), 조국통일사, 1978, 43쪽

- 살길을 찾아헤매는 리농민들의 기막힌 참상 |리영철
  『남조선문제』 제4호(통권 159), 조국통일사, 1978, 55~56쪽

- [단상] 먹는물걱정을 두고 |전주걸
  『남조선문제』 제5호(통권 160), 조국통일사, 1978, 52쪽

- 직업병으로 고통받고있는 남조선로동자들
  『남조선문제』 제6호(통권 161), 조국통일사, 1978, 50쪽

- [용어해설] ≪혈학생≫
  『남조선문제』 제6호(통권 161), 조국통일사, 1978, 56쪽

- 흉년을 풍년으로 날조한 요술
  『남조선문제』 제6호(통권 161), 조국통일사, 1978, 34쪽

■ 남조선은 만성적인 기근지대 |조희윤

　『남조선문제』 제6호(통권 161), 조국통일사, 1978, 48~50쪽

■ 인민의 자유와 권리가 무참히 짓밟히는 남조선사회 |석연택

　『근로자』 제7호(통권 435), 근로자사, 1978, 53~58쪽

■ 해외에 팔려간 남조선어린이들의 비참한 처지 |안성덕

　『남조선문제』 제9호(통권 164), 조국통일사, 1978, 36~38쪽

■ 남조선에서 늘어만가는≪약품공해≫ |리근평

　『남조선문제』 제10호(통권 165), 조국통일사, 1978, 52~53쪽

■ 인간의 존엄을 무참히 짓밟는 남조선괴뢰도당의 만행 |원태림

　『남조선문제』 제11호(통권 166), 조국통일사, 1978, 36~37쪽

■ 남조선은 세계에서 첫자리를 차지하는 ≪교통지옥≫ |백기민

　『남조선문제』 제11호(통권 166), 조국통일사, 1978, 52~53쪽

■ [자료] 박정희괴뢰도당의 경찰증강책동

　『남조선문제』 제12호(통권 167), 조국통일사, 1978, 29~31쪽

■ 썩고 병든 남조선

　『조선녀성』 제1호(통권 361), 근로단체출판사, 1979, 52쪽

■ 썩고 병든 남조선 |본사기자

　『조선녀성』 제2호(통권 362), 근로단체출판사, 1979, 50~51쪽

■ 늘어나는 실업자 |본사기자

　『조선녀성』 제5호(통권 365), 근로단체출판사, 1979, 51쪽

■ [숨막히는 이 세상 언제면 끝날가] 팔려간 소녀 |본사기자

　『조선녀성』 제6호(통권 366), 근로단체출판사, 1979, 46~47쪽

■ 더 참는다는 것은 죽음

　『조선녀성』 제7호(통권 367), 근로단체출판사, 1979, 53~54쪽

■ 버림받은 남조선어린이들 |본사기자

　『조선녀성』 제10호(통권 370), 근로단체출판사, 1979, 47쪽

■ 남조선 사회는 ≪부익부. 빈익빈≫의 썩고 병든 사회 |손진팔

　『근로자』 제12호(통권 452), 근로자사, 1979, 53~57쪽

1980~1989 ··

- 팔려간 자매 |본사기자
  『조선녀성』제2호(통권 374), 근로단체출판사, 1980, 52~53쪽

- 생지옥 집없는 설음 |본사기자
  『조선녀성』제2호(통권 374), 근로단체출판사, 1980, 51쪽

- 세금우에 덧붙여 빼앗아내는 ≪방위세≫ |리영천
  『남조선문제』제3호(통권 182), 조국통일사, 1980, 35~36쪽

- 소년엿장사 |본사기자
  『조선녀성』제4호(통권 376), 근로단체출판사, 1980, 52쪽

- 스스로 목숨을 끊은 한가족 |본사기자
  『조선녀성』제5호(통권 377), 근로단체출판사, 1980, 56쪽

- 피눈물로 얼룩진 유서 |본사기자
  『조선녀성』제5호(통권 377), 근로단체출판사, 1980, 53쪽

- 피기도전에 시들어가는 어린이들 |조희윤
  『남조선문제』제6호(통권 185), 조국통일사, 1980, 28~29쪽

- 여기는 빈민굴이다 |백기민
  『남조선문제』제6호(통권 185), 조국통일사, 1980, 48~49쪽

- [단편] 교활한본성
  『남조선문제』제7호(통권 186), 조국통일사, 1980, 31쪽

- 사람의 목숨을 돈으로 흥정하는 보건 |문재일
  『조선녀성』제7호(통권 379), 근로단체출판사, 1980, 36쪽

- 썩고병든 제도에서 일어나는 비극 |방순철
  『남조선문제』제11호(통권 190), 조국통일사, 1980, 88~89쪽

- 극심한 생활고에 허덕이는 남조선예술인들 |전주정
  『남조선문제』제12호(통권 191), 조국통일사, 1980, 34~35쪽

- [자료] 더욱더 늘어나는 리농실태

『남조선문제』 제12호(통권 191), 조국통일사, 1980, 52~53쪽

■ 대구 ≪두부촌≫주민들의 비참한 생활 |리영옥
『남조선문제』 제2.3호(통권 193), 조국통일사, 1981, 59쪽

■ 매국과 범죄로 얼룩진 죄악의 자취(6) |전주경
『남조선문제』 제6호(통권 195), 조국통일사, 1981, 36~38쪽

■ 어린이들을 짓밟는 썩고 병든 세상 |심순정
『남조선문제』 제6호(통권 195), 조국통일사, 1981, 47~48쪽

■ 남조선의 한심한 의료상태 |정순영
『남조선문제』 제7호(통권 196), 조국통일사, 1981, 39~40쪽

■ ≪오늘은 이 밤을 어데서 보낼가≫ |본사기자
『조선녀성』 제7호(통권 389), 근로단체출판사, 1981, 52쪽

■ 남조선의 병원은 환자들의 ≪수용소≫ |심순정
『남조선문제』 제8호(통권 197), 조국통일사, 1981, 38~39쪽

■ 파국과 빈궁을 뜻하는 ≪복지≫
『남조선문제』 제8호(통권 197), 조국통일사, 1981, 49쪽

■ 가난의 굴레를 쓰고사는 ≪해녀마을≫ |정미영
『남조선문제』 제8호(통권 197), 조국통일사, 1981, 50~51쪽

■ ≪천당≫과 ≪지옥≫의 두 세상 |김은숙
『남조선문제』 제8호(통권 197), 조국통일사, 1981, 36~37쪽

■ [만필] 망하는 ≪복지사회≫ |본사기자
『조선녀성』 제8호(통권 390), 근로단체출판사, 1981, 53쪽

■ 남조선은 사람못살 인간생지옥 |전주경
『남조선문제』 제9호(통권 198), 조국통일사, 1981, 39~41쪽

■ 가물과 큰물로 아우성치는 남조선
『남조선문제』 제9호(통권 198), 조국통일사, 1981, 42~43쪽

■ 남조선에서 성행하는 의료범죄 |주영걸
『남조선문제』 제12호(통권 201), 조국통일사, 1981, 43~45쪽

- 품팔이지게군 │정미영

  『남조선문제』 제12호(통권 201), 조국통일사, 1981, 46~48쪽

- [수자와 사실] 걱정거리 │본사기자

  『조선녀성』 제12호(통권 394), 근로단체출판사, 1981, 54쪽

- [단평] 넘기 어려운 병원문턱

  『남조선문제』 제1호(통권 202), 조국통일사, 1982, 54쪽

- 집없는 사람들의 참상 │정미영

  『남조선문제』 제1호(통권 202), 조국통일사, 1982, 51~52쪽

- 부정약품과 그 위험성 │전진섭

  『남조선문제』 제6호(통권 206), 조국통일사, 1982, 47~48쪽

- [토막글] 한심한 의료망

  『남조선문제』 제6호(통권 206), 조국통일사, 1982, 44쪽

- 피지 못하는 꽃망울들 │백옥선

  『조선녀성』 제6호(통권 400), 근로단체출판사, 1982, 55~56쪽

- [토막글] 피파는 ≪직업≫을 가진 사람들

  『남조선문제』 제7호(통권 207), 조국통일사, 1982, 27쪽

- 피를 파는 사람들 │본사기자

  『조선녀성』 제7호(통권 401), 근로단체출판사, 1982, 40쪽

- 버림받은 삶 │본사기자

  『조선녀성』 제8호(통권 402), 근로단체출판사, 1982, 39~40쪽

- 세계최고의 간염 환자보유지

  『남조선문제』 제9호(통권 209), 조국통일사, 1982, 20쪽

- 파렴치한 ≪성금운동≫

  『남조선문제』 제9호(통권 209), 조국통일사, 1982, 45쪽

- 사람못살 ≪생지옥≫

  『남조선문제』 제10호(통권 210), 조국통일사, 1982, 45쪽

- 기막힌 세상

『남조선문제』 제12호(통권 212), 조국통일사, 1982, 44쪽

- ≪헌혈≫의 진상 |본사기자
  『남조선문제』 제1호(통권 213), 조국통일사, 1983, 51~52쪽

- [수자와 사실] 늘어나는 암환자 |본사기자
  『조선녀성』 제1호(통권 404), 근로단체출판사, 1983, 40쪽

- 인간의 미덕이 화근으로 되는 사회
  『남조선문제』 제2호(통권 214), 조국통일사, 1983, 51쪽

- 전염병처럼 퍼지는 식량위기 |본사기자
  『조선녀성』 제2호(통권 405), 근로단체출판사, 1983, 39~40쪽

- 남조선은 ≪병마의 소굴≫ |리희윤
  『남조선문제』 제3호(통권 215), 조국통일사, 1983, 42~44쪽

- 식민지민족의 비극-남조선의 한 체육인과 그의 어머니가 강요당한 죽음-
  |김 원
  『남조선문제』 제4호(통권 216), 조국통일사, 1983, 38~45쪽

- 더욱 악화되는 주택사정
  『남조선문제』 제5호(통권 217), 조국통일사, 1983, 53쪽

- [자료] 떼지어 떠나는 농민들
  『남조선문제』 제5호(통권 217), 조국통일사, 1983, 55~56쪽

- ≪사회보호법≫
  『남조선문제』 제5호(통권 217), 조국통일사, 1983, 50쪽

- [수자와 사실] 집없는 사람들 |본사기자
  『조선녀성』 제5호(통권 408), 근로단체출판사, 1983, 39쪽

- [수자와 사실] 극심한 생활고 |본사기자
  『조선녀성』 제5호(통권 408), 근로단체출판사, 1983, 39쪽

- [전재물] ≪서울 인구의 5%가 부유층이고 35%가 빈곤층이다≫-≪동아일
  보≫ 1983년 2월 14일 부에서-
  『남조선문제』 제6호(통권 218), 조국통일사, 1983, 37쪽

- 급증하는≪이동인구≫

  『남조선문제』 제9호(통권 221), 조국통일사, 1983, 30쪽

- [만평] 위장분양

  『남조선문제』 제12호(통권 224), 조국통일사, 1983, 46쪽

- 버림받은 어린이들 ｜본사기자

  『조선녀성』 제3호(통권 412), 근로단체출판사, 1984, 40쪽

- 남조선에 류포되고 있는 신맬사스주의와 ≪가족계획≫ ｜송택호

  『남조선문제』 제4호(통권 228), 조국통일사, 1984, 49~51쪽

- 소녀세대주 ｜본사기자

  『조선녀성』 제4호(통권 413), 근로단체출판사, 1984, 38쪽

- 병원에 갇힌 세 쌍둥이 ｜본사기자

  『조선녀성』 제5호(통권 414), 근로단체출판사, 1984, 38쪽

- 구두닦이 녀대학생 ｜본사기자

  『조선녀성』 제5호(통권 414), 근로단체출판사, 1984, 36쪽

- 집 없는 설음 ｜본사기자

  『조선녀성』 제5호(통권 414), 근로단체출판사, 1984, 39쪽

- 응당한 항거 ｜본사기자

  『조선녀성』 제6호(통권 415), 근로단체출판사, 1984, 39쪽

- 겨레를 팔아먹는 추악한 전두환 괴뢰역도 ｜박계조

  『교원선전수첩』 제6호, 교원신문사, 1984, 122~126쪽

- [단상] ≪푸른 하늘 보고싶어요≫ ｜본사기자

  『남조선문제』 제7호(통권 231), 조국통일사, 1984, 23쪽

- [전재물] 음성 과부황새구출과 로점상녀인의 자살

  『남조선문제』 제7호(통권 231), 조국통일사, 1984, 42쪽

- 동심에 비낀 현실 ｜본사기자

  『남조선문제』 제8호(통권 232), 조국통일사, 1984, 54쪽

- ≪부익부, 빈익빈≫의 극치를 이룬 남조선사회 ｜김광수

『근로자』 제8호(통권 508), 근로자사, 1984, 52~55쪽

■ [전두환 역적을 단죄한다] 사기협잡으로 치부를 하는 수전노 │오난식
　『남조선문제』 제10호(통권 234), 조국통일사, 1984, 30~33쪽

■ 무엇을 노린 ≪아르바이트제도≫인가 │안명철
　『남조선문제』 제10호(통권 234), 조국통일사, 1984, 44~46쪽

■ [실화] 포장마차에 운명을 싣고 │김원택
　『남조선문제』 제10호(통권 234), 조국통일사, 1984, 51~53쪽

■ ≪내집에서 살고싶다≫ │조남훈
　『남조선문제』 제1호(통권 237), 조국통일사, 1985, 53~54쪽

■ 한 사형수의 피맺힌 호소 │류 은
　『남조선문제』 제2호(통권 238), 조국통일사, 1985, 32~33쪽

■ [단상] ≪부익부, 빈익빈≫ │리두전
　『남조선문제』 제2호(통권 238), 조국통일사, 1985, 31쪽

■ 자살자하루평균36명
　『남조선문제』 제3호(통권 239), 조국통일사, 1985, 22쪽

■ ≪내가 살곳은 어데?≫ │본사기자
　『조선녀성』 제3호(통권 418), 근로단체출판사, 1985, 40쪽

■ 피파는 녀고생 │방 철
　『남조선문제』 제4호(통권 240), 조국통일사, 1985, 57~58쪽

■ 고마움에 목이 매여
　『남조선문제』 제5호(통권 241), 조국통일사, 1985, 27쪽

■ 남조선괴뢰도당의 범죄적인≪인력수출≫책동 │박영상
　『근로자』 제5호(통권 517), 근로자사, 1985, 89~91쪽

■ [자료] 한심한 남조선의 보건실태
　『남조선문제』 제6호(통권 242), 조국통일사, 1985, 52~53쪽

■ ≪천당≫과 ≪지옥≫이 맞붙은 남조선 │림창식
　『남조선문제』 제7호(통권 243), 조국통일사, 1985, 59~60쪽

- [실화] 인기악사의 마지막행로 |김원택

  『남조선문제』 제9호(통권 245), 조국통일사, 1985, 63~64쪽

- ≪복통마을≫로 변한≪시범 복지마을≫

  『남조선문제』 제10호(통권 246), 조국통일사, 1985, 36쪽

- 서울빈민촌 주민들의 생활참상 |신원철

  『남조선문제』 제12호(통권 248), 조국통일사, 1985, 29~30쪽

- 려권을 빼앗긴 연주가 |김원택

  『남조선문제』 제12호(통권 248), 조국통일사, 1985, 46~48쪽

- ≪부익부, 빈익빈≫의 남조선사회 |본사기자

  『조선녀성』 제1호(통권 422), 근로단체출판사, 1986, 39~40쪽

- [체험기] 남조선은 인간도살장이다 |김철수

  『남조선문제』 제2호(통권 250), 조국통일사, 1986, 39~43쪽

- 보건의 볼모지-남조선 |한복희

  『조선녀성』 제2호(통권 423), 근로단체출판사, 1986, 38~39쪽

- 남조선은 후천성면역결핍증이 만연된 위험지대 |리영성

  『국제생활』 제3호(통권 3), 국제생활사, 1986, 22~24쪽

- 남조선전역을 휩쓰는 에이즈의 정체 |김원택

  『남조선문제』 제3호(통권 251), 조국통일사, 1986, 42~46쪽

- ≪내눈을 사세요≫ |본사기자

  『조선녀성』 제3호(통권 424), 근로단체출판사, 1986, 38쪽

- [체험기] 외국인모두가 감시속에 있다 |문영룡

  『남조선문제』 제4호(통권 252), 조국통일사, 1986, 44~45쪽

- [자료] 전염병의 만연지대 |김원택

  『남조선문제』 제5호(통권 253), 조국통일사, 1986, 57~59쪽

- 쓰레기에 명줄을 건 란지도빈민들 |류 은

  『남조선문제』 제6호(통권 254), 조국통일사, 1986, 23~24쪽

- 강도질하는 ≪돈술병원≫ |김철현

『남조선문제』 제2호(통권 256), 조국통일사, 1987, 51~53쪽

■ 원한의 울음소리 ㅣ본사기자

『조선녀성』 제3호(통권 430), 근로단체출판사, 1987, 37쪽

■ 현대판 ≪노예수용소≫ ㅣ김정현

『남조선문제』 제5호(통권 259), 조국통일사, 1987, 53~56쪽

■ 인간생명이 무참히 짓밟히는 ≪죽음의 지대≫ ㅣ류 현

『남조선문제』 제2호(통권 262), 조국통일사, 1988, 53~58쪽

■ 기쁨보다 큰 걱정 ㅣ본사기자

『조선녀성』 제2호(통권 435), 근로단체출판사, 1988, 41쪽

■ 병마의 소굴－남조선 ㅣ본사기자

『조선녀성』 제2호(통권 435), 근로단체출판사, 1988, 34쪽

■ ≪우리 아버지를 살려주세요≫ ㅣ본사기자

『조선녀성』 제2호(통권 435), 근로단체출판사, 1988, 42쪽

■ 돈없는 사람은 죽은 목숨 ㅣ본사기자

『조선녀성』 제2호(통권 435), 근로단체출판사, 1988, 42쪽

■ 도시빈민들의 비참한 생활처지

『남조선문제』 제3호(통권 263), 조국통일사, 1988, 28~30쪽

■ 살래야 살 수 없는 세상 ㅣ본사기자

『조선녀성』 제5호(통권 438), 근로단체출판사, 1988, 38~40쪽

1990~1999 ....

■ 한지에 나앉아 떨고있는 사람들 ㅣ본사기자

『조선녀성』 제1호(통권 446), 근로단체출판사, 1990, 40쪽

■ 최루탄이 범람하는 남조선 ㅣ준박사 김재환

『교원선전수첩』 제11호, 교원신문사, 1990, 117~118쪽

- ≪병마의 소굴≫ 암흑의 땅-남조선 |본사기자

  『조선녀성』 제2호(통권 453), 근로단체출판사, 1991, 40쪽

- 늘어나는 도시 빈민 |본사기자

  『조선녀성』 제2호(통권 453), 근로단체출판사, 1991, 40쪽

- 찾지 못한 딸 |김경빈

  『인민교육』 제4호, 교원신문사, 1991, 60~61쪽

- 어린이들을 팔아먹는 남조선괴뢰도당의 범죄적책동 |준박사 김성도

  『교원선전수첩』 제5호, 교원신문사, 1991, 123~124쪽

- [남조선문제] 남조선사회는 ≪부익부, 빈익빈≫의 썩고 병든 사회 |김창우

  『근로자』 제10호(통권 594), 근로자사, 1991, 85~89쪽

- 남조선에 만연하는 콜레라 |오현식

  『교원선전수첩』 제11호(통권 271), 교원신문사, 1991, 128쪽

- [수자와 사실] 썩고 병든 자본주의사회 |본사기자

  『조선녀성』 제2호(통권 465), 근로단체출판사, 1993, 40쪽

- [수자와 사실] 썩고 병든 자본주의사회 |리 숙

  『조선녀성』 제4호(통권 467), 근로단체출판사, 1993, 36~37쪽

- 범죄를 저지르는 어린이들 |최병렬

  『인민교육』 제7호, 교원신문사, 1993, 63쪽

- 노래를 파는 형제 |사로청 중앙위원회 장리규

  『인민교육』 제8호, 교원신문사, 1993, 63쪽

- 자본주의 사회는 ≪부익부, 빈익빈≫의 반동적인 사회 |저자 미확인

  『근로자』 제12호, 근로자사, 1997, 92쪽

- 자본주의사회에서 ≪어린이보호≫의 기만성 |학사 리현숙

  『김일성종합대학학보』[력사법학편] 제43권 제1호(통권 275), 김일성종합대학출판사, 1997, 64~67쪽

- [강좌] 남조선 력대 괴뢰도당의 범죄적인 어린이≪수출≫책동 |김정선

  『력사과학』 제4호(통권 169), 과학백과사전종합출판사, 1998, 55~57쪽

2000~2009

- 남조선에서 ≪흥청대는 부유층≫ |김광정

  『조선녀성』 제2호(통권 507), 근로단체출판사, 2000, 40쪽

- 현대제국주의를 미화분식하는 ≪복지국가론≫의 반동적본질 |정 혁

  『김일성종합대학학보』[력사법학편] 제46권 제2호(통권 318), 김일성종합대학출판사, 2000, 71~75쪽

- 부르죠아생활양식의 추악성 |사회과학원 학사 차용현

  『인민교육』 제5호(통권 588), 교원신문사, 2001, 63~64쪽

2) 생활양식

1950~1959

- 처참한 남조선 인민 생활 |최명소

  『국제생활』 제21호, 조선중앙통신사, 1955, 3~5쪽

- 남조선 인민 생활의 참상 |김영기

  『국제생활』 제18호, 국제생활사, 1956, 28~30쪽

1960~1969

- 대중의 혁명의식을 마비시키는≪미국식 생활양식≫ |김경현

  『근로자』 제16호(통권 209), 근로자사, 1962, 27~32쪽

- 남조선 민족 자본가들의 처지와 동향 |김범룡

  『력사과학』 제5호, 과학원출판사, 1963, 79~87쪽

- [암흑의 땅 남조선에서] 죄인은 누구인가? |허 인
  『조선녀성』 제9호, 조선녀성사, 1963, 22~24쪽

- 남조선 농촌에서의 계급 분화의 특성 |윤상우
  『근로자』 제19호(통권 233), 근로자사, 1963, 31~39쪽

- 남조선에 침습하고 있는 ≪왜색≫, ≪왜풍≫ |김연성
  『근로자』 제13호(통권 251), 근로자사, 1964, 43~48쪽

- 현시기 자본주의 하에서의 로동계급의 빈궁화 |현호범
  『근로자』 제16호(통권 254), 근로자사, 1964, 33~40쪽

- 남조선은 어떤 사회인가 |리기서
  『남조선문제』 제1호, 남조선문제출판사, 1965, 52쪽

- ≪미국식 생활양식≫의 본질과 그가 남조선 사회 생활에 미치고 있는 영향 |전장석
  『남조선문제』 제6호(통권 23), 조국사, 1966, 30~32쪽

1970~1979 ....

- 남조선농촌에서 더욱더 늘어나고있는 리농현상 |저자 미확인
  『남조선문제』 제3호, 조국통일사, 1971, 26쪽

- 남조선은 썩고 병든 사회 |저자 미확인
  『남조선문제』 제7호, 조국통일사, 1971, 39쪽

- 최근 우심해지는 남조선의 패륜패덕의 사회상 |저자 미확인
  『남조선문제』 제2호(통권 123), 조국통일사, 1975, 40쪽

- [자료] 외국인의 눈에 비친 남조선사회상
  『남조선문제』 제4호(통권 137), 조국통일사, 1976, 40~42쪽

- [용어해설] ≪반상회≫
  『남조선문제』 제6호(통권 149), 조국통일사, 1977, 48쪽

- ≪5적촌≫에서 벌어지는 추태

  『남조선문제』 제3호(통권 158), 조국통일사, 1978, 49쪽

- [실화] 자유를 위한 투쟁의 한길로 ㅣ안희영

  『남조선문제』 제6호(통권 161), 조국통일사, 1978, 45~47쪽

- ≪꼬부랑말, 꼬부랑글자≫가 판을 치는 남조선사회

  『남조선문제』 제7호(통권 162), 조국통일사, 1978, 34쪽

- 미련한자의 가소로운 망동

  『남조선문제』 제7호(통권 162), 조국통일사, 1978, 56쪽

- 남조선에서 짓밟히고있는 미풍량속 ㅣ오시영

  『조선문제』 제7호(통권 162), 조국통일사, 1978, 54~55쪽

- 불안속에서 주고받는 남조선사람들의 인사말을 두고 ㅣ남기혁

  『남조선문제』 제10호(통권 165), 조국통일사, 1978, 39쪽

1980~1989 ●●●

- 숨길수없는 속심

  『남조선문제』 제2호(통권 181), 조국통일사, 1980, 31쪽

- 미신이 활개치는 세상 ㅣ리근평

  『남조선문제』 제2호(통권 181), 조국통일사, 1980, 46~47쪽

- 고통과 불행의 고속도도로 ㅣ안성덕

  『남조선문제』 제3호(통권 182), 조국통일사, 1980, 39쪽

- [실화] 작문의 사연 ㅣ안기용

  『남조선문제』 제6호(통권 185), 조국통일사, 1980, 30~32쪽

- 5대양의 배길에 사무치는 겨레의 울분 ㅣ최철수

  『남조선문제』 제12호(통권 191), 조국통일사, 1980, 32~33쪽

- 20세기말의 인간생지옥-남조선 ㅣ조남훈

  『남조선문제』 제1호(통권 192), 조국통일사, 1981, 36~38쪽

- 남조선에 퍼지고있는 미국식생활양식은 가장 부패하고 반동적인 생활양식 |전주경

  『남조선문제』 제8호(통권 197), 조국통일사, 1981, 55~57쪽

- [단평] 외래어 간판과 상표로 뒤덮인 서울

  『남조선문제』 제1호(통권 202), 조국통일사, 1982, 44쪽

- ≪이민≫은 죽음의 길 |정미영

  『남조선문제』 제9호(통권 209), 조국통일사, 1982, 51~53쪽

- [남조선의 ≪류비통신≫] 민심에 비낀 역적의 운명

  『남조선문제』 제10호(통권 210), 조국통일사, 1982, 48쪽

- 출세를 위해서라면

  『남조선문제』 제10호(통권 210), 조국통일사, 1982, 52쪽

- [단평] 얼리고 뺨치는 탄압만행

  『남조선문제』 제10호(통권 210), 조국통일사, 1982, 54쪽

- [전재물] ≪서울의 지하통신≫

  『남조선문제』 제1호(통권 213), 조국통일사, 1983, 53~54쪽

- 새로운 노예화운동

  『남조선문제』 제2호(통권 214), 조국통일사, 1983, 43쪽

- [전재물] 랭소하는 시대

  『남조선문제』 제2호(통권 214), 조국통일사, 1983, 49~51쪽

- [단평] ≪수원손님≫

  『남조선문제』 제5호(통권 217), 조국통일사, 1983, 46쪽

- [남조선의 ≪류비통신≫] 항간에서 도는 여론

  『남조선문제』 제6호(통권 218), 조국통일사, 1983, 27쪽

- [단상] ≪피도 눈물도 없는 사회≫ |본사기자

  『남조선문제』 제9호(통권 221), 조국통일사, 1983, 51쪽

- [단평] 해괴망측한 놀음

  『남조선문제』 제10호(통권 222), 조국통일사, 1983, 55쪽

- ≪하우스만을 추적하라≫ ㅣ안광림

  『남조선문제』 제11호(통권 223), 조국통일사, 1983, 39~41쪽

- [정론] 남녘의 축원 ㅣ김창남

  『남조선문제』 제4호(통권 228), 조국통일사, 1984, 16~19쪽

- 부패하고 퇴폐적인 미국식생활양식 ㅣ리영환

  『근로자』 제8호(통권 508), 근로자사, 1984, 61~64쪽

- [자료] 지하문서 ≪아방타방≫

  『남조선문제』 제1호(통권 237), 조국통일사, 1985, 42쪽

- [만평] ≪세배값≫

  『남조선문제』 제1호(통권 237), 조국통일사, 1985, 45쪽

- [단평] ≪판세상≫

  『남조선문제』 제6호(통권 242), 조국통일사, 1985, 29쪽

- [만평] ≪21세기의 미래상≫

  『남조선문제』 제7호(통권 243), 조국통일사, 1985, 33쪽

- 한강토에서 태여나건만 ㅣ리기민

  『남조선문제』 제8호(통권 244), 조국통일사, 1985, 63~64쪽

- 증오와 분노의 노래

  『남조선문제』 제9호(통권 245), 조국통일사, 1985, 50쪽

- 폭로된 비인간적행위

  『남조선문제』 제9호(통권 245), 조국통일사, 1985, 53쪽

- [만평] 란도질

  『남조선문제』 제10호(통권 246), 조국통일사, 1985, 38쪽

- [단평] 드러난 속심

  『남조선문제』 제10호(통권 246), 조국통일사, 1985, 46쪽

- ≪구제미를 먹고 힘을 키웠다≫

  『남조선문제』 제10호(통권 246), 조국통일사, 1985, 59쪽

- [전재물] 진상은 이렇다

  『남조선문제』 제10호(통권 246), 조국통일사, 1985, 63~64쪽

- 고층건물이 안보이는 구만
  『남조선문제』 제11호(통권 247), 조국통일사, 1985, 52쪽
- 남녘의 별무리 |리두전
  『남조선문제』 제11호(통권 247), 조국통일사, 1985, 12~13쪽

1990~1999

- 세상에서 가장 불행한 사람 |조선적십자종합병원 황경원
  『인민교육』 제3호, 교원신문사, 1991, 63쪽
- 자본주의는 돈이 인간을 지배하는 원리에 기초한 부채한 사회 |최철웅
  『근로자』 제8호(통권 604), 근로자사, 1992, 86~90쪽

3) 시사

1970~1979

- [독자들의 질문에 대한 대답] 박정희괴뢰도당이 꾸리고 있는 ≪민속촌≫
  −≪유흥관광촌≫
  『남조선문제』 제5호(통권 126), 조국통일사, 1975, 43~44쪽
- [시평] 박정희괴뢰도당이 벌리고있는 ≪부조리일소≫놀음의 진상 |박태원
  『남조선문제』 제4호(통권 137), 조국통일사, 1976, 33~36쪽
- [전재물] 한국인권문제백서 |통일혁명당 중앙위원회
  『남조선문제』 제8호(통권 151), 조국통일사, 1977, 34~48쪽
- ≪부조리일소≫의 간판밑에 성행하는 부정행위 |주영걸

『남조선문제』 제11호(통권 154), 조국통일사, 1977, 42~45쪽

- ≪인사래왕≫의 위험한 현실-≪인사래왕≫을 통한 일본군국주의자들의 남조선에 대한 사상문화적침투- |김현희

  『남조선문제』 제12호(통권 155), 조국통일사, 1977, 51~53쪽

- 남조선사회는 황금만능의 사회이다 |조희윤

  『남조선문제』 제4호(통권 159), 조국통일사, 1978, 46~48쪽

- 도적이 매를 드는 행위

  『남조선문제』 제6호(통권 161), 조국통일사, 1978, 37쪽

- 도시에서의 ≪새마을운동≫은 무엇을 노리는가 |백기민

  『남조선문제』 제8호(통권 163), 조국통일사, 1978, 51~52쪽

- 꼬리를 이은 부정부패행위 |최건국

  『남조선문제』 제10호(통권 165), 조국통일사, 1978, 44쪽

- [단상] 배척받는≪3대질서운동≫

  『남조선문제』 제10호(통권 165), 조국통일사, 1978, 35쪽

- 민족의 존엄을 팔아먹는 ≪관광기업≫ |현유경

  『남조선문제』 제12호(통권 167), 조국통일사, 1978, 53쪽

1980~1989

- 미국땅에서 당하는 동족의 고통 |안기용

  『남조선문제』 제4호(통권 183), 조국통일사, 1980, 38~39쪽

- 관제적인 ≪새마을교육≫ |백상철

  『남조선문제』 제4호(통권 183), 조국통일사, 1980, 47~48쪽

- 자주성을 지향하는 남조선지식인들 |김선철

  『남조선문제』 제6호(통권 185), 조국통일사, 1980, 26~27쪽

- 인간의 존엄이 무참히 유린되는 암흑의 소굴 |김주호

  『남조선문제』 제12호(통권 191), 조국통일사, 1980, 46~47쪽

- 언론의 교살자 전두환역도 ㅣ조남훈

  『남조선문제』 제2,3호(통권 193), 조국통일사, 1981, 47~48쪽

- 사람은 상품이 아니다-남조선 괴뢰들의 범죄적인 인신매매책동- ㅣ전주경

  『남조선문제』 제2,3호(통권 193), 조국통일사, 1981, 55~56쪽

- 세쌍둥이의 운명을 두고 ㅣ김은숙

  『남조선문제』 제10호(통권 199), 조국통일사, 1981, 56~57쪽

- [단평] 사람잡는 ≪비상대책기간≫

  『남조선문제』 제2,3호(통권 203), 조국통일사, 1982, 56쪽

- [토막글] 악랄한 동족 매매행위

  『남조선문제』 제4호(통권 204), 조국통일사, 1982, 42쪽

- ≪언론자유≫의 허구(해외교포신문 ≪뉴 코리아 타임스≫에서)

  『남조선문제』 제10호(통권 210), 조국통일사, 1982, 30쪽

- [론평] 괴이한 ≪추방운동≫-≪무질서심리추방≫은 무엇을 노리는가

  『남조선문제』 제10호(통권 210), 조국통일사, 1982, 49~50쪽

- 매국노의 추악한 ≪고아수출≫놀음

  『남조선문제』 제10호(통권 210), 조국통일사, 1982, 53~54쪽

- 검은 결탁의 새 측면-남조선괴뢰들과 일본반동들이 합작하는 ≪도박관광≫, ≪기생관광≫의 진상 ㅣ문영복

  『남조선문제』 제12호(통권 212), 조국통일사, 1982, 52~53쪽

- 남조선에서의 인권문제 ㅣ천기철

  『조선사회민주당』 제4호, 조선사회민주당출판사, 1983, 52~58쪽

- 파쑈통치의 부지를 위한 ≪새마을운동≫ ㅣ계정복

  『남조선문제』 제12호(통권 224), 조국통일사, 1983, 42~43쪽

- 재난과 고통만을 들씌우는 올림픽몽둥이 ㅣ조 민

  『남조선문제』 제12호(통권 236), 조국통일사, 1984, 55~57쪽

- 외국호색광들의 서식처- 남조선 ㅣ김춘선

  『남조선문제』 제3호(통권 239), 조국통일사, 1985, 55~56쪽

- 수인의 돈마저 뜯어먹는 악귀들 |오난식
  『남조선문제』 제6호(통권 242), 조국통일사, 1985, 54~55쪽

- 인기끈 《화풀이 마당》
  『남조선문제』 제8호(통권 244), 조국통일사, 1985, 57쪽

- 판을 크게 벌려나가는 《기생관광》놀음
  『남조선문제』 제11호(통권 247), 조국통일사, 1985, 32쪽

- 《서울올림픽》 그 부당성을 헤쳐본다 |김선철
  『남조선문제』 제2호(통권 250), 조국통일사, 1986, 46~48쪽

- [독자들의 질문에 대한 대답] 《케이비에스텔레비죤시청료납부거부운동》
  에 대하여
  『남조선문제』 제5호(통권 253), 조국통일사, 1986, 49~50쪽

- 극에 이른 남조선의 인권사태 |조일훈
  『조선사회민주당』 제3호, 조선사회민주당출판사, 1987, 81~85쪽

- 올림픽과 일본의 재침책동 |진 명
  『남조선문제』 제4호(통권 264), 조국통일사, 1988, 32~33쪽

- [남조선문제] 남조선사회는 가장 반동적이며 부패한 사회 |최태진
  『근로자』 제7호(통권 555), 근로자사, 1988, 86~91쪽

1990~1999

- 남조선에서 더욱 악화되는 인권사태 |강성수
  『조선사회민주당』 제2호, 조선사회민주당출판사, 1990, 54~55쪽

- 해방후 미군정의 남조선언론정책과 그 탄압성-신문을 중심으로- |김영철
  『사회과학론문집』 재일본조선사회과학자협회, 1990, 29~41쪽

- 국제대사령이 본 남조선의인권상황 |박일용
  『조선사회민주당』 제3호, 조선사회민주당출판사, 1994, 51쪽

■ 리인모송환을 위한 세계인민들과 남조선인민들의 투쟁 ｜량인옥
『력사과학』 제4호(통권 156), 과학백과사전종합출판사, 1995, 35~36쪽

■ 미제의 ≪군정≫통치시기 남조선인민들에 대한 인권유린책동 ｜정금복
『력사과학』 제4호(통권 169), 과학백과사전종합출판사, 1998, 24~25 · 28쪽

■ 부르죠아인권의 반동적본질 ｜양성철
『김일성종합대학학보』[철학경제학편] 제44권 제4호(통권 298), 김일성종합대학출판
사, 1998, 36~40쪽

2000~2009 ....

■ 인권유린행위의 희생자들 ｜본사기자
『조선녀성』 제7호(통권 614), 근로단체출판사, 2009, 56쪽

4) 안전

1970~1979 ....

■ 미제의 식민지예속화정책의 산물로서의 남조선에서의 공해현상 ｜한현우
『남조선문제』 제7호(통권 105), 조국통일사, 1973, 25~31쪽

■ 남조선에서의 심각한 공해현상은 박정희괴뢰도당의 매국배족적범죄적책
동의 직접적산물 ｜강능주
『남조선문제』 제3호(통권 124), 조국통일사, 1975, 22~27쪽

■ 일본산업공해가 범람하는 남조선 ｜리영삼
『남조선문제』 제2호(통권 157), 조국통일사, 1978, 50~52쪽

■ 사회를 부패와 타락에로 몰아가는 대마초연기 |김희영

  『남조선문제』 제2호(통권 157), 조국통일사, 1978, 45~46쪽

■ 사람잡이에 미친 경찰의 망동

  『남조선문제』 제3호(통권 158), 조국통일사, 1978, 53쪽

■ [단평] 질서파괴자들의 파렴치한놀음

  『남조선문제』 제4호(통권 159), 조국통일사, 1978, 54쪽

■ 늘어나는 화재사고

  『남조선문제』 제8호(통권 163), 조국통일사, 1978, 55쪽

■ 남조선에서의 공해는 괴뢰도당의 매국배족정책의 산물 |최선규

  『근로자』 제8호(통권 436), 근로자사, 1978, 54~58쪽

■ 조난사고는 박정희역도의 악정의 산물

  『남조선문제』 제12호(통권 167), 조국통일사, 1978, 49쪽

■ 도적이매를드는 남조선사회

  『남조선문제』 제12호(통권 167), 조국통일사, 1978, 43쪽

1980~1989 •••

■ 공해에 시달리고있는 울산 |조희윤

  『남조선문제』 제1호(통권 180), 조국통일사, 1980, 41~42쪽

■ 늘어나는 밀수행위

  『남조선문제』 제1호(통권 180), 조국통일사, 1980, 31쪽

■ 새로운경찰폭압체제

  『남조선문제』 제2호(통권 181), 조국통일사, 1980, 21쪽

■ 썩은제도가 빚어낸 청소년범죄 |안성덕

  『남조선문제』 제6호(통권 185), 조국통일사, 1980, 41~42쪽

■ 략탈과 살륙을 일삼는 미제침략군 |오명주

  『남조선문제』 제12호(통권 191), 조국통일사, 1980, 59~60쪽

■ 농약공해와 인간의 생명 |김유영

　『남조선문제』 제1호(통권 192), 조국통일사, 1981, 52~54쪽

■ 해변가의 참상 |주영걸

　『남조선문제』 제1호(통권 192), 조국통일사, 1981, 58~59쪽

■ 남조선에서 늘어나는 ≪전과자≫는 식민지파쑈통치의 산물 |계정복

　『남조선문제』 제6호(통권 195), 조국통일사, 1981, 26~27쪽

■ 오물도시 ― 서울 |본사기자

　『조선녀성』 제9호(통권 391), 근로단체출판사, 1981, 53쪽

■ 공해와 기형아 |리영미

　『남조선문제』 제11호(통권 200), 조국통일사, 1981, 39~40쪽

■ 범죄가 살판치는 서울 |김은숙

　『남조선문제』 제11호(통권 200), 조국통일사, 1981, 41~42쪽

■ 야수성으로 길들여진 미제침략군 |김은숙

　『남조선문제』 제12호(통권 201), 조국통일사, 1981, 51~52쪽

■ [숨막히는 땅, 버림받은 강산] 공해의 도시 ― 서울 ― |최철수

　『남조선문제』 제1호(통권 202), 조국통일사, 1982, 49~50쪽

■ [단평] 추악한 사기협잡사건

　『남조선문제』 제1호(통권 202), 조국통일사, 1982, 41쪽

■ 공해로 병든 땅 |한복희

　『조선녀성』 제2호(통권 396), 근로단체출판사, 1982, 53~55쪽

■ [단평] ≪통금해제≫는 누구를 위한 것인가

　『남조선문제』 제2.3호(통권 203), 조국통일사, 1982, 50쪽

■ [숨막히는 땅, 버림받은 강산] 썩어가는 한강 |최철수

　『남조선문제』 제4호(통권 204), 조국통일사, 1982, 63~64쪽

■ [단평] 범죄자의 궁색한 ≪요술≫

　『남조선문제』 제4호(통권 204), 조국통일사, 1982, 64쪽

■ 치를 떨게 하는 ≪고문연구소≫(단상) |안명철

『남조선문제』 제4호(통권 204), 조국통일사, 1982, 46쪽

■ ≪어음사기사건≫을 둘러싼 괴뢰지배층내부의 모순 ㅣ안명철
『남조선문제』 제10호(통권 210), 조국통일사, 1982, 25~27쪽

■ 살인마의 범죄를 고발하는 ≪식중독통졸임사건≫ ㅣ본사기자
『남조선문제』 제10호(통권 210), 조국통일사, 1982, 51~52쪽

■ 어음사기사건과 란맥인사
『남조선문제』 제1호(통권 213), 조국통일사, 1983, 55~56쪽

■ [단평] 속다르고 겉다른 소리
『남조선문제』 제3호(통권 215), 조국통일사, 1983, 16쪽

■ 괴뢰들의 음흉한 속심-≪경찰≫군사화놀음을 발가본다- ㅣ길만호
『남조선문제』 제3호(통권 215), 조국통일사, 1983, 27~29쪽

■ 놀라운 범죄사건
『남조선문제』 제9호(통권 221), 조국통일사, 1983, 54쪽

■ 어느놈이 진범인인가 ㅣ박여운
『남조선문제』 제9호(통권 221), 조국통일사, 1983, 52~54쪽

■ ≪대도사건≫은 무엇을 보여주었는가 ㅣ안명철
『남조선문제』 제11호(통권 223), 조국통일사, 1983, 54~56쪽

■ [암흑의 땅 남조선] 세계제1의 교통지옥
『남조선문제』 제12호(통권 224), 조국통일사, 1983, 41쪽

■ 빈소리뿐인 ≪폭력없는 사회≫
『남조선문제』 제8호(통권 232), 조국통일사, 1984, 20쪽

■ [덮어버릴수 없는 죄악] 조선인민을 상대로 감행한 일제의 천인공노할 독가스전만행 ㅣ박창호
『남조선문제』 제1호(통권 237), 조국통일사, 1985, 46~47쪽

■ [덮어버릴수 없는 죄악] 조선인민을 상대로 감행한 일제의 천인공노할 독가스전 만행 ㅣ박창호
『남조선문제』 제2호(통권 238), 조국통일사, 1985, 52~54쪽

- 산사람의 신장을 섬겨바치는 괴뢰들
  『남조선문제』 제3호(통권 239), 조국통일사, 1985, 48쪽

- 추악한 죄행을 고발하는 ≪병든 미국소도입사건≫ ㅣ서정환
  『남조선문제』 제3호(통권 239), 조국통일사, 1985, 47~48쪽

- ≪교통사고 없게 해주소≫
  『남조선문제』 제3호(통권 239), 조국통일사, 1985, 52쪽

- 자본주의 나라들에서 심각한 공해현상 ㅣ사리원 의학대학 민병성
  『교원선전수첩』 제4호, 교원신문사, 1985, 81~83쪽

- [수자와 사실] 늘어나는 교통사고
  『남조선문제』 제6호(통권 242), 조국통일사, 1985, 44쪽

- ≪독물≫로 가득한 서울의 하늘 ㅣ본사기자
  『남조선문제』 제8호(통권 244), 조국통일사, 1985, 58~59쪽

- 남조선에 상륙한 ≪이따이이따이≫병 ㅣ김원택
  『남조선문제』 제10호(통권 246), 조국통일사, 1985, 61~62쪽

- 살인과 강도 행위가 횡행하는 ≪무법천지≫ ㅣ김원택
  『남조선문제』 제4호(통권 252), 조국통일사, 1986, 34~36쪽

- 범람하는 유독성식품 ㅣ장 호
  『남조선문제』 제4호(통권 252), 조국통일사, 1986, 41~43쪽

- 생명체를 위협하는 각종 공해 ㅣ김정혁
  『남조선문제』 제4호(통권 252), 조국통일사, 1986, 37~40쪽

- 공해로 오염된 땅-남조선 ㅣ본사기자
  『조선녀성』 제5호(통권 426), 근로단체출판사, 1986, 38쪽

- 세계최악의 ≪교통지옥≫ ㅣ김류현
  『남조선문제』 제6호(통권 254), 조국통일사, 1986, 61~62쪽

1990~1999 ···

- 폭행을 당한 소녀 |사로청 중앙위원회 김영철

  『인민교육』 제12호(통권 549), 교원신문사, 1995, 63~64쪽

3. 교육

1) 교육이론

1950~1959 ·

■ 남조선 반동 교육에 복무하는 실용주의 교육리론의 본질 ㅣ박홍선
『인민교육』 제6호, 교원신문사, 1957, 72~75쪽

1960~1969 ·

■ 남조선에 류포되고 있는 실용주의 교육리론 ㅣ최준갑
『근로자』 제24호(통권 262), 근로자사, 1964, 29~34쪽

■ [학습노트] 남조선에 류포되고 있는 반동적 교육리론의 기본 조류 ㅣ송재구
『남조선문제』 제8호(통권 14), 남조선문제출판사, 1965, 47~54쪽

■ 남조선에 류포되고있는 ≪평화교육론≫의 반동성 ㅣ리춘일
『남조선문제』 제8호(통권 25), 조국사, 1966, 31~34쪽

■ 남조선에 류포되고있는 반동적교육리론 ㅣ평양 사범대학 교육학강좌
『인민교육』 제1호(통권 219), 인민교육사, 1968, 38~40쪽

1970~1979 ·

■ 부르죠아아동심리학의 반동적본질 ㅣ장용락

『교원선전수첩』 제5호(통권 50), 교원선전수첩출판사, 1973, 72~76쪽

■ 부르죠아교육학은 인민대중의 자주성을 말살하는 반동적인 교육리론

『교원선전수첩』 제3호(통권 95), 교원신문사, 1977, 62~64쪽

1980~1989

■ 남조선에 퍼지고있는 실용주의교육리론의 반동성 |구좌영

『남조선문제』 제3호(통권 182), 조국통일사, 1980, 51~53쪽

■ ≪반공륜리교육≫의 검은 내막 |개성 경공업대학 차홍상

『인민교육』 제8호(통권 413), 교원신문사, 1984, 62~64쪽

■ 미제에 의하여 강요되고 있는 남조선 각급 학교 교육 과정안의 반동성 |평남 석탄공업대학 한정서

『교원선전수첩』 제5호, 교원신문사, 1986, 103~106쪽

■ 남조선 각급 학교들에게 강요되고있는 반동적인 교육방법 |한정서

『교원선전수첩』 제8호, 교원신문사, 1986, 117~119쪽

2) 교육정책

1940~1949

■ 남조선에서의 노예교육과 미제국주의의 식민지문화정책 |김오성

『근로자』 제18호(통권 40), 로동신문사, 1949, 36~48쪽

『인민교육』 제6호, 교원신문사, 1965, 39~42쪽

■ 남조선 학교들에 강요되는 ≪훈육≫의 특성과 그 반동적 본질 |최준갑
　『인민교육』 제7호, 교원신문사, 1965, 37~41쪽

■ 미제 식민지 통치 하의 남조선 교육의 20년 |최준갑
　『인민교육』 제8호, 교원신문사, 1965, 38~42쪽

■ 남조선에 강요되고 있는 노예교육체계의 반동적 본질 |김택원
　『인민교육』 제10호, 교원신문사, 1965, 42~45쪽

■ 남조선에서의 학원 군사화에 대한 몇가지 고찰 |리효범
　『남조선문제』 제7호(통권 24), 조국사, 1966, 21~25쪽

■ ≪국대안≫ 반대투쟁 |홍진규
　『남조선문제』 제9호(통권 260), 조국사, 1966, 17~20쪽

■ 남조선에서의 미제식민지교육 정책의 반동성 |김택원
　『근로자』 제3호(통권 301), 근로자사, 1967, 51~56쪽

■ [실태자료] ≪초등의무교육≫의 내막 |오민성
　『남조선문제』 제5호(통권 34), 조국사, 1967, 39~42쪽

■ 미제와 괴뢰도당의 고등교육정책과 그 위기 |한근실
　『남조선문제』 제6호(통권 35), 조국사, 1967, 25~30쪽

■ ≪반공도의교육≫은 어디로? |리욱산
　『남조선문제』 제8호(통권 37), 조국사, 1967, 16~22쪽

■ [학습자료] 남조선교육의 식민지적성격과 반동적본질 |송재구
　『남조선문제』 제10호(통권 39), 조국사, 1967, 36~42쪽

■ [용어해설] ≪공납금≫
　『남조선문제』 제10호(통권 39), 조국사, 1967, 48쪽

■ [용어해설] ≪기성회비≫
　『남조선문제』 제10호(통권 39), 조국사, 1967, 48쪽

■ 남조선의 교육 실태-반동교육정책과 그 결과- |최한호
　『조선문제연구』 제6권 제1호, 조선문제연구소, 1967, 243~283쪽

1970~1979 ··

- [용어해설] ≪교육신풍운동≫
  『남조선문제』 제10호(통권 97), 조국통일사, 1972, 48쪽

- 미제강점하에 있는 남조선 교육의 반동성 ㅣ김복수
  『인민교육』 제3호(통권 277), 교원선전수첩출판사, 1973, 62~64쪽

- 남조선교육제도의 반동적본질 ㅣ최준갑
  『남조선문제』 제6호(통권 104), 조국통일사, 1973, 38~43쪽

- [자료] 날을 따라 썩고 병들어가는 남조선의 반동적인 식민지노예교육
  『교원선전수첩』 제8호(통권 53), 교원선전수첩출판사, 1973, 84쪽

- [용어해설] ≪반공교육지도지침≫
  『남조선문제』 제11호(통권 109), 통일신보사, 1973, 48쪽

- 남조선교육의 내용과 방법의 반동적본질 ㅣ최준갑
  『남조선문제』 제1호(통권 111), 통일신보사, 1974, 32~36쪽

- 박정희괴뢰도당의 ≪교육개혁≫놀음은 무엇을 보여주는가 ㅣ전학봉
  『인민교육』 제5호, 교원신문사, 1975, 60~61쪽

- 남조선에서의 ≪반공≫교육은 학원의 군사−파쑈화와 민족분렬의 영구화
  를 위한 극악한 반동적교육 ㅣ최준갑
  『교원선전수첩』 제3호, 교원신문사, 1976, 58~60쪽

- [용어해설] ≪학사고시제≫
  『남조선문제』 제4호(통권 137), 조국통일사, 1976, 48쪽

- [용어해설] ≪학사징계≫
  『남조선문제』 제5.6호(통권 138), 조국통일사, 1976, 48쪽

- 박정희괴뢰도당이 벌리고 있는 ≪새마을교육≫의 반동성 ㅣ본사기자
  『인민교육』 제6호(통권 315), 교원신문사, 1976, 63~64쪽

- [용어해설] ≪능력별 졸업제도≫
  『남조선문제』 제7호(통권 139), 조국통일사, 1976, 48쪽

- [시평] 남조선의 《반공교육》은 파쑈폭압을 합리화하며 민족분렬을 고취하는 반역책동이다 |전주경
  『남조선문제』 제8호(통권 140), 조국통일사, 1976, 40~42쪽

- [용어해설] 《탈락교수》
  『남조선문제』 제10호(통권 142), 조국통일사, 1976, 48쪽

- [용어해설] 《생활기록부제도》
  『남조선문제』 제3호(통권 146), 조국통일사, 1977, 48쪽

- 날로 심해가는 박정희괴뢰도당의 학원수탈정책
  『인민교육』 제3호(통권 324), 교원신문사, 1977, 64쪽

- 《도의교육》의 반동적본질 |조희윤
  『남조선문제』 제2호(통권 157), 조국통일사, 1978, 31~33쪽

- 남조선학생들에게 무지와 순종을 강요하는 교활한 교수방법 |조희윤
  『남조선문제』 제3호(통권 158), 조국통일사, 1978, 44~46쪽

- 남조선교육제도의 반동적이며 반인민적인 성격 |백기민
  『남조선문제』 제4호(통권 159), 조국통일사, 1978, 38~40쪽

- 청소년들의 민족의식을 말살하고 있는 남조선교육 |리동춘
  『인민교육』 제11호(통권 343), 교원신문사, 1978, 63~64쪽

1980~1989

- 《인력수출》을 노리는 기술교육 |오명주
  『남조선문제』 제1호(통권 180), 조국통일사, 1980, 39~40쪽

- 남조선《과학기술교육》의 반동성 |백기민
  『남조선문제』 제11호(통권 190), 조국통일사, 1980, 79~80쪽

- 남조선교육을 통한 미제의 사상문화적침투
  『교원선전수첩』 제7호(통권 147), 교원신문사, 1981, 59~60쪽

- 남조선교육을 지배하기 위한 미제의 교활한 수단과 방법 ㅣ주영걸
  『남조선문제』 제7호(통권 196), 조국통일사, 1981, 56~57쪽

- 전두환괴뢰도당이 퍼뜨리고있는 ≪평준화교육≫론의 반동성 ㅣ리인상
  『남조선문제』 제8호(통권 197), 조국통일사, 1981, 33~35쪽

- 남조선에서 2중교육체계의 조작을 위한 미제의 책동과 계급차별교육 ㅣ전
  주경
  『남조선문제』 제11호(통권 200), 조국통일사, 1981, 46~48쪽

- 남조선군사파쑈도당의 ≪수재교육≫의 반동성 ㅣ리인상
  『인민교육』 제3호, 교원신문사, 1982, 58~59쪽

- [자료] 청년학생들의 투쟁을 가로막기 위한 파쑈적조치
  『남조선문제』 제8호(통권 208), 조국통일사, 1982, 45~46쪽

- ≪졸업정원제≫와 괴뢰도당의 속심 ㅣ서정환
  『남조선문제』 제8호(통권 208), 조국통일사, 1982, 52~53쪽

- ≪교수재임용제≫의 정체 ㅣ최수련
  『남조선문제』 제9호(통권 209), 조국통일사, 1982, 44~45쪽

- 시대착오로 배격받는 반공교육 ㅣ본사기자
  『남조선문제』 제12호(통권 212), 조국통일사, 1982, 50~51쪽

- ≪교수재임용제≫의 검은내막
  『교원선전수첩』 제1호, 교원신문사, 1983, 120~121쪽

- 교활한 ≪교수평가제≫
  『남조선문제』 제2호(통권 214), 조국통일사, 1983, 39쪽

- ≪졸업정원제≫와 그 반동성 ㅣ김장철
  『남조선문제』 제10호(통권 222), 조국통일사, 1983, 37~39쪽

- 괴뢰들이 조작한 반동적인 ≪교육세≫ ㅣ리영준
  『남조선문제』 제11호(통권 223), 조국통일사, 1983, 51~53쪽

- 남조선에서 늘어만가는 학교≪공납금≫ ㅣ본사기자
  『교원선전수첩』 제1호, 교원신문사, 1984, 126쪽

- [독자들의 질문에 대한 대답] 개악된 ≪졸업정원제≫의 반동적 내용에 대하여
  『남조선문제』 제5호(통권 229), 조국통일사, 1984, 52쪽

- [독자들의 질문에 대한 대답] ≪학원자률화≫놀음에 대하여
  『남조선문제』 제7호(통권 231), 조국통일사, 1984, 38쪽

- ≪복교조치≫놀음의 진상 | 본사기자
  『남조선문제』 제9호(통권 233), 조국통일사, 1984, 35쪽

- 미제와 괴뢰도당이 강요하고있는≪도의교육≫의 악독한 후과 | 개성 경공업대학 차홍상
  『인민교육』 제10호, 교원신문사, 1984, 62~63쪽

- ≪반공종교교육≫의 반동성 | 개성 경공업대학 차홍상
  『인민교육』 제7호, 교원신문사, 1985, 59~60쪽

- 미제에 의하여 강요되고있는 남조선 각급 학교 ≪학비≫제도의 반동성 | 평남 석탄공업대학 한정서
  『교원선전수첩』 제9호, 교원신문사, 1985, 94~99쪽

- 학생과 ≪공납금≫ | 리 근
  『남조선문제』 제11호(통권 247), 조국통일사, 1985, 59~61쪽

- 남조선의 반동적인 지역차별교육제도 | 평남 석탄공업대학 한정서
  『교원선전수첩』 제12호, 교원신문사, 1985, 114~117쪽

- 남조선교육은 미제에 의하여 지배되는 식민지노예교육 | 평남 석탄공업대학 한정서
  『교원선전수첩』 제1호, 교원신문사, 1986, 110~113쪽

- 미제에 의하여 조작된 남조선교육체계의 반동성 | 평남 석탄공업대학 한정서
  『교원선전수첩』 제2호, 교원신문사, 1986, 103~106쪽

- 미제에 의하여 남조선에서 강요되고있는 ≪반공≫교육 | 평남 석탄공업대학 한정서
  『교원선전수첩』 제6호, 교원신문사, 1986, 97~100쪽

- 미제에 의하여 남조선에서 강요되고있는 ≪도의교육≫의 반동성 | 평남 석

탄공업대학 한정서

『교원선전수첩』제7호, 교원신문사, 1986, 112~117쪽

- 미제에 의하여 강요되고있는 남조선 각급 학교 시험 제도의 반동성 |한정서

  『교원선전수첩』제9호, 교원신문사, 1986, 94~97쪽

- [독자들의 질문에 대한 대답] 괴뢰들의 ≪반공도의교육≫에 대하여

  『남조선문제』제2호(통권 256), 조국통일사, 1987, 48~50쪽

- 남조선에 대한 미제의 식민지노예교육의 반동성 |정숭렬

  『인민교육』제5호, 교원신문사, 1989, 60~63쪽

1990~1999 ●●●

- 반미교양을 더욱 실속있게 |본사기자

  『교원선전수첩』제9호, 교원신문사, 1990, 90~92쪽

- 썩고 병든 남조선의 과중한 학비 |준박사 림성진

  『교원선전수첩』제3호(통권 299), 교원신문사, 1994, 126쪽

- 〈한자병용론〉의 사대매국적본질 |저자 미확인

  『근로자』제8호, 근로자사, 1999, 56쪽

2000~2009 ●●●

- 남조선에서 진행된 〈사립학교법개정〉에 대하여 |저자 미확인

  『근로자』제6호, 근로자사, 2006, 63쪽

3) 교육현실

1940~1949 ··

- 남조선녀교원의 수기에서 ㅣ최경자
  『조선녀성』 제4호, 조선녀성사, 1949, 69~73쪽

1950~1959 ··

- 학원의 자유를 위하여 ─ 남반부에 있는 옥희에게 ㅣ평양 의학대학 의학부4년
  윤옥경
  『조선녀성』 제5호, 조선녀성사, 1955, 34~35쪽

- 추악한 탐욕적 모리의 장소로 화한 남조선 학원 ㅣ김창주
  『인민교육』 제9호, 교원신문사, 1957, 73~75쪽

- 남조선 교육의 부패상은 미제의 식민지 예속화 정책의 산물이다 ㅣ함병업
  『인민교육』 제8호, 교원신문사, 1958, 페이지 미확인

1960~1969 ··

- 군화에 짓밟힌 남조선 학원 ㅣ조병조
  『인민교육』 제1호, 교원신문사, 1962, 페이지 미확인

- [암흑의 땅 남조선에서] 죽을 수도 살 수도 없는 처지 ㅣ리주송
  『조선녀성』 제12호, 조선녀성사, 1963, 22~23쪽

- 철호의 분노 ㅣ강 민
  『인민교육』 제3호(통권 185), 교원신문사, 1965, 46~48쪽

■ [자료] 남조선 고등 교육의 현 상태 |리재순

『남조선문제』 제4호(통권 21), 남조선문제출판사, 1966, 43~48쪽

1970~1979 ··

■ [강연자료] 남조선 교원, 학생들의 처지와 그들의 반미구국투쟁에 대하여

『교원선전수첩』 제9호(통권 20), 교원선전수첩출판사, 1970, 82~88쪽

■ [자료] 남조선교육의 실태

『교원선전수첩』 제3호, 교원선전수첩출판사, 1971, 81쪽

■ 날을 따라 더욱 악화되고 있는 남조선학생들의 수학처지

『남조선문제』 제10호(통권 85), 조국통일사, 1971, 31~36쪽

■ 남조선교원들의 처지와 동향 |문룡진

『남조선문제』 제3호(통권 90), 조국통일사, 1972, 30~35쪽

■ [자료] 남조선교원들의 비참한 처지

『교원선전수첩』 제11호(통권 44), 교원선전수첩출판사, 1972, 65쪽

■ 남조선 교원들의 비참한 처지 |전기흥

『인민교육』 제2호, 교원신문사, 1973, 61~63쪽

■ 남조선에서 부쩍 늘어난 학비부담

『남조선문제』 제6호(통권 116), 통일신보사, 1974, 45~46쪽

■ 남조선에서 학생들의 교육조건은 더욱더 나빠지고 있다 |저자 미확인

『남조선문제』 제2호(통권 123), 조국통일사, 1975, 35쪽

■ 남조선 교원들의 비참한 처지 |강기문

『남조선문제』 제5호(통권 126), 조국통일사, 1975, 34~39쪽

■ 미제와 박정희괴뢰도당의 학정밑에 신음하는 남조선학교들의 비참한 현
실 |본사기자 변소정

『인민교육』 제8호, 교원신문사, 1975, 60~62쪽

■ 남조선교원들의 비참한 처지 ㅣ정 석
　『인민교육』 제11호, 교원신문사, 1975, 59~60쪽

■ [시평] 남조선을 휩쓸고있는 진보적 교원들에 대한 파쑈폭압책동 ㅣ강창연
　『남조선문제』 제2호(통권 135), 조국통일사, 1976, 32~34쪽

■ 청소년학생들의 배움의 길을 짓밟는 박정희괴뢰도당의 용납못할 죄행 ㅣ본
　사기자 변소정
　『인민교육』 제4호(통권 313), 교원신문사, 1976, 63~64쪽

■ [독자들의 질문에 대한 대답] 남조선의 학부형들은 얼마만한 학비를 부담
　하고있는가
　『남조선문제』 제7호(통권 139), 조국통일사, 1976, 40~42쪽

■ 피를 팔지 않고 배우는 새 사회를 그리며 ㅣ조종운
　『인민교육』 제12호(통권 312), 교원신문사, 1976, 63~64쪽

■ 남조선교원들의 비참한 처지 ㅣ한영걸
　『인민교육』 제7호(통권 328), 교원신문사, 1977, 63~64쪽

■ 학비때문에 배울래야 배울수 없는 남조선 어린이들의 암담한 처지 ㅣ김상근
　『인민교육』 제9호(통권 330), 교원신문사, 1977, 63~64쪽

■ [용어해설] ≪정치방학≫
　『남조선문제』 제4호(통권 159), 조국통일사, 1978, 37쪽

■ 학비에 시달리는 남조선청소년들 ㅣ리성균
　『남조선문제』 제4호(통권 159), 조국통일사, 1978, 52~54쪽

■ 남조선 교원, 학생들의 비참한 처지 ㅣ본사기자
　『인민교육』 제6호(통권 338), 교원신문사, 1978, 64쪽

■ 한심한 교실형편
　『남조선문제』 제10호(통권 165), 조국통일사, 1978, 47쪽

■ 눈물에 젖은 ≪공납금≫ ㅣ본사기자
　『조선녀성』 제8호(통권 368), 근로단체출판사, 1979, 54~55쪽

1980~1989 ....

- 교단을 떠나는 교원들이 늘어가고있다
  『남조선문제』 제1호(통권 180), 조국통일사, 1980, 49쪽

- [단상] 학비난을 두고 |백상철
  『남조선문제』 제3호(통권 182), 조국통일사, 1980, 48쪽

- 더욱더 악랄해지는 남조선교육의 반공화 |오명주
  『남조선문제』 제3호(통권 182), 조국통일사, 1980, 40~41쪽

- 남조선학교들의 참혹한 수업조건 |백기민
  『남조선문제』 제3호(통권 182), 조국통일사, 1980, 42~43쪽

- 돈벌이장소로 되어버린 남조선학원 |전주경
  『남조선문제』 제3호(통권 182), 조국통일사, 1980, 44~45쪽

- 성행하는 ≪과외수업≫ |리근평
  『남조선문제』 제3호(통권 182), 조국통일사, 1980, 46~47쪽

- 교단을 떠나는 남조선교원들을 두고 |본사기자
  『인민교육』 제6호, 교원신문사, 1980, 33쪽

- 썩고병든 남조선의 교육현실 |본사기자
  『인민교육』 제6호, 교원신문사, 1981, 62~63쪽

- 날로 암담해지는 배움의 길 - 남조선 학생들의 수업조건 - |정수형
  『남조선문제』 제9호(통권 198), 조국통일사, 1981, 49~50쪽

- [론평] ≪학사징계≫소동은 무엇을 노린것인가 |리기수
  『남조선문제』 제11호(통권 200), 조국통일사, 1981, 34쪽

- 외국인학교와 괴뢰특권층의 속심 |전주경
  『남조선문제』 제1호(통권 202), 조국통일사, 1982, 53~54쪽

- 3형제청소부의 기구한 운명 |정미영
  『남조선문제』 제2.3호(통권 203), 조국통일사, 1982, 57~59쪽

- 수자와 사실 |본사기자

『조선녀성』 제3호(통권 397), 근로단체출판사, 1982, 54쪽

■ 참된 삶에 대한 남녘교원들의 불타는 지향을 두고 |백진향

『인민교육』 제4호(통권 385), 교원신문사, 1982, 63~64쪽

■ [토막글] 쌓을수 없는 ≪우골탑≫

『남조선문제』 제5호(통권 205), 조국통일사, 1982, 60쪽

■ 교원들이 왜 교단을 떠나는가 |김은숙

『남조선문제』 제8호(통권 208), 조국통일사, 1982, 54~55쪽

■ 새삶의 길을 찾은 한 대학교수 |본사기자

『남조선문제』 제1호(통권 213), 조국통일사, 1983, 14~16쪽

■ 남조선교원들의 비참한 처지

『교원선전수첩』 제1호, 교원신문사, 1983, 122~123쪽

■ 남조선교원들의 비참한 처지 |차홍상

『인민교육』 제3호, 교원신문사, 1983, 62~63쪽

■ 늘어나는 교육비부담

『남조선문제』 제8호(통권 220), 조국통일사, 1983, 34쪽

■ 놀라울 정도의 ≪문맹률≫

『남조선문제』 제11호(통권 223), 조국통일사, 1983, 34쪽

■ 학원탄압에 미쳐날뛰는 전두환괴뢰도당

『교원선전수첩』 제2호, 교원신문사, 1984, 118~119쪽

■ [자료] 각급 학교 학생들의 ≪공교육비≫

『남조선문제』 제12호(통권 236), 조국통일사, 1984, 58~59쪽

■ [자료] 각급 학교 학생들의 ≪사교육비≫

『남조선문제』 제1호(통권 237), 조국통일사, 1985, 51~52쪽

■ 자본주의 나라의 교육형편 |본사기자 남상팔

『교원선전수첩』 제1호, 교원신문사, 1985, 124~127쪽

■ 박≪교사≫의 비참한 인생행로 |차홍상

『인민교육』 제5호, 교원신문사, 1985, 58~59쪽

- 3명중 1명이 휴학

  『남조선문제』 제7호(통권 243), 조국통일사, 1985, 19쪽

- 미제는 남조선교육의 실제적 지배자 |리동춘

  『인민교육』 제8호(통권 425), 교원신문사, 1985, 62~64쪽

- 늘어나는 고학생

  『남조선문제』 제12호(통권 248), 조국통일사, 1985, 27쪽

- 배격받고 있는 ≪새마을 문고≫

  『남조선문제』 제12호(통권 248), 조국통일사, 1985, 62쪽

- 남조선교원들의 비참한 처지 |부교수, 준박사 오용길

  『인민교육』 제6호, 교원신문사, 1988, 58~60쪽

1990~1999 ••

- ≪전교조≫를 지키기 위한 남조선인민들의 투쟁 |한영읍

  『국제생활』 제1호(통권 48), 국제생활사, 1990, 32~34쪽

- 최근년간 남조선 대학교수들의 투쟁 |원산 경제대학 준박사 리정삼

  『교원선전수첩』 제2호, 교원신문사, 1990, 121~126쪽

- 돈없이 공부할수 없는 세상 |조선 체육대학 김책 공업대학 학생 리우감

  『인민교육』 제5호, 교원신문사, 1991, 58쪽

- 공부하고싶다: 썩고 병든 자본주의사회 |본사기자

  『조선녀성』 제5호(통권 474), 근로단체출판사, 1994, 40쪽

- 남조선교육의 퇴폐풍조 |부교수 림종욱

  『교원선전수첩』 제5호, 교원신문사, 1994, 120~121쪽

- 내가 다닌 학교 |본사기자

  『인민교육』 제6호, 교원신문사, 1994, 62~63쪽

4. 노동

1950~1959 ∙∙

- 최근의 남조선 로동 형편 ㅣ최명소
  『국제생활』 제8호, 조선중앙통신사, 1955, 3~5쪽

- 남조선 로동 형편 ㅣ오홍택
  『국제생활』 제8호, 국제생활사, 1956, 24~26쪽

1960~1969 ∙∙

- 남조선에서의 로동자, 농민들의 생활처지의 악화 ㅣ서재형
  『남조선문제론문집』 남조선문제출판사, 1965, 92,~117쪽

- 박정희도당의 ≪산업보건정책≫의 본질과 후과 ㅣ홍순원
  『남조선문제』 제10호(통권 27), 조국사, 1966, 33~39쪽

- [실태자료] 남조선로동자들의 참상
  『남조선문제』 제11호(통권 40), 조국사, 1967, 39~43쪽

1970~1979 ∙∙

- 일어나서 싸우자 남녘의 부두로동자들아 ㅣ라원섭 작사, 함덕일 작곡
  『조선예술』 제12호(통권 173), 문예출판사, 1970, 페이지 미확인

- 최근 더욱 악화되여가는 남조선로동자들의 생활처지 |김원철

  『남조선문제』 제10호(통권 108), 통일신보사, 1973, 38~42쪽

- 남조선사회제도의 반동적본질(3) |석두관

  『남조선문제』 제11호(통권 109), 통일신보사, 1973, 36~42쪽

- 미제침략군의 판을 치는 ≪기지촌≫의 참상 |천명종

  『남조선문제』 제7호(통권 117), 통일신보사, 1974, 40~44쪽

- 남조선녀성들의 암담한 직업형편 |전주경

  『남조선문제』 제7호(통권 117), 통일신보사, 1974, 30~34쪽

- ≪마산수출자유지역≫안의 일본투자기업체에 고용된 로동자들의 비참한 처지 |황영식

  『남조선문제』 제3호(통권 124), 조국통일사, 1975, 38~42쪽

- 남조선로동자들의 참혹한 로동조건과 로동재해 |박경호

  『남조선문제』 제3호(통권 124), 조국통일사, 1975, 33~37쪽

- 남조선로동자들속에서 무섭게 퍼지고있는 직업병 |저자 미확인

  『남조선문제』 제7호(통권 128), 조국통일사, 1975, 31쪽

- [독자의 질문에 대한 대답] ≪림시직제도≫에 대하여

  『남조선문제』 제12호(통권 133), 조국통일사, 1975, 38~39쪽

- [용어해설] ≪고등유민≫

  『남조선문제』 제4호(통권 137), 조국통일사, 1976, 48쪽

- [실화] 이역의 파도우에 서린울분-한 남조선원양어선 선원이 겪은 비참한 이야기- |차용운

  『남조선문제』 제11호(통권 154), 조국통일사, 1977, 53~55쪽

- 남조선은 로동재해의 전시장 |전주경

  『남조선문제』 제3호(통권 158), 조국통일사, 1978, 36~38쪽

- 실업자홍수

  『남조선문제』 제3호(통권 158), 조국통일사, 1978, 21쪽

- [시] 불

『남조선문제』 제4호(통권 159), 조국통일사, 1978, 30쪽

- [용어해설] ≪근로자의 날≫

  『남조선문제』 제5호(통권 160), 조국통일사, 1978, 56쪽

- 등치고 간빼먹는 ≪농업협동조합≫

  『남조선문제』 제5호(통권 160), 조국통일사, 1978, 39쪽

- 밀린 임금과 악질기업주의 횡포 |서영찬

  『남조선문제』 제5호(통권 160), 조국통일사, 1978, 38∼39쪽

- 모진고역에 시달리는 ≪구로공단≫로동자들의 참혹한 처지 |리영준

  『남조선문제』 제6호(통권 161), 조국통일사, 1978, 54∼55쪽

- 한숨과 눈물로 휩싸인 남조선어촌 |주영걸

  『남조선문제』 제6호(통권 161), 조국통일사, 1978, 51∼53쪽

- 고역과 멸시에 시달리는 뻐스녀차장들 |김윤순

  『남조선문제』 제7호(통권 162), 조국통일사, 1978, 43∼45쪽

- [실화] 참된삶을위한투쟁 - 동일방직공장 로동자들이 싸워온 이야기 - |김
  선철

  『남조선문제』 제8호(통권 163), 조국통일사, 1978, 37∼40쪽

- [자료] 남조선각급 학교 졸업생들의 취업실태

  『남조선문제』 제8호(통권 163), 조국통일사, 1978, 49∼50쪽

- ≪3중고≫에 시달리는 남조선농촌 |리영준

  『남조선문제』 제9호(통권 164), 조국통일사, 1978, 52∼53쪽

- 살인적인 로동시간과 만성적인 기아임금 |리근평

  『남조선문제』 제11호(통권 166), 조국통일사, 1978, 49∼51쪽

- [자료] 죽음의 고역장 - ≪평화시장≫

  『남조선문제』 제12호(통권 167), 조국통일사, 1978, 36∼37쪽

1980~1989 ∙∙

- ≪구미공단≫은 ≪로동지옥≫ |방순철
  『남조선문제』 제2호(통권 181), 조국통일사, 1980, 32~33쪽

- 일자리에서 무리로 쫓겨나는 로동자들 |서태민
  『남조선문제』 제3호(통권 182), 조국통일사, 1980, 25~26쪽

- 빚더미에 눌려 모대기는 남조선농민들 |김장춘
  『남조선문제』 제3호(통권 182), 조국통일사, 1980, 37~38쪽

- 남조선은 세계최악의 로동지옥 |문춘길
  『근로자』 제3호(통권 455), 근로자사, 1980, 55~59쪽

- 울릉도어민들의 참상 |방순일
  『남조선문제』 제5호(통권 184), 조국통일사, 1980, 26~27쪽

- 남조선괴뢰도당의 로동정책은 착취와 압박의 수단 |남기혁
  『남조선문제』 제8호(통권 187), 조국통일사, 1980, 47~49쪽

- 참혹한 로동환경에서 수난당하는 남조선로동자들 |리근평
  『남조선문제』 제8호(통권 187), 조국통일사, 1980, 50~51쪽

- 로동자들에게 강요되는 살인적인 노예로동 |리영준
  『남조선문제』 제8호(통권 187), 조국통일사, 1980, 52~53쪽

- 로동자들의 목을 조이는 기아임금 |최철수
  『남조선문제』 제8호(통권 187), 조국통일사, 1980, 54~55쪽

- 로동자들은 고역과 학대에 시들어가고있다 |리영철
  『남조선문제』 제10호(통권 189), 조국통일사, 1980, 31~32쪽

- 먼바다 고기배에 얽매인 노예들 |최철수
  『남조선문제』 제11호(통권 190), 조국통일사, 1980, 65~66쪽

- [단편] 직업불만은 식민지통치에 대한 반항의 표시 |강경신
  『남조선문제』 제12호(통권 191), 조국통일사, 1980, 36쪽

- ≪인간답게 살고싶다≫ - 남조선 간호원들의 처지 - |정미영

『남조선문제』 제2.3호(통권 193), 조국통일사, 1981, 57~58쪽

- 일자리 |본사기자

  『조선녀성』 제7호(통권 389), 근로단체출판사, 1981, 56쪽

- 탄광촌에 서린 원한 |심순정

  『남조선문제』 제10호(통권 199), 조국통일사, 1981, 54~55쪽

- [자료] 섬유부문 로동자들의 구성과 생활처지

  『남조선문제』 제4호(통권 204), 조국통일사, 1982, 52~53쪽

- 고역과 멸시에 시드는 삶 |정미영

  『남조선문제』 제5호(통권 205), 조국통일사, 1982, 63~64쪽

- 광산로동자들의 울분 차넘치는 남조선 강원도 |한개현

  『남조선문제』 제6호(통권 206), 조국통일사, 1982, 18~20쪽

- 고역에 시들어가는 소년로동자들 |정미영

  『남조선문제』 제6호(통권 206), 조국통일사, 1982, 54~55쪽

- [토막글] 치렬해지는 ≪취업경쟁≫

  『남조선문제』 제6호(통권 206), 조국통일사, 1982, 41쪽

- 살과 뼈를 깎아먹는 공장 |조기수

  『남조선문제』 제12호(통권 212), 조국통일사, 1982, 54~55쪽

- 인생의 밑바닥에서 시달리는 실업자들 |본사기자

  『남조선문제』 제3호(통권 215), 조국통일사, 1983, 45~47쪽

- [수자와 사실] 갈곳없는 ≪고등실업자≫

  『남조선문제』 제7호(통권 219), 조국통일사, 1983, 46쪽

- [자료] 남조선탄광, 광산 로동자들의 비참한 생활처지

  『남조선문제』 제9호(통권 221), 조국통일사, 1983, 48~50쪽

- [단평] 큰 도적이 좀 도적잡이

  『남조선문제』 제11호(통권 223), 조국통일사, 1983, 27쪽

- [암흑의 땅 남조선] 서울거리의 ≪인력시장≫

  『남조선문제』 제11호(통권 223), 조국통일사, 1983, 34쪽

- [암흑의 땅 남조선] 늘어나는 로동재해

  『남조선문제』 제1호(통권 225), 조국통일사, 1984, 49쪽

- 버림받는 사람들 | 본사기자

  『남조선문제』 제5호(통권 229), 조국통일사, 1984, 34~35쪽

- 원성어린 농촌 | 리영근

  『남조선문제』 제11호(통권 235), 조국통일사, 1984, 52~54쪽

- ≪사납금≫에 짓눌린 택시운전수들 | 류 은

  『남조선문제』 제5호(통권 241), 조국통일사, 1985, 58쪽

- 실업은 착취제도의 산물 | 장영호

  『남조선문제』 제6호(통권 242), 조국통일사, 1985, 47~49쪽

- [이야기] ≪농청을 반대한다≫ | 방룡길

  『남조선문제』 제7호(통권 243), 조국통일사, 1985, 23~26쪽

- [자료] 최근 더욱 악화되고있는 남조선농민들의 생활처지

  『남조선문제』 제4호(통권 252), 조국통일사, 1986, 25~26쪽

- 남조선에서 날로 늘어나는 ≪고등실업자≫ | 류 은

  『남조선문제』 제5호(통권 253), 조국통일사, 1986, 51~52쪽

- 남조선어민들의 비참한 생활처지

  『남조선문제』 제3호(통권 257), 조국통일사, 1987, 26~28쪽

- 악랄한 착취수단-≪림시직제도≫ | 본사기자

  『남조선문제』 제3호(통권 257), 조국통일사, 1987, 55~56쪽

- 인생의 막바지 탄광촌

  『남조선문제』 제4호(통권 258), 조국통일사, 1987, 45~48쪽

1990~1999

- 남조선에서 날로 심각화되고있는 실업문제 | 저자 미확인

  『근로자』 제1호, 근로자사, 1999, 62쪽

5. 여성

1950~1959

- [만화] 싸우는 남반부 로동녀성 ㅣ창 파
  『조선녀성』 제3호, 조선녀성사, 1950, 30~31쪽

- 구국투쟁에 영용한 남반부녀성들 ㅣ김임○
  『조선녀성』 제5호, 조선녀성사, 1950, 14~16쪽

- 남반부 자매들은 어떻게 살고있는가 ㅣ유충록
  『조선녀성』 제12호, 조선녀성사, 1954, 25~27쪽

- 남조선 녀성들의 무권리와 빈궁 ㅣ최명소
  『조선녀성』 제8호, 조선녀성사, 1955, 56~59쪽

- 남반부 녀성들의 생활 형편 ㅣ홍 욱
  『조선녀성』 제2호, 조선녀성사, 1956, 26~27쪽

- 남조선 녀성들의 처지
  『조선녀성』 제9호, 조선녀성사, 1957, 33~34쪽

- 남조선 녀성들의 형편 ㅣ심명자
  『조선녀성』 제5호, 조선녀성사, 1959, 22~23쪽

1960~1969

- 남조선 녀성들의 비참한 처지
  『조선녀성』 제7호, 조선녀성사, 1960, 38~39쪽

1970~1979 ···

1980~1989 ■■

- 고역과 학대에 시달리는 제주도해녀들 ㅣ전주경
  『남조선문제』 제1호(통권 180), 조국통일사, 1980, 19~20쪽

- ≪기지촌≫녀성들의 참상 ㅣ조희윤
  『남조선문제』 제3호(통권 182), 조국통일사, 1980, 27쪽

- 고역과 질병에 시달리는 농촌녀성들 ㅣ현무영
  『남조선문제』 제7호(통권 186), 조국통일사, 1980, 30쪽

- 녀성들도 항쟁의 거리에
  『조선녀성』 제10호(통권 382), 근로단체출판사, 1980, 55쪽

- 사회의 버림속에서 시들어가는 남조선녀성들 ㅣ홍미련
  『남조선문제』 제7호(통권 196), 조국통일사, 1981, 49~50쪽

- 항쟁의 길로 나아가는 남조선녀성로동자들 ㅣ김정운
  『남조선문제』 제7호(통권 196), 조국통일사, 1981, 21~22쪽

- 삶이 없는 녀성들 ㅣ한복희 본사기자
  『조선녀성』 제3호(통권 397), 근로단체출판사, 1982, 55~56쪽

- ≪공업단지≫와 남조선녀성로동자들 ㅣ본사기자
  『조선녀성』 제7호(통권 401), 근로단체출판사, 1982, 39~40쪽

- [이야기] 녀차장의 설음 ㅣ본사기자
  『조선녀성』 제5호(통권 408), 근로단체출판사, 1983, 40쪽

- 또하나의 매국배족행위
  『남조선문제』 제10호(통권 222), 조국통일사, 1983, 44쪽

- [암흑의 땅 남조선] 위도에 팔려간 녀성들의 참상
  『남조선문제』 제12호(통권 224), 조국통일사, 1983, 41쪽

- 해녀의 설음 ㅣ본사기자
  『조선녀성』 제2호(통권 411), 근로단체출판사, 1984, 40쪽

- 이국땅에서 눈물짓는 남조선녀성들 ㅣ본사기자
  『조선녀성』 제4호(통권 413), 근로단체출판사, 1984, 38쪽

- 현대판 ≪정신대≫ |김춘선

  『남조선문제』 제10호(통권 234), 조국통일사, 1984, 55~57쪽

- 한 녀성의 비극적 운명 |김원택

  『남조선문제』 제3호(통권 239), 조국통일사, 1985, 31~32쪽

- 짓밟힌 녀성〈암흑의 땅-남조선〉 |본사기자

  『조선녀성』 제5호(통권 420), 근로단체출판사, 1985, 42쪽

- 활발해지는 녀대학생운동 |본사기자

  『남조선문제』 제11호(통권 247), 조국통일사, 1985, 29쪽

- 남조선녀성들의 비참한 생활처지 |방룡길

  『남조선문제』 제2호(통권 250), 조국통일사, 1986, 54~55쪽

- 야수도 낯을 붉힌 성고문추행사건 |본사기자

  『남조선문제』 제5호(통권 253), 조국통일사, 1986, 46~48쪽

- 남조선녀성운동의 최근 발전추이

  『남조선문제』 제3호(통권 263), 조국통일사, 1988, 25~27쪽

- 날을 따라 앙양되는 남조선녀성들의 투쟁 |본사기자

  『조선녀성』 제2호(통권 441), 근로단체출판사, 1989, 37~38쪽

- 한 녀성의 기막힌 호소 |본사기자

  『조선녀성』 제6호(통권 445), 근로단체출판사, 1989, 40쪽

1990~1999 ●

- 남조선녀성들도 투쟁의 광장에 |본사기자

  『조선녀성』 제4호(통권 449), 근로단체출판사, 1990, 40쪽

- 남조선괴뢰도당의 배족적인 매춘관광책동 |김형직사범대학 준박사 김성도

  『교원선전수첩』 제10호, 교원신문사, 1990, 124~125쪽

- 날로 확대되는 남조선녀성들의 투쟁 |본사기자

  『조선녀성』 제4호(통권 461), 근로단체출판사, 1992, 40쪽

- [썩고 병든 자본주의사회] 무참히 버림받는 남조선녀성들 ∣본사기자
  『조선녀성』 제5호(통권 468), 근로단체출판사, 1993, 33~34쪽
- 광주인민봉기후 반미자주화를 위한 남조선녀성들의 투쟁 ∣강정덕
  『조선녀성』 제5호(통권 468), 근로단체출판사, 1993, 33~34쪽
- 광주인민봉기후 사회의 민주화를 위한 남조선녀성들의 투쟁 ∣강정덕
  『조선녀성』 제6호(통권 469), 근로단체출판사, 1993, 34쪽
- 버림을 받고있는 남조선녀성들 ∣본사기자
  『조선녀성』 제5호(통권 486), 근로단체출판사, 1996, 40쪽
- 천대와 멸시 속에 시달리는 남조선녀성들 ∣본사기자
  『조선녀성』 제4호(통권 497), 근로단체출판사, 1998, 40쪽

2000~2009

- 자본주의나라 녀성들의 처지 ∣본사기자
  『조선녀성』 제11호(통권 534), 근로단체출판사, 2002, 40쪽
- 자본주의사회야말로 녀성들의 생지옥 ∣백영미
  『조선녀성』 제3호(통권 550), 근로단체출판사, 2004, 56쪽
- 자본주의가 복귀된 나라들에서의 녀성들의 운명 ∣본사기자
  『조선녀성』 제10호(통권 557), 근로단체출판사, 2004, 55쪽
- 녀성천시사회 – 남조선 ∣정혜진
  『조선녀성』 제3호(통권 598), 근로단체출판사, 2008, 56쪽
- [국제소식] 재미동포녀성들 미국산 소고기수입개방을 반대 ∣본사기자
  『조선녀성』 제8호(통권 603), 근로단체출판사, 2008, 55쪽
- 녀성인권을 짓밟는 장본인은 누구인가 ∣본사기자 김성남
  『조선녀성』 제12호(통권 607), 근로단체출판사, 2008, 56쪽
- 녀성으로 태여난것이 ≪죄≫가 되는 자본주의사회 ∣본사기자 김성남
  『조선녀성』 제1호(통권 608), 근로단체출판사, 2009, 56쪽

- 녀성들의 미래가 없는 남조선 | 본사기자
  『조선녀성』 제2호(통권 609), 근로단체출판사, 2009, 55쪽

- 남조선녀성혁명가들에게 베풀어주신 뜨거운 사랑 | 본사기자
  『조선녀성』 제3호(통권 610), 근로단체출판사, 2009, 13쪽

- 자본주의나라 녀성들의 피할수 없는 운명 | 본사기자
  『조선녀성』 제6호(통권 613), 근로단체출판사, 2009, 55쪽

6. 종교

- 남조선사회제도의 반동적본질(1) |석두관
  『남조선문제』 제6호(통권 104), 조국통일사, 1973, 33~37쪽

- [용어해설] ≪평신도운동≫
  『남조선문제』 제6호(통권 104), 조국통일사, 1973, 48쪽

- 남조선에 대한 미제의 종교정책과 그 반동적 본질(2) |최복남
  『남조선문제』 제8호(통권 106), 조국통일사, 1973, 36~40쪽

- [자료] 종교의 탈을 쓴 박정희괴뢰도당의 정치모략단체-≪통일교≫
  『남조선문제』 제11.12호(통권 143), 조국통일사, 1976, 36~39쪽

- 무지와 몽매를 퍼뜨리는 ≪종교공해≫-남조선사회를 휩쓸고있는 ≪신흥종교≫에 대하여- |안성덕
  『남조선문제』 제12호(통권 155), 조국통일사, 1977, 48~50쪽

- ≪유신≫독재를 유지하기위한 박정희괴뢰도당의 반동적인 종교정책 |안용국
  『남조선문제』 제9호(통권 164), 조국통일사, 1978, 49~51쪽

- 남조선괴뢰들의 반공모략단체-≪통일교회≫ |김창길
  『남조선문제』 제10호(통권 165), 조국통일사, 1978, 36~38쪽

- ≪통일교회≫는 종교의 외피를 쓴 악랄한 반공모략단체 |한면금
  『근로자』 제1호(통권 441), 근로자사, 1979, 60~64쪽

1980~1989 ·······································

- 세계도처에서 배격받는 ≪통일교회≫
  『남조선문제』 제1호(통권 180), 조국통일사, 1980, 40쪽

- 종교의 탈을 쓴 반공모략단체-≪통일교회≫ |김주철
  『국제생활』 제4호(통권 15), 국제생활사, 1987, 40~44쪽

- 종교의 탈을 쓴 반공모략단체-≪통일교회≫(2) |김주철
  『국제생활』 제7호(통권 18), 국제생활사, 1987, 30~32쪽

■ 종교의 탈을 쓴 반공모략단체-≪통일교회≫(3) | 김주철

　　『국제생활』 제9호(통권 20), 국제생활사, 1987, 32~35쪽

■ 종교의 탈을 쓴 반공모략단체-≪통일교회≫(4) | 김주철

　　『국제생활』 제11호(통권 22), 국제생활사, 1987, 33~36쪽

1990~1999 ···

■ 1980년대 새로운 단계에로 발전한 남조선 종교인들의 조국통일운동 | 배명희

　　『력사과학』 제1호(통권 157), 과학백과사전종합출판사, 1996, 24~26쪽

사상 및 역사

VI

1. 사상

1) 사회사상

1940~1949

- 네 발걸음하는 철학 |알렉싼들.레이테스
  『근로자』 제9호(통권 9), 로동신문사, 1947, 35~50쪽
- 부르죠아도덕과 사회주의도덕 |프.슈뜨니꼬브
  『근로자』 제14호(통권 36), 노동신문사, 1949, 63~78쪽

1950~1959

- 도덕과 부르죠아 도덕 |리형우
  『근로자』 제3호(통권 136), 근로자사, 1957, 61~70쪽
- [토론] 민족 부르죠아지의 개념에 관한 몇 가지 문제 |황장엽
  『력사과학』 제4호, 과학원출판사, 1957, 34~37쪽
- 현대 수정주의의 반동성에 대하여 |리지호
  『력사과학』 제4호, 조선민주주의인민공화국과학원출판사, 1958, 45~54쪽
- ≪부르죠아 민족운동≫에 관한 과학 토론회
  『력사과학』 제4호, 과학원출판사, 1959, 57~58·71쪽

1960~1969 ....

- 부르죠아 사상과의 투쟁을 더욱 강화하자
  『근로자』 제16호(통권 209), 근로자사, 1962, 21~26쪽

- 현 시기 제국주의 부르죠아 사상의 기본 특징 |최정현
  『근로자』 제5호(통권 219), 근로자사, 1963, 12~19쪽

- [특집] 남조선에 부식되고 있는 반동 부르죠아 도덕 |리일봉
  『남조선문제』 제6호(통권 12), 남조선문제출판사, 1965, 43~50쪽

- 남조선에서의 사대주의 부식과 그 후과 |리삼실
  『남조선문제』 제9호(통권 15), 남조선문제출판사, 1965, 37~42쪽

- [자료] 주체적 립장에서 본 전통문제(남조선 출판물에서)
  『남조선문제』 제9호(통권 15), 남조선문제출판사, 1965, 61~64쪽

- [지상토론] 남조선에서의 지주계급 |주승흠
  『남조선문제』 제11.12호(통권 17), 남조선문제출판사, 1965, 36~45쪽

- 숭미 공미 사상의 반동적 본질과 그의 영향 |손석원
  『남조선문제』 제1호(통권 18), 남조선문제출판사, 1966, 9~20쪽

- ≪자유 민주주의≫의 사상 리론적 본질과 그의 기만성 |조중학
  『남조선문제』 제1호(통권 18), 남조선문제출판사, 1966, 21~28쪽

- 숭미사대주의사상의 본질과 근원 |리영태
  『남조선문제』 제10호(통권 39), 조국사, 1967, 14~22쪽

1970~1979 ....

- 미제에 의하여 되살아난 일본군국주의자들의 남조선에 대한 사상문화적
  침략책동의 로골화 |김봉남
  『인민교육』 제3호, 교원선전수첩출판사, 1971, 61~63쪽

- 자본주의제도의 반동적본질 |리경연
  『근로자』 제8호(통권 376), 근로자사, 1973, 60~64쪽

- ≪자유민주주의≫란 누구를 위한 것인가 ㅣ김창형
  『근로자』제10호(통권 378), 근로자사, 1973, 59~64쪽

- 자본주의사회는 ≪부익부, 빈익빈≫의 사회 ㅣ김수영
  『근로자』제9호(통권 389), 근로자사, 1974, 53~58쪽

- 부르죠아적자유관의 반동적 본질 ㅣ최철웅
  『사회과학』제6호(통권 19), 사회과학출판사, 1976, 57~61쪽

- 남조선지식인들속에서 높아가는 숭미사대주의를 배격하는 목소리 ㅣ한수경
  『남조선문제』제12호(통권 167), 조국통일사, 1978, 38~39쪽

- 제국주의자들의 ≪인권옹호≫는 지배와 예속의 기만적 구호 ㅣ리재도
  『근로자』제8호(통권 436), 근로자사, 1978, 59~64쪽

1980~1989 ●●●

- 남조선은 미국의 사상문화적 식민지 ㅣ강명수
  『조선사회민주당』제2호, 조선사회민주당출판사, 1983, 78~82쪽

- 부르죠아륜리관의 반동성 ㅣ최철웅
  『근로자』제5호(통권 529), 근로자사, 1986, 92~96쪽

- 남조선인민들의 대미의식의 변화 ㅣ남선일
  『조선사회민주당』제3호, 조선사회민주당출판사, 1987, 75~80쪽

- 미제와 남조선괴뢰들이 퍼뜨리고있는 ≪엘리트론≫의 반동성 ㅣ손정남
  『남조선문제』제6호(통권 260), 조국통일사, 1987, 51~53쪽

- ≪신인간기계론≫의 반동적 본질 ㅣ준박사 김창렬
  『철학연구』제2호(통권 33), 사회과학출판사, 1988, 44~48쪽

- 미제와 남조선괴뢰들이 설교하는 ≪인간본성론≫의 반동성 ㅣ손정남
  『남조선문제』제2호(통권 262), 조국통일사, 1988, 59~62쪽

- 부르죠아심리학에 대한 비판 ㅣ남승일
  『철학연구』제3호(통권 34), 사회과학출판사, 1988, 43~48쪽

- 남조선에 대두한 민중통일론 ㅣ림기우
  {조선사회민주당』 제3호, 조선사회민주당출판사, 1988, 65~69쪽

- 남조선청년학생들속에 주입되는 ≪자유≫에 대한 부르죠아리론의 반동성
  ㅣ평양 외국어대학 철학강좌 김정혜
  『교원선전수첩』 제11호, 교원신문사, 1988, 119~123쪽

- 부르죠아심리학의 위기 ㅣ남승일
  『철학연구』 제2호(통권 37), 사회과학출판사, 1989, 44~48쪽

- 남조선에 류포되고있는 ≪정신분석학≫의 반동성 ㅣ청진 제1사범대학 남승일
  『교원선전수첩』 제2호, 교원신문사, 1989, 121~124쪽

- 최근 남조선인민들속에서 광범히 연구보급되고있는 영생불멸의 주체사상
  ㅣ본사기자 남상팔
  『교원선전수첩』 제12호, 교원신문사, 1989, 119~122쪽

1990~1999

- 부르죠아인도주의의 반동적 본질 ㅣ준박사 최철웅
  『철학연구』 제1호(통권 40), 사회과학출판사, 1990, 43~47쪽

- 부르죠아도덕의 철학적 기초 ㅣ주재묵
  『철학연구』 제2호(통권 41), 사회과학출판사, 1990, 46~48쪽

- 주체사상을 신봉하는 것은 남조선인민들의 막을 수 없는 지향 ㅣ한시해
  『국제생활』 제4호(통권 51), 국제생활사, 1990, 13~16쪽

- 자본주의사회에서 물질 생활의 기형화 ㅣ사회과학원 준박사 윤문영
  『교원선전수첩』 제5호, 교원신문사, 1990, 116~119쪽

- 인간의 자주의식을 마비시키는 자본주의사회 ㅣ사회과학원 부교수, 준박사
  리영환
  『교원선전수첩』 제1호, 교원신문사, 1991, 113~116쪽

- 자본주의사회에서 정치생활의 반동화 ㅣ사회과학원 처장, 준박사 윤문영

『교원선전수첩』 제2호, 교원신문사, 1991, 121~124쪽

■ 남조선대학교 교수들이 주체사상을 열렬히 신봉하고 따라배우고있는데 대하여 │평양 기계대학 류춘일

『교원선전수첩』 제8호, 교원신문사, 1991, 114~119쪽

■ 자본주의의 멸망과 사회주의의 승리의 력사적필연성을 밝힌 혁명적문헌 │준박사 정길남

『김일성종합대학학보』[사회과학-철학편] 제37권 제9호(통권 195), 김일성종합대학출판사, 1991, 2~6쪽

■ 반미자주화는 남조선사회변혁의 선결과제 │홍수만

『조선사회민주당』 제1호, 조선사회민주당출판사, 1992, 51~52쪽

■ 자본주의 사회는 돈을 생명으로 하는 부패한 사회 │준박사 안명훈

『김일성종합대학학보』[사회과학-경제편] 제38권 제7호(통권 205), 김일성종합대학출판사, 1992, 73~77쪽

■ 자본주의에 대한 환상의 본질과 해독성 │한하련

『철학연구』 제1호(통권 52), 과학백과사전종합출판사, 1993, 44~48쪽

■ 개인주의에 기초한 자본주의적사회관계를 변호하는 현대부르죠아리론의 반동성 │문정화

『철학연구』 제2호(통권 53), 과학백과사전종합출판사, 1993, 41~44쪽

■ 현대제국주의의 반인민성과 부패성을 보여주는 자본주의사회의 기본특징 │조경옥

『김일성종합대학학보』[사회과학-철학편] 제39권 제5호(통권 215), 김일성종합대학출판사, 1993, 66~71쪽

■ 현대제국주의의 진면모와 운명 │부교수, 준박사 김원국

『김일성종합대학학보』[사회과학-경제학편] 제39권 제3호(통권 213), 김일성종합대학출판사, 1993, 69~73쪽

■ 현대부르죠아≪자유≫론의 반동성 │준박사 리재권

『철학론문집』 제20호, 과학백과사전종합출판사, 1993, 216~238쪽

■ 자본주의제도의 반동성을 똑똑히 알도록 │한하련

『교원선전수첩』 제2호, 교원신문사, 1994, 21~23쪽

■ 부르죠아≪수렴리론≫의 반동적 본질 ┃도남칠
『김일성종합대학학보』[력사법학편] 제40권 제3호(통권 234), 김일성종합대학출판사,
1994, 54~59쪽

■ 부르죠아인권리론의 반동적 본질 ┃정성국
『철학연구』 제2호(통권 61), 과학백과사전종합출판사, 1995, 41~43쪽

■ [좌담회] 남조선의 ≪세계화≫는 망국의 길이다 ┃본사기자(참가자: 고학춘,
엄영선, 김수희)
『조선사회민주당』 제2호, 조선사회민주당출판사, 1995, 47~49쪽

■ 부르죠아복귀주의자들이 부르짖는 ≪다원주의≫의 반동성 ┃박사 최철웅
『철학연구』 제1호(통권 64), 과학백과사전종합출판사, 1996, 46~48쪽

■ 위대한 령도자 김정일동지께서 밝히신 현대 제국주의의 진면모에 관한
독창적인 사상 ┃지영일
『김일성종합대학학보』[경제학편] 제43권 제3호(통권 281), 김일성종합대학출판사,
1997, 7~13쪽

■ 부르죠아≪수렴리론≫의 발생변천과 사회력사적 배경 ┃도남칠
『김일성종합대학학보』[력사법학편] 제43권 제2호(통권 279), 김일성종합대학출판사,
1997, 61~65쪽

■ [강좌] 현대부르죠아성격리론의 비과학성과 반동성 ┃최충일
『철학연구』 제2호(통권 73), 과학백과사전종합출판사, 1998, 47~49쪽

■ 자본주의에 대한 환상은 사회주의를 좌절시키는 요인 ┃김영수
『철학연구』 제1호(통권 76), 과학백과사전종합출판사, 1999, 33~35쪽

■ 부르죠아수렴론자들이 떠드는 ≪수렴적발전가능성≫론의 비과학성 ┃학사
도남칠
『김일성종합대학학보』[력사법학편] 제45권 제4호(통권 312), 김일성종합대학출판사,
1999, 65~68쪽

■ 전체주의와 그 반동적 특성 ┃조민기
『김일성종합대학학보』[력사법학편] 제45권 제4호(통권 312), 김일성종합대학출판사,
1999, 69~73쪽

2000~2009 ●

■ 자본주의로부터 사회주의에로 이행의 력사적필연성 | 학사 박명남
  『김일성종합대학학보』[철학경제학편] 제46권 제2호(통권 316), 김일성종합대학출판
  사, 2000, 17~21쪽

■ 자본주의에 대한 환상의 본질과 해독성 | 한하련
  『철학연구』 제1호(통권 84), 과학백과사전종합출판사, 2001, 44~45쪽

■ 인간증오로 일관된 부르죠아인도주의 | 송민철
  『철학연구』 제3호(통권 86), 과학백과사전출판사, 2001, 41~42쪽

■ ≪시민사회≫론의 반동성 | 장철민
  『철학연구』 제1호(통권 88), 과학백과사전출판사, 2002, 46~47쪽

■ [강좌] 부르죠아민족주의의 반동성 | 김이환
  『정치법률연구』 제1호(통권 1), 과학백과사전출판사, 2003, 33쪽

■ 부르죠아인종론의 허황성 | 학사 김금남
  『김일성종합대학학보』[철학경제학편] 제49권 제4호(통권 358), 김일성종합대학출판
  사, 2003, 29~34쪽

■ 자본주의사회는 인민대중의 본성적지향과 요구를 짓밟는 가장 반인민적
  인사회 | 부교수, 학사 조 철
  『김일성종합대학학보』[철학경제학편] 제50권 제3호(통권 367), 김일성종합대학출판
  사, 2004, 17~21쪽

■ 부르죠아생물학주의의 반동성 | 학사 김금남
  『김일성종합대학학보』[철학경제학편] 제50권 제3호(통권 367), 김일성종합대학출판
  사, 2004, 33~37쪽

■ 사회발전에서 녀성이 노는 역할을 부인하는 현대부르죠아리론의 반동성
  | 학사 박혜숙
  『김일성종합대학학보』[철학경제학편] 제50권 제3호(통권 367), 김일성종합대학출판
  사, 2004, 38~43쪽

■ 미국식≪민주주의≫의 반동성과 허황성 | 학사 리성환
  『교원선전수첩』 제2호, 교원신문사, 2006, 175~177쪽

- 부르죠아민주주의주요사조들의 반동성 |박사, 부교수 최철웅
  『철학연구』 제2호(통권 109), 과학백과사전출판사, 2007, 42~43쪽

- 미제가 제창하는 ≪세계화≫론의 반동성 |학사 최성일
  『김일성종합대학학보』[철학경제학편] 제53권 제4호(통권 406), 김일성종합대학출판
  사, 2007, 38~44쪽

- 부르죠아 ≪국가유기체설≫의 반동적 본질에 대하여 |박사, 부교수 김봉철
  『사회과학원학보』 제1호(통권 62), 사회과학출판사, 2009, 51~52쪽

- 자본주의에 대한 환상과 그 해독성 |변금희
  『정치법률연구』 제3호(통권 27), 과학백과사전출판사, 2009, 55쪽

- 미국파시즘은 미국지배하의 일극세계수립을 목적하는 세계주의 |리광철
  『김일성종합대학학보』[력사법학편] 제3호(통권 429), 김일성종합대학학보, 2009 144~
  148쪽

2) 사회의식

1960~1969 ....

- ≪도의 재건≫론의 정체 |조경일
  『근로자』 제15호(통권 229), 근로자사, 1963, 41~44쪽

- 남조선지배층의 사대주의사상과 그 계보 |배병두
  『조선문제연구』 제5권 제1호, 조선문제연구소, 1963, 6~23쪽

- 남조선 위정자들이 표방하는 ≪민족주의≫의 정체 |리종률
  『근로자』 제16호(통권 254), 근로자사, 1964, 41~48쪽

- 미제의 남조선 농촌 ≪교도≫의 내막 |량태호
  『근로자』 제18호(통권 256), 근로자사, 1964, 32~36쪽

- ≪후진≫국가들에 대한 미제의 사상 문화 침략 |김용환

『근로자』 제23호(통권 261), 근로자사, 1964, 41~48쪽

- 미제의 남조선침략에 복무하는 부르죠아사조 | 류근대

  『근로자』 제1호(통권 299), 근로자사, 1967, 59~64쪽

- 사대주의는 낡은 사회의 유물이다 | 리지린

  『근로자』 제2호(통권 300), 근로자사, 1967, 49~56쪽

- 남조선 지배층에 부식하는 사대주의사상의 반동적 본질 | 배병두

  『조선문제연구』 제6권 제2호, 조선문제연구소, 1967, II1~25쪽

- 남조선에 이른바「반공이론」의 실체와 그 기만성 | 김국한

  『조선문제연구』 제7권 제1호, 조선문제연구소, 1968, 359~394쪽

- 파쑈독재체제를 합리화하는 박정희 괴뢰도당의 ≪유신≫륜리의 반동적 본질 | 강천문

  『남조선문제』 제1호(통권 134), 조국통일사, 1976, 34~38쪽

- 남조선인민들속에서 날로 높아가는 박정희역적에 대한 불타는 증오심 | 전찬영

  『남조선문제』 제1호(통권 13), 조국통일사, 1976, 39~43쪽

- 남조선에서 박정희괴뢰도당이 벌리고있는 ≪새마을운동≫의 반동적 본질 | 전주걸

  『남조선문제』 제11.12호(통권 143), 조국통일사, 1976, 12~17쪽

- [독자들의 질문에 대한 대답] 김지하의 옥중수기 ≪량심선언≫에 대하여

  『남조선문제』 제3호(통권 146), 조국통일사, 1977, 46~47쪽

- 황당한 궤변

  『남조선문제』 제3호(통권 158), 조국통일사, 1978, 29쪽

- 남조선농민들의 계급의식을 마비시키고 농촌수탈을 강화하기위한 ≪새마을운동≫ | 조희윤

  『남조선문제』 제5호(통권 160), 조국통일사, 1978, 50~51쪽

- 죽음을 재촉하는 남조선괴뢰들의 반공소동 | 원태림

  『남조선문제』 제9호(통권 164), 조국통일사, 1978, 28~29쪽

1980~1989 ....

- 미국식생활양식과 왜색, 왜풍에 물젖은 남조선사회의 퇴폐풍조 |리승복
  『근로자』 제1호(통권 453), 근로자사, 1980, 56~60쪽

- ≪도의교육≫론의 반동성 |차홍상
  『남조선문제』 제4호(통권 204), 조국통일사, 1982, 49~51쪽

- [론설] 남조선에 류포된 아메리카니즘과 민족허무주의 사상의 독소 |박종식
  『조선문학』 제10호(통권 420), 문예출판사, 1982, 74~80쪽

- 남조선에서 부식되고 있는 숭미사대주의사상과 공미굴종사상의 반동적
  본질 |한웅식
  『근로자』 제7호(통권 495), 근로자사, 1983, 59~64쪽

- [자료1] 아메리카 비판의 태동
  『조선문제연구』 제23호, 조선문제연구소, 1983, 289~330쪽

- 남조선에서 범람하고있는 말세기적인 퇴폐풍조 |안기중
  『근로자』 제7호(통권 507), 근로자사, 1984, 57~59쪽

- 부르죠아적≪인간성≫의 반동적 본질과 허위성 |김용중
  『사회과학』 제2호(통권 69), 과학백과사전출판사, 1985, 60~64쪽

- ≪민주사회≫의 실상은 이렇다 |김원택
  『남조선문제』 제6호(통권 242), 조국통일사, 1985, 22~25쪽

- [전재물] ≪새로운 민주, 민족 언론이 탄생하고있다≫
  『남조선문제』 제7호(통권 243), 조국통일사, 1985, 27쪽

- 남녘인민들의 확고한 신념 |김 철
  『남조선문제』 제6호(통권 260), 조국통일사, 1987, 26~28쪽

- 남조선에 퍼지고있는 ≪운명론≫의 반동성 |손정남
  『남조선문제』 제3호(통권 263), 조국통일사, 1988, 47~50쪽

- ≪민족이질화론≫의 반동성 |김선철
  『남조선문제』 제3호(통권 263), 조국통일사, 1988, 51~53쪽

- 자본주의사회에서 지식인의 심리에 대한 주체적연구 ㅣ유기두

  『김일성종합대학학보』[사회과학 - 철학편] 제39권 제10호(통권 220), 김일성종합대학출판사, 1993, 47~51쪽

- 부르죠아사상문화는 최악의 사회적 ≪공해≫를 빚어내는 위험한 독소 ㅣ최철웅

  『근로자』 제7호(통권 627), 근로자사, 1994, 91쪽

- [강좌] 기회주의의 반동적 본질 ㅣ박사 최철웅

  『철학연구』 제4호(통권 75), 과학백과사전종합출판사, 1998, 47~49쪽

- 제국주의자들이 떠벌이는 사상의 ≪자유≫의 허황성과 반동성 ㅣ학사 로승일

  『김일성종합대학학보』[철학경제학편] 제45권 제4호(통권 310), 김일성종합대학출판사, 1999, 18~23쪽

2000~2009

- 제국주의사상문화는 사람들을 사상정신적으로 타락시키는 위험한 독소 ㅣ저자 미확인

  『근로자』 제1호, 근로자사, 2003, 60쪽

- [강좌] 미신의 반동적 본질과 그 해독성 ㅣ김형국

  『철학연구』 제4호(통권 95), 과학백과사전출판사, 2003, 46쪽

- 제국주의자들이 부르짖는 ≪개성의 자유≫의 반동적본질 ㅣ김봉식

  『정치법률연구』 제2호(통권 6), 과학백과사전출판사, 2004, 42~43쪽

- 부르죠아사상문화는 사회주의정치사상진지를 허무는 위험한 독소 ㅣ저자 미확인

  『근로자』 제5호, 근로자사, 2005, 59쪽

- 미제국주의자들이 떠드는 ≪인권≫소동의 반동성 ㅣ교수, 박사 김완선

  『정치법률연구』 제3호(통권 15), 과학백과사전출판사, 2006, 45~47쪽

- 미국이 제창해온 인종주의의 반동적본질 ㅣ김용진

『정치법률연구』 제2호(통권 22), 과학백과사전출판사, 2008, 26쪽

■ [강좌] 부르죠아생활양식은 사람들을 정신적불구자로 만드는 사상적독소
  |신명수
  『정치법률연구』 제3호(통권 23), 과학백과사전출판사, 2008, 46쪽

■ 제국주의자들이 떠드는 사상의 ≪자유≫ 반동성 |리명호
  『철학연구』 제1호(통권 116), 과학백과사전출판사, 2009, 46~47쪽

3) 사회학

1960~1969 ·····································

■ 남조선에 류포되고 있는 반동적인 사회 리론 |김철희
  『근로자』 제11호(통권 180), 근로자사, 1960, 43~48쪽

■ 남조선에 류포되고 있는 부르죠아 사회학 리론의 반동적 본질과 그에 대
  한 비판 |철학박사 김철희
  『철학연구』 제1호, 과학원출판사, 1962, 48~71쪽

■ 현대 부르죠아 ≪사회층≫론의 본질 |신언갑
  『근로자』 제8호(통권 246), 근로자사, 1964, 12~20쪽

■ [학습노트] 남조선의 반동적 ≪사회학≫리론의 기본 조류 |리종문
  『남조선문제』 제4호(통권 10), 남조선문제출판사, 1965, 54~60쪽

■ 비극의 본질을 외곡한 반동적부르죠아리론에 대한 비판 |최형록
  『철학연구』 제4호(통권 20), 사회과학원출판사, 1966, 23~28쪽

■ [학습자료] 남조선에 퍼지고있는 현대부르죠아사회학리론의 기본조류와
  그의 반동적본질
  『남조선문제』 제12호(통권 41), 조국사, 1967, 28~35쪽

1980~1989 ■■

- 현대부르죠아 사회학의 일반적 특징 |최철웅
  『사회과학』 제3호(통권 64), 과학백과사전출판사, 1984, 60~64쪽

- 부르죠아 사회학연구로부터 주체사상연구에로 |김석문
  『국제생활』 제1호(통권 1), 국제생활사, 1986, 25~26·42쪽

- 구조주의의 반동적 본질 |준박사 김창렬
  『철학연구』 제1호(통권 28), 과학백과사전종합출판사, 1987, 44~48쪽

1990~1999 ■■

- 현대부르죠아≪정보화사회≫론의 반동성 |리 철
  『철학연구』 제2호(통권 77), 과학백과사전종합출판사, 1999, 43~45쪽

- 자본주의 황색바람과 온갖 비계급적요소의 침습을 철저히 막는것은 사상
  강국건설의 중요한 담보 |부교수, 학사 리창세
  『김일성종합대학학보』[력사법학편] 제45권 제3호(통권 309), 김일성종합대학출판사,
  1999, 45~50쪽

2000~2009 ■■

- 자본주의는 인민대중의 지옥이다 |저자 미확인
  『근로자』 제10호, 근로자사, 2001, 62쪽

- ≪지식사회≫론의 반동성 |리해연
  『철학연구』 제3호(통권 90), 과학백과사전출판사, 2002, 44~45쪽

- ≪정보사회≫론의 반동성 |리해연
  『철학연구』 제4호(통권 91), 과학백과사전출판사, 2002, 48쪽

- 정보산업의 발전을 악용한 현대부르죠아민주주의변호론의 반동성 |학사
  로승일
  『김일성종합대학학보』[철학경제학편] 제49권 제1호(통권 349), 김일성종합대학출판
  사, 2003, 32~38쪽

- 정보산업의 출현을 악용하여 사회발전을 외곡하는 현대부르죠아리론의
  반동성 |학사 로승일
  『김일성종합대학학보』[철학경제학편] 제49권 제3호(통권 355), 김일성종합대학출판
  사, 2003, 21~25쪽

- 현대부르죠아 〈정보사회〉론의 허황성과 반동성 |저자 미확인
  『근로자』 제11호, 근로자사, 2004, 62쪽

- 현대부르죠아《정보사회론》의 반동적 본질 |학사 로승일
  『철학연구』 제2호(통권 101), 과학백과사전출판사, 2005, 47~48쪽

4) 철학

1940~1949 ....

- 현대부르죠아 철학의 류행사조 |그.가크
  『근로자』 제7호(통권 7), 로동신문사, 1947, 28~40쪽

1950~1959 ....

- 반동, 제국주의 및 전쟁에 봉사하는 현대 부르죠아 철학과 사회학(1) |신 염
  『근로자』 제9호(통권 94), 로동신문사, 1953, 83~100쪽

- 반동, 제국주의 및 전쟁에 봉사하는 현대 부르죠아 철학과 사회학(2) |신 염
  『근로자』제10호(통권 95), 로동신문사, 1953, 86~99쪽
- 반동, 제국주의 및 전쟁에 봉사하는 현대 부르죠아 철학과 사회학(3) |신 염
  『근로자』제11호(통권 96), 로동신문사, 1953, 77~108쪽
- 미국 부르죠아 철학자들은 제국주의 반동의 대변자들이다 |엠.아.된니크
  『근로자』제1호(통권 86), 로동신문사, 1953, 109~128쪽
- 현대 부르죠아 철학의 반동성 |리춘봉
  『근로자』제4호(통권 113), 로동신문사, 1955, 107~119쪽
- 실용주의 철학은 미제 침략의 사상적 도구 |신남철
  『근로자』제2호(통권 135), 근로자사, 1957, 55~64쪽
- 남조선에 침투된 부르죠아 반동철학사상 비판 |함봉석
  『력사과학』제4호, 조선민주주의인민공화국과학원출판사, 1958, 73~94쪽
- 남조선에서 횡행하는 실존주의에 대한 비판 |백원규
  『근로자』제12호(통권 157), 근로자사, 1958, 61~65쪽

1960~1969

- 남조선에 류포되고 있는 현대 부르죠아 철학의 기본 특징과 그 반동적 본질(상) |김철희
  『력사과학』제2호, 조선민주주의인민공화국과학원출판사, 1960, 59~72쪽
- 남조선에 류포되고 있는 현대 부르죠아 철학의 기본 특징과 그 반동적 본질(하) |김철희
  『력사과학』제3호, 조선민주주의인민공화국과학원출판사, 1960, 53~63쪽
- 실존주의의 반동성과 그것이 남조선사상계에 미치는 해독적 작용 |김철희
  『근로자』제14호(통권 207), 근로자사, 1962, 20~23쪽
- 남조선에 류포되고 있는 실존주의 철학의 반동적 본질 |리지호
  『철학연구』제1호, 사회과학출판사, 1964, 페이지 미확인

■ 남조선에 류포되고 있는 실존주의 철학의 반동성과 그 위기 | 리호식

  『철학연구』제2호, 사회과학출판사, 1964, 페이지 미확인

■ 남조선의 사회상과 실존주의 철학 | 리주석

  『근로자』제23호(통권 261), 근로자사, 1964, 22~27쪽

■ [질의응답] 관념론의 인식론적 근원 | 김형수

  『철학연구』제2호(통권 14), 사회과학원출판사, 1965, 60~68쪽

■ 남조선 반동 철학 조류 | 김 철

  『남조선문제』제2호, 남조선문제출판사, 1965, 57쪽

■ 주관주의의 본질 | 박희철

  『철학연구』제4호(통권 16), 사회과학원출판사, 1965, 27~32쪽

■ 실존주의 륜리관과 그 반동적 본질 | 리호식

  『철학연구』제4호(통권 16), 사회과학원출판사, 1965, 33~40쪽

■ [특집] 실존주의 륜리관 | 정철욱

  『남조선문제』제6호(통권 12), 남조선문제출판사, 1965, 36~42쪽

■ [문답학습] 실용주의〈진리관〉에 대하여 | 김동철

  『근로자』제12호(통권 274), 근로자사, 1965, 45~48쪽

■ 론리학을 외곡한 신실증주의 견해에 대한 비판 | 김형일

  『철학연구』제1호(통권 17), 사회과학원출판사, 1966, 24~29쪽

■ 프로이드 ≪심리학≫의 반동적 본질 | 한관효

  『남조선문제』제3호(통권 20), 남조선문제출판사, 1966, 32~37쪽

■ 남조선에 류포되고있는 신토마스주의는 무엇을 설교하고 있는가 | 조중학

  『남조선문제』제9호(통권 26), 조국사, 1966, 21~27쪽

■ ≪실존주의적자각≫에 기초한 실용주의의 본질(상) | 박복순

  『남조선문제』제10호(통권 27), 조국사, 1966, 27~32쪽

■ ≪실존주의적자각≫에 기초한 실용주의의 본질(하) | 박복순

  『남조선문제』제11호(통권 28), 조국사, 1966, 58~61쪽

■ 실존주의현대관 비판 | 리호식

  『남조선문제』제1호(통권 30), 조국사, 1967, 29~33쪽

- 남조선에 류포되고있는 현대부르죠아철학의 반동적 본질(1) |정동욱

  『철학연구』 제3호(통권 23), 사회과학원출판사, 1967, 30~38쪽

- [부르죠아반동사상해부] 미제의 식민지예속화정책의 도구로서의 실용주의
  |김동철

  『남조선문제』 제7호(통권 36), 조국사, 1967, 15~20쪽

- [부르죠아반동사상해부] 론리적실증주의의 반동성 |조중학

  『남조선문제』 제7호(통권 36), 조국사, 1967, 21~26쪽

- [용어해설] 유아론

  『남조선문제』 제7호(통권 36), 조국사, 1967, 47쪽

- 실존주의의 최근동향과 그 위기(상) |리호식

  『남조선문제』 제8호(통권 37), 조국사, 1967, 9~15쪽

- 실존주의의 최근동향과 그 위기(하) |리호식

  『남조선문제』 제9호(통권 38), 조국사, 1967, 18~24쪽

- [용어해설] 합리주의

  『남조선문제』 제9호(통권 38), 조국사, 1967, 47쪽

- [용어해설] 비합리주의

  『남조선문제』 제9호(통권 38), 조국사, 1967, 47쪽

- [학습자료] 남조선에 퍼지고있는 현대부르죠아철학조류의 본질과 반동성

  『남조선문제』 제11호(통권 40), 조국사, 1967, 24~31쪽

- 남조선에서 비합리주의 철학의 동향 |김국한

  『조선문제연구』 제6권 제2호, 조선문제연구소, 1967, Ⅱ193~221쪽

1970~1979

- 철학적세계관에서 인간문제가 차지하는 위치를 외곡하는 현대 부르죠아
  ≪인간철학≫의 반동적 본질 |김창렬

  『사회과학』 제3호(통권 28), 사회과학출판사, 1978, 61~64쪽

1980~1989 ·····································

- 부르죠아인간철학의 반동적 본질 ㅣ김창렬
  『사회과학』 제6호(통권 55), 과학백과사전출판사, 1982, 54~58쪽

- 남조선에 류포된 인간철학의 반동적 본질 ㅣ마준일
  『남조선문제』 제10호(통권 210), 조국통일사, 1982, 46~48쪽

- 부르죠아인간철학의 반동적 본질 ㅣ김주철
  『근로자』 제1호(통권 501), 근로자사, 1984, 60~64쪽

- 자유에 대한 철학적리해 ㅣ박태준
  『사회과학』 제6호(통권 67), 과학백과사전출판사, 1984, 18~23쪽

- 현대주관관념론철학의 반동성 ㅣ김주철
  『근로자』 제10호(통권 522), 근로자사, 1985, 91~96쪽

- 실존주의는 민족자주정신을 침식하는 반동적사상독소 ㅣ손정남
  『남조선문제』 제1호(통권 249), 조국통일사, 1986, 45~48쪽

- 위기에 처한 현대부르죠아철학 ㅣ김창렬
  『근로자』 제3호(통권 527), 근로자사, 1986, 92~96쪽

- 남조선에 류포된 부르죠아적 ≪소외≫론의 반동성 ㅣ백영일
  『철학연구』 제3호(통권 30), 과학백과사전출판사, 1987, 42~48쪽

- 인간에 관한 부르죠아철학사상의 력사적 변천과 그 반동성 ㅣ준박사, 부교
  수 리인간
  『철학연구』 제4호(통권 35), 사회과학출판사, 1988, 42~48쪽

- [반동리론비판] 현대부르죠아≪사회철학≫의 반동성 ㅣ김주철
  『근로자』 제8호(통권 556), 근로자사, 1988, 91~96쪽

1990~1999 ·····································

- 현대부르죠아반동철학의 최근동향 ㅣ박사 김창렬

『철학연구』 제4호(통권 47), 사회과학출판사, 1991, 44~48쪽

■ 현대부르죠아철학에서 인간의 자유에 대한 반동적 견해 |부교수, 준박사
  리재권

  『김일성종합대학학보』[사회과학-철학편] 제38권 제9호(통권 267), 김일성종합대학출
  판사, 1992, 72~77쪽

■ 근대부르죠아인생관이 인생관발전에서 차지하는 위치와 현대부르죠아철
  학에 미친 영향 |리 철

  『철학연구』 제2호(통권 53), 과학백과사전종합출판사, 1993, 45~48쪽

■ 과학적사유활동을 외곡하는 부르죠아분석철학의 반동성 |차용현

  『김일성종합대학학보』[철학편] 제43권 제1호(통권 276), 김일성종합대학출판사, 1997,
  57~62쪽

■ 사회발전방향에 대한 관념론적 견해와 그 반동성 |박진숙

  『철학연구』 제4호(통권 79), 과학백과사전종합출판사, 1999, 45~46쪽

2000~2009 ....

■ 사람의 본질을 외곡하는 현대부르죠아철학의 반동적 견해와 그 해독성 |윤
  영희

  『철학연구』 제3호(통권 94), 과학백과사전출판사, 2003, 42~44쪽

■ [강좌] 철학을 부정하는 실증주의의 ≪반형이상학론≫의 반동성 |문광철

  『철학연구』 제4호(통권 95), 과학백과사전출판사, 2003, 44~45쪽

■ 사회력사발전의 고유한 합법칙성을 외곡하는 부르죠아철학의 반동성 |저
  자 미확인

  『근로자』 제10호, 근로자사, 2003, 61쪽

■ 인간의 본질에 대한 ≪철학적인간학≫의 견해의 비과학성과 반동성 |문광철

  『김일성종합대학학보』[철학경제학편] 제51권 제1호(통권 373), 김일성종합대학출판사,
  2005, 38~41쪽

- 록크의 인식론과 그 제한성 |부교수, 학사 리원철
  『김일성종합대학학보』[철학경제학편] 제51권 제2호(통권 376), 김일성종합대학출판사, 2005, 36~40쪽

- 철학의 고유한 사명을 부정하는 부르죠아≪과학철학≫의 반동성 |학사 차용현
  『철학연구』 제3호, 과학백과사전출판사(통권 106), 2006, 39~40·45쪽

- [강좌] 날로 더욱 반동화되여가고있는 현대부르죠아 철학의 최근동향 |교수, 박사 김주철
  『철학연구』 제3호(통권 106), 과학백과사전출판사, 2006, 46~48쪽

- 부르죠아≪과학철학≫이 개악되여온 변천과정과 오늘의 파국적인 실태 |학사 차용현
  『철학연구』 제3호(통권 110), 과학백과사전출판사, 2007, 41~42·48쪽

- 주체에 대한 현대부르죠아철학의 반동적본질 |김철웅
  『철학연구』 제4호, 과학백과사전출판사(통권 111), 2007, 42~44쪽

- 부르죠아≪과학철학≫의 형성과정에 대한 고찰 |학사 차용현
  『김일성종합대학학보』[철학경제학편] 제53권 제3호(통권 403), 김일성종합대학출판사, 2007, 42~45쪽

- 과학의 진보를 부정하는 부르죠아≪과학철학≫의 반동성 |차용현
  『사회과학원학보』 제2호(통권 63), 사회과학출판사, 2009, 44~45·47쪽

- 사회법칙의 고유한 특성을 외곡하는 현대부르죠아철학의 주장과 그 반동성 |김금남
  『김일성종합대학학보』[철학경제학편] 제55권 제3호(통권 427), 김일성종합대학출판사, 2009, 82~87쪽

2. 역사

1960~1969

■ 현대 부르죠아 반동사관의 몇 가지 특성과 그가 남조선 력사학 분야에 준
영향 |학사, 부교수 엄창종
『김일성종합대학학보』[남조선연구편] 제4호(통권 21), 김일성종합대학출판사, 1964,
15~37쪽

■ 력사의 위조자들－부르죠아 반동사관을 중심으로 |엄창종
『남조선문제』 제1호, 남조선문제출판사, 1965, 30쪽

■ [학습노트] 남조선에 류포되고 있는 반동적 부르죠아 력사학 조류 |엄창종
『남조선문제』 제9호(통권 15), 남조선문제출판사, 1965, 43~49쪽

■ ≪한국사≫를 평함(1) －고대를 중심으로－ |리지린, 리상호
『근로자』 제17호(통권 279), 근로자사, 1965, 38~48쪽

■ ≪한국사≫를 평함(2) －3국~고려 시기를 중심으로－ |김석형, 김세익
『근로자』 제24호(통권 286), 근로자사, 1965, 27~37쪽

■ ≪한국사≫를 평함(3)－15~19세기 중엽을 중심으로 |원사 김석형, 력사학학
사 장국종
『근로자』 제3호(통권 289), 근로자사, 1966, 26~35쪽

■ ≪한국사≫를 평함(4)－19세기 후반기~20 세기 초엽을 중심으로－ |력사학
학사 오길보
『근로자』 제5호(통권 291), 근로자사, 1966, 39~50쪽

■ 남조선에 류포되고있는 실존주의적력사관비판 |리호식
『철학연구』 제2호(통권 22), 사회과학원철학연구소, 1967, 24~31쪽

1970~1979 ....

- 1898년 만민공동회운동에 대한 남조선반동사가들의 외곡행위의 사대매국
  적본질 |원종규
  『력사과학』 제3호(통권 83), 사회과학원출판사, 1977, 39~45쪽

1980~1989 ....

- ≪민족사적정통성확립≫의 정체 |안은영
  『남조선문제』 제1호(통권 180), 조국통일사, 1980, 32~34쪽

- [단평] 력사를 위조하는 친일매국노
  『남조선문제』 제4호(통권 204), 조국통일사, 1982, 59쪽

- 범죄적인 력사위조놀음
  『남조선문제』 제9호(통권 209), 조국통일사, 1982, 53쪽

- 남조선괴뢰들에 의한 민족사의 외곡과 그 범죄적목적 |원태림
  『남조선문제』 제12호(통권 212), 조국통일사, 1982, 23~24쪽

- [전재물] 일본교과서와 〈신군국주의〉
  『남조선문제』 제2호(통권 214), 조국통일사, 1983, 52~55쪽

- 독도는 우리 나라의 신성한 령토 |전영률
  『력사과학』 제3호(통권 107), 과학백과사전출판사, 1983, 29~34쪽

- ≪민족사의 정통성≫을 부르짖는 검은 속심 |길만호
  『남조선문제』 제4호(통권 216), 조국통일사, 1983, 49~50쪽

- [자료2] 일본의 교과서 문제와 남조선 여론
  『조선문제연구』 제23호, 조선문제연구소, 1983, 331~340쪽

- [자료3] 남조선 지식인의 민족자주의식
  『조선문제연구』 제23호, 조선문제연구소, 1983, 341~360쪽

- [권력과 음모] 김구사살의 진범인은 어느놈인가 |김원택

『남조선문제』 제2호(통권 238), 조국통일사, 1985, 40~44쪽

- [권력과 음모] 려운형선생 암살범과 그 배후 ㅣ안명철
  『남조선문제』 제4호(통권 240), 조국통일사, 1985, 37~42쪽

- [권력과 음모] 조봉암살해의 음모는 이렇게 폭로되였다 ㅣ김원택
  『남조선문제』 제5호(통권 241), 조국통일사, 1985, 50~53쪽

- [권력과 음모] ≪추락사≫로 꾸며진 장준하암살사건 ㅣ안명철
  『남조선문제』 제10호(통권 246), 조국통일사, 1985, 39~43쪽

- ≪민족사적정통성론≫의 반동적본질 ㅣ백 진
  『남조선문제』 제4호(통권 258), 조국통일사, 1987, 53~55쪽

- ≪임나일본부≫설을 내돌리는 속심 ㅣ김춘선
  『남조선문제』 제5호(통권 259), 조국통일사, 1987, 35~37쪽

- 미국정부와 그 어용사가들은 조선력사에 대한 란폭한 외곡날조행위를 걷
  어치워야 한다 ㅣ전영률
  『국제생활』 제8호(통권 43), 국제생활사, 1989, 12~15쪽

1990~1999 ●●

- 민족형성문제애 대한 남조선어용학자들의 견해의 반동성 ㅣ준박사, 부교수
  최희열
  『철학연구』 제1호(통권 40), 과학백과사전종합출판사, 1990, 38~42쪽

2000~2009 ●●

- 독도문제를 생각하다-최근출판된 세 개의 문헌을 단서로 하여- ㅣ김수대
  (문학역사학부, 비상근강사)
  『조선대학교학보』 제6호, 조선대학교출판부, 2004, 107~121쪽

- 사회발전을 거부하고 자본주의의 영원성을 설교하는 토인비사상의 반동
성 |학사 고 철
  『정치법률연구』 제1호(통권 13), 과학백과사전출판사, 2006, 45~46쪽

- 현대부르죠아사회력사관의 반동성 |박사 최철웅
  『철학연구』 제1호(통권 104), 과학백과사전출판사, 2006, 41~43쪽

- 토인비의 력사순환에 대한 사상의 반동성 |학사 고 철
  『정치법률연구』 제2호(통권 14), 과학백과사전출판사, 2006, 48~49쪽

- 사회적운동의 담당자와 동력에 대한 토인비의 견해의 반동성 |학사 고기철
  『김일성종합대학학보』[철학경제학편] 제52권 제2호(통권 388), 김일성종합대학출판
사, 2006, 37~40쪽

- 남부조선 막돌고임고인돌의 변천과 원류에 대하여 |오대성
  『김일성종합대학학보』[력사법학편] 제53권 제3호(통권 405), 김일성종합대학출판사,
2007, 21~24쪽

- 독도강탈야망은 절대로 실현될수 없다 |본사기자
  『조선녀성』 제12호(통권 607), 근로단체출판사, 2008, 55쪽

- 력사교과서개악놀음에 비낀 흉심 |본사기자
  『조선녀성』 제2호,(통권 609) 근로단체출판사, 2009, 56쪽

문화 예술

VII

1. 문화일반

1950~1959 ....

- 고전 유산과 전통의 옹호를 위하여 - 남조선에서의 ≪고전론의≫의 반동 성을 규탄한다 - |윤세평
  『조선어문』 제2호, 조선민주주의인민공화국과학원출판사, 1958, 39~50쪽

- 민족문화의 통일적 발전을 위하여
  『조선어문』 제4호, 조선민주주의인민공화국과학원출판사, 1959, 1~8쪽

1960~1969 ....

- 남조선 반동 문학 예술과 청년 학생들 |김연성
  『근로자』 제22호(통권 236), 근로자사, 1963, 36~40쪽

- 남북 문화 교류를 위하여 |하앙천
  『근로자』 제2호(통권 240), 근로자사, 1964, 2~9쪽

- 남조선에서의 미제의 반동적 문예 정책 |한두일
  『근로자』 제20호(통권 258), 근로자사, 1964, 35~42쪽

- 남조선에서 민주주의 민족 문화 건설을 위하여 |리효범
  『남조선문제』 제10호(통권 16), 남조선문제출판사, 1965, 47~57쪽

- 민족문화 유물의 략탈과 파괴를 허용할 수 없다 |김호섭
  『근로자』 제18호(통권 280), 근로자사, 1965, 42~48쪽

- 남조선에 대한 미제의 사상 문화 침략 정책 |김은철

『남조선문제론문집』 남조선문제출판사, 1965, 134~155쪽

■ 미제와 괴뢰 도당의 반동적 문예 정책 |경 일
『남조선문제』 제5호(통권 22), 남조선문제출판사, 1966, 29~38쪽

■ [학습자료] 남조선에 대한 미제의 사상문화침략기구와 수단방법
『남조선문제』 제10호(통권 27), 조국사, 1966, 40~48쪽

■ 구미반동문화의 ≪한국화≫의 본질 |경 일
『남조선문제』 제2호(통권 31), 조국사, 1967, 29~33쪽

■ [자료] 남조선체육의 현상태 |안전일
『남조선문제』 제4호(통권 33), 조국사, 1967, 43~48쪽

■ 침략과 전쟁정책에 복무하는 ≪반공≫문학예술 |경 일
『남조선문제』 제5호(통권 34), 조국사, 1967, 23~28쪽

1970~1979

■ 남조선에 침투하고 있는≪평화군≫은 미제의 중요한 사상문화침략도구 |최
상수
『남조선문제』 제12호(통권 87), 조국통일사, 1971, 42~46쪽

■ 남조선에 대한 일본군국주의사상문화적 침투를 단호히 짓부셔야 한다
『조선예술』 제5호, 문예출판사, 1972, 페이지 미확인

■ 남조선에 대한 미제의 사상문화침략기구와 수단, 방법 |정현석
『남조선문제』 제3호(통권 101), 조국통일사, 1973, 38~43쪽

■ 썩고 뒤걸음치는 남조선체육
『교원선전수첩』 제11호(통권 56), 교원선전수첩출판사, 1973, 74~76쪽

■ 경제문화적침투는 일본반동들의 해외침략의 올가미 |강은식
『근로자』 제12호(통권 380), 근로자사, 1973, 56~61쪽

■ 퇴폐적이며 반동적인 남조선문학예술
『교원선전수첩』 제1호(통권 58), 교원선전수첩출판사, 1974, 78~81쪽

- 남조선에 대한 미제의 반동적인 사상문화적침투와 양풍양화의 썩어빠진 풍조 |홍성락

  『근로자』 제7호(통권 387), 근로자사, 1974, 59~64쪽

- 양풍과 왜색, 왜풍이 판을 치는 개같은 세상－남조선

  『조선예술』 제11~12호(통권 218), 문예출판사, 1974, 123~124쪽

- 미제에 의하여 남조선에 류포되고 있는 반동적인 부르죠아문예조류 |오승련

  『조선예술』 제3호(통권 243), 문예출판사, 1977, 62~64쪽

- 미제의 사상문화적침투와 남조선 사회의 부패성 |장기천

  『근로자』 제3호(통권 419), 근로자사, 1977, 59~64쪽

- 남조선에 대한 미제의 사상문화적침략은 식민지통치의 유지를 위한 중요한 수단 |안명길

  『남조선문제』 제4호(통권 147), 조국통일사, 1977, 36~39쪽

- 민족문화유산을 말살하는 박정희괴뢰도당의 범죄행위

  『조선예술』 제5호(통권 245), 문예출판사, 1977, 63~64쪽

- 남조선에 류포되고 있는 ≪미국식문화≫

  『조선예술』 제7호(통권 247), 문예출판사, 1977, 52~53쪽

- [재외교포출판물소개] ≪해외한민보≫

  『남조선문제』 제3호(통권 158), 조국통일사, 1978, 20쪽

- 남조선잡지 ≪주간시민≫

  『남조선문제』 제4호(통권 159), 조국통일사, 1978, 30쪽

- 버림받고 있는 남조선문화재 |전주경

  『남조선문제』 제5호(통권 160), 조국통일사, 1978, 46~47쪽

- 미제강점하의 남조선예술 |김명원

  『조선예술』 제5호(통권 257), 문예출판사, 1978, 63~64쪽

- [재미교포출판물소개] ≪한민신보≫

  『남조선문제』 제8호(통권 163), 조국통일사, 1978, 35쪽

- 반동적문학예술을 통한 민족분렬사상의 고취 |전주경

『남조선문제』 제8호(통권 163), 조국통일사, 1978, 44~45쪽

1980~1989 ●●

- 위선과 치부를 위한 ≪문화재단≫ ㅣ조희윤
  『남조선문제』 제2호(통권 181), 조국통일사, 1980, 42~43쪽

- 왜색왜풍을 퍼뜨리는 도구 ㅣ조희윤
  『남조선문제』 제5호(통권 184), 조국통일사, 1980, 61~62쪽

- 돈과 권세에 짓눌린 체육인들 ㅣ리근평
  『남조선문제』 제9호(통권 188), 조국통일사, 1980, 22~23쪽

- [론설] 남조선에 류포되고있는 부르죠아문예사조의 반동적본질과 그 해독
  성 ㅣ김하명
  『조선문학』 제11호(통권 397), 문예출판사, 1980, 52~56쪽

- 여지없이 짓밟히고있는 남조선문화재 ㅣ조희윤
  『남조선문제』 제1호(통권 192), 조국통일사, 1981, 55쪽

- 침략자의 교활한 수법 ㅣ서문섭
  『남조선문제』 제4.5호(통권 194), 조국통일사, 1981, 59~60쪽

- 미제의 조선어말살정책은 우리 민족을 분렬시키기 위한 범죄적책동 ㅣ강석주
  『남조선문제』 제7호(통권 196), 조국통일사, 1981, 58~60쪽

- 남조선에 대한 일본군국주의자들의 사상문화적침략의 수법과 목적 ㅣ주영걸
  『남조선문제』 제9호(통권 198), 조국통일사, 1981, 54~56쪽

- 반공선전과 남조선의 반동적사상문화 ㅣ전주경
  『남조선문제』 제2.3호(통권 203), 조국통일사, 1982, 60~61쪽

- 리념이 롱락당하는 ≪서울 올림픽≫ ㅣ오난식
  『남조선문제』 제6호(통권 206), 조국통일사, 1982, 36~38쪽

- [자료] ≪주한미국제교류국≫의 정체
  『남조선문제』 제7호(통권 207), 조국통일사, 1982, 23~24쪽

- [론설] 남조선괴뢰도당의 ≪전통문화개발계승≫책동의 반동적본질 |김하명

  『조선문학』 제12호(통권 434), 문예출판사, 1983, 74~79쪽

- 남조선괴뢰도당의 ≪전통문화개발≫책동의 반동적본질 |채희국

  『근로자』 제3호(통권 503), 근로자사, 1984, 61~64쪽

- [상식] 올림픽경기대회

  『남조선문제』 제7호(통권 231), 조국통일사, 1984, 54쪽

- 파괴략탈 당하는 남조선의 문화재

  『조선예술』 제8호(통권 332), 문예출판사, 1984, 66~67쪽

- 올림픽리념과 장소 |김춘선

  『남조선문제』 제9호(통권 233), 조국통일사, 1984, 39~41쪽

- ≪민족≫의 너울로 가리워진 식민지문화 |박영호

  『남조선문제』 제11호(통권 235), 조국통일사, 1984, 26~28쪽

- ≪전통문화개발≫놀음의 검은 내막 |본사기자

  『남조선문제』 제11호(통권 235), 조국통일사, 1984, 44~45쪽

- 우리의 민족문화유산을 외곡말살하기위한 남조선괴뢰도당의 반인민적책동 |준박사, 부교수 오용길

  『교원선전수첩』 제12호, 교원신문사, 1985, 72~74쪽

- [남조선사회제도의 반인민적본질해부] 외래문화의 침투와 민족문화의 말살을 강요하는 식민지문화제도 |박동근

  『남조선문제』 제4호(통권 252), 조국통일사, 1986, 27~30쪽

- 제24차 올림픽경기대회는 북과 남이 공동으로 주최하여야 한다 |김득준

  『근로자』 제7호(통권 531), 근로자사, 1986, 74~77쪽

- 력사에 수치스러운 기록을 남긴 서울의 아세아경기 |서병곤

  『국제생활』 제10호(통권 10), 국제생활사, 1986, 30~33쪽

- 남조선에 대한 미제의 사상문화침략책동과 그 반동성 |류 현

  『남조선문제』 제2호(통권 256), 조국통일사, 1987, 58~61쪽

- 최근 더욱 강화되고있는 일본반동들의 사상문화침략책동 |김원택

  『남조선문제』 제3호(통권 257), 조국통일사, 1987, 57~59쪽

■ 문화재의 ≪수난≫ | 류 현
  『남조선문제』 제5호(통권 259), 조국통일사, 1987, 51~52쪽

■ 남조선에 류포되고있는 미국식 생활양식의 해독적 후과 | 서치렬
  『근로자』 제12호(통권 548), 근로자사, 1987, 80~84쪽

■ 남조선체육인들의 비참한 생활처지 | 문웅준
  『남조선문제』 제1호(통권 261), 조국통일사, 1988, 58~61쪽

1990~1999

■ 민족문화유산에 대한 파렴치한 외곡행위 −장편소설 ≪인간문제≫의 소
  위 ≪개작본≫을 두고 | 오향숙
  『조선어문』 제3호(통권 79), 과학백과사전종합출판사, 1990, 44쪽

■ 현대부르죠아출판보도리론의 반동성 | 리준하
  『근로자』 제8호(통권 604), 근로자사, 1992, 91쪽

■ 출판보도물의 기능을 외곡하는 부르죠아리론의 반동성 | 리준하
  『근로자』 제11호(통권 631), 근로자사, 1994, 91쪽

■ 자본주의삶에 대한 두 태도 | (남조선)강형철
  『통일문학』 제2호(통권 29), 평양출판사, 1996, 485~494쪽

2000~2009

■ 미제가 제창하는 ≪국적없는 문화≫론의 반동성 | 류 철
  『정치법률연구』 제1호(통권 9), 과학백과사전출판사, 2005, 43~44쪽

■ 미제는 조선문화재의 력사적인 파괴자, 략탈자 | 김성룡
  『조선예술』 제6호(통권 582), 문화예술종합출판사, 2005, 62~64쪽

■ 제국주의의 악랄한 심리모략전 | 김경애
  『조선녀성』 제11호(통권 606), 근로단체출판사, 2008, 56쪽

2. 문학

1950~1959

- 부패한 남조선의 문학 예술 |최명소
  『국제생활』 제4호, 조선중앙통신사, 1955, 3~5쪽

- 리 승만 테로 독재하의 남조선 반동 문학 |김하명
  『국제생활』 제6호, 조선중앙통신사, 1956, 21~24쪽

- 최근의 남조선 반동 문학 |엄호석
  『인민교육』 제2호, 교원신문사, 1958, 71~76쪽

- 남조선에서 류포되고 있는 반동 문학 |리상현
  『근로자』 제5호(통권 162), 근로자사, 1959, 34~41쪽

1960~1969

- 미제에 복무하는 남조선의 반동 문예학 |한룡옥
  『조선어문』 제2호, 조선민주주의인민공화국과학원출판사, 1960, 58~70쪽

- [평론] 허무와 굴종을 설교하는 남조선 반동문학 |박호범
  『조선문학』 제12호(통권 184), 조선문학예술총동맹출판사, 1962, 111~115쪽

- 최근 남조선 문학 예술의 경향성 |리상현
  『근로자』 제12호(통권 205), 근로자사, 1962, 33~36쪽

- 남조선 문학의 현상태를 보고 |리원곤
  『근로자』 제4호(통권 218), 근로자사, 1963, 38~44쪽

■ [평론] 남조선 문학의 최근 동태 ㅣ김해균

『조선문학』 제7호(통권 203), 조선문학예술총동맹출판사, 1964, 87～94쪽

■ 부르죠아 반동 문학 조류들의 독소를 반대하여 ㅣ김해균

『근로자』 제7호(통권 245), 근로자사, 1964, 39～44쪽

■ 남조선 인민의 투쟁과 념원을 반영한 문학 ㅣ리원곤

『근로자』 제17호(통권 255), 근로자사, 1964, 35～44쪽

■ 남조선 반동 문학에서의 프로이드주의 ㅣ김해균

『근로자』 제19호(통권 257), 근로자사, 1964, 38～44쪽

■ ≪군사정변≫이후의 남조선 문학 ㅣ경룡일

『김일성종합대학학보』[남조선연구편] 제4호(통권 21), 김일성종합대학출판사, 1964, 137～158쪽

■ ≪신세대≫파 문학이 걸어 가는 길 ㅣ경룡일

『남조선문제』 제1호, 조국통일사, 1965, 46쪽

■ [특집] 4월 인민 봉기를 주제로 한 진보적 문학의 특징 ㅣ경 일

『남조선문제』 제4호(통권 10), 남조선문제출판사, 1965, 28～34쪽

■ 남조선 반동 문학에서의 모더니즘 ㅣ김해균

『근로자』 제4호(통권 266), 근로자사, 1965, 41～48쪽

■ [특집] 최근 남조선 시 문학에 반영된 조국 통일 지향 ㅣ장윤호

『남조선문제』 제6호(통권 12), 남조선문제출판사, 1965, 32～35쪽

■ ≪프로이드주의 미학≫과 남조선 반동 문학 ㅣ김병익

『남조선문제』 제8호(통권 14), 남조선문제출판사, 1965, 39～46쪽

■ 남조선 문학에서의 진보적 경향 ㅣ경 일

『근로자』 제21호(통권 283), 근로자사, 1965, 35～42쪽

■ [평론] 남조선 문학이 걸어 온 길 ㅣ김해균

『조선문학』 제1호(통권 221), 조선문학예술총동맹출판사, 1966, 95～100쪽

■ 최근 남조선 진보적 문학의 몇가지 특성 ㅣ전명걸

『남조선문제』 제2호(통권 19), 남조선문제출판사, 1966, 39～44쪽

■ 남조선 반동 문예 평론의 독소를 반대하여 |리승필
  『근로자』 제2호(통권 288), 근로자사, 1966, 41~48쪽

■ 4월 인민 봉기와 남조선 시 문학 |전명걸
  『남조선문제』 제4호(통권 21), 남조선문제출판사, 1966, 24~30쪽

■ 남조선 반동 문학의 본질과 그 영향 |장윤호
  『남조선문제』 제7호(통권 24), 조국사, 1966, 31~35쪽

■ 퇴폐적인 부르죠아 반동문학에 대한 찬미와 추종 |김해균
  『근로자』 제7호(통권 293), 근로자사, 1966, 59~64쪽

■ [평론] 남조선 반동문학의 조류와 그 부패상 |경 일
  『조선문학』 제8호(통권 228), 조선문학예술총동맹출판사, 1966, 58~65쪽

■ [평론] 불타는 남녘땅, 녀성-투사들의 형상 |오정애
  『조선문학』 제8호(통권 228), 조선문학예술총동맹출판사, 1966, 89~93쪽

■ 실용주의미학과 남조선반동문학 |박희석
  『남조선문제』 제2호(통권 31), 조국사, 1967, 34~37쪽

■ [용어해설] 상징주의
  『남조선문제』 제4호(통권 33), 조국사, 1967, 48쪽

■ [용어해설] 초현실주의
  『남조선문제』 제4호(통권 33), 조국사, 1967, 48쪽

■ [용어해설] 표현주의
  『남조선문제』 제4호(통권 33), 조국사, 1967, 48쪽

■ [학습자료] 남조선반동문학예술의 주요조류와 그 본질
  『남조선문제』 제9호(통권 38), 조국사, 1967, 31~38쪽

■ ≪비트≫문학
  『남조선문제』 제9호(통권 38), 조국사, 1967, 47~48쪽

■ ≪노한세대(앵그리 영맨)≫의 문학
  『남조선문제』 제9호(통권 38), 조국사, 1967, 47~48쪽

■ 남조선 작가, 예술인들은 반미구국투쟁에 더욱 용감히 일떠서야 한다 |경 일

『조선예술』 제10호(통권 147), 문예출판사, 1968, 111~112쪽

1970~1979 ··

- [평론] 남조선혁명투사들을 더 힘있게 노래하자 |리수립
  『조선문학』 제1호(통권 269), 문예출판사, 1970, 94~100쪽
- 최근 박정희역도의 민족분렬책동을 분칠하는 남조선의 ≪반공≫문학 |전
  주걸
  『남조선문제』 제10호(통권 120), 조국통일사, 1974, 27~31쪽
- 생활고에 시달리는 남조선 작가, 예술인들
  『조선예술』 제10호(통권 217), 문예출판사, 1974, 124쪽
- [용어해설] ≪십자가연구≫
  『남조선문제』 제10호(통권 142), 조국통일사, 1976, 48쪽
- 남조선현실과 진보적작가들의 움직임 |전주걸
  『남조선문제』 제4호(통권 159), 조국통일사, 1978, 24~26쪽

1980~1989 ··

- 남조선 작가들에게 보내는 호소문
  『조선문학』 제2호(통권 388), 문예출판사, 1980, 30~31쪽
- [론설] 남조선에 류포되고있는 부르죠아소설문학의 반동적본질 |최언경
  『조선문학』 제3호(통권 401), 문예출판사, 1981, 71~76쪽
- 최근 남조선의 진보적문학에서의 몇가지 특징 |김수영
  『남조선문제』 제6호(통권 195), 조국통일사, 1981, 33~35쪽
- [론설] 남조선에 류포되고있는 ≪순수문학≫론과 그 문학의 반동성 |장형준
  『조선문학』 제7호(통권 405), 문예출판사, 1981, 57~61쪽

- [론설] 남조선에 류포되고있는 모더니즘시문학의 퇴폐성과 파국상 |한중모
  『조선문학』 제11호(통권 409), 문예출판사, 1981, 54~59쪽

- [론설] 허무주의와 염세주의를 고취하는 남조선 부르죠아문학의 반동적본
  질과 해독성 |박종원
  『조선문학』 제12호(통권 422), 문예출판사, 1982, 72~78쪽

- [론설] 남조선에 류포되고있는 형식주의문학론의 반동적본질 |한중모
  『조선문학』 제8호(통권 430), 문예출판사, 1983, 68~73쪽

- [평론, 소설] 남조선부르죠아문학이 추구하는 ≪내면화≫의 본질과 그 반
  동성 |은종섭
  『조선문학』 제11호(통권 445), 문예출판사, 1984, 73~77쪽

- [평론] 남조선부르죠아소설의 반동성과 그 해독성 |장소석
  『조선문학』 제12호(통권 458), 문예출판사, 1985, 69~72쪽

- 분렬주의자들의 어용도구로 전락된 남조선반동문학 |김원택
  『남조선문제』 제2호(통권 250), 조국통일사, 1986, 51~53쪽

- [평론, 예술] 반미, 반괴뢰 투쟁을 주제로 한 소설작품들을 더 많이 창작하
  자 |박영태
  『조선문학』 제3호(통권 461), 문예출판사, 1986, 75~76쪽

- [평론] 남조선부르죠아 반동시문학의 반인민성과 퇴폐상 |박종원
  『조선문학』 제4호(통권 462), 문예출판사, 1986, 73~77쪽

- 남조선의 진보적인 민중문학 |김원택
  『남조선문제』 제6호(통권 254), 조국통일사, 1986, 52~53쪽

- [평론] 무저항과 굴종을 설교하는 반동문학의 독소 |은종섭
  『조선문학』 제12호(통권 470), 문예출판사, 1986, 59~62쪽

- 남조선문학에 반영된 조국통일지향 |김원택
  『남조선문제』 제4호(통권 258), 조국통일사, 1987, 25~27쪽

- [평론] 극도의 절망속에서 허우적이는 남조선의 부르죠아반동시문학 |장 영
  『조선문학』 제8호(통권 478), 문예출판사, 1987, 74~80쪽

- [남조선문제] 남조선≪반공문학≫의 민족반역적정체 │은종섭
  『근로자』 제8호(통권 544), 근로자사, 1987, 80∼85쪽

- 남조선에서≪민중문학≫의 발전과 그 특성 │전주걸
  『조선어문』 제4호(통권 72), 과학백과사전종합출판사, 1988, 43쪽

- [방문기] 순천에서 만난 영화문학작가 │본사기자 류수경
  『조선영화』 제4호, 문예출판사, 1988, 40∼42쪽

- 반미문학의 전개 과정과 과제 │리성욱
  『통일문학』 제2호(통권 2), 평양출판사, 1989, 533∼548쪽

- 분단극복과 민족문학운동 │김명환
  『통일문학』 제2호(통권 2), 평양출판사, 1989, 550∼561쪽

- 식민, 분단시대의 민족문학론 │윤병로
  『통일문학』 제3호(통권 3), 평양출판사, 1989, 523∼531쪽

1990∼1999 ·····································

- 광주민중항쟁과 문학 │김태현
  『통일문학』 제4호(통권 11), 평양출판사, 1991, 504∼520쪽

- 현대부르죠아퇴페문학조류들과 그 반동성 │김태섭
  『김일성종합대학학보』[어문학편] 제4호(통권 190), 김일성종합대학출판사, 1991, 25∼
  30쪽

- 사회적모순과 소설의 자리 │윤지관
  『통일문학』 제3호(통권 18), 평양출판사, 1993, 307∼315쪽

- [평론] 남조선에 류포된 구조주의문학리론의 반동성 │박종식
  『조선문학』 제6호(통권 548), 문학예술종합출판사, 1993, 72∼76쪽

- 미제의 신식민주의적 지배를 반대하는 대중적 투쟁을 반영한 장편소설
  〈화산들〉에 대하여 │준박사 김태섭
  『김일성종합대학학보』[사회과학–어문학편] 제39권 제9호(통권 219), 김일성종합대

학출판사, 1993, 22~26쪽

- 1930년대이후 우리 나라 부르죠아문단에서 론의된 모더니즘과 그 반동성 |준박사 신영호
  『김일성종합대학학보』[어문학편] 제40권 제4호(통권 237), 김일성종합대학출판사, 1994, 13~16쪽

- 전후시기 남조선의 황폐한 사회문화적풍토에서 자라난 진보적 문학 |박종식, 한중모
  『통일문학』 제4호(통권 27), 평양출판사, 1995, 232~261쪽

- 로동시가 서있는 자리와 나아갈 길 |오성호
  『통일문학』 제4호(통권 27), 평양출판사, 1995, 406~416쪽

- 인문주의문학과 예술의 반봉건반기독교사상 |원일청
  『김일성종합대학학보』[철학편] 제41권 제2호(통권 246), 김일성종합대학출판사, 1995, 50~54쪽

- 1960년대 남조선에서의 현실참여문학의 성장발전 |한중모
  『통일문학』 제1호(통권 28), 평양출판사, 1996, 245~297쪽

- 약진을 위한 성찰-신경림 ≪쓰러진자의 꿈≫(창작과 비평사)- |김태현
  『통일문학』 제1호(통권 28), 평양출판사, 1996, 481~489쪽

- 1970년대 남조선에서의 민족문학론의 전개와 민족자주의식의 형상적구현 |한중모
  『통일문학』 제2호(통권 29), 평양출판사, 1996, 340~372쪽

- 불화와 상처의 시학 |(남조선)고영직
  『통일문학』 제1호(통권 32), 평양출판사, 1997, 267~279쪽

- 1980년대 민족민중문학론의 활성화와 그 문제점 |한중모
  『통일문학』 제2호(통권 33), 평양출판사, 1997, 240~255쪽

- 변화된 시대의 두 시적대응 |(남조선)남송우
  『통일문학』 제2호(통권 33), 평양출판사, 1997, 263~273쪽

- 남조선마당극문학의 발생 발전에 대하여 |조희도
  『통일문학』 제3호(통권 38), 평양출판사, 1998, 203~224쪽

2000~2009 ●●●

- [평론] ≪카프≫의 문학운동에 대한 남조선 진보적문화인들의 연구동향 | 문성철
  『조선문학』 제10호(통권 648), 문학예술종합출판사, 2001, 72~73쪽

- [평론] 남조선의 진보적시인 김남주와 그의 통일시 | 한중모
  『조선문학』 제3호(통권 665), 문학예술종합출판사, 2003, 76~80쪽

- 자본주의사회현실의 부패성을 풍자비판한 웰스의 과학환상소설≪모르박사의 섬≫ | 김옥성
  『조선어문』 제3호(통권 139), 과학백과사전출판사, 2005, 46~48쪽

- 현대부르죠아문예리론의 사회력사적근원과 그 변천 | 리병간
  『김일성종합대학학보』[어문학편] 제55권 제1호(통권 422), 김일성종합대학출판사, 2009, 42~48쪽

3. 예술

1950~1959

- [평론] 남조선의 반동적 부르죠아 미학의 정체 ㅣ계 북

  『조선문학』 제6호(통권 106), 조선작가동맹출판사, 1956, 166~182쪽

- [평론] 남조선에서 미제가 류포하는 부르죠아 반동 미학의 본질 ㅣ청 암

  『조선문학』 제10호(통권 122), 조선작가동맹출판사, 1957, 120~132쪽

- 미제의 침략목적에 복무하고 있는 남조선 반동 미학의 본질 ㅣ김민혁

  『조선어문』 제5호, 조선민주주의인민공화국과학원출판사, 1958, 80~85쪽

1960~1969

- 남반부 작가 예술인들에게 보내는 편지

  『조선문학』 제3호(통권 163), 조선문학예술총동맹출판사, 1961, 8~12쪽

- 쟈즈의 본질 ㅣ허일상

  『근로자』 제14호(통권 207), 근로자사, 1962, 24~28쪽

- ≪전위 미술≫의 본질 ㅣ조준오

  『남조선문제』 제2호, 조국통일사, 1965, 44쪽

- 남조선에 침투되고 있는 양키무용 ㅣ유영근

  『남조선문제』 제9호(통권 26), 조국사, 1966, 32~35쪽

- 남조선문학예술계를 지배하고 있는 ≪순수예술≫론 ㅣ전주걸

  『남조선문제』 제3호(통권 32), 조국사, 1967, 16~22쪽

- 남조선연극운동의 동향(2) |정태유
  『조선예술』제3호(통권 127), 조선문학예술총동맹출판사, 1967, 28~29쪽
- [용어해설] 인상주의
  『남조선문제』제4호(통권 33), 조국사, 1967, 48쪽
- [자료] 남조선에 퍼지고있는 ≪대중가요≫의 반동성 |김길남
  『남조선문제』제11호(통권 40), 조국사, 1967, 44~48쪽
- 남조선연극운동의 동향 |정태유
  『조선예술』제5,6호(통권 129,130), 조선문학예술총동맹출판사, 1967, 62~64쪽
- 남조선인민들의 반미구국투쟁을 힘차게 고무하는 가요창작에 더욱 힘을 넣자
  『조선예술』제10호(통권 147), 문예출판사, 1968, 113~115쪽

1970~1979

- 퇴폐적이며 말세기적인 남조선음악예술
  『조선예술』제12호(통권 207), 문예출판사, 1973, 115쪽
- 녀배우 ≪실종≫의 내막
  『남조선문제』제12호(통권 167), 조국통일사, 1978, 25쪽

1980~1989

- ≪매미신세만도 못한 불행한 인간≫-남조선예술인들이 겪고 있는 비참한 생활처지- |리예지
  『남조선문제』제12호(통권 224), 조국통일사, 1983, 51~52쪽
- 무참히 짓밟히는 남조선예술인들 |서기상
  『조선예술』제5호(통권 329), 문예출판사, 1984, 68~69쪽

- 복고주의와 양풍, 왜풍이 판을 치는 남조선예술 ㅣ류 은

  『남조선문제』 제11호(통권 247), 조국통일사, 1985, 62~63쪽

- [자료] ≪민중미술≫에 대한 가혹한 탄압책동

  『남조선문제』 제12호(통권 248), 조국통일사, 1985, 49~50쪽

- 북남문화예술 교류에서의 남측의 속심 ㅣ송석환

  『조선예술』 제12호(통권 348), 문예출판사, 1985, 66~68쪽

- [평론] 남조선괴뢰예술단공연의 반동적본질 ㅣ주문걸

  『조선문학』 제12호(통권 458), 문예출판사, 1985, 65~68쪽

- 복고주의적이며 퇴폐적인 음악 －서울예술단의 공연을 보고－ ㅣ정봉섭

  『조선예술』 제1호(통권 349), 문예출판사, 1986, 57~59쪽

- 예술성이 없는 예술은 예술이 아니다 －서울예술단이 출연한 ≪재담≫을 놓고－ ㅣ김기욱

  『조선예술』 제1호(통권 349), 문예출판사, 1986, 54~56쪽

- 북남문화예술

  『조선예술』 제1호(통권 349), 문예출판사, 1986, 60~61쪽

- 썩고 병든 남조선의 예술 ㅣ인민배우 김세영

  『조선영화』 제1호(통권 151), 문예출판사, 1986, 43~44쪽

- 북남문화교류에서의 남측의 속심 ㅣ송석환

  『조선예술』 제2호(통권 350), 문예출판사, 1986, 72~73쪽

- [남조선 영화계 소식] ≪민족의 얼을 모독하는 양풍식 영화≫

  『조선영화』 제2호(통권 152), 문예출판사, 1986, 45쪽

- 복고주의로 일관된 반동무용 ㅣ리만순

  『조선예술』 제6호(통권 354), 문예출판사, 1986, 57~59쪽

- 남조선영화의 반동적 진상(1) ㅣ리진규

  『조선영화』 제3호(통권 177), 문예출판사, 1988, 52~56쪽

- 남조선영화의 반동적 진상(2) ㅣ리진규

  『조선영화』 제4호(통권 178), 문예출판사, 1988, 48~51쪽

■ [좌담회] 공화국의 품속에서 │백원명
  『조선영화』 제9호(통권 183), 문예출판사, 1988, 17~20쪽

■ [소식] 우리 영화 말살하는 미국영화물러가라
  『조선영화』 제12호(통권 186), 문예출판사, 1988, 80쪽

■ [영화강좌] 남조선혁명과 조국통일주제작품에서 대비수법의 리용 │한철련
  『조선영화』 제12호(통권 186), 문예출판사, 1988, 36~39쪽

■ [소식] 남조선영화배우들이 미국영화상영을 반대하여 집회와 시위 진행
  『조선영화』 제1호(통권 187), 문예출판사, 1989, 50쪽

■ [소식] 남조선영화인들이 민족영화위원회를 조직
  『조선영화』 제4호(통권 190), 문예출판사, 1989, 35쪽

■ [소식] 남조선영화인협회가 미국영화직접배급저지를 위해 단결하여 싸울
  것이라고 선언
  『조선영화』 제5호(통권 191), 문예출판사, 1989, 41쪽

■ [소식] 남조선영화인협회가 미국영화 안보기운동을 벌릴것을 호소: 소식
  『조선영화』 제5호(통권 191), 문예출판사, 1989, 41쪽

■ [소식] 평양축전 국제미술전람회에 남조선청년학생들의 미술작품들이 전
  시되였다
  『조선예술』 제9호(통권 393), 문예출판사, 1989, 45쪽

■ 남조선청년학생들과 인민들이 보내온 통일념원 미술전람회작품중에서
  『조선예술』 제10호(통권 394), 문예출판사, 1989, 페이지 미확인

1990~1999

■ 남조선청년학생들의 투쟁을 진실하고 참신하게 펼쳐보인 무용－무용≪남
  녘의 청년들≫에 대하여－ │마국남
  『조선예술』 제8호(통권 416), 문예출판사, 1991, 58~59쪽

■ [배우수첩] 광주정신을 체험하기까지: 배우수첩 │리영호

『조선영화』 제12호(통권 222), 문예출판사, 1991, 43~44쪽

■ 남조선민족민중미술의 진보적경향: 론설 ㅣ최성철
『조선예술』 제4호(통권 436), 문화예술종합출판사, 1993, 62~64쪽

■ 현대부르죠아형식주의미술의 주류-추상주의와 그 반동성(1): 연단 ㅣ전관종
『조선예술』 제6호(통권 438), 문화예술종합출판사, 1993, 62~63쪽

■ 현대부르죠야형식주의미술의 주류-추상주의와 그 반동성(2): 연단 ㅣ전관종
『조선예술』 제7호(통권 439), 문화예술종합출판사, 1993, 60~61쪽

■ 조국통일투쟁에서 북남적십자예술단 및 고향방문단래왕과 그 의의 ㅣ안옥민
『김일성종합대학학보』[력사편] 제39권 제8호(통권 218), 김일성종합대학출판사, 1993, 18~23쪽

■ 남조선마당극문학의 몇가지 특징에 대하여 ㅣ조희도
『조선어문』 제2호(통권 102), 과학백과사전종합출판사, 1996, 45~48쪽

■ 부르죠아 ≪순수예술≫론의 부당성과 비과학성 ㅣ부교수, 학사(석사) 리지홍
『조선어문』 제4호(통권 104), 과학백과사전출판사, 1996, 20~24쪽

■ [소식] 5.18주제의 영화창작을 다짐
『조선영화』 제10호(통권 280), 문학예술종합출판사, 1996, 44쪽

■ [세계영화자료] 살인을 즐기는 반인류적영화들
『조선영화』 제8호(통권 290), 문학예술종합출판사, 1997, 31쪽

■ 인권영화제에 대한 파쑈도당의 끈질긴 폭압만행 남조선신문이 폭로: 소식
『조선예술』 제1호(통권 493), 문화예술종합출판사, 1998, 77쪽

■ 자본주의나라 예술인들의 비참한 운명: 소식
『조선예술』 제9호(통권 501), 문화예술종합출판사, 1998, 57쪽

■ 미국의 문화침략에 굴복하지 않겠다
『조선예술』 제2호(통권 506), 문화예술종합출판사, 1999, 32쪽

■ 제국주의자들이 퍼뜨리는 썩어빠진 ≪대중음악≫의 반동성(1): 연단 ㅣ김광철
『조선예술』 제11호(통권 515), 문화예술종합출판사, 1999, 79~80쪽

■ 제국주의자들이 퍼뜨리는 썩어빠진 ≪대중음악≫의 반동성(2): 연단 ㅣ김광철
『조선예술』 제12호(통권 516), 문화예술종합출판사, 1999, 26~27쪽

2000~2009 ···

- 음악에 대한 ≪순수주의≫리론의 반동성: 연단 |심정록
  『조선예술』 제11호(통권 527), 문화예술종합출판사, 2000, 77~78쪽

- 위대한 령도자 김정일동지께서 일본에 있는 남조선가수 김련자의 공연을
  관람하시였다
  『조선예술』 제6호(통권 534), 문화예술종합출판사, 2001, 3쪽

- 부패한 자본주의영화의 이모저모 |배민규
  『조선예술』 제7호(통권 583), 문화예술종합출판사, 2005, 65~67쪽

4. 언어

1950~1959 ●●

■ 한글 말살 음모의 본질과 내용 | 최명소
『국제생활』 제22호, 조선중앙통신사, 1954, 7~9쪽

1960~1969 ●●●●●●●●●●●●●●●●●●●●●●●●●●●●●●●●●●●●●●●

■ 우리의 민족어는 조국의 남북반부에서 통일적으로 발전하여야 한다 | 리근영
『조선어문』 제3호(통권 15), 조선민주주의인민공화국과학원출판사, 1958, 16~26쪽

■ 미제 강점하의 오늘의 남조선 언어 | 류 렬
『조선어문』 제5호(통권 29), 조선민주주의인민공화국과학원출판사, 1960, 70~82쪽

■ 남반부 대학교재 〈대학국어〉에 대한 비판 | 과학원 언어문학연구소 사전연구
실 최완호
『조선어학』 제2호, 조선민주주의인민공화국과학원출판사, 1962, 47~55쪽

■ 남조선 일부 언어학자들의 언어리론의 반동성(1) | 김금석
『조선어학』 제2호(통권 44), 조선민주주의인민공화국사회과학원출판사, 1964, 76~82쪽

■ 남조선에서 한자 폐지 문제와 외래어 표기의 혼란상태 | 김금석
『조선어학』 제5호(통권 47), 조선민주주의인민공화국사회과학원출판사, 1964, 63~71쪽

■ 남조선의 부르죠아 언어학과 그 반동적 조류 | 언어학 학사 김영황
『조선어학』 제4호(통권 52), 조선민주주의인민공화국사회과학원출판사, 1965, 29~37쪽

■ 우리 나라에서의 문화어의 발달 | 한영순

『근로자』 제1호(통권 299), 근로자사, 1967, 46~51쪽

- 민족어발전의 정확한 길을 밝혀주신 력사적 교시 |홍기문
  『근로자』 제1호(통권 323), 근로자사, 1969, 18~24쪽

1970~1979

- 남조선에서 감행하고있는 미제와 박정희 괴뢰도당의 민족어말살정책과 그 반동적본질 |김영황
  『남조선문제』 제12호(통권 87), 조국통일사, 1971, 36~41쪽
- 민족어를 고수발전시키는 것은 남조선인민들의 숭고한 민족적임무 |김붕환
  『남조선문제』 제1호(통권 111), 통일신보사, 1974, 22~26쪽
- 민족어 발전의 앞길을 휘황히 밝혀준 위대한 사상 |최정후
  『근로자』 제1호(통권 381), 근로자사, 1974, 47~51쪽
- 남조선에서 잡탕말로 변하여가는 우리말
  『남조선문제』 제7호(통권 117), 통일신보사, 1974, 45쪽
- 민족어 수난의 실태 |박 승
  『조선문제연구』 제21호, 조선문제연구소, 1975, 405~442쪽
- 미제와 박정희괴뢰도당의 민족어말살정책의 반동적본질 |리근평
  『남조선문제』 제10호(통권 153), 조국통일사, 1977, 28~32쪽

1980~1989

- 남조선에서 잡탕말로 변해가는 우리 말 |본사기자
  『남조선문제』 제10호(통권 222), 조국통일사, 1983, 54~55쪽
- 외래어의 《공해지대》로 전변된 남조선 사회 |리종표
  『근로자』 제10호(통권 498), 근로자사, 1983, 54~58쪽

- 언어는 민족을 특징짓는 가장 중요한 공통성 |정순기

  『근로자』 제1호(통권 501), 근로자사, 1984, 33~36쪽

- [과학문화론설] 조선어의 형성과 그 통일적발전 문제 |최정후

  『근로자』 제5호(통권 517), 근로자사, 1985, 79~83쪽

- 미제의 침략정책에 복무하는 ≪구조주의≫언어리론 |류응권

  『근로자』 제7호(통권 519), 근로자사, 1985, 81~85쪽

- 해방후 우리 나라의 북과 남에서의 언어 정책에 대한 고찰 |류창하

  『조선대학학보』 제10호, 조선대학교, 1986, 43~55쪽

- 남조선에서 ≪혼혈화≫된 우리 말 |배명선

  『남조선문제』 제6호(통권 260), 조국통일사, 1987, 54~56쪽

- 우리 나라 북과 남의 교육문법에 대한 대비적 고찰 |류창하

  『조선대학학보』 제11호 조선대학교, 1988, 94~102쪽

1990~1999

- 남북의 조선어 컴퓨터 처리 통일의 전망 |하민일(사범교육학부)

  『조선대학교학보』 제2호, 백봉사, 1996, 202~206쪽

- 남조선 괴뢰도당의 ≪한자병용정책≫을 론함 |박사 리기원

  『조선어문』 제2호(통권 114), 과학백과사전종합출판사, 1999, 37~39쪽

2000~2009

- 한자말학술용어정리의 원칙에 대하여 |전태환

  『사회과학원학보』 제2호(통권 30), 사회과학출판사, 2001, 58~60쪽

- 민족성을 잃은 남조선의 언어 |본사기자

  『조선녀성』 제6호(통권 553), 조선민주녀성동맹중앙위원회기관지, 2004, 56쪽

- 고유어를 살려쓰는것은 북과 남사이의 언어의 이질화를 막고 그 순결성
  을 지켜나갈수 있게 하는 근본방도 | 안순남
  『조선어문』 제3호(통권 139), 과학백과사전종합출판사, 2005, 5∼6쪽

단 행 본

I. 총론

■ 매국노 박정희역적을 단죄한다 |조국통일사 편

　　조국통일사, 1978

〈목차〉

　　머리말
　　I. 매국역적의 더러운 발자취
　　II. 천추에 용납못할 매국배족의 죄악
　　III. 〈사태는 이미 파국을 향하여 달리고있다〉
　　맺는말

■ 남조선편람1 |조선문제연구소 편

　　시대사, 1981

〈목차〉

　　자연지리 및 주민
　　경제
　　사회문화
　　인민들의 투쟁
　　이 시기 투쟁의 특징과 시대적 배경
　　전후시기 주요투쟁

■ 남조선편람2 | 조선문제연구소 편

　　시대사, 1981

〈목차〉

　　　　경기도
　　　　　　1. 자연지리 및 주인
　　　　　　2. 경제
　　　　　　3. 사회 문화
　　　　　　4. 인민들의 투쟁
　　　　서울시
　　　　　　1. 자연지리 및 주민
　　　　　　2. 경제
　　　　　　3. 사회 문화
　　　　　　4. 인민들의 투쟁
　　　　강원도
　　　　　　1. 자연지리 및 주민
　　　　　　2. 경제
　　　　　　3. 사회문화
　　　　　　4. 인민들의 투쟁

■ 남조선편람3 | 조선문제연구소 편

　　시대사, 1980

〈목차〉

　　　　전라북도
　　　　　　1. 자연지리 및 주민
　　　　　　2. 경제
　　　　　　3. 사회문화
　　　　　　4. 인민들의 투쟁
　　　　전라남도
　　　　　　1. 자연지리 및 주민
　　　　　　2. 경제
　　　　　　3. 사회문화
　　　　　　4. 인민들의 투쟁

제주도

  1. 자연지리 및 주민

  2. 경제

  3. 사회문화

  4. 인민들의 투쟁

■ 대화와 교류를 통하여 본 북과 남 ㅣ조선로동당출판사 편

  조선로동당출판사, 1986

〈목차〉

머리말

  1. 하나의 대가정을 이룬 사회, 인민의 락원

  2. 썩고 병든 사회, 민족의 넋이 짓밟힌 땅

  3. 누가 진심으로 대화와 통일을 바라는가

  4. 한곬으로 흐르는 민족의 념원

위대한 영상을 우러러

맺는말

■ 남조선편람4(경상남북도 부산시 충청남북도) ㅣ조선문제연구소 편

  시대사, 1980

〈목차〉

경상북도

  1. 자연지리 및 주민

  2. 경제

  3. 사회문화

  4. 인민들의 투쟁

경상남도

  1. 자연지리 및 주민

  2. 경제

  3. 사회 문화

  4. 인민들의 투쟁

부산시

  1. 자연지리 및 주민

II. 법

■ 매국적〈한일조약〉과 〈협정〉들은 무효이다 | 재일본조선인총련합회 중앙상임
  위원회 편

재일본조선인총련합회 중앙상임위원회, 1965

〈목차〉

■ 민사소송법 | 김일성종합대학출판사 편

김일성종합대학출판사, 1978

〈목차〉

■ 미제와 남조선괴뢰도당이 체결한 〈조약〉과 〈협정〉의 침략성과 매국성 | 과
학백과사전출판사 편

과학백과사전출판사, 1979

〈목차〉

머리말

1. 미제와 남조선괴뢰도당이 체결한〈조약〉과〈협정〉은 상전과 주구간에 조작
   된 비법적인 조약
2. 남조선에 대한 미제의 정치적지배를 확립하기위한 〈조약〉과 〈협정〉의 침
   략성과 매국성
3. 미제와 남조선괴뢰도당이 체결한 〈군사조약〉의 침략성과 매국성
4. 미제와 남조선괴뢰도당이 체결한 〈경제조약〉의 침략성과 매국성
5. 미제와 남조선괴뢰도당이 체결한 〈문화관계조약〉의 침략성과 매국성
6. 미제와 남조선괴뢰도당이 체결한〈조약〉은 조선내정에 대한 미제의 간섭을
   〈합법화〉하고 조선의 자주적평화통일을 방해하는 침략조약

맺는말

■ 현대국제법연구 | 백과사전출판사 편

백과사전출판사, 1988

〈목차〉

머리글

1. 현대국제법에 대한 일반적 리해
2. 현대국제법의 기본원칙
3. 현대국제법규범의 창조를 위한 투쟁
4. 현대국제법의 당사자
5. 국가승인
6. 주민의 법적 지위
7. 국가령역
8. 국제분쟁과 그 해결원칙
9. 민조자결권에 기초한 식민지민족해방투쟁의 합법성
10. 전쟁법규
11. 조선전쟁의 법적 종결을 위한 조선민주주의인민공화국의 투쟁

맺는말

■ 남조선에서 조작된 치안입법의 변천과정과 그 반동적 본질 | 김규승
미확인, 1989

〈목차〉

■ 사라져야 할 악법 | 김영일
평양출판사, 2008

〈목차〉

목차 없음

III. 정치

■ 미제국주의자들의 조선내전을 도발한 증거문헌집 |조선력사편찬위원회출판부
  개벽신보사, 1951

  〈목차〉

  1. 1948년 12월3일부 윤백구(리승만의 외교고문)가 리승만에게보낸 서한
  2. 1948년 1월 27일부 미군 CIC 제971분견대 대전지구사무소의 보고
  3. 1949년 1월28일부 미국무성 정보조사국의보고 제4849호
  4. 1949년 4월 6일부 장면(리승만 괴뢰정부의 주미대사)으로부터 리승만에게 보낸 서한
  5. 1949년 4월7일부 리승만으로부터 조병옥(리승만 괴뢰정부 전권특사 겸 리승만 개인대표에게 보낸 서한
  6. 1949년 4월 18일부 리승만의 외교고문 윤병구가 리승만에게보낸 서한 및 서한에 첨부된 미한동맹조약초안
  7. 1949년6월7일부 장면으로부터 리승만에게 보낸 보고

■ 조국전선조사위원회보도─미제와 리승만 도당들의 죄악에 대하여 |조선로동당출판사 편
  조선로동당출판사, 1951

  〈목차〉

  미국 무력간섭자들과 리승만 도배들의 만행에 관한 조국통일 민주주의전선 조사위원회의 보도 제1호
  미국 무력 간섭자들과 리승만도배들의 만행에 관한 조국통일 민주주의전선 조사위원회의 보도 제2호
  미군과 리승만 군대의 평양에서의 만행에 관한 조국통일 민주주의전선 조사위원회의 보도 제3호

미군과 리승만 군대의 서울 인천 및 그 주변에서의 만행에 관한 조국통일 민
주주의전선 조사위원회의 보도 제4호

■ 제국주의자들의 침략정책과 종교 ｜김백남

　미확인, 1953

　〈목차〉

　　1. 제국주의 자들은 종교를 어떻게 침략도구로써 리용하여 왔는가
　　2. 조선에 있어서 미 제국주의 자들의 침략정책과 종교

■ 해방후 10년간의 공화국 북반부의 찬란한 민주건설과 남반부의 참담한 파
괴상 ｜장하일

　국립출판사, 1955

　〈목차〉

　　1. 북반부에서의 찬란한 민주건설
　　2. 남반부의 참담한 파괴상

■ 리승만 괴뢰 군대는 어떤 군대인가 ｜윤군창

　조선로동당출판사, 1955

　〈목차〉

　　머리말
　　1. 리 승만 괴뢰 군대의 반동적 본질과 목적
　　2. 리 승만 괴뢰 군대의 반인민적 죄악
　　3. 리 승만 괴뢰 군대는 반드시 패망할 것이다
　　맺는 말

■ 최근의 남조선 정세 ｜조선로동당출판사 편

　조선로동당출판사, 1956

　〈목차〉

　　머리말
　　1. 리 승만의 파쑈 테로 독재 강화, 평화통일을 반대하는 〈북벌 전쟁〉소동

2. 미제의 예속, 략탈 정책에 의한 남조선 경제의 몰락; 인민 생활의 빈궁화
맺는말

■ 남조선의 진상－유엔한국재건단 계획관 수기 |제이 제킨스
평화출판사, 1956

〈목차〉

목차 없음

■ 남조선에서의 미제의 식민지예속화 정책(1945~1948) |김주섭
조선로동당출판사, 1957

〈목차〉

머리말
1. 제2차 세계대전후 미 제국주의의 팽창 정책의 강화
2. 남조선에서의 미제의 군사적 점령 제도의 실시,조선에 대한 식민지 예속화
및 분렬정책의 개시
3. 남조선에서의 미제의 경제적 예속화 정책
4. 남조선에서의 미제의 식민지적 교육문화정책
5. 남조선에서의 미제의 군사 기지화 정책
6. 남조선에서의 미제에 의한 단독 괴뢰정부 조작
7. 미제의 식민지 예속화 정책을 반대한 남조선 인민들의 투쟁
간단한결론

■ 미제와 리승만 도당은 남조선 인민들을 어떻게 착취 억압하는가 |김기호
조선로동당출판사, 1959

〈목차〉

머리말
1. 미제와 리 승만 도당은 남조선 인민들을 어떻게 착취억압하는가?
2. 착취와 억압을 반대하는 남조선 인민들의 투쟁
맺음말

■ 멸망에 다다른 남조선군사독재정권 |편집 송국진
조선로동당출판사, 1962

〈목차〉

머리말
1. 고립된 남조선 군사독재 정권
2. 죽음에 림박한 자들의 최후발악
3. 장대 끝에 올라 앉은 군사독재 정권
맺는말

■ 미제의 조선 침략사2 |김희일
조선로동당출판사, 1962

〈목차〉

제4장 미제 침략군의 남조선 강점, 조선의 분렬과 남조선의 식민지 예속화를
위한 미제의 침략정책(1945년 8월~1948년 8월)
제5장 리승만 괴뢰정부 조작 후 남조선에 대한 미제의 식민지 예속화 정책,조
선 민주주의 인민공화국을 반대하는 미제의 침략 전쟁 준비(1948년 8
월~1950년 6월)
제6장 조선 민주주의 인민 공화국을 반대하는 미제의 침략전쟁 도발, 조선 인
민에 대한 야수적 만행, 전쟁에서의 미제의 군사 정치 도덕적 참패
(1950년7월~1961년 5월)
맺는말

■ 미제 강점 하의 남조선: 정치편 |홍만호 외 저
조선로동당출판사, 1963

〈목차〉

제1장 남조선에 대한 미제의 침략 정책
제2장 남조선 괴뢰헌법과 '선거제도'의 반동적 본질
제3장 남조선 괴뢰정권의 계급적 본질과 반동적 통치 기구
제4장 남조선 '정당'
제5장 남조선에 대한 미제 식민지 통치의 위기의 심각화와 군사'정권'
멸망의 불가피성 남조선 혁명의 성격과 임무

■ 남녘땅을 찾아서 ㅣ남조선문제출판사 편

남조선문제출판사, 1966

〈목차〉

■ 남조선에 대한 미제의 군사기지화정책 | 조국사 편

조국사, 1966

〈목차〉

■ 남조선문제 100문100답 | 조선문제연구소 편

조선문제연구소, 1968

〈목차〉

- 〈각개격파〉전략이란....?

제4문 격화된 미제의 새 전쟁도발책동
  - 그들은 무엇을 노리고 있는가?

제5문 주〈한〉미국과 〈국군〉
  - 통수권은 누구의 손에...?

제6문 〈군국〉의 역할
  - 총뿌리는 어디로 돌려지고 있는가?

제7문 깜쪽같이 꾸며진〈미한일공동작전체제〉
  - 〈한일군사협력체제〉는 어디까지 왔는가?

제8문 늘어만 가는 미제의 만행
  - 한강물이 제곬으로 갈것을 모르는가?

제9문 〈한미행정협정〉
  - 미국인범죄자를 잡을수 있는가?

제10문 미일2중의 주구 박정희
  - 인민들은 왜 그를 신〈을사오적〉이라고 부르는가

제11문 매국적이며 반인민적인〈헌법〉
  - 이것이 〈민주헌법〉인가?

제12문 말살된 민주주의
  - 생존의 권리는...?

제13문 〈향토예비군〉설치책동
  - 어째서 〈총동원체제〉를 서두르는가?

제14문 〈병역법〉과 징병제
  - 싸구려군대는 어떻게 만들어 지는가?

제15문 개죽음을 강요하는〈웰남파병〉
  - 왜 웰남에서 미움을 받아야 하는가?

제16문 웰남에서 천대받는 〈국군〉병사들
  - 죽음의 대가로서 차례진것이 무엇인가?

제17문 박정희 도당의 내부모순
  - 과연 그들의 배짱은 갖고 있는가?

제18문 공포와 모략의 복마전 〈중앙정보부〉
  - 왜 그들의 폭행은 허용되는가?

제19문 더욱 증강되는 괴뢰경찰
  - 그런데 왜 경찰관들은 떨고 있는가?

■ 미제의 웰남침략전쟁에 따르는 남조선 괴뢰군파병의 반동적 본질 |조국통
일사 편

조국통일사, 1969

〈목차〉

■ 미제의 조종밑에 감행되는 일본군국주의의 남조선 재침과 그 후과 |김범룡

조국통일사, 1973

〈목차〉

- 미일제국주의의 공모결탁에 의한 조선침략사2 ㅣ사회과학원 력사연구소 외
  국사연구실

    사회과학출판사, 1974

    〈목차〉

    제3편 미제의 남조선강점. 전조선을 지배하기 위한 미제의 침략책동과 그에
        대한 일본군국주의자들의 적극적협력
    제4편 조선전쟁후 일본군국주의를 아세아침략의〈돌격대〉로 내세우기 위한
        미제의 흉책. 미일제국주의의 범죄적 공모결탁의 새로운 단계에로의
        이행
    맺는말
    부록
    년표

- 미제침략군은 남조선에서 무조건 물러가야 한다 ㅣ김일성

    조선로동당출판사, 1974

    〈목차〉

    목차 없음

- 미제는 세계인민의 흉악한 원쑤 ㅣ김희일

    조국통일사, 1974

    〈목차〉

    제1장 미제는 력사적으로 가장 야수적이고 파렴치한 침략자
    제2장 제2차세계대전후 미제의 세계제패정책과 그 일환으로서의 남조선에 대
        한 식민지예속화정책
    제3장 미제국주의의 내리막길의 시작과 남조선에 대한 식민지통치의 전면적
        위기
    제4장 파산된 침략과 전쟁 정책을 밀고나가기 위한 미제의 반혁명적세계전
        략.신식민주의에 매달려 식민지통치를 부지하기 위한 최후발악적책동

■ 남조선괴뢰도당의 '자유민주주의체제'의 반동적 본질 | 사회과학원 법학연구
소 편

사회과학출판사, 1975

〈목차〉

■ 미제의 조선말말살정책의 반동성 | 사회과학원 언어학연구소 편, 이익선 공저

사회과학출판사, 1975

〈목차〉

■ 조선민주주의인민공화국은 전체조선인민의 의사와 리익을 대표하는 유일
한 합법적국가 | 현규엽

사회과학출판사, 1976

〈목차〉

제4장 조선민주주의인민공화국은 민족의 분렬을 막고 나라의 자주적평화통일
        을 이룩하기 위하여 투쟁하는 국가
제5장 남조선괴뢰정권은 미제식민지예속화정책을 충실히 집행하는 매국적이
        며 반동적인 허수아비정권

■ 미제식민지통치하의 남조선이 걸어온 예속과 몰락의 30년 | 김희일
    조국통일사, 1976

<목차>

제1장 미제에 의하여 남조선인민에게 강요된 식민지노예의 운명
제2장 괴뢰정권조작을 통한 남조선의 식민지예속화와 군사기지화
제3장 미제가 지른 침략전쟁의 불길속에서 황폐화된 남조선
제4장 전후 미제의 예속이 심화되는 길에서 빚어진 남조선사회 경제의 파국
제5장 4월인민봉기후 남조선에서의 미제의 식민지통치위기의 새로운 심화
제6장 미제에 의한 군사파쑈독재의 조작과 더욱더 심화된 남조선의 예속과
        몰락
제7장 미일침략자의 2중적식민지로 전락된 남조선
제8장 남조선에서의 미제의 식민지통치의 위기와 심화

■ 남조선괴뢰도당의 군사파쑈정치체제 | 정 립
    과학백과사전출판사, 1978

<목차>

1. 남조선에서 파쑈독재발생의 근원
2. 남조선에서 군사파쑈독재체제의 확립
3. 남조선군사파쑈독재의 본질과 특징
4. 남조선군사정권의 파쑈통치체제
5. 남조선 '정권'의 파쑈폭압수법
6. 파쑈독재를 반대하는 남조선인민들의 투쟁과 군사파쑈통치의 전면적 위기
    정립

■ 남조선정세자료 |조선문제연구소 편

조선문제연구소, 1979

〈목차〉

'정세움직임'

정치－괴뢰도당의 신민당본부 습격사건

"한"미일관계－"한미안보협의회"와 미"한"일군사 관계의원들의 왕래

군사－미제침략무력의 증강소동

'특집'－남조선경제위기에 대하여

1. 헤여날 수 없는 위기에 빠진 남조선경제

2. 석유값의 대폭적인 인상과 그 영향

'해설'

1. 일본방위청장관 야마시다의 화약내풍기는 위험한 행각

2. 신민당의 최근 동향

■ 부정부패가 판을 치는 남조선 |조국통일사 편

조국통일사 편, 1979

〈목차〉

머리말

1. 남조선의 억만장자들

2. 딸라와 엔으로 매수된 미일2중주구 박정희역도

3. 매판자본가들에게 특혜를 주고 부정축재하는 관료매판재벌

4. 외국의 빚더미우에 부정의 황금탑을 쌓는 매국노들

5. 남조선에 기여든 미일독점자본과의 뿌리깊은 흑막관계

6. 동족을 외국에 팔아먹는 〈제2경제〉

7. 비렬한 국제뢰물행위

맺는말

■ 남한땅에 30년: 민족분단의 비극속에서 |최덕신

통일평론사, 1985

〈목차〉

제1장 과연 해방은 왔는가

제2장 6.25동란과 나
제3장 나의 외교생활
제4장 포덕천하의 꿈
제5장 결별

■ 민족의 쓰레기 |김선철, 안병철

근로단체출판사, 1985

〈목차〉

Ⅰ. 해방의 소용돌이속에서
Ⅱ. 단독정부수립을 반대하고 통일정부수립을 위하여
Ⅲ. 휴전직후 한반도평화와 조국통일을 위하여
Ⅳ. 통일을 중간걸음을 거치는 방법으로
Ⅴ. 하나의 한국이냐, '두개 한국'이냐
Ⅵ. 연방국가창립을 위하여

■ 판문점 |리병렬

조선로동당출판사, 1986

〈목차〉

머리말
1. 판문점으로 가는길
2. 력사적인 집
3. 폭로된 자료를 보면서
4. 판문점 공동경비구역에서
5. 관광객들이 본 판문점
6. 군사분계선을 따라서
7. 다시판문점으로
8. 판문점을 떠나면서
맺는말

■ 미제의 극동정책과 조선 |박사 허종호
　사회과학출판사, 1987
　〈목차〉

■ 신화로서의 "남침설" |최기환
　민중출판사, 1990
　〈목차〉

■ **원한의 군사분계선** |리정근, 림병렬
조선로동당출판사, 1990

〈목차〉

소양강기슭의 고지들에서
남강을 따라서
순학리에서
351고지
군사분계선표식물 제1292호
맺는말

■ **남조선 정세자료 제24권 |조선문제연구소 편**
　조선문제연구소, 1991
　〈목차〉

위대한 수령님의 교시
국제의회동맹 제 85차총회 개막회의에서 하신 연설
일본 〈마이니찌신붕〉편집국장이 제기한 질문에 주신 대답
緊急特輯: 북남대화 －판이한 두 립장
묶음1: 〈두개 조선〉 국제공식화 노린 〈유엔가입〉책동
묶음2: 대화포기선언－국방부장관의 대북"기습"망언
기록: 북남관계의 향방〈편집부〉
追跡: 전민족적통일애국세력련합－범민련
미군철수거부, 〈120일작전〉의 속셈
김휘원 〈민자당〉 중앙상무위원의 평양방문
정세분석자료
4월의 경제메모〈편집부〉
"통일의 꽃", "통일의 사도"
이룩될 민족의 화해

■ **남조선주둔 미군문제 |평양출판사 편**
　평양출판사, 1991
　〈목차〉

제1장 미군의 남조선주둔
제2장 재조명을 요하는 남조선주둔 미군의 참모습
제3장 더는 뒤로 미룰수 없는 성숙된 요구
제4장 남조선주둔 미군문제해결의 활로

■ 력사에 남긴 사죄문 | 리병렬
  금성청년출판사, 1992

  〈목차〉

  정전협정의 잉크도 채 마르기전에
    – 〈특별지령〉의 운명
    – 내지 못한 〈특종보도감〉
    – 추악한 정체를 드러낸 양키
    – 불장난에는 불로 칠것이다
    – 력사에 남긴 사죄문
    – 미제의 고용간첩〈두더지〉의 운명
    – 물귀신이 된 〈이씨–121〉
    – 나포된 〈오 에이취–23지〉
    – 드러난 〈아이–2〉호의 정체
    – 기자구타사건
    – 〈판문점사건〉과 포드
    – 남강에 처박힌 〈씨 에이취–47〉
    – 〈콩크리트장벽을 직접 가보자〉
    – 실패한 〈충격치료법〉
    – 판문점통과의 길을 열라
  〈부록〉
    – 판문점일화 몇가지
    – 미제의 군사정전협정 위반사건 주요일지

■ 남조선정세자료 1993. 11 | 조선문제연구소 편
  조선문제연구소, 1993

  〈목차〉

  사진으로 보는 뉴스의 현장
  편집을 마치면서
  위대한 수령님의 교시(1993. 10. 16)(총련 제18차 분회열성자대회앞으로 보내
    주신 축전)
  북남관계의 향방

■ 미제의 극동침략정책과 조선전쟁1 ㅣ후보원사, 교수, 박사 허종호
사회과학출판사, 1993

〈목차〉

■ 미제의 극동침략정책과 조선전쟁2 ㅣ후보원사, 교수, 박사 허종호
사회과학출판사, 1993

〈목차〉

■ 누가 조선전쟁을 일으켰는가 |차준봉

　　사회과학출판사, 1993

　〈목차〉

　　　제1장 력사적으로 감행하여온 미제의 조선침략책동과 제2차 세계대전후 미제
　　　　　의 남조선강점
　　　제2장 미제에 의한 전면적인 전쟁준비
　　　제3장 미제에 의한 6.25전면전쟁도발과 조선인민군의 반공격에 의한 적들의
　　　　　패주
　　　제4장 전쟁도발자의 정체를 가리우기 위한 미제의 책동과 미제를 전쟁 전쟁
　　　　　도발자로 단죄규탄하는 세계의 목소리

■ 남조선은 미국의 완전한 식민지이다 |김일성 저

　　조선로동당출판사, 2000

　〈목차〉

　　　목차 없음

■ 민족과 하나 |박사 김흥곤, 강현만

　　금성청년출판사, 2003

　〈목차〉

　　　1. 독립운동의 격류속에서
　　　2. 온 겨레를 매혹시킨 민족의 태양
　　　3. 광복직후의 남조선정국
　　　4. 민족대회합의 위대한 경륜과 그후 이야기
　　　　　5.30〈총선거〉와 통일세력에 대한 분렬세력의 전면도전
　　　5. 〈랍북〉이냐, 구원이냐
　　　　　〈정치인 및 국회의원협의회〉
　　　6. 조국통일의 구성
　　　　　자주적평화통일의 새로운 국면을 열으시다

■ 미룰수 없는 남조선강점 미군철수 ㅣ엄국현, 윤금철
  평양출판사, 2004

  〈목차〉

    1. 남조선강점 미군의 침략적본성
    2. 남조선강점 미군철수는 미룰수 없는 시대적요구
    3. 남조선강점 미군철수를 위한 전민족적과제

■ 민족반역당의 정체 ㅣ김정남 저
  평양출판사, 2006

  〈목차〉

    1. 악명으로 얼룩진 반역당의 족보
    2. 친미친일을 체질화한 사대매국당
    3. 진보와 민주의 극악한 교살자－극우익파쑈당
    4. 반공화국대결, 반통일을 생존방식으로 하는 민족분렬당
    5. 부정부패의 왕초, 파렴치한 도적패당
    6. 민족의 준엄한 심판을 면치 못할 반역당

■ 미일 제국주의의 공모결탁에 의한 조선침략사3 ㅣ리정희
  과학백과사전출판사, 2006

  〈목차〉

    머리말
    1장 미제의 ≪새아시아정책≫과 조선침략을 위한 미제와 일본군국주의자들의
        공모결탁의 강화
    2장 조선의 분렬을 영구화하기 위한 미제와 일본군국주의자들의 ≪두개 조선≫
        조작책동의 로골화
    3장 미제의 핵전쟁도발책동과 3각 군사동맹을 조작완성하기 위한 미제와 일
        본군국주의자들의 책동
    4장 남조선에서 군사파쑈독재를 유지하고 조선의 분렬을 영구화하기 위한 미
        제와 일본군국주의자들의 범죄적 공모결탁책동의 악랄화
    5장 랭전종식후 우리 공화국을 반대하는 미제와 일본군국주의자들의 범죄적
        공모결탁책동의 로골화
    부록

IV. 통일

■ 조국의 통일독립과 민주화를 위하여2 | 김일성
국립인민출판사, 1949

〈목차〉

모쓰크바 야로쓸라브 열두에서 진술한 연설
모쓰크바출발에제하여 진술한연설
조선민주주의인민공화국 정부대표단 쏘련방문 귀환환영대회에서 진술한 답사
조선민주주의인민공화국정부대표단의 쏘베트사회주의공화국련맹 방문사업경
　과보고

■ 정치 학교용 참고자료 ㅣ조선로동당출판사 편
　　조선로동당출판사, 1955
　〈목차〉

　　　　제1장 일제 통치 시대에 로동자와 농민은 어떻게 살았는가
　　　　제2장 로씨야에서의 위대한 사회주의 10월 혁명과 동방민족 해방운동의 장성
　　　　제3장 일제를 반대한 조선 인민의 민족해방투쟁
　　　　제4장 위대한 쏘베트 군대에 의한 조선의 해방과 통일적 민주주의
　　　　제5장 북조선 민주개혁
　　　　제6장 조선에 대한 미제의 식민지 정책과 남조선
　　　　제7장 평화적 조국통일을 위한 조선 인민의 투쟁 조선민주주의 인민공화국
　　　　　　창건
　　　　제8장 자유와 독립을 위한 조선 인민의 위대한 조국해방전쟁
　　　　제9장 조선 인민군
　　　　제10장 로동당
　　　　제11장 쏘련은 평화, 민주주의 및 사회주의의 성채이다
　　　　제12장 우리의 목적은 조국의 통일과 부강한 민주주의 자주독립국가 건설

■ 조국의 평화적 통일을 위하여: 조국의 평화적 통일을 위한 조선로동당 제
　3차 대회 선언 및 1956, 5.24~25일에 진행된 조국통일 민주주의전선 중앙
　위원회 확대회의의 주요문헌 ㅣ조국통일민주주의전선중앙위원회편
　　조국통일민주주의전선중앙위원회, 1956
　〈목차〉

　　　　조국의 평화적 통일을 위하여(조선로동당제3차대회선언)
　　　　조국통일민주주의 전선 중앙위원회 호소문
　　　　조국전선 중앙 위원회 확대 회의에서 한 홍명희 선생의 보고

조국통일 민주주의 전선 중앙 위원회 확대 회의에서 한 토론
작가 리기영
북조선 민주당 중앙 위원회 위원장 홍기황
과학원 원사 리승기
개성삼업 조합위원장 조룡환
조선 직업 총동맹 중앙위원회 위원장 서휘
전 남조선 정치활동가 송호성
재일본 조선인 총련합회 대표 황봉구
과학원 원장 백남운
조선민주녀성동맹중앙위원회 부위원장 정칠성
전기상 김두삼
인민배우 황철
전남조선정치활동가 조소앙
체신상 김창흡
천도교청우당중앙위원회 부위원장 김병제
조선민주청년동맹 중앙위원회위원장 박용국
전남조선정치활동가 안재홍
기독교목사 리영태
전국유교련맹 중앙위원회부위원장 홍승국
전 국군장교 현 조선인민군소좌 김업
조선로동당 중앙위원회 부위원장 김창만
보건상 리병남
조선불교도련맹 중앙위원회부위원장 김해진
조국전선중앙위원회 확대회의에 참석한 인사들

■ 조국의 평화적 통일에 관하여 | 재일본조선인총련합회 중앙상임위원회 선전부 편
　　미확인, 1959

〈목차〉

1. 조국의 평화적 통일에 관하여
2. 〈대한민국 민의원〉 및 남조선인민들에게 보내는 서한
3. 세계 각국 국회들에 보내는 서한
4. 조국의 평화적 통일을 위한 조선로동당과 공화국 정부의 제 제안

■ 조선의 평화통일촉진책 ㅣ김상협 편저

　애민사, 1960

　〈목차〉

　　1. 조국의 평화적 통일을 더욱 촉발시킬데 대하여
　　2. 대한민국 국회 및 남조선의 제정당 사회단체들과 인민들에게 보내는 조선 민주주의 인민공화국의 편지
　　3. 남북조선의 경제 문화교류와 협력을 강화하며 남조선에서 민족경제의 자립을할데 대한 의견서

■ 조국의 평화적 통일을 위한 우리 당의 방침 ㅣ조선로동당출판사 편

　조선로동당출판사, 1961

　〈목차〉

　　목차 없음

■ 조국의 평화적 통일을 위한 조선로동당의 투쟁 ㅣ박연백

　조선로동당출판사, 1968

　〈목차〉

　　1. 북반부의 민주기지 창설과 조선문제에 관한 모스크바 3상회의 결정실천을 통한 조국의 통일독립달성을 위한 당의 투쟁
　　2. 조선인민자체의 손에 의한 조국의 평화적 통일을 위한 로동당의 투쟁방책과 그의 실현을 위한 투쟁
　　3. 미제와 리 승만 도당들의 무력침공을 반대하며 조선에서의 평화의 회복과 전쟁의 급속한 증식을 위한 로동당의 투쟁
　　4. 정전을 공고한 평화에로 전환시키며 조선문제의 평화적 해결을 위한 로동당의 투쟁
　　5. 제3차 당대회에서 제시한 조국의 평화적 통일방안과 그 실현을 위한 당의 투쟁

■ 조국은 반드시 우리 세대에 통일되여야 한다 | 조국통일사 편
　조국통일사, 1970

〈목차〉

　　1. 조국통일은 우리민족의 가장 큰 숙원이다
　　2. 조국통일을 위한 우리 당의 기본방침은 무엇인가
　　3. 조국통일의 혁명적 대사변을 준비있게 맞이하자

■ 조국통일의길에서 력사적 사변: 위대한 수령 김일성동지께서 조국의 평화
적통일을 위한 3대원칙제시 | 발행자 강성오
　민족진흥사, 1972

〈목차〉

　　1. 위대한수령 김일성동지께서 평양에 온 남조선중앙정보부장 리후락을 만나
　　　시였다
　　2. 조선로동당 중앙위원회 조직지도부장 김영주동지 남조선중앙정보부장 리
　　　후락과 회담
　　3. 박성철 제2부수상동지 서울을 방문하고 박정희와 회견, 리후락과 회담
　　4. 위대한수령 김일성동지께서 제시하신 조국통일의 3대원칙에 합의, 남북공
　　　동성명발표
　　5. 남북공동성명
　　6. 위대한수령님께서 제시하신 조국통일의 3대원칙은 통일문제해결의 유일하
　　　게 정당한 지도적지침이다
　　　(남북공동성명이 발표된것과 관련하여 국내외기자회견진행)
　　7. 통일을 열망하는 온 민족을 격동시키는 중대한 사변

■ 민족의 분렬을 방지하고 조국을 통일하자에 대하여 | 편집 김일성동지 로작
해설편집부
　사회과학출판사, 1974

〈목차〉

　　1. 로작이 나오게 된 력사적환경
　　2. 로작의 기본내용
　　3. 로작이 가지는 커다란 리론실천적의의 해설 사회과학원

■ 위대한 수령 김일성동지께서 제시하신 조국의 자주적평화통일방침 ㅣ조국
통일사 편

조국통일사, 1974

〈목차〉

머리말
1. 조국통일은 미제를 몰아내고 나라의 완전한 자주독립을 이룩하는 문제
2. 조국통일의 기본방침과 평화통일을 위한 방도
3. 조국통일의 새 국면을 열고 통일위업을 촉진하기 위한 주동적인 방침
4. 통일을 방해하는 온갖 책동을 짓부시고 조국의 자주적평화통일을 앞당기자

■ '조국의 통일과 세계평화를 투쟁으로 쟁취하자'에 대하여: 위대한 수령 김
일성동지의 로작해설문고 ㅣ사회과학원 편

사회과학출판사, 1975

〈목차〉

1. 로작
2. 로작의 기본내용
3. 로작이 가지는 커다란 리론실천적의의

■ 조국통일론 ㅣ남 혁

사회과학사, 1977

〈목차〉

1. 국토분단과 그 책임
2. 조국통일문제의 본질
3. 통일문제 해결의 주인
4. 7.4 남북공동성명과 남북대화
5. 통일문제 해결의 선결조건
6. 조미평화협정체결방안
7. 민족대단결과 전국적인 민족통일전선
8. 남북연방제
9. 통일문제와 유엔
10. 통일대강

■ 통일 민족단합과 나의 향방 |유상원

　　삼학사, 1980

　〈목차〉

　　　　1. 대양너머로 날아온 편지
　　　　2. 백범 김구와 함께
　　　　3. 반공전열에 서서
　　　　4. 풀리지 않는 수수께끼
　　　　5. 가슴을 흔드는 동요의 파도
　　　　6. 독재자 박정희에 대한 환멸에서
　　　　7. 모르던 사실, 가슴치는 일들에 접하고
　　　　8. 뿌리깊은 위구심이 풀리면서
　　　　9. 한국과 교포사회의 현황을 보고

■ 민족단합의 길 |삼학사 편

　　삼학사, 1980

　〈목차〉

　　　　무장투쟁을 국내에로 확대발전시키기 위하여
　　　　반일민족해방투쟁의 강화발전을 위한 공산주의자들의 임무
　　　　조국광복회10대강령
　　　　조국광복회창립선언
　　　　조선공산주의자들의 임무
　　　　조선혁명가들은 조선을 잘 알아야 한다
　　　　새 조선 건설과 공산주의자들의 당면과업
　　　　진보적 민주주의에 대하여
　　　　우리 나라에서의 맑스-레닌주의당건설과 당의 당면과업에 대하여
　　　　새 조선 건설과 민족통일전선에 대하여
　　　　모든 힘을 새 민주조선 건설을 위하여
　　　　진정한 인민의 정부를 수립하기 위하여
　　　　건국사업에서 인텔리들앞에 나서는 과업
　　　　해방된 조선은 어느 길로 나갈 것인가
　　　　민족통일전선문제에 대하여
　　　　조선인민당 위원장 여운형과 한 담화

■ 위대한 수령 김일성동지께서 밝히신 전민족적통일전선형성에 관한 사상
  |조명호

조국통일사, 1981

〈목차〉

■ 조국의 자주적평화통일을 위하여 |김일성

조선로동당출판사, 1981

〈목차〉

엇을 요구할 것인가

국가기관일군들 앞에 나서는 몇가지 과업에 대하여

반동적남조선단독정부선거를 반대하고 조선의 통일과 자주독립을 쟁취하기

북조선로동당 제2차 대회에서 한 중앙위원회 사업총화보고

북조선정치정세

김구와 한 담화

남조선 단독선거와 관련하여 우리 조국에 조성된 정치정세와 조국통일을 위
 한 투쟁대책

조국의 평화적 통일방책에 대한 선언서와 관련하여

통일적 민주주의 독립국가건설을 위한 조선인민의 투쟁

모든 힘을 전쟁의 승리를 위하여

모든 것을 전후인민경제복구 발전을 위하여

농촌경리의 금후발전을 위한 우리 당의 정책에 관하여

조선로동당 제 3차대회에서 한 중앙위원회 사업총화보고

송도저치경제대학 제 1회 졸업식에서 한 연설

조국통일문제와 인민군대 앞에 나서는 몇가지 과업

사회주의 진영의 통일과 국제공산주의 운동의 새로운 단계

조선인민군은 항일무장투재의 계승자이다

조선민주주의인민공화국창건 10주년 기념 경축대회에서 한 보고

조선인민의 민족적명절 8.15해방 15돐 경축대회에서 한 보고

조선로동당 제 4차대회에서 한 중앙위원회 사업총화보고

조선민주주의 인민공화국정부의 당면과업에 대하여

조국통일위업을 실현하기 위하여 혁명력량을 백방으로 강화하자

워싱톤에 있는 조선문제연구소 소장에게 보낸 회답서한

조선민주주의인민공화국에서의 사회주의 건설과 남조선혁명에 대하여

현정세와 우리 다의 과업

국가활동의 모든 분야에서 자주, 자립,자위의 혁명정신을 더욱 철저히 구현하자

조선민주주의인민공화국은 우리 인민의 자유와 독립의 기치이며 사회주의,
 공산주의 건설의 강력한 무기이다

조선로동당 제 5차대회에서 한 중앙위원회 사업총화보고

미제를 반대하는 아세아 혁명적인민들의 공동투쟁은 반드시 승리할 것이다

조선로동당과 공화국저부의

■ 조국통일에 관한 위대한수령 김일성동지의 문헌 ㅣ삼학사 편

삼학사, 1981

〈목차〉

우리당의 주체사상과 공화국정부의 대내외정책의 몇가지 문제에 대하여 - 일본 마이니찌신붕 기자들이 제기한 질문에 대한 대답

■ 조선로동당의 새로운 조국통일방안과 통일국가의 10대정강 ㅣ조국통일사 편
조국통일사, 1981

〈목차〉

차 례
머리말
1970년대 자주적평화통일의 출로를 열어놓기 위한 조선로동당의 투쟁과 그
　자랑찬 총화
조국의 자주적 평화통일의 앞길을 열어놓기 위한 선차적인 투쟁과업
가장 현실적이며 합리적인 고려민주련방공화국창립방안
통일된 조선이 나아갈 앞길을 뚜렷이 밝혀주는 고려민주련방공화국의 10대정강
고려민주련방공화국창립방안과 통일국가의 10대정강의 독창성과 정당성
맺는말

■ 통일에로의 길: 통일문제자료 ㅣ재일본조선인총련합회중앙상임위원회 편
재일본조선인총련합회중앙상임위원회, 1981

〈목차〉

　　1. 최덕신선생의 미국출발성명
　　2. 최덕신선생의 평양도착성명
　　3. 김일부주석과 최덕신선생사이의 회담내용
　　4. 김일부주석과 최덕신선생의 공동성명
　　5. 최덕신선생의 평양출발성명
　　6. 김일부주석과 김성락선생의 공동성명
　　7. 김성락선생의 평양출발성명

■ 조국의 자주적평화통일을 위한 중요방안집 |조국평화통일위원회 편

조국평화통일위원회, 1982

〈목차〉

1. 위대한 수령 김일성동지께서 제시하신 방안
2. 조선민주주의인민공화국 최고인민회의와 정부에서 제기한 방안
3. 정당, 사회단체들에서 제기한 방안
4. 북과 남의 대회에서 제기한 방안과 제의

■ 조국통일의 3대원칙에 대하여 |김일성

조선로동당출판사, 1982

〈목차〉

1. 조국통일의 3대원칙에 대하여
2. 북과 남사이의 합작을 실현할데 대하여

■ 통일전선사업에 대하여 |김일성

조선로동당출판사, 1982

〈목차〉

조선혁명의 진로
좌경적 모험주의 로선을 배격하고 혁명적 조직로선을 관철하자
일제를 반대하는 무장투쟁을 조직전개할데 대하여
반일인민유격대창건에 즈음하여
무장투쟁을 국내에로 확대발전시키기 위하여
반일민족해방투쟁의 강화발전을 위한 공산주의자의 임무
조국광복회 10대강령
조국광복회창립선언
조선공산주의자들의 임무
조선혁명가들은 조선을 잘 알아야 한다
해방된 조국에서의 당, 국가 및 무력건설에 대하여
진보적 민주주의에 대하여
우리나라에서의 맑스-레닌주의 당건설과 당의 당면과업에 대하여
새 조선건설과 민족통일전선에 대하여

모든 힘을 새 민주조선건설을 위하여

민주청년동맹을 조직할데 대하여

민족운동자들과 한 담화

진정한 인민의 정부를 수립하기 위하여

현시기 남조선 청년운동의 과업

해방된 조선은 어느 길로 나갈것인가

북조선공산당 각급 당단체들의 사업에 대하여

허헌선생에게

민족통일전선문제에 대하여

진정한 민주주의자주독립국가를 건설하기 위하여 적극 투쟁하자

조선인민당 위원장 려운형과 한 담화

민주력량을 확대강화하기 위하여 모든 힘을 다하자

민주주의민족통일전선위원회를 결성할 데 대하여

근로대중의 통일적당의 창건을 위하여

로동당의 당면과업에 대하여

현시기 민전앞에 나선 몇가지 임무에 대하여

면리 인민위원회위원선거를 성과적으로 보장받기 위하여

대중지도방법을 개선하며 올해 인민경제계획수행을 성과적으로 보장할데 대
  하여

우리 당 단체들의 과업에 대하여

김구와 한 담화

홍명희와 한 담화

남조선단독선거와 관련하여 우리 조국에 조성된 정치정세와 조국토일을 위한
  테제

당단체들의 사업을 개선강화할데 대하여

조국통일민주주의전선결성과관련하여 각정당, 사회단체들은 무엇을 할 것인가

조국통일 민주주의전선결성에 대하여

남북조선로동당을 조선로동당으로 합당할데 대하여

조국의 평화적 통일방책에 대한 선언서와 관련하여

조국의 통일위업을 위하여 모든 애국적 민주력량 총집결하자

조국해방전쟁의 승리를 위한 각 정당들의 과업

조선로동당 중앙위원회 제 3차 전원회의에서 한 결론

조선로동당의

■ 통일 통일에로 가는 길: 통일문답 |황공률, 리정근

　　조선로동당출판사, 1985

〈목차〉

■ 력사적인 4월남북련석회의 |정리근

　　과학백과사전종합출판사, 1988

〈목차〉

■ 북과 남사이에 폭넓은 대화를 실현하여 조국통일을 앞당기자 |김일성

　　조선로동당출판사, 1988

〈목차〉

　　목차 없음

■ 조선통일론: 통일문제 국제심포지움 | 아사아태평양평화정책연구소 편
  세계, 1989

  〈목차〉

      제1부 통일의 전망
        한국: 서기 2000년의 남북관계
        북조선: 조선의 평화문제에 관한 고찰
        중국: 대화와 교섭에 의한 조선의 평화통일
        미국: 미·일과 동아시아의 새로운 질서
        제3세계: 조선반도 – 일촉즉발의 위기
      제2부 새로운 세계를 향하여
        평화학자: 비폭력에 의한 세계변혁과 조선의 평화적 통일
        조선문제연구자: 조선반도의 통일에 관한 고찰
        재외한국인학자: 미국과 한반도문제
        중립국가: 평화의 관건인 중립 – 오스트리아와 조선의 평화적 통일
        또하나의 분단국가: 전후 동·서독 교섭의 전개
      제3부 분과회: 보고와 토론

■ 통일문제의 정책사적 고찰 | 김해철
  평양출판사, 1989

  〈목차〉

      Ⅰ. 민족분렬과 자주, 독립,통일로선
        1. 민족분렬의 근원고찰
        2. 자주적 통일의 대강
        3. 남북련석회의소집안과 그 실현의 의미
        4. 공화국건립과 적극적인 평화통일 제의
      Ⅱ. 1950년대 자주통일로선과 분렬로선의 대결
        5.제네바정치회의와 두 립장
        6. 자주, 평화통일안의 실현대책
        7. 남북련방제안과 그 견인력
        8. 주동적 통일방책제시와 반통일론리
      Ⅳ. 1970년대 남북대화와 두개조선안의 파산
        9.새정세적 상황과 남북대화

■ (뜻깊은 경사, 특기할 사변) 8.15 범민족대회: 90년대 기어이 통일조국을
　거족적인 통일전선 형성에로 | 조선문제연구소 편
　　조선문제연구소, 1990

〈목차〉

　　　1. 평양과 판문점에서의 범민족대회

　　　2. 서울에서의 범민족대회

　　　3. 〈조국통일범민족련합〉의 결성

　　　4. 각대표 평양도착, 각지참관

　　　5. 자료편

　　　6. 로골적 방해, 비렬한 권모술수

　　　7. 기대와 반향

■ 민족의 단합과 조국통일을 위한 위대한 령도 | 정리근
　　백과사전출판사, 1990

〈목차〉

　　머리말

　　　1. 위대한 수령김일성동지께서 제시하신 민족단합사상과 조국통일의 기본로
　　　　선, 기본방침, 근본원칙

　　　2. 위대한 수령 김일성동지께서 통일적민주주의자주독립국가 건설을 위한 투
　　　　쟁 조직령도

　　　3. 위대한 수령 김일성동지께서 전쟁을 반대하고조국의 평화적통일을 실현하
　　　　기 위한 투쟁 조직령도

4. 위대한 수령 김일성동지께서 북과 남사이의 련계를 강화하고 련합을 실현하며 조국의 평화적통일을 촉진하기위한 투쟁 조직령도

5. 위대한 수령 김일성동지께서 남조선에 수립된 군사파쑈 독재를 반대하고 평화 통일을 촉진하기 위한 투쟁조직령도

6. 위대한 수령 김일성동지께서 북과 남사이의 접촉과 대화의 마련 조국통일 3대원칙과 5대방침 관철을 위한 투쟁 조직령도

7. 위대한 수령 김일성동지께서 련방형식의 통일국가창립 방안제시. 고려민주련방공화국을 창립하여 조국의 자주적평화통일을 실현하기 위한 투쟁 조직령도

맺는글

■ 민족통일론의 새로운 전개 |최기환

민중출판사, 1990

〈목차〉

■ 우리 민족의 대단결을 이룩하자: 조국평화통일위원회 책임일군들, 조국통일범민족련합 북측본부성원 |김일성

조선로동당출판사, 1991

〈목차〉

목차 없음

■ 조국통일을 위하여 |김일성

조선로동당출판사, 1991

〈목차〉

조국통일의 3대원칙에 대하여
- 주체사상의 기치를 높이 들고 사회주의 건설을 더욱 다그치자(발취)
- 조선로동당 제 6차대회에서 한 중앙위원회 사업총화보고(발취)
- 가나정부기관지 〈가나타임스〉 책임주필이 제기한 질문에 대한 대답(발취)

■ (조선부문사) 조국통일투쟁사 1 |안명일, 정철만

사회과학출판사, 1992

〈목차〉

제1장 조국통일문제의 력사적전제
제2장 통일된 민주주의완전자주독립국가 건설을 위한 조선인민의 투쟁
제3장 미제의 남조선단독정부조작책동을 파탄시키고 민주주의적통일정부를
      수립하기 위한 투쟁
제4장 조선민주주의인민공화국의 기치밑에 조국의 자주적 평화통일을 위한
      투쟁
제5장 미제의 침략전쟁으로부터 나라의 독립과 민족의 영예를 지키고 조국을
      통일하기 위한 투쟁
제6장 위대한 수령 김일성동지께서 전후시기 조국통일방침 제시, 정전의 승
      리를 공고히하며 평화적조국통일의 새국면을 열어놓기 위한 투쟁
제7장 위대한 수령 김일성동지께서 과도적북남련방제방안 제시, 북남련방제
      실시를 위한 투쟁
제8장 위대한 수령 김일성동지께서 조국통일의 3대혁명력량을 강화할데 대한
      방침 제시, 조국통일의 대사변을 주동적으로 맞이하기 위한 투쟁

■ 조국의자주적통일을 위한 우리당의 정책 |전금진

조선로동당출판사, 1992

〈목차〉

머리말
1. 통일문제 발생의 력사적근원과 조국통일의 절박성

■ 통일국가론-1민족 1국가 2제도 2정부론- |최기환
  평양출판사, 1992

  〈목차〉

■ 통일의 의지는 철쇄로 묶을수 없다 |김홍규, 김영진 편집
  근로단체출판사, 1992

  〈목차〉

11. 신념은 못버린다
12. 일편단심 신념을 고수한 당원의 한생

■ 김일성 조국통일을 위한 전민족대단결10대강령 ㅣ김일성
조선로동당출판사, 1993

〈목차〉

목차 없음

■ 민족단합의 대헌장: 전민족대단결 10대강령 ㅣ김구식
평양출판사, 1993

〈목차〉

1. 전민족대단결 10대강령의 제시
2. 전민족대단결 10대강령의 내용

■ 위대한 수령 김일성동지께서 밝히신 조국통일사상과 그 빛나는 구현 ㅣ강
승춘
사회과학출판사, 1993

〈목차〉

머리말
Ⅰ. 조국통일에 관한 주체적인 사상리론
1. 조국통일문제의 본질과 조국통일문제의 력사적지위
2. 조국통일의 주체
3. 조국통일의 근본원칙
4. 조국통일의 기본방도
5. 전민족적 통일전선
6. 남조선에서의 조국통일운동
Ⅱ. 조국통일에 관한 주체적인 사상리론의 빛나는 구현
1. 분렬세력을 압도하는 강력한 통일력량
2. 위대한전환을 이룩한 조국통일운동
3. 민족의태양을 따르는 온 겨레의 위대한 단합

■ 조국통일을 위한 전민족 대단결 10대강령 |김일성

  조선로동당출판사, 1993

  〈목차〉

    목차 없음

■ 조국평화통일위원회 서기국통보(별호)

  미확인, 1993

  〈목차〉

    1. 조선인민군 최고사령관 명령
    2. 조선민주주의 인민공화국 정부성명
    3. 북남고위급회담 북측대표단 단장 정무원총리 강성산동지의 담화
    4. 조국평화통일위원회 성명

■ 통일 주체의 조국관 |부교수, 준박사 오성령

  조선로동당 출판사, 1993

  〈목차〉

    머리말
    1. 주체의 조국관의 본질적내용
    2. 주체의 조국관의 기초와 특징
    3. 주체의 조국관의 형성과 그 심화발전
    4. 주체의 조국관의 발편
    5. 주체의 조국관 확립에서 나서는 요구와 그 방도
    6. 주체의 조국관 확립과 온 세계의 자주화
    7. 주체의 조국관은 자주시대의 요구를 구현한 위대한 조국관
    맺는말

■ 김일성주석과 민족대단결 |민 원

  평양출판사, 1994

  〈목차〉

    제1장 민족대단결리념의 창시

■ 전민족대단결 10대강령은 주체의 민족관을 구현한 조국통일위업의 대강 |리
  순덕
  사회과학출판사, 1994

  〈목차〉

■ 련방제조국통일방안에 대하여 |김일성
  조선로동당출판사, 1996

  〈목차〉

■ 우리당의 조국통일정책에 대하여1 │김일성
　미확인, 1996

〈목차〉

- 우리는 이해에 무엇을 하며 어떻게 일할것인가
- 민전산하 정당, 사회단체들은 굳게 뭉처 민주주의적 통일정부수립을 앞당기자
- 반동적 남조선단독정부선거를 반대하고 조선의 통일과 자주독립을 쟁취하기 위하여
- 남조선단독선거를 반대배격하기 위한 선전사업을 강화할데 대하여
- 남조선의 정당, 사회단체 지도자들에게 보낸 서한
- 북조선로동당 제 2차대회에서 한 중앙위원회 사업총화보고
- 당중앙위원회 위원들의 역할을 높이며 남북조선정당, 사회단체 대표자련석회의 준비를 잘할데 대하여
- 남북련석회의의 성과적보장을 위하여
- 남조선 정당, 사회단체 대표들과의 사업을 잘할데 대하여
- 남조선기독교민주동맹 대표들과 한 담화
- 북조선 정치정세
- 남북련석회의 결정을 관철하기 위한 남조선로동당조직들의 과업
- 남조선신문기자들과 한 담화
- 구국대책에 관한 공동성명서 채택에 즈음하여
- 김구, 홍명희와 한 담화
- 남조선단독선거와 관련하여 우리 조국에 조성된 정치정세와 조국통일을 위한 투쟁대책
- 남북총선거를 성과적으로 실시하여 통일적 중앙정부를 수립하자
- 〈한미군사협정〉의 반동성을 폭로할데 대하여
- 남조선에서 미제침략군을 철거시키고 조국을 자주적으로 통일하자
- 국토의 완정과 조국의 통일을 위하여 궐기하자
- 조국통일 민주

■ 우리당의 조국통일정책에 대하여2 | 김일성
미확인, 1996

〈목차〉

남조선에 조성된 현정세와 조국전선앞에 나서는 당면한 몇가지 과업 조국통
일민주주의전선 중앙위원회 제4차 회의에서 한 결론 1950년 1월 9일
조국의 통일위업을 위하여 모든 애국적 민주력량을 총집결하자 북조선천도교
청우당 제3차회의에서 한 연설 1950년 1월 19일
평화옹호운동을 강화하여 당면한 경제사업을 잘할데 대하여(발취) 조선로동
당 중앙위원회 조직위원회에서 한 결론 1950년 3월 11일 1.평화옹호운동을
강화할데 대하여
현정세와 경비대의 과업(발취) 내무성 경비대군관회의에서 한 연설 1950년 3월
14일
통일적민주주의독립국국가건설을 위한 조선인민의 투쟁(발취) 1950년 5월 3~
4일
남조선에서의 제2차 〈국회〉선거를 반대하며 김삼룡, 리주하, 석방운동을 전개
할데 대하여(발취) 조선로동당 중앙위원회 정치위원회에서 한 결론 1950년
6월 15일 후략

■ 통일 우리당의 조국통일정책에 대하여3 |김일성
미확인, 1996

〈목차〉

조선인민의 민족적명정 8.15해방 15돐경축대회에서 한 보고(발취)
 - 개성시 당단체들의 과업(발취)
 - 신년사(발취)
 - 화학공업을 더욱 발전시키기 위하여(발취)
 - 기술인재양성사업을 개선강화하며 과학과 기술을 빨리 발전시킬데 대하여
   (발취)
 - 조선로동당 제4차대회에서 한 중앙위원회 사업총화보고(발취)
 - 우리 나라의 정세와 몇가지 군사과업에 대하여(발취)
 - 총련사업에서 이룩한 성과를 더욱 공고발전시키자(발취)
 - 조선민주주의인민공화국 정부의 당면과업에 대하여(발취)
 - 우리의 인민군대는 로동계급의 군대, 혁명의 군대이다. 계급적정치교양사
   업을 계속강화하여야 한다.(발취)
 - 대학의 교육교양사업을 강화할데 대하여(발취)
 - 우리 인민군대를 혁명군대로 만들며 국방에서 자위의 방침을 관철하자(발취)

■ 우리당의 조국통일정책에 대하여4 |김일성
미확인, 1996

〈목차〉

- 우리 당의 주체사상과 공화국정부의 대내외정책의 몇가지 문제들에 대하여(발췌)
- 일본 정치리론잡지〈세까이〉편집국장과 한 담화(발췌)
- 스웨리예사회민주청년동맹대표단과 한 담화
- 철도운수사업을 개선할데 대하여(발췌)
- 민족의 분렬을 방지하고 조국을 통일하자
- 조국통일 5대방침에 대하여
- 단마르크와 조선사이의 협조관계촉진위원회 대표단과 한 담화(발췌)
- 조선민주주의 인민공화국창건 스물다섯돐 경축연회에서 한 연설(발췌)
- 뻬루조선친선문화협회대표단과 한 담화(발췌)
- 일본〈이와나미〉서점 상무취체역총편집장과 한 담화(발췌)
- 인민군대의 중대를 강화하자(발췌)
- 조국의 통일과 세계평화를 투쟁으로 쟁취하자(발췌)
- 재일조선상공인들은 조국과 민족을 위한 애국사업에 적극 이바지하여야 한다(발췌)
- 올해사업총화와 다음해 사업방향에 대하여
- 신년사(발췌)
- 이딸리아공산당기관지 〈우니따〉지가 제기한 질문에 대한 대답(발췌)
- 유고슬라비아신문〈웨체르니에 노보스띠〉책임주필이 제기한 질문에 대한 대답(발췌)
- 자주의 기발을 높이 들고나가는 제 3세계인민들의 혁명사업은 반드시 승리할 것이다(발췌)
- 수단정부기관지 〈알싸하파〉 책임주필이 제기한 질문에 대한 대답(발췌)
- 뻬루조선친선문화협회서기장이 제기한 질문에 대한 대답(발췌)
- 재일조선예술인들은 사회주의적 민족예술을 발전시켜나가야 한다(발췌)
- 프랑스공산주의청년운동대표단과 한 담화(발췌)
- 세네갈전국기자협회대표단이 제기한 질문에 대한 대답(발췌)
- 빠나마기자대표단과 한 담화(발췌)
- 아르헨띠나기자대표단이 제기한 질문에 대한 대답(발췌)
- 다오메정부기관지〈다오엑스프레스〉사장과 한 담화(발췌)
- 우리나라의 정세와 재일본조선청년동맹의 과업에 대하여(발췌)
- 미제침략군은 남조선에서 무조건 물러가야한다(발췌)
- 에꽈도르〈볼룬따드〉출판사

■ 우리당의 조국통일정책에 대하여5 | 김일성
   미확인, 1996

〈목차〉

■ 우리당의 조국통일정책에 대하여6 ㅣ김일성

미확인, 1996

〈목차〉

- 재일본조선인총련합회 제14차 전체대회에 보낸 축하문
- 애급신문〈알 마싸〉 책임주필이 제기한 질문에 대한 대답
- 사회주의의 완전한 승리를 위하여
- 꾸바 쁘렌싸 라띠나통신사 사장이 제기한 질문에 대한 대답
- 네팔신문 〈아스티토〉 책임주필과 〈아크바르〉 책임주필이 제기한 질문에 대한 대답
- 신년사
- 민주주의캄보쟈 주석과 한 담화
- 미제를 반대하는 투쟁에서 조선로동당과 미국공산당사이의 련대성을 강화하자
- 사회주의건설과 조국통일을 위한 우리 인민의 투쟁에 대하여
- 쏘련주간정치잡지 〈노보예 브레먀〉 책임주필이 제기한 질문에 대한 대답
- 독일민주주의공화국 신문〈호리촌트〉책임주필이 제기한 질문에 대한 대답
- 주체의 혁명적 기치를 높이들고 사회주의, 공산주의 위업을 끝까지 완성하자
- 꾸바공화국 환경보호위원회 위원장과 한 담화
- 조선반도의 비핵화와 아세아, 태평양 지역의 평화와 안전에 관한 국제회의 참가자들에게 보낸 축하문
- 신년사
- 인민생활을 높이기 위한 경제과업들을 철저히 관철할데 대하여
- 유고슬라비아신문〈오슬로보줴니에〉책임주필이 제기한 질문에 대한 대답

■ 조선: 분렬, 전쟁, 통일 | 평양출판사

평양출판사, 1996

〈목차〉

■ 위대한 수령 김일성동지의 조국통일 유훈을 철저히 관철하자 | 김정일
  조선로동당출판사, 1997

  〈목차〉

    목차 없음

■ 민족단합의 전기를 마련한 4월남북련석회의 | 박사 부교수 리영환, 학사 안
  명일, 박사 부교수 박태호, 학사 부교수 임황해
  과학백과사전종합출판사, 1998

  〈목차〉

    머리말
    남북련석회의의 준비와 전민족적인 정치협상회의 진행
    4월남북련석회의를 계기로 남조선 각계층 인사들을 민족단합에로 이끈 위대
      한 감화력
    력사적인 4월남북련석회의결정 실현을 위한 투쟁
    4월남북련석회의가 가지는 력사적 의의

■ 민족대통일 전선을 실현하시는 길에서 | 조국통일민주주의전선 중앙위원회
  평양출판사, 1998

  〈목차〉

    1. 조국전선이 걸어온 자랑찬 로정의 갈피마다에
    2. 력사적인 4월남북련석회의를 잊지 못하시며
    3. 판문점 친필비에 깃든 불멸의 이야기
    4. 통일전선탑은 길이 전하리
    5. 〈조국통일상〉과 더불어

■ 온 민족이 대단결하여 조국의 자주적 평화통일을 이룩하자 | 김정일
  조선로동당출판사, 1998

  〈목차〉

    력사적인 남북조선 정당, 사회단체대표자 련석회의 50돐기념 중앙연구토론회
      에 보낸서한 주체87(1998)년 4월 18일

■ 미국에 있는 조국통일촉진회 회장 일행과 한 담화 |김일성
    조선로동당출판사, 2000
    〈목차〉

        목차 없음

■ 민족의 대단결로 조국통일을 이룩하자 |김일성
    조선로동당출판사, 2000
    〈목차〉

        목차 없음

■ 북남합의서의 채택은 우리의 커다란 승리이다 |김일성
    조선로동당출판사, 2000
    〈목차〉

        목차 없음

■ 우리 민족자체의 힘으로 조국을 통일하여야 한다 |김일성 저
    조선로동당출판사, 2000
    〈목차〉

        목차 없음

■ 민족대단결에 대하여 |김일성
    조선로동당출판사, 2001
    〈목차〉

        제국주의를 타도하자
        반일민족해방투쟁의 강화발전을 위한 공산주의자들의 임무(발취)
        조국광복회 10대 강령
        조국광복회창립선언
        조국광복회 조직을 급속히 확대해나가자(발취)
        조국공산주의자들의 임무(발취)

조선혁명가들은 조선을 잘 알아야 한다(발취)

민족통일전선을 형성하기 위하여 투쟁하자

진보적민주주의에 대하여

우리 나라에서의 맑스－레닌주의당건설과 당의 당면과업에 대하여(발취)

새 조선 건설과 민족통일전선에 대하여

모든 힘을 새 민주조선 건설을 위하여

민족운동자들과 한 담화

해방된 조선은 어느 길로 나갈것인가

허헌선생에게

민족통일전선문제에 대하여

진정한 민주주의자주독립국가를 건설하기 위하여 적극 투쟁하자

조선인민당 위원장 려운형과 한 담화

민주주의민족통일전선위원회를 결성할데 대하여

민주주의민족통일전선을 강화하기 위한 몇가지 문제에 대하여

남북협상방안에 대하여

남조선의 정당, 사회단체 지도자들에게 보낸 서한

북조선로동당 제2차대회에서 한 중앙위원회 사업총화보고(발취)

당중앙위원회 위원들의 역할을 높이며 남북조선 정당, 사회단체대표련석회의
    준비를 잘할데 대하여(발취)

북조선정치정세(발취)

김구와 한 담화

남조선단독선거와 관련하여 우리 조국에 조성된 정치정세와 조국통일을 위한
    투쟁대책

조선최고인민위원회의 대의원선거와 민전당면과업

조국통일민주주의전선결성에 대하여

조국의 평화적통일방책에 대한 선언서와 관련하여

남조선에 조성된 현정세와 조국전선앞에 나서는 당면한 몇가지 과업

조국의 통일위업을 위하여 모든 애국적 민주력량을 총집결하자

우리 당의 평화적조국통일방안을 실현할데 대하여(발취)

조국통일방책실현을 위한 공화국남반부지역 로동당단체들의 사업방향에 대
    하여(발취)

조선로동당 제3차대회에서 한 중앙위원회 사업총화보고(발취)

조선인민의 민족적명절 8.15해방 15돐 경축대회에서 한 보고(발취)

조선로동당 제4차대회에서 한 중앙위원회 사업총화보고(발취)
조선민주주의인민공화국 정부의 당면과업에 대하여(발취)
워싱톤에 있는 조선문제연구소 소장에게 보낸 회답서한(발취)

■ 애국애족의 통일방안 | 김태영
  평양출판사, 2001

〈목차〉

■ 조국의 자주적 통일을 위하여 | 김정일
  로녕민족 출판사, 2001

〈목차〉

■ 김정일장군 조국통일론 연구 ㅣ장석
  평양출판사, 2002

  〈목차〉

      제1장 김정일 장군의 통일관
      제2장 김정일장군의 조국통일 3대헌장론
      제3장 김정일장군의 민족자주론
      제4장 김정일장군의 민족대단결론
      제5장 김정일장군의 련방제통일론

■ 우리민족끼리: 통일의 대명제 ㅣ송국현 저
  평양출판사, 2002

  〈목차〉

      1. 〈우리 민족끼리〉란 무엇인가?
      2. 왜 〈우리 민족끼리〉인가
      3. 우리 민족끼리 통일하자

■ 북과 남이 힘을 합쳐 나라의 평화와 통일의 길을 열어 나가자 ㅣ김일성
  조선로동당출판사, 2002

  〈목차〉

      목차 없음

■ 온 민족의 단합된 힘으로 조국통일을 자주적으로 실현하자 ㅣ김일성
  조선로동당출판사, 2002

  〈목차〉

      목차 없음

■ 민족대단결의 구심 |대담: 백설송, 심혜영 / 편집 김명철

　　평양출판사, 2003

　　〈목차〉

　　　　1. 민족대단결의 구심 그 징표
　　　　2. 민족대단결의 등대
　　　　3. 민족대단결의 만년탑

■ 민족의 분렬을 방지하고 조국을 통일하자 |김일성

　　조선로동당출판사, 2003

　　〈목차〉

　　　　목차 없음

■ 조국의 자주적 통일을 위하여 |김정일

　　조선로동당출판사, 2003

　　〈목차〉

　　　　조국통일3대원칙
　　　　위대한수령 김일성동지의 조국통일 유훈을 철저히 관철하자
　　　　온 민족이 대단결하여 조국의 자주적 평화통일을 이룩하자

■ 조국통일 3대헌장에 대하여 |김일성

　　조선로동당출판사, 2003

　　〈목차〉

　　　　1. 조국통일의 3대원칙에 대하여－북과남사이의 고위급정치회담에 참가한 남
　　　　　　조선측 대표들과 한 담화 1972년 5월 3일, 11월 3일
　　　　2. 조선로동당 제6차대회에서 한 중앙위원회사업총화보고 －1980년 10월 10일
　　　　3. 조국통일을 위한 전민족대단결 10대강령 1993년 4월 6일

■ 조국통일문제 100문100답 | 심병철

　평양출판사, 2003

〈목차〉

　　1. 조국통일문제의 발생과 본질, 성격
　　2. 조국통일 3대헌장
　　3. 민족대단결 5대방침
　　4. 조선반도의 군축과 평화보장문제
　　5. 6.15 북남공동선언과 조국의 자주적 통일
　　6. 선군정치와 조국통일
　　7. 조선반도에서 일어난 사건과 위기

■ 6.15시대와 민족공조 | 최기환

　평양출판사, 2004

〈목차〉

　　1. 6.15시대의 탄생
　　2. 6.15시대의 민족공조
　　3. 민족공조의 생활력, 그 현장
　　4. 민족공조의 실현을 위한 과제

■ 우리민족제일주의와 조국통일 | 송승환

　평양출판사, 2004

〈목차〉

　　1. 우리 민족제일주의에 대한 리해
　　2. 우리 민족제일주의는 조국통일의 기치
　　3. 우리 민족제일주의기치밑에 조국통일위업을 추동하는데서 나서는 몇가지
　　　문제

■ 자주통일의 기치따라 ㅣ윤성식

  평양출판사, 2004

  〈목차〉

■ 조국통일과 미군철수 ㅣ엄국현

  평양출판사, 2005

  〈목차〉

■ 6.15 자주통일시대 ㅣ강충희, 원영수

  평양출판사, 2005

  〈목차〉

[평양상봉일화]

3. 6.15시대는 자주통일시대

4. 6.15북남공동선언의 기치밑에 전진해온 성스러운 5년

5. 민족의 태양 김정일장군님을 높이 받들어

■ 조국통일 3대공조 |강충희

평양출판사, 2005

〈목차〉

1. 3대공조에 대한 리해

2. 민족자주공조

3. 반전평화공조

4. 통일애국공조

■ 통일차표 팝니다 |리호근

문학예술출판사, 2005

〈목차〉

1. 백합한떨기(1980년대편)

2. 8월에 대하여(1990년대편)

3. 아, 6월 15일(200년대편)

4. 서울할머니

■ 민족주의의 구현과 조국통일 |박사 강충희

평양출판사, 2006

〈목차〉

1. 민족주의를 보는 새로운 시각

2. 민족문제의 해결과 민족자주

3. 민족주의의 구현 – 민족대단결

4. 진정한 민족주의와 6.15공동선언의 실현

5. 민족의 과제

■ 조선반도 평화보장문제 |엄국현, 윤금철

평양출판사, 2006

〈목차〉

1. 조선반도평화보장의 절박성
2. 조선반도평화보장의 장애요인
3. 조선반동 전쟁위기
4. 조선반도형화보장의 원칙적요구
5. 선군정치는 조선반도평화수호의 담보
6. 조선반도평화보장을 위한 합리적방도

■ 민족이 사는 길 |김봉호 저

평양출판사, 2007

〈목차〉

1. 민족은 없어지지 않는다
2. 잊어서는 안될 민족적수난
3. 내 민족은 내가 지켜야
4. 어길수 없는 민족의 생존방식
5. 갈라진 민족이 살길
6. 전쟁은 안된다
7. 지금은 민족이 각성할때
8. 민족의 운명을 생각하자

■ 6.15시대 통일운동의 과제 |엄국현 저

평양출판사, 2007

〈목차〉

1. 조국통일의 려명을 안아온 6.15 시대
2. 현시기 조선반도정세와 통일운동
3. 6.15 시대 통일운동의 방향과 과제

- 조국통일을 위한 력사적로정 |박사 김혜련, 류승일, 최금룡

  평양출판사, 2008

  〈목차〉

  1. 통일적민주주의자주독립국가건설을 위하여 [주체34(1945). 8 - 주체39(1950). 5]
  2. 미제의 무력침공을 물리치고 평화와 통일의 유리한 국면조성을 위하여 [주체39(1950). 6 - 주체49(1960). 5]
  3. 과도적북남련방제방안 제시, 평화통일운동의 적극화 [주체49(1960). 6 - 주체58(1969). 12]
  4. 북과 남사이의 접촉과 대화실현, 조국통일 3대원칙과 5대방침관철을 위하여 [주체59(1970). 1 - 주체69(1980). 9]
  5. 고려민주련방공화국창립방안의 제시, 민족대통일전선기초축성을 위하여 [주체49(1960). 6 - 주체58(1969). 12]
  6. 조국통일의 전환적국면조성을 위하여 [주체78(1989). 1 - 주체83(1994). 6]
  7. 선군의 기치 더 높이 추켜들고 조국통일의 새 전기마련을 위하여 [주체83(1994). 7 - 주체88(1999). 12]
  8. ≪우리 민족끼리≫ 기치높이 6.15자주통일시대를 펼치여 [주체89(2000). 1 - 주체97(2008). 5]

- 민족대단결을 위하여 |김일성

  조선로동당출판사, 알 수 없음

  〈목차〉

  제국주의를 타도하자 -타도제국주의동맹결성모임에서 한 보고 1926년 10월 17일

  반일민족해방투쟁의 강화발전을 위한 공산주의자들의 임무(발취)

  - 남호두에서 진행된 조선인민혁명군 군정간부 회의에서 한 보고 1936년 2월 27일
  - 반일민족통일전선운동을 더욱 확대 발전시킬데 대하여 조국광복회 10대 강령
  - 1936년 5월 5일

  조국광복회창립선언

  - 1936년 5월 5일

조국광복회 조직을 급속히 확대해나가자(발취)
 - 장백현 공의골밀영에서 진행된 조선인민혁명군 군정간부 및 정치공작원
   회의에서 한 연설 1936년 10월 7일
조선공산주의자들의 임무(발취)
 - 조선인민혁명군 대내기관지 '서광'에 발표한 론문 1937년 11월 10일
 - 조선공산주의자들의 당면임무 조선혁명가들은 조선을 잘 알아야 한다
   (발취)
 - 조선인민혁명군 정치간부 및 정치교원들 앞에서 한 연설 1943년 9월 15일
 - 당면한 몇가지 과업에 대하여 민족통일전선을 형성하기 위하여 투쟁하자
 - 정치공작원 및 평안남도공산당단체 일군협의회에서 한 연설 1945년 9월
   29일
진보적민주주의에 대하여
 - 평양로농정치학교 학생들앞에서 한 강의 1945년 10월3일
   1. 새조선 건설과 민주주의
   2. 우리 민주주의의 특징
우리 나라에서의 맑스-레닌주의당건설과 당의 당면과업에 대하여(발취)
 - 북조선공산당 중앙조직위원회창립대회에서 한 보고 1945년 10월 10일
 - 당의 정치로선에 대하여 새 조선 건설과 민족통일전선에 대하여
 - 각 도당 책임일군들앞에서 한 연설 1945년 10월 13일
모든 힘을 새 민주조선 건설을 위하여
 - 평양시환영군중대회에서 한 연설 1945년 10월 14일
민족운동자들과 한 담화-1945년 11월 5일
해방된 조선은 어느 길로 나갈것인가-신의주시군중대회에서 한 연설 1945년
   11월 27일
허헌선생에게-1945년 12월 20일
민족통일전선문제에 대하여-민주청년단체가 주초한 정치강좌에서 한 강의
   1945년 12월 22일
   1. 우리나라 혁명의 성격
   2. 통일전선운동의 력사적 경험
   3. 조선혁명의 당면임무와 민족통일전선
   4. 두가지

V. 경제

■ 남조선 경제는 어떻게 파괴 예속되였는가 |현호범

　조선 로동당 출판사, 1959

　〈목차〉

　　1. 남조선 경제에대한 미제의 식민지 예속화 정책
　　2. 남조선 공업의 파탄
　　3. 남조선 농촌 경리의 쇠퇴
　　4. 남조선 재정 금융 체계의 파탄
　　5. 남조선 인민 생활의 령락과 빈궁화

■ 남조선경제의 식민지적 성격: 8.15해방 15주년 기념 |과학원 경제법학 연구소

　과학원 출판사, 1960

　〈목차〉

　　제1장 남조선에 대한 미제의 식민지 경제 정책
　　제2장 남조선에 류포되고 있는 부르죠아경제 ≪리론≫의 반동적 본질
　　제3장 공업에서 예속성과 편파성의 심화
　　제4장 ≪농지 개혁≫후 농업 관계
　　제5장 재정-금융 체계
　　제6장 인민의 빈궁화
　　제7장 미제와 리승만 도당을 반대하는 인민들의 투쟁

■ 남조선에 대한 ≪미국경제≫원조와 그 후과 |리동탁

　과학원 출판사, 1963

　〈목차〉

　　서문
　　제1장 미국≪대외 원조 계획≫의 정치 경제적 기초
　　제2장 남조선에 대한 미제의 식민지 예속화 정책과 지배체계
　　제3장 남조선에 대한 미국≪경제 원조≫의 군사적 성격
　　제4장 남조선 경제에 대한 미국≪경제 원조≫의 파괴적 작용
　　결론

■ 미제 강점 하의 남조선: 경제편 | 우태순 편저

조선로동당출판사, 1963

〈목차〉

제1장 미제의 남조선에 대한 식민지 경제정책
제2장 남조선 공업의 식민지적 예속성과 편파성의 심화
제3장 미제에 의한 남조선 운수의 식민지적 예속성
제4장 남조선 농업의 전면적 파탄
제5장 남조선 수산업의 파국적 위기
제6장 미국 독점 자본에 예속된 남조선의 대내외 상업
제7장 미제의 식민지적 군사 기지화 정책에 복무하는 남조선의 재정금융
제8장 남조선 인민들의 비참한 생활처지
제9장 남조선에서의 민주주의적 개혁과 민족경제의 복구 발전을 위한 우리
당의 방침

■ 남조선 농촌의 생산관계와 착취구조 | 윤상우

조국사, 1967

〈목차〉

머리말
제1장 남조선농촌의 생산관계
제2장 남조선농촌의 착취구조
제3장 남조선에서의 농업생산력의 파탄과 농민들의 참혹한 처지

■ 미제침략의 길잡이: 남조선의 매판자본 | 조국통일사 편

조국통일사, 1969

〈목차〉

머리말
1. 미제와 남조선매판자본
2. 매판자본의 경제적특징
3. 매판자본은, 조선인민의 민족적 및 계급적 원쑤
맺는말
부록-남조선의 중요 재벌들

■ 자본주의 제도의 반동성과 부패성 |조국통일사 편
  조국통일사, 1972

  〈목차〉

    제1장 자본주의는 근로대중을 억압하며 착취하는 반동적인 사회
    제2장 현대자본주의의 반동성과 교활성
    제3장 극도에 이른 현대자본주의의 기생성과 부패성
    제4장 남조선사회는 극도로 썩고 병든 반동적인 식민지봉건사회
    제5장 멸망의 길로 줄달음치고있는 현대자본주의

■ 박정희 괴뢰도당의 경제≪근대화≫책동의 반동성 |황한욱, 김정기
  조국통일사, 1976

  〈목차〉

    머리말
    제1장 ≪근대화≫간판밑에 미제가 남조선에서 실시하는 식민지경제정책의 특
        징
    제2장 ≪외자도입≫책동의 강화
    제3장 미제의 식민지통치의 사회경제적지반을 강화하기 위한 박정희괴뢰도당
        의 책동
    제4장 남조선경제의 군사화를 다그치기 위한 박정희 괴뢰도당의 책동
    제5장 남조선경제의 예속과 파탄의 심화
    제6장 박정희괴뢰도당의 경제≪근대화≫책동에 의한 남조선인민들의 생활처
        지의 악화
    맺는말

■ 남조선에 류포되고 있는 부르죠아 경제이론 비판 |리행호
  사회과학원출판사, 1976

  〈목차〉

    머리말
    1장 남조선에 류포되고 있는 부르죠아 경제리론의 특징
    2장 ≪경제근대화론≫의 반동적본질
    3장 ≪경제성장론≫의 반동적본질

■ 남조선에 류포되고 있는 '경제근대화론'의 반동적 본질과 그 후과 ㅣ리행호
　　과학 백과사전출판사, 1978

〈목차〉

■ 남조선 경제(경제학부용) ㅣ김일성종합대학 학사 석두관
　　김일성종합대학출판사, 1978

〈목차〉

■ 남조선사회경제구조 ㅣ정성원
　　조국통일사, 1979

〈목차〉

제2장 남조선의 식민지적인 사회경제제도밑에서의 근로인민들에 대한 착취관계
제3장 남조선의 식민지적인 사회경제제도밑에서 착취계급의 치부의 증대와
    인민대중의 가난과 무권리
제4장 남조선의 식민지적인 사회경제제도의 전면적 위기와 파탄

■ 제국주의국제금융제도와 그 위기 ㅣ준박사, 부교수 전영호
  김일성종합대학출판사, 1980

〈목차〉

머리글
제1편. 제국주의국제통화제도의 형성과 그 위기의 심화
  제1장 금본위제와 제국주의통화제도의 형성
  제2장 금본위제의 파탄과 제국주의통화제도의 혼란
  제3장 기형적금본위제와 그의 파탄후 조성된 제국주의통화위기의 심화
  제4장 제국주의자들에 의한 국제통화제도의 조작과 그 위기의 심화
  제5장 제국주의 통화위기의 집중적발현으로서의 인플레적위기와 환자파동
제2편 제국주의금융제도의 형성과 그 위기의 심화
  제6장 제국주의국제금융제도의 형성과 그 위기의 심화
  제7장 제국주의국제금융기구들의 조작과 그의반동성
  제8장 제국주의국제금융거래와 그 위기의 심화

■ 미국독점자본주의 해외팽창과 그 특징 ㅣ황한욱
  과학백과사전출판사, 1980

〈목차〉

제1장 미국독점자본의 해외팽창의 특징
제2장 세계 원료, 동력 자원에 대한 독점적 지배와 략탈
제3장 다른 나라 주요공업부문에 대한 침투의 강화와 지배
제4장 자본주의 세계무역과 국제금융에 대한 예속화와 지배
제5장 남조선에 대한 미국독점자본의 침투와 그 후과
제6장 미국독점자본의 해외팽창의 위기

- 남조선에서의 '경제성장'의 허황성 | 조국통일사 편

  조국통일사, 1980

  〈목차〉

- 미제의 남조선 경제침략사 | 김일성종합대학 부교수 석두관

  김일성종합대학출판사, 1985

  〈목차〉

- 남조선경제의 식민지적 예속성과 기형성 | 손종철

  조선로동당출판사, 1986

  〈목차〉

■ 남조선경제는 미제의 완전한 식민지 예속경제 ㅣ박사 손종석
   사회과학출판사, 1989
⟨목차⟩

■ 미제식민지지배하의 남조선농촌경제구조 ㅣ신상흡
   백과사전출판사, 1989
⟨목차⟩

■ 돈이 인간을 지배하는 자본주의 사회경제관계에 대한 연구 ㅣ리복희
　사회과학출판사, 1994

〈목차〉 ──

VI. 사회

■ 남조선 인민들의 빈궁과 무권리 |조선로동당출판사 편

　　조선로동당출판사, 1955

〈목차〉

　　머릿 말
　　1. 민족 산업과 농촌 경리의 파괴
　　2. 인민들의 빈궁
　　3. 인민들의 무권리

■ 빈궁의 땅 암흑의 천지 남조선 |최명소

　　조선로동당출판사, 1959

〈목차〉

　　머리말
　　1. 실업자와 류랑 고아의 홍수
　　2. 참혹한 로동자들의 생활
　　3. 농촌은 굶주림의 도가니
　　4. 암흑의 천지

■ 남조선에 부식되고 있는 ≪미국식생활양식≫의 정체 |최명소, 서용식

　　조선로동당출판사, 1960

〈목차〉

　　1. 〈미국식 생활 양식〉의 특징
　　2. 남조선에서 〈미국식 생활 양식〉이 빚어 낸 사회적 참상과 후과

■ 남조선 청년학생들의 무권리한 생활 |조선로동당출판사 편

조선로동당출판사, 1960

〈목차〉

머리말
1. 참을 수 없는 생활 고통
2. 저주로운 괴뢰군살이
3. 교육난
4. ≪미국식 생활 양식≫의 침습
5. 청년학생들의 투쟁

■ 실업과 빈궁에 시달리는 남조선 로동자들의 생활형편 |편집 서용식

조선 로동당 출판사, 1960

〈목차〉

목차 없음

■ 남조선농민들의비참한생활형편 |글 박태원, 그림 전외남

조선로동당출판사, 1960

〈목차〉

1. 남조선농촌 경리는 왜 파괴되였는가
2. 땅을 요구하는 남조선 농민들에게 미제와 괴뢰도당은 무엇을 주었는가
3. 남조선 농민들은 어떻게 착취당하고 있는가
4. 남조선 농민들의 비참한 생활형편
5. 미제와 괴뢰도당을 반대하는 남조선 농민들의 투쟁

■ 현시기 남조선 인민투쟁과 그 특징 |편집 배구락

조선로동당출판사, 1961

〈목차〉

서론
1. 4월 인민봉기와 미제의 식민지통치 위기의 심각화
2. 4월 인민봉기 이후 남조선 인민들의 투쟁과 그의 특징
결론

■ 남조선 인민들의 처지와 동향 |편집 백승순

　조선로동당출판사, 1962

〈목차〉

　머리말
　1. 남조선인민들의 정치적 무권리
　2. 남조선인민생활의 령막과 그들의 정치사상적 동향
　3. 맺는말

■ 미제 강점하의 남조선: 교육편 |김택원 외 저

　조선로동당출판사, 1963

〈목차〉

　머리말
　제1장 남조선교육제도는 가장 반동적이며 반인민적인 식민지노예교육제도
　제2장 남조선교육은 부르죠아사회의 교육학에 기초하고 있는 가장 반동적인
　　　　교육
　제3장 남조선에 대한 미제의 식민지노예교육정책의 악독한 후과와 그를 반대
　　　　하는 청년학생들의 투쟁
　맺는말

■ 남조선 로동운동: 조선 로동당 력사 연구 참고자료 |김량제

　조선로동당출판사, 1963

〈목차〉

　제1장 8.15 해방 이후 전쟁시기까지의 남조선 로동운동(1945.8~1953.7)
　제2장 전후 남조선 로동운동(1953.8~1960.3)
　제3장 4월 인민 봉기 이후 남조선 로동운동(1960.4~1961.5)

■ 남조선 학생 운동 |박형일, 리정관, 김태종, 편집 김형룡

　조선로동당출판사, 1964

〈목차〉

　1장 해방직후의 남조선 학생운동(1945년8월~1947년12월)

2장 미제의 침략전쟁 도발 준비 시기의 남조선 학생운동(1948년1월~1950년
5월)

3장 위대한 조국 해방 전쟁 시기의 남조선 학생 운동(1950년6월~1953년7월)

4장 정전 이후 4월 인민 봉기 시기까지의 남조선 학생 운동(1953년8월~1960년
4월)

5장 4월 인민 봉기 이후 시기의 남조선 학생 운동(1960년4월 이후)

6장 남조선 학생 운동의 기본 특징 및 교훈과 과업

■ 남조선 로동계급의 빈궁화 | 윤영호 저

조선로동당출판사, 1965

〈목차〉

머리말

제1장 남조선 로동계급의 빈궁화의 사회 경제적 근원

제2장 남조선 로동계급의 빈궁화

제3장 남조선 로동계급의 투쟁

맺는말

■ 미국식생활양식과 남조선에 미친 그 후과 | 김형룡 편

조선로동당출판사, 1965

〈목차〉

1. 미국식생활양식의 반동적 본질

2. 남조선에 미국식 생활양식을 부식시키기 위한 미제의 책동

■ 애국의 피로 물든 4월의 광장 | 조선 사회주의 로동 청년동맹 출판사 편

조선사회주의로동청년동맹출판사, 1965

〈목차〉

4월 인민봉기에 대하여

4월 인민봉기의 사회경제적 요인

4월 인민 봉기의 투쟁 실태

4월 인민봉기의 교훈과 그 력사적 의의

4.19정신은 살아있다

피흘린 4월의 애국용사들

리 종량/ 장기수/ 강수영/ 로희두/ 송규석/ 전무영/ 박동훈/ 김치호/ 안승준 / 리상현/ 김현기/ 김재복/ 김영길/ 김완구, 박봉환/ 조현대/ 리근형/ 오성원/ 김주렬/ 진영숙/ 조주광/ 전한승

시, 일기, 수기

오빠와 언니는 왜 총에 맞았나요?

장하게 죽은 내 아들은 또한 장하게 살았다

너는 그 날 무엇을 하고 있었느냐?

일기

살아 있는 한 원쑤를 반대하여 싸워야 한다

■ 남조선에 대한 미제의 식민지노예교육정책과 그 후과 ㅣ송재구

조국사, 1966

〈목차〉

머리말

제1장 남조선교육제도의 반동적 본질

제2장 교육내용과 교육방법의 반동적본질

제3장 남조선에서의 미제식민지노예교육정책의 후과

제4장 미제의 식민지 노예교육제도를 반대하는 남조선 청년학생들의 투쟁

맺는말

■ 미제 식민지 통치하의 남조선: 교육편 ㅣ송재구

조국통일사, 1974

〈목차〉

머리말

1장 남조선교육제도는 가장 반동적이며 반인민적인 식민지노예교육제도

2장 남조선교육은 부르죠아사회의 교육학에 기초하고 있는 가장 반동적인 교육

3장 남조선에 대한 미제의 식민지노예교육정책의 악독한 후과와 그를 반대하는 청년학생들의 투쟁

맺는 말

■ 미제식민지통치하의 남조선(보건편) |홍순원

조국통일사, 1977

■ 전후 남조선청년학생운동 |사회과학원 력사연구소 현대사 연구실

과학백과사전출판사, 1977

〈목차〉

■ 조선문제 기록 ㅣ와까바야시 히로시
　외국문출판사, 1981

　〈목차〉

　　　일본의 로동자와 조선
　　　제1장 조선민주주의인민공화국 방문
　　　제2장 남조선-≪한국≫에 대한 고찰
　　　제3장 일본사람들속에서의 조선문제

■ 남조선의 반파쑈 민주화 투쟁 ㅣ조선로동당출판사 편
　조선로동당출판사, 1981

　〈목차〉

　　　1. 남조선인민투쟁은 계속 완강히 벌어지고 있다
　　　2. 남조선의 반파쑈민주투쟁은 새로운 양상을 띠면서 발전하고 있다
　　　3. 해외교포들속에서도, 국제적으로도 반전두환투쟁과 기운이 높아가고 있다

■ 날로 더욱 높아가는 남조선의 반미반전두환 투쟁 ㅣ재일조선인총연합회 중
앙상임위원회
　재일본조선인총련합회, 1982

　〈목차〉

　　　△ 반미, 반전두환투쟁이 남조선에서 치렬하게 벌어지고있습니다
　　　△ 광범한 인민들속에서 반미감정,반미기운이 높아지고있습니다
　　　△ 반미투쟁은 남조선인민들의 미제에 대한 분노의 폭발이며 미제의 식민지
　　　　통치가 빚어낸 필연적인 결과입니다
　　　△ 새로운 높은 단계에로 발전한 남조선인민들의 반제반파쑈민주화투쟁은 미
　　　　제와 전두환도당에게 심대한 타격을 주고 있습니다

■ 배움의 길이 막힌 암흑의 땅 남조선 ㅣ김윤일
　조선로동당출판사 편, 1986

　〈목차〉

　　　머리말

1. 남조선의 식민지노예교육제도
2. 썩은내 풍기는 반동적교육내용
3. 엉망진창이 된 교육환경
4. 학생들과 교원들의 암담한 생활처지
맺는말

■ 남조선사회는 〈부익부, 빈익빈〉의 반인민적 사회 |박동근
　　조선로동당출판사, 1989

〈목차〉

머리말
1. 남조선에서의 〈부익부, 빈익빈〉은 미제의 식민지예속화정책의 필연적 산물
2. 남조선사회는 부자는 더 큰 부자로 되는 반동적 사회
3. 남조선사회는 가난한 사람은 더욱더 가난하게 되는 반인민적 사회
4. 남조선에서 〈부익부, 빈익빈〉을 없애는 길
맺는말

■ 지옥에서 락원으로(2판) |김영선
　　금성청년출판사, 1990

〈목차〉

1. 푸른 꿈은 어디
2. 인간은 상품인가
3. 감옥의 땅
4. 조선이 살게하라
5. 불타는 거리에서
6. 민심은 어디로 흐르나
7. 해님따라 별님따라

■ 남조선의 인권실상 | 인권연구및 교류협회
  평양출판사, 1993

〈목차〉

1. 민주주의와 인권유린의 제도적 장치
2. 민주주의의 폐허지대
3. 인권의 동토지대
4. 정보, 사찰, 모략의 〈진렬장〉
5. 민주인권유린의 극치
6. 남조선의 민주, 인권 부재와 미국

VII. 사상 및 역사

■ 남조선에 대한 미제의 사상적 침투의 반동적 본질 |철학연구소

　　사회과학출판사, 1975

　〈목차〉

　　　머리말

　　　1. 남조선에 대한 미제의 사상적 침투의 일반적특징

　　　2. 미제가 남조선에 침투시킨 ≪반공≫사상과 숭미사대주의의 반동적 본질

　　　3. 남조선에 대한 미제의 식민지파쑈통치제도를 변호하는 ≪리론≫들의 반동
　　　　적 본질

　　　4. 남조선에 대한 미제의 사상적침투의 중요수단으로서의 현대부르죠아반동
　　　　철학

■ 미제가 남조선에 퍼뜨리고있는 부르죠아인생관의 반동적 본질 |김명호

　　과학백과사전출판사, 1978

　〈목차〉

　　　머리말

　　　1. 주체의 혁명적인생관은 온갖 반동적부르죠아인생관을 철저히 극복하기 위
　　　　한 가장 위력한 무기

　　　2. 극단한 리기주의와 황금만능주의로 일관된실용주의 인생관의 반동성과 해
　　　　독성

　　　3. 비판주의와 허무주의로 일관된 실존주의 인생관의 반동성과 해독성

　　　4. 노예적굴종사상으로 일관된 예수교인생관의 반동성과 해독성

　　　맺는말

■ 사상문화적침투, 신식민주의적, 반동적사상≪공세≫, ≪반공≫선전, 사상
　문화적침략기구, 부르죠아반동리론, 부르죠아반동철학리론, 부르죠아반동
　사회학리론 |강석희

　　과학백과사전출판사, 1987

　〈목차〉

　　　머리말

　　　제1장 조선침략의 길을 개척하며 침략지반을 닦기 위한 미제의 사상문화적침
　　　　략(19세기중엽－1910.8)

제2장 일제강점시기 조선에 대한 식민지지배를 준비하기 위한 미제의 사상문
화적침략(1918.9-1945.8)

제3장 미제침략군의 남조선강점, 사상문화적침략의 지반을 꾸리기 위한 미제
의 책동(1945.8-1945.8)

제4장 괴뢰정권을 통한 사상문화적침투체계의 수립, 침략전쟁 수행을 위한
미제의 사상문화적침투(1948.8-1953.7)

제5장 전후 남조선에서의 식민지통치위기를 수습하기 위한 미제의 사상문화
적침투, 무지와 몽매, 타락의 지배(1953.7~1960.4)

제6장 남조선에서 파국에 처한 식민지통치를 유지하기 위한 미제의 사상문화
적침투. 미제의 왜색, 왜풍의 범람(1960.4-1979.10)

제7장 군사파쑈독재체제와 식민지통치를 계속 부지하기위한 미제의 사상문화
적침투, 남조선인민들의 반미자주화투쟁의 발전(1979.10-1982.5)

맺는말

■ 「민족사적 정통성론」 비판 |민족권, 민족해방국제동맹 스위스지부 한국문제
연구반 편

평양출판사, 1990

〈목차〉

머리말
제1장 민족사적 정통성 정립
제2장 국가의 법통성론
제3장 역사정립 사상적 정통성론
맺는말

■ 독도이야기 |교수, 박사 조희승 / 학사 황명철

사회과학출판사, 2007

〈목차〉

제1장 독도상식
제2장 동해의 개척, 독도의 발견과 령유
제3장 안룡복사건을 통해본 독도의 조선령유권
제4장 일제의 독도침략책동과 변함없는 독도강탈야망

VIII. 문화 예술

■ 남조선의문학예술 ┃오장환
  조선인민출판사, 1948

  〈목차〉

  서두
  인민항쟁을 통하여
  문화공작단에서
  북조선에서

■ 문예전선에 있어서의 반동적 부르죠아 사상을 반대하며 3 ┃조선작가동맹출
  판사 편
  조선 작가동맹 출판사, 1958

  〈목차〉

  남조선에서 미제가 류포하는 부르죠아 반동미학의 본질: 청암
  미학분야에서의 수정주의를 반대하여: 김민혁
  형식주의의 첨단을 걷는 반동문학: 게 북
  반동 작가 박계주의 반인민적 정체: 강농수
  모 윤숙의 반동적 시 작품들의 본질: 방창락
  고전 유산과 전통의 옹호를 위하여: 윤세평

■ 남조선 문화의 파멸상 ┃송국진
  조선로동당출판사, 1959

  〈목차〉

  머리말

■ 남조선에 류포되고 있는 반동적 문예사상의 본질 ｜박종식, 한중모 공저
과학원출판사, 1963

〈목차〉

■ 남조선 반동문학과 구미 부르죠아 반동문예사상의 영향 ｜김해균
사회과학원출판사, 1965

〈목차〉

■ 남조선에 퍼져있는 반동적부르죠아 언어리론비판 ｜재일본 조선인 대학교
교원 박재수 저
김일성종합대학출판사, 1981

〈목차〉

1장 주체사상은 부르죠아언어리론비판의 세계관적, 방법론적 지침
2장 자본주의나라들에 퍼져있는 반동적부르죠아언어리론 비판
3장 남조선에서의 반동적부르죠아 언어리론의 수입과 그 전개에 대한 비판
4장 남조선에 퍼져있는 반동적부르죠아 언어리론의 해독적후과

■ 세나라시기 언어력사에 관한 남조선학계의 견해에 대한 비판적 고찰 |김
수경
　평양출판사, 1989

〈목차〉

1. 고구려말이 신라말과 다른 언어였다고 하는데 대하여, 다시말하여 세나라
시기 고구려, 백제, 신라의 언어관계문제에 대하여
2. 고구려말이 알타이제어, 조선어 및 일본어를 련결하는 고리라고 하는데 대
하여, 다시 말하여 조선어의 계통문제에 대하여
3. 고구려말이 국어사의 대상으로 될 수 없다고 하는데 대하여, 다시 말하여
조선어발달에서의 고구려말의 역할문제에 대하여
4. 언어연구에서 민족자주의식을 튼튼히 지녀야 하는데 대하여, 다시 말하여
민족어의 통일적 발달을 위한 남북언어학자들의 과업문제에 대하여

■ 남조선민중문학의 발전과 특징 |준박사 김원택
　사회과학출판사, 1992

〈목차〉

머리말
제1장 민중문학의 사상리념적기초와 그 진보적성격
제2장 민중문학의 창작방법과 발생의 필연성
제3장 민중문학의 발생발전과 창작가들의 투쟁
제4장 남조선민중문학의 다양한 발전
제5장 민중문학의 사상주제적특징
제6장 민중문학의 예술적 특징
제7장 민중문학의 제한성과 전망

■ (박종식 평론집)북과 남, 해외 시의 피줄도 하나 ㅣ박종식
평양출판사, 2001

〈목차〉

1. 주체태양의 품에 안겨 영생하는 혁명시인
   - 시인 조기천의 시세계를 론함
2. 사랑과 증오의 미학
   - 시인 백인준의 시세계를 론함
3. 주체문학이 낳은 시대의 가수
   - 시인 김상오의 시세계를 론함
4. 시인의 시적개성과 시정신의 높이
   - 박산운시집〈내 고향을 가다〉를 읽고
5. 주체태양의 품속에서 성장한 시와 시인
   - 최승칠의 시들을 읽고
6. 시대의 타오르는 불꽃, 시인의 격동하는 파도소리
   - 고은의 시세계

주요 남한연구자 목록

저자	연구분야(학위 및 직위)
간덕일	경제
강남수	법; 국내정치(학사)
강동칠	군사
강명수	국내정치
강석주	법; 대외관계; 통일; 문화예술
강석희	사상
강성룡	국내정치
강성오	통일
강순익	경제(재일본조선인과학자협회 조선문제연구소)
강승춘	통일
강인준	경제(준박사)
강정덕	사회
강창남	경제
강천문	국내정치; 사회; 사상
강철수	경제(학사)
강춘식	대외관계; 경제
강충희	통일(박사)
강필순	대외관계; 경제
강행우	경제(재일본조선인과학자협회 조선대학)
강현만	국내정치(박사)
강희봉	대외관계; 통일
경룡일	통일; 문화예술
경 일	문화예술
계정복	국내정치; 대외관계; 군사; 통일; 사회
계춘봉	경제(학사)
고기철	역사(학사)
고병운	경제(조선대학교 력사지리학부 지리강좌)
고병초	경제
고 철	역사(학사)
고철재	국내정치; 대외관계
고학춘	사상

곽호일	대외관계; 군사
권정혁	사회
길만호	법; 국내정치; 대외관계; 군사; 통일; 경제; 사회; 역사
김경석	경제(박사)
김경현	법; 국내정치; 대외관계; 군사; 경제; 사회
김경호	대외관계; 정치변동
김계순	대외관계; 정치체제
김계익	통일(준박사)
김관섭	군사; 통일
김광수	통일; 경제; 사회
김광순	경제(부교수)
김광일	법; 국내정치; 경제
김광정	국내정치; 대외관계; 사회
김광진	대외관계
김광철	문화예술
김광혁	경제
김교식	통일
김구식	군사; 통일; 경제
김국한	사상
김귀동	경제(조선대학교 문학역사학부)
김규승	법
김금남	사상(학사)
김금석	문화예술
김기대	경제
김기호	국내정치; 경제(강좌장)
김길신	법; 대외관계(박사, 부교수)
김덕부	통일(학사, 부교수)
김덕호	국내정치
김동철	국내정치; 사상
김두선	경제(학사)
김득삼	경제(준박사)
김량제	경제; 사회

김룡남	국내정치
김룡수	통일
김룡진	통일(학사)
김룡호	국내정치; 대외관계; 군사
김만혁	대외관계; 통일(학사)
김명남	경제
김명렬	경제(박사,부교수)
김명수	대외관계(조선총연중앙본부참사)
김명옥	법; 대외관계; 경제(준박사)
김명호	사상
김문웅	국내정치; 대외관계
김백남	대외관계
김범룡	국내정치; 대외관계; 경제(경제학 준박사)
김병원	법; 국내정치; 대외관계; 경제
김병주	사회
김봉남	대외관계; 사상
김봉덕	통일(학사)
김봉식	대외관계; 군사
김봉철	법; 사상(박사, 부교수)
김봉호	통일
김상협	통일
김상형	국내정치
김석형	대외관계; 통일; 역사(원사)
김선철	법; 국내정치; 대외관계; 군사; 통일; 사상
김성길	국내정치
김성남	대외관계; 사회(조선녀성 본사기자)
김성도	사회(김형직사범대학 준박사, 김형직사범대학 정치경제학강좌)
김성룡	국내정치; 문화예술
김성호	법(학사)
김세영	문화예술(인민배우)
김세익	역사
김소영	대외관계; 경제

김수경	문화예술
김수대	경제; 역사(조선대학교 문학역사학부, 비상근강사)
김수용	경제(준박사)
김수천	군사; 통일
김수희	사상
김 순	대외관계; 군사
김승준	경제
김양호	경제(학사)
김양환	통일(박사, 부교수)
김연성	사회; 문화예술
김영덕	사회
김영선	사회
김영수	국내정치; 사상
김영일	법
김영주	대외관계; 통일
김영진	통일
김영철	국내정치; 대외관계; 사회(사로청중앙위원회)
김영한	경제(교원선전수첩 본사기자)
김영황	문화예술(언어학학사)
김영히	국내정치; 대외관계; 통일; 사회
김완선	사상(박사, 교수)
김용철	법; 국내정치
김 원	국내정치
김원국	사상(준박사, 부교수)
김원선	경제(학사, 부교수)
김원택	국내정치; 사회; 사상. 문화예술(준박사)
김윤순	경제; 사회
김윤일	사회
김윤환	국내정치; 대외관계; 통일
김은숙	사회
김은철	국내정치
김은택	대외관계(박사,부교수)

김인식	국내정치
김일만	국내정치; 사회
김장철	경제
김재명	국내정치; 대외관계
김재서	경제(박사, 교수)
김재석	대외관계(학사)
김재연	법(조선사회민주당 중앙위원회선전부장)
김재은	경제(경제학학사)
김재현	국내정치
김재환	사회(준박사)
김정국	대외관계(학사)
김정남	국내정치
김정렬	국내정치; 대외관계; 군사
김정방	법; 국내정치; 대외관계; 통일
김정수	국내정치; 대외관계
김정숙	법(준박사, 부교수)
김정혁	경제; 사회
김정혜	사상(평양외국어대학철학강좌)
김정호	군사; 경제
김종부	사회(인민교육 본사기자)
김종태	국내정치(통일혁명당 서울시위원회위원장)
김종항	통일
김종회	경제(재일본조선인과학자협회 조선대학)
김주섭	대외관계
김주철	사상(박사, 교수)
김주호	국내정치; 대외관계; 통일; 경제; 사회(준박사, 부교수)
김중건	군사; 경제
김진명	군사
김진철	국내정치; 사회
김진태	국내정치; 대외관계; 군사
김찬호	대외관계; 군사
김창근	경제(학사)

김창길	국내정치; 사회
김창렬	국내정치; 대외관계; 사상(박사)
김창룡	통일
김창우	경제
김창원	통일(박사, 교수)
김창주	사회
김창혁	대외관계; 경제
김창형	국내정치; 통일; 사회; 사상
김창호	사회(사회과학원실장 준박사, 부교수)
김천해	대외관계; 군사
김 철	사상
김철수	경제; 사회
김철용	경제(준박사)
김철웅	국내정치; 사상
김철현	사회
김철희	법; 대외관계; 사상및역사(철학박사)
김춘선	법; 국내정치; 대외관계; 군사; 통일; 사회; 문화예술
김춘점	경제(준박사, 부교수)
김태섭	문화예술(준박사)
김태영	통일
김태현	문화예술
김태화	통일
김택원	사회
김하명	문화예술
김학철	국내정치
김해균	문화예술
김해철	통일
김 현	경제; 사회(국제관계대학 부교수)
김현일	통일(학사)
김형기	법(학사)
김형룡	국내정치; 사회
김형석	경제(학사)

김형우	대외관계; 통일
김형일	경제; 사상
김형준	국내정치
김혜련	통일(박사)
김혜선	경제(학사)
김호영	사회
김홍규	통일
김홍일	경제(학사)
김화천	국내정치; 경제(박사, 교수)
김 훈	군사; 통일
김흥곤	국내정치(박사)
김희일	대외관계; 사회(력사학학사)
남기혁	법; 국내정치; 대외관계; 군사; 통일; 경제; 사회
남상팔	국내정치; 대외관계; 군사; 사회; 사상(교원선전수첩 본사기자)
남성철	국내정치; 대외관계; 통일
남승일	사상(청진제1사범대학)
남철진	법
남학철	통일(김종태해주제1사범대학)
남 혁	통일
도남철	사상
도남칠	사상(학사)
독고원식	통일; 사회
라정근	경제
량봉선	대외관계(학사)
량창일	통일(박사, 교수, 김일성종합대학강좌장)
려승철	대외관계
려연구	통일; 대외관계; 사회
렴태준	통일
로승일	대외관계; 경제; 사상(학사)
로영식	경제(청진제1사범대학강좌장)
류경만	법; 국내정치(학사, 부교수)
류계환	경제

류근대	경제; 사상
류성진	대외관계
류성호	대외관계(김일성정치대학)
류수경	문화예술(조선영화 본사기자)
류시남	통일; 사회
류영철	경제(학사)
류운수	경제(학사)
류 은	국내정치; 대외관계; 사회
류익수	국내정치
류창하	문화예술
류춘일	사상(평양기계대학)
류 현	문화예술
류호준	국내정치; 통일; 사회
리 갑	국내정치; 사회
리경영	경제(박사, 부교수)
리경철	법; 통일(학사)
리광진	대외관계; 경제; 사회
리근평	국내정치; 경제; 사회; 문화예술
리근환	경제(박사, 교수)
리금성	경제(학사)
리기반	경제(박사,부교수)
리기석	국내정치; 대외관계; 군사; 사회
리기수	국내정치; 대외관계; 사회
리기엽	사회
리기원	문화예술(박사)
리도준	통일
리돈구	대외관계
리동춘	국내정치; 대외관계; 사회
리동탁	경제
리두전	사회
리룡덕	통일(학사, 부교수)
리명서	경제(박사, 후보원사교수)

리명숙	경제(학사, 부교수)
리명준	대외관계; 군사
리몽호	통일
리문환	국내정치; 대외관계; 군사
리병렬	군사
리복희	경제
리삼실	대외관계; 사상
리상현	문화예술
리석재	군사; 대외관계
리성일	법(학사)
리성혁	통일(학사)
리성호	통일
리성환	사상(학사)
리 송	국내정치; 사회
리수영	국내정치; 대외관계; 군사(학사)
리순덕	통일
리승엽	국내정치; 군사; 통일
리승집	경제(박사, 준교수)
리승필	대외관계; 문화예술
리승혁	대외관계; 통일
리신순	경제(준박사)
리영근	사회
리영남	경제(학사)
리영묵	국내정치; 대외관계
리영성	사회
리영옥	대외관계; 사회
리영준	경제; 사회
리영철	사회
리영환	대외관계; 통일; 경제; 사회; 사상(박사, 사회과학원실장 부교수)
리왈수	국내정치; 통일
리 용	경제(포항공업대학)
리우감	사회(조선체육대학 김책공업대학학생)

리원경	경제(원사, 교수)
리원곤	문화예술
리원철	사상(학사, 부교수)
리응필	법(박사, 교수)
리인간	사상(준박사,부교수)
리인상	사회
리재권	사상(준박사, 부교수)
리재도	법; 사상
리정관	통일
리정근	국내정치; 대외관계; 군사; 통일; 사회
리정륭	국내정치(학사, 부교수)
리정삼	사회(원산경제대학준박사)
리정수	국내정치; 경제
리정헌	대외관계; 경제(사회과학원 주체경제학연구소)
리정희	대외관계
리종문	국내정치; 사상
리종석	경제
리종익	통일(박사,부교수)
리종표	국내정치; 문화예술
리종학	국내정치; 대외관계; 군사
리주민	경제(준박사)
리준하	문화예술
리중현	경제(준박사, 부교수)
리지호	사상
리지홍	문화예술(학사, 부교수)
리진규	문화예술
리찬업	경제(안주공업대학강좌장)
리창선	군사; 대외관계
리창세	사상(학사, 부교수)
리창환	경제(학사)
리 철	대외관계; 사상(학사)
리충일	법

리 탁	대외관계; 경제
리택권	법(학사, 부교수)
리평선	경제(학사)
리평재	경제(준박사)
리학봉	대외관계; 통일
리해연	사상
리행현	국내정치; 사회
리행호	경제(준박사)
리 혁	경제(학사)
리현숙	법; 사회(학사)
리형국	국내정치; 통일; 사회
리호근	통일
리호식	사상
리 환	경제
리 황	법(학사)
리효범	사회; 문화예술
림기우	국내정치; 통일; 사상
림동건	경제(박사, 부교수)
림동옥	통일
림동춘	법; 대외관계; 통일(박사, 부교수)
림성진	사회(준박사)
림종욱	사회(부교수)
림창식	대외관계; 사회
림희순	국내정치; 경제
명정철	국내정치; 통일
문공탁	경제
문광철	사상
문룡빈	군사; 대외관계; 경제; 사회
문정택	경제(경제학박사)
문춘광	경제(박사)
민병성	사회(사리원의학대학)
민 원	통일

박계조	국내정치; 경제; 사회(인민대학습당)
박노현	경제
박동근	국내정치; 대외관계; 통일; 경제; 사회
박동수	사회
박동진	통일(박사, 부교수)
박 렬	국내정치; 사회(준박사)
박명남	사상(학사)
박명의	법(학사, 부교수)
박복순	통일; 사상(천리마평양사범대학학장)
박상철	경제(학사)
박설영	국내정치; 사회
박순재	대외관계; 군사
박시형	대외관계; 군사
박여운	통일; 사회
박연백	통일
박영상	경제
박영수	법; 대외관계(박사, 부교수)
박영시	통일
박영호	대외관계; 군사
박일령	국내정치; 대외관계
박일중	국내정치; 대외관계
박일청	대외관계; 군사
박일훈	국내정치
박 임	국내정치; 대외관계
박재수	문화예술(재일본 조선인대학교 교원)
박정섭	국내정치; 사회
박정실	대외관계(박사, 부교수)
박정애	법; 국내정치(북조선민주녀성총동맹위원장)
박제영	대외관계(학사)
박제해	군사; 통일
박종식	사상; 문화예술
박종원	문화예술

박진혁	법
박창호	사회
박태원	경제
박태호	통일(박사, 부교수)
박헌영	국내정치
박현규	국내정치
박혜숙	사상(학사)
박희철	법; 대외관계(학사)
방룡길	국내정치; 사회
방순철	경제; 사회
방철수	국내정치; 대외관계; 군사; 사회
배구락	사회
배명선	국내정치; 문화예술
배병두	국내정치; 경제; 사상
백기민	국내정치; 대외관계; 경제; 사회
백남운	대외관계; 통일
백상철	사회
백성일	법(학사)
백성해	경제(준박사)
백승순	사회(편집)
백영미	대외관계; 통일(조선녀성 본사기자)
백종원	경제
변소정	사회(인민교육 본사기자)
이익선	대외관계
김수영	경제(상급교원)
서동범	군사; 대외관계
서동필	국내정치
서상준	경제
서용식	사회
서재영	통일; 경제
서재형	경제; 사회
서정길	경제

서정철	경제
서정학	경제
서정화	경제
서정환	경제; 사회
서치렬	국내정치; 대외관계; 사회
석 국	경제
석두관	경제; 사회(박사, 김일성종합대학부교수)
석연택	대외관계; 사회
석재정	대외관계
성수일	경제
성정호	국내정치; 대외관계; 군사
손영석	경제(학사)
손종석	경제(박사)
손종철	경제(박사, 교수)
손준식	경제
손진팔	대외관계; 군사; 통일
송경문	통일(학사)
송국진	국내정치; 통일; 문화예술
송룡천	경제
송석환	문화예술
송승환	통일
송재구	사회
송택호	군사; 통일; 사회
송혜숙	대외관계(재일본조선인인권협회 사무국 부부장)
송호경	대외관계; 통일
신남철	대외관계; 사상
신명근	법(학사)
신분진	대외관계; 통일(박사, 부교수)
신상흡	대외관계; 통일; 경제
신성호	경제
신 염	사상
신영남	통일(학사, 부교수)

신영호	문화예술(준박사)
신원필	군사(평양교통대학)
신응복	국내정치; 대외관계; 군사
신채광	경제
신태성	사회
신희구	경제(재일본조선인과학자협회 조선문제연구소)
심명훈	국내정치; 군사; 통일
심병철	통일
심순정	사회
심은심	경제(박사, 교수)
심재홍	경제
심 철	법
심태선	통일(학사)
안광림	대외관계
안기용	사회
안동렵	대외관계; 군사; 통일(준박사, 부교수)
안명일	통일(준박사)
안명철	법; 국내정치; 대외관계; 군사; 사회
안명훈	국내정치; 경제; 사상(박사)
안병수	통일
안병철	국내정치
안성덕	통일; 경제; 사회
안우생	통일
안은영	국내정치; 경제; 역사
안전일	사회; 문화예술
안창림	통일(학사)
안 철	국내정치; 사회
안효식	법; 국내정치; 대외관계(부교수, 박사)
안희영	사회
양 현	경제(조선대학교조교)
엄국현	대외관계; 통일
엄기영	법(준박사, 부교수)

엄영선	역사
엄용섭	대외관계; 군사
엄유철	군사; 사회
엄창종	역사(학사, 부교수)
엄충일	군사; 통일
오길보	역사(력사학학사)
오난식	국내정치; 대외관계; 통일; 사회; 문화예술
오명주	경제; 사회
오민성	사회
오민학	경제(조선대학교 정치경제학부)
오성령	통일(준박사, 부교수)
오순옥	통일(조선녀성 본사기자)
오용길	사회; 문화예술(준박사, 부교수)
오인선	법(준박사)
오장환	문화예술
오재양	대외관계; 군사
오흥택	국내정치
우태순	경제
원동연	대외관계
원영수	통일
원정표	경제(학사, 교수)
원태림	법; 국내정치; 대외관계; 군사; 통일; 사회; 사상
유상원	통일
윤군창	군사
윤기복	통일
윤문영	사상
윤상우	경제
윤성식	통일
윤 수	대외관계; 경제
윤영순	경제(학사)
윤영호	경제; 사회
윤옥경	사회(평양의학대학의학부4년)

윤윤홍	국내정치; 통일
윤자홍	법; 국내정치; 대외관계; 군사; 경제
은종섭	문화예술
이남주	통일
이병희	대외관계(조선대학교 과학연구부조수)
임경하	법; 대외관계(조선대학교 경영학부강사)
임황해	통일(학사 부교수)
장광철	대외관계; 경제
장국종	역사(력사학학사)
장남수	국내정치; 경제
장리규	사회(사로청중앙위원회)
장상준	경제(학사)
장 석	통일
장순명	군사; 통일
장영봉	대외관계
장영찬	경제(준박사)
장영호	군사; 통일; 경제; 사회
장윤호	문화예술
장태호	경제
장하일	국내정치
장 호	대외관계; 경제; 사회
전경송	법(학사)
전경철	국내정치; 대외관계
전관종	문화예술
전군섭	국내정치; 사회
전금진	국내정치; 대외관계; 군사; 통일
전기홍	대외관계; 경제; 사회
전동수	경제
전명걸	문화예술
전세관	경제(학사)
전영률	대외관계; 역사(박사, 사회과학원 력사연구소소장 교수)
전영호	경제(준박사, 부교수)

전정희	경제(박사)
전주걸	국내정치; 대외관계; 경제; 사회; 사상; 문화예술
전주경	국내정치; 대외관계; 경제; 사회; 문화예술
정광수	경제(박사, 부교수)
정기구	군사; 통일
정길남	사상(준박사)
정덕기	군사; 통일
정동성	국내정치(평양의학대학준박사)
정동욱	대외관계; 군사
정두환	통일
정리근	국내정치; 대외관계; 통일
정 립	군사
정명필	경제(준박사)
정미영	경제; 사회
정석현	통일
정성남	대외관계; 통일
정성원	경제(준박사, 부교수)
정성진	대외관계
정성호	국내정치; 대외관계; 군사; 통일; 경제; 사회
정승렬	국내정치(평양기계대학강좌장)
정신영	대외관계
정윤일	대외관계(학사)
정은규	국내정치; 대외관계
정의수	국내정치
정종균	사회
정철만	통일
정춘심	경제(학사)
정치건	국내정치(준박사)
정태선	경제(학사)
정태유	문화예술
정 혁	법; 사회
정현석	국내정치; 대외관계; 통일

조기수	경제; 사회
조남훈	법; 국내정치; 대외관계; 군사; 사회
조동춘	국내정치
조룡형	대외관계(금성정치대학강좌장)
조명일	국내정치
조명호	통일
조 민	군사; 경제; 사회
조민기	국내정치; 사상(조선대학교 정치경제학부)
조민철	경제
조병조	사회
조병천	법(학사)
조성환	통일(학사, 교수)
조성훈	경제(재일본조선인과학자협회 조선문제연구소)
조영남	경제(학사)
조종민	경제(학사, 부교수)
조중학	사상
조 철	사상(학사, 부교수)
조희도	문화예술
조희승	역사(박사, 교수)
조희윤	경제; 사회; 문화예술
주승흡	경제
주영걸	국내정치; 대외관계; 경제; 사회
주영린	군사(박사)
주 혁	경제; 사회
지영일	경제(조선대학교 정치경제학부교수)
진용부	대외관계; 군사
진유현	국내정치(학사)
차용현	사회; 사상(사회과학원학사)
차응팔	국내정치; 통일
차준봉	군사
차홍상	사회(개성경공업대학)
천세관	법(학사)

천이강	국내정치; 경제
천 일	경제
천정수	법(학사)
천형무	통일(부교수, 준박사)
최관익	경제
최 광	대외관계
최기환	군사; 통일
최 덕	통일
최덕신	국내정치
최동명	국내정치
최명소	국내정치; 대외관계; 군사; 경제; 사회; 문화예술
최민수	경제
최복남	사회
최상윤	법; 대외관계; 사회
최성일	국내정치; 사상(학사)
최성철	대외관계; 문화예술
최수련	국내정치; 경제; 사회
최영옥	경제(준박사)
최옥선	경제
최완호	문화예술(과학원언어문학연구소 사전연구실)
최용수	국내정치; 대외관계
최우진	대외관계
최일복	법
최정후	문화예술
최준갑	사회
최준섭	국내정치; 대외관계
최증철	국내정치; 대외관계
최진일	사회
최창덕	통일; 경제; 사회
최창진	통일
최 철	군사; 통일
최철수	국내정치; 경제; 사회

최철웅	국내정치; 대외관계; 사상(박사, 부교수)
최태진	대외관계; 사회
최필원	국내정치; 대외관계
최현철	군사
최홍기	국내정치; 대외관계
최흥권	군사
최희열	역사(준박사, 부교수)
하민일	문화예술(사범교육학부)
하양천	국내정치; 사회; 문화예술
하창옥	법; 대외관계
한계현	법; 국내정치; 대외관계; 통일; 사회
한복희	국내정치; 대외관계; 군사; 통일; 경제; 사회(조선녀성본사기자)
한상우	국내정치
한수빈	국내정치
한영읍	국내정치; 사회
한영일	국내정치
한웅식	국내정치; 대외관계; 통일; 사상
한원진	국내정치; 대외관계; 군사; 통일
한정서	경제; 사회(평남석탄공업대학)
한정흡	대외관계(학사)
한중모	문화예술
한진원	대외관계; 군사
한진택	국내정치; 대외관계; 경제
한 철	대외관계
한철욱	대외관계
한철주	국내정치(학사)
한하련	사상
한혜택	경제
허 담	통일
허오범	법(준박사)
허 인	사회
허정수	경제

허종호	대외관계; 군사(후보원사, 교수)
허철수	경제(박사, 부교수)
허학필	국내정치; 대외관계; 군사
현규엽	국내정치
현명준	대외관계; 군사
현무영	대외관계; 경제
현성남	대외관계; 군사
현원석	국내정치(조선대학교 정치경제학부)
현유석	국내정치
현호범	경제
홍 강	경제
홍기문	통일; 문화예술
홍만기	경제
홍만호	국내정치
홍수만	국내정치; 사상
홍순원	사회
홍옥도	경제
홍철규	대외관계; 통일
황경오	경제(학사, 부교수)
황경원	사회(조선적십자종합병원)
황명철	사상(학사)
황 철	경제(학사)
황한욱	경제
황 헌	대외관계; 군사

참여연구진

❖ **연구책임자**

강성윤 │ (現)동국대학교 북한학과 명예교수
동국대학교 북한학과 교수, 북한연구소 소장

❖ **전임연구원**

김동한 │ 동국대학교 북한학연구소 연구교수
진유정 │ 동국대학교 북한학연구소 연구교수
전미영 │ 동국대학교 북한학연구소 연구교수
이미란 │ 동국대학교 북한학연구소 연구교수

❖ **공동연구원**

이주철 │ KBS 남북교류협력단 박사연구원
이종국 │ 동북아역사재단 연구위원
김용현 │ 동국대학교 북한학과 교수
한정미 │ 하나원